PEERS®

부모와 함께하는
자폐스펙트럼장애

청소년 사회기술훈련

PEERS®

부모와 함께하는
자폐스펙트럼장애

청소년 사회기술훈련

Elizabeth A. Laugeson,
Fred Frankel 지음
유희정(대표 역자) 외 옮김

Σ 시그마프레스

부모와 함께하는 자폐스펙트럼장애 청소년 사회기술훈련

발행일 | 2013년 10월 1일 1쇄 발행
2015년 7월 20일 2쇄 발행

저자 | Elizabeth A. Laugeson, Fred Frankel
대표역자 | 유희정
발행인 | 강학경
발행처 | (주)시그마프레스
디자인 | 송현주
편집 | 안진숙

등록번호 | 제10-2642호
주소 | 서울특별시 영등포구 양평로 22길 21 선유도코오롱디지털타워 A401~403호
전자우편 | sigma@spress.co.kr
홈페이지 | http://www.sigmapress.co.kr
전화 | (02)323-4845, (02)2062-5184~8
팩스 | (02)323-4197
ISBN | 978-89-6866-054-2

Social Skills for Teenagers with Developmental and Autism Spectrum Disorders: The PEERS Treatment Manual

Authorised translation from English language edition published by Routledge Inc., part of Taylor & Francis Group, LLC.

* 책값은 뒤표지에 있습니다.
* 이 도서의 국립중앙도서관 출판시도서목록(CIP)은 서지정보유통지원시스템 홈페이지(http://seoji.nl.go.kr)와 국가자료공동목록시스템(http://www.nl.go.kr/kolisnet)에서 이용하실 수 있습니다.(CIP제어번호 : CIP2013018500)

역자 서문

오랜 준비 끝에 한국어판 PEERS®(Program for the Education and Enrichment of Relational Skills)를 소개하게 됨을 기쁘게 생각합니다. 이 프로그램은 제가 2010년 캘리포니아대학교 로스앤젤레스 캠퍼스(UCLA)에서 연수하던 시기에 처음 접하게 되었고, PEERS®의 원저자팀에서 진행하는 수련 워크숍을 통해 전체 과정을 배웠습니다. 이후 한국에 돌아와 2011년부터 치료 매뉴얼을 번역하면서 세부 내용을 좀 더 다듬고, 문화적 차이에 의해 직접 번역할 수 없는 부분들을 수정하였습니다. 이후 약 1년 반에 걸쳐, 제가 재직 중인 분당서울대학교병원 및 가천의대 길병원, 경희대학교 의과대학 부속병원의 소아청소년클리닉에서 실제 청소년들과 부모님들을 대상으로 프로그램을 시행하면서 효과 검증 과정을 거쳤습니다. 그 과정에서 저희는 이 프로그램은 청소년들의 사회성 기술이나 사회적 관계에 대한 지식을 향상시키고, 아울러 부모의 불안과 의사소통 방식을 긍정적으로 바꾼다는 것을 관찰하였습니다.

우리나라뿐 아니라 세계적으로도, 자폐성장애를 가진 아이들에게 청소년기는 가장 변화가 많고 어려운 시기 중 하나입니다. 대인관계는 좀 더 복잡해지고, 많은 독립성이 요구됩니다. 특히 학교 안팎에서 일어나는 놀림이나 괴롭힘, 거절 등은 자폐스펙트럼장애를 갖는 청소년에게 또 다른 어려운 과제입니다. 그럼에도 불구하고 자폐스펙트럼장애를 가진 청소년들의 발달단계에서 필요한 또래관계 기술들을 알려 주는 체계적인 프로그램은 별로 없었기 때문에, 그들을 도와주어야 하는 부모님과 치료자들 역시도 일종의 무력감을 느낄 수밖에 없었던 것이 사실입니다. PEERS® 프로그램을 도입하여 시행하면서 가장 기뻤던 것은, 그들에게 아주 구체적이고 명료하게 또래관계의 실전에서 활용할 수 있는 기술을 가르쳐 줄 수 있는 길잡이를 갖게 되었다는 점입니다. 회기가 진행됨에 따라 참여하는 부모님들이 좀 더 긍정적이고 효율적인 방식으로 자녀들을 교육하고 이끌어가는 모습을 보는 것은 또 다른 보람이었습니다.

하지만 한국어판 PEERS®가 가야 할 길은 아직 조금 더 남아 있습니다. 문화적 차이를 분명히 드러내는 부분들을 일부 수정하였음에도 불구하고, 단지 언어적 표현을 바꾸는 것만으로는 제대로 잡아낼 수 없는, 행간의 미묘한 차이들까지 모두 한국화했다고 하기에는 아직 좀 부족합니다. 특히 미국의 청소년들에 비해 학업의 부담이 훨씬 높고, 여가시간은 상대적으로 적으며, 학업 외 활동을 할 수 있는 자원도 많지 않은 우리나라 십대들의 현실에 맞는 또래 간의 활동을 고안해 내는 것이 가장 큰 숙제입니다. 청소년 또래 간에 일어나는 괴롭힘과 학교 폭력의 생태학적 현실도 아마 서구의 것과는 많이 다를 것이라 생각됩니다만, 그 점을 모두 녹여 내지는 못하였습니다. 한국 청소년 특유의 부모-자녀 관계 특성에는 또 어떤 방식으로 다르게 접근해야 할지도 저희의 궁금한 점 중 하나입니다. 따라서 한국어판 PEERS®는 미래를 향해 열려 있으며, 다양한 연구를 통해 좀 더 우리나라 청소년에게 맞는 프로그램으로 다듬어 나가게 될 것입니다.

부디 자폐스펙트럼장애 청소년과 가족을 돕고 있는 많은 전문가들이 한국어판 PEERS®를 사용해 보고, 실제 현장에 적용해 보실 수 있기를 바랍니다. 아울러 자폐스펙트럼장애 청소년들과 그들의 부모님들께도 이 책이 도움이 되기를 희망합니다.

한국어판 PEERS®를 번역하는 과정에서 수고하신 모든 공역자분들에게 감사드립니다. 우리나라 청소년 문화에 대한 설문 조사에 기꺼이 응해 주신 중학교와 고등학교 선생님들과 학생들에게 감사와 기쁨을 함께 전합니다. 헌신적인 노력으로 프로그램 검증 연구에 참여하신 경희대학교병원 민정원, 이원혜 선생님, 그리고 분당서울대학교병원 임상심리 수련생 이미현, 이슬아, 허효선, 양현지 선생님들의 노고에 감사합니다. 번역과 연구의 모든 과정에서 정성을 다해 열심히 일해 주신 이승현, 조남경, 서은미 연구원의 수고 없이는 이 책의 출판이 불가능했을 것입니다. 프로그램 진행 중에 따뜻한 마음으로 청소년들을 도와주신 자원봉사자들의 노력에도 경의를 표합니다. 또한 이 프로그램의 좋은 점과 필요성에 대해 이해하시고, 출판을 결정해 준 (주)시그마프레스에도 감사를 전합니다.

저에게 귀한 프로그램을 가르쳐 주고, 한국어판 PEERS® 개발 과정 전반에 걸쳐 응원과 도움을 아끼지 않은, Dr. Elizabeth Laugeson과 UCLA TeaM PEERS®에도 진심으로 감사드립니다. 횡문화적 연구와 프로그램의 번역, 그리고 다양한 문화적 배경을 가진 청소년들에 대한 Dr. Laugeson의 이해와 지원은 이 프로그램의 든든한 밑바탕이 되었고, 앞으로도 그러할 것입니다.

마지막으로 한국어판 PEERS®의 효과 검증 연구에 참여해 주신 청소년들과 가족들에게 마음을 다해 가장 큰 감사와 경의를 전합니다. 이 프로그램은 여러 분들의 이해와 참여와 노력 없이는 한국에 무사히 정착할 수 없었을 것입니다. 그런 의미에서 이 프로그램의 진정한 주인공은 여러분들입니다.

감사합니다.

2013년 9월

대표역자 유희정

저자 서문

이 매뉴얼은 Fred Frankel, Ph.D., ABPP의 지도하에 수행된, Elizabeth Laugeson, Psy.D.의 박사 후 펠로우십 연구의 결과물이다. 박사 후 펠로우십은 National Institutes of Health Training Grant NIH T32-MH17140(책임연구자 : Andrew Leuchter)을 통한 Ruth L. Kirschstein National Research Service Award에 의한 지원을 받았다.

PEERS 프로그램 및 매뉴얼의 많은 부분은 Children's Friendship Training(Frankel and Myatt, 2003)에 기반하고 있다. Children's Friendship Training은 충분한 근거 기반이 확립된 프로그램으로, 일부 내용은 사회적으로 잘 적응한 아동들이 어떻게 또래 관계를 만들고 질적으로 좋은 우정을 유지하는지에 관한 발달학적 연구로부터 유래되었으며, 또 일부는 임상 현장에 찾아오는 아동들을 대상으로 하는, 대규모의 실험적 연구를 바탕으로 한 것이다. 두 가지 프로그램 모두에서, 부모는 공식적으로 치료의 필수불가결한 부분이 된다. 또한 두 프로그램 모두 매뉴얼화되어 있는 것이 특징이다. 즉, 다시 말하면 각 회기마다 중요한 구조가 정해져 있다는 뜻이며, 이러한 구조는 사회기술을 향상시키는 데 꼭 필요한 요소가 된다. 이 프로그램은 매주 과제 점검을 통해 참여하는 청소년과 가족 각자의 필요에 맞게 개별화할 수 있다. 이를 통해 프로그램과 과제를 수행하는 데 있어서의 장애물이 무엇인지 같이 살펴보고, 이런 장애들을 극복할 수 있는 방안을 논의할 수 있다.

Children's Friendship Program의 내용은 3개의 연구를 통해 150 그룹의 1,400여 가족을 대상으로 개발되고 실행되었다. 80명 이상의 박사급 및 사회복지 석사급 치료자들이 매뉴얼화된 치료 방법을 수련받았다. 일생을 거쳐 지속적으로 유지되는 사회기술의 핵심 요소들이 있음을 감안할 때, 이 매뉴얼에서 다루는 많은 주제들은 Children's Friendship Program의 내용을 발달적으로 적합하게 개선한 것이므로, 치료의 모듈들은 거의 비슷하다(이 프로그램에 그 모듈들을 사용하는 것에 대해서는 저자들로부터 허락을 받았다.). 예를 들어, 어떤 연령대에서든지 우정을 맺기 위한 첫 번째 과제 중에 하나는 같은 나이의 또래 집단 안에 합류할 수 있는 능력을 갖는 것이다. 아동들은 놀이를 하는 상황에서 더 많이 집단 안에 들어가게 되고, 청소년과 성인이라면 대화를 하는 동안에 더 많이 들어갈 것이다. 이 매뉴얼은 Children's Friendship Program의 내용 요소들을 그 핵심으로 많이 도입하였다. 프로그램을 청소년에서 사용할 수 있게 하는 과정에서, 대부분의 모듈들을 연령에 맞게 개정하거나 광범위하게 수정할 필요가 있었다(1, 2, 6, 8, 9, 14회기). 아울러 청소년들에게 필수적인 사회적 요소들을 적용하기 위해, 몇 개의 새로운 모듈이 추가되었다(3, 4, 5, 7, 11, 12회기).

감사의 글

제가 많은 일을 하고 또 충실한 삶을 살도록 격려해 준 가족과 친구들의 애정과 지지가 없었다면, 이 작업을 완성하는 것은 아마 불가능했을 것입니다. 특히, Lance Orozco와 Janet Tate의 변함없는 사랑과 격려에 감사하며, Jennifer Wilkerson, Carrie, Rita, Blair Paley의 끊임없는 우정과 지지에 감사드리고 싶습니다.

우리는 우리의 훌륭한 연구팀 Ashley Dillon, Clare Gorospe, Jennifer Sanderson, Ruth Ellingsen, Alex Gantman, Catherine Mogil, Jilly Chang의 지치지 않는 노력과 헌신, 그리고 PEERS®에 참여하는 모든 가족들 하나하나에게 보여 준 따뜻함과 애정에도 특별히 감사의 마음을 전합니다.

캘리포니아대학교 로스앤젤레스캠퍼스(UCLA)와 The Help Group의 너무나 좋은 친구들과 동료들에게도 감사하고 싶습니다. 이 작업에 대한 여러 분들의 도움에 깊은 경의를 표합니다. 또한 가장 마음 넓은 멘토인 Andrew Leuchter의 변함없는 가르침과 우정에 무한한 감사를 드립니다. 그의 지지가 없었다면 이 치료를 개발하는 것은 현실이 아니라 그저 바람에 머물렀을 것입니다.

PEERS®를 한국에 가져가 정착시킨 유희정 박사의 지칠 줄 모르는 노력에 고마움을 표합니다. 그녀의 통찰력과 열정 없이는 한국어판 PEERS® 매뉴얼의 출판과 근거 기반이 되는 훌륭한 연구의 수행이 불가능했을 것입니다. 유 박사는 근거에 기반을 둔 치료법의 횡문화적 검증을 어떻게 수행해야 하는지의 모델을 보여 주었으며, 우리는 모두 이에 감사하고 있습니다.

끝으로, 이 치료법을 개발하는 우리의 연구에 참여해 주었던 멋진 가족들에게 고마움을 표하고 싶습니다. 여러분들을 알게 된 것은 선물이며, PEERS®가 세상의 빛을 보게 된 것은 여러분들의 인내와 헌신 덕분입니다.

– Elizabeth A. Laugeson

저는 아내 Susan과 저의 아이들 Seth, Rachel, Sarah의 사랑과 지지에 감사하고 싶습니다. Children's Friendship Program을 수정하여 적용하는 과정에서, 저희에게 도움을 청하고자 찾아 온 청소년과 그 가족들은 우리를 많이 가르쳐 주었고, 우리로 하여금 그들을 위한 프로그램을 만드는 데 매우 큰 도움을 주었습니다.

– Fred Frankel

원서의 추천사

이 책은 자폐스펙트럼장애를 가진 청소년과 그 부모들을 위한 혁신적인 사회기술훈련에 대해, 매우 포괄적이고, 실제로 사용하기 쉬운 지침을 제공하고 있다. 또한, 강력한 이론적 배경과 매우 빨리 성장한 실증적 기반을 통해, 독자들로 하여금 청소년들을 선별하는 것에서 치료에 의한 변화를 측정하는 것으로 한 걸음 나아가도록 해 준다. 매 단계에 대한 상세한 설명과 함께 이 프로그램이 청소년 개개인에게 어떤 의미였는지를 느끼게 해 주는 사례들이 이를 가능하게 한다. 사회기술 프로그램에서 청소년과 부모를 나란히 진행되는 프로그램으로 결합시키는 형태는 특히 독특한 것으로, 이는 가족 전체에게 진정으로 긍정적인 노력을 기울일 수 있는 기회를 제공하고 있다.

– Catherine Lord, Ph.D., ABPP, Professor of Psychology and founding Director of the Center for Autism and the Developing Brain(CADB), at New York-Presbyterian Hospital

Laugeson과 Frankel은 자폐스펙트럼장애를 가진 청소년들이 우정을 만들고 사회기술을 훈련하도록 돕는 PEERS® 프로그램을 개발함으로써, 이들에 대한 치료 서비스의 새 장을 열었다. 이 책은 명확하고 실용적인 교육 과정을 담고 있다. 많은 기법과 연습을 위한 실례들을 매우 명료하게 설명하고 있다. PEERS®는 청소년과 부모와의 작업을 잘 결합한 프로그램이다. 그리고 그들은 일련의 무작위 통제 임상시험을 수행함으로써 치료의 과학적 근거들을 발전시키기 시작하였다.

– Tony Charman, Ph.D., Chair in Autism Education, Institute of Education, London

이 책은 견고한 과학적 연구와 통찰력 높은 임상적 식견을 바탕으로, 성공적인 사회기술 그룹을 이끌기 위한 구체적인 방법들을 보여 준다. 넓은 독자층에게 크나큰 흥미를 줄 수 있는, 이해하기 쉬운 책을 쓴 Laugeson과 Frankel에게 찬사를 보낸다.

– Connie Kasari, Ph.D., Professor of Education and Psychiatry, University of California-Los Angeles(UCLA)

차례

제5장
3회기 : 대화기술 Ⅲ – 전자통신 105

제7장 5회기 : 유머의 적절한 활용 165

제8장 6회기 : 또래 관계에 들어가기 I – 대화에 들어가기 193

제9장

7회기 : 또래 관계에 들어가기 II – 대화에서 빠져나오기 225

제10장

8회기 : 함께 어울리기 253

제14장

12회기 : 의견충돌 다루기 359

제15장
13회기 : 소문과 뒷이야기 387

1

소개

제1장 소개

01

소개

매뉴얼 사용법

PEERS®(Program for the Education and Enrichment of Relational Skills)는 친구를 사귀거나 유지하는 데 어려움이 있는 중 · 고등학생들에게 초점을 맞춘, 부모 조력형 치료 프로그램이다. 이것은 이미 치료 효과가 확립된 Children's Friendship Training(Frankel & Myatt, 2003)을 더 넓은 발달 연령으로 확장한 것이다. PEERS®는 자폐스펙트럼장애(Autism Spectrum Disorder, 이하 ASD)를 가진 청소년을 대상으로 가장 광범위한 임상 시험을 실시하였고, 태아 알코올성 장애(Fetal Alcohol Syndrome, FASDs)와 기타 발달장애를 가진 청소년들에게 일부 효과검증을 시행하였다. 주의력결핍 과잉행동장애(ADHD)를 가진 청소년에 대해서는 현재 연구 중에 있다.

PEERS®는 부모 회기와 자녀 회기를 분리하여 진행하며, 두 집단은 매주 동시에 각각 90분 동안 14주간 진행된다. 그룹은 대화하기, 대화에 끼어들기와 대화에서 빠져나오기, 전자통신을 이용한 의사소통, 적절한 친구 선택하기, 놀림이나 괴롭히기를 비롯한 다양한 방식의 사회적 거절을 다루는 법, 친구와의 의견 불일치나 논쟁을 다루는 법, 친구들과 적절히 함께 어울리기(좋은 초대자 되기나 좋은 스포츠맨 되기 등을 포함) 등의 기술에 초점을 둔다. 이 매뉴얼을 지침대로 사용하다 보면, 치료 중반에 치료자는 부모로부터 "(ASD를 가진) 우리 아이는 친구가 집에 왔을 때 더 이상 방 안에만 있지 않고, 나와서 더 많이 어울리려고 한다."는 이야기를 종종 듣게 될 것이다. 치료가 끝날 즈음이면 청소년들은 작은 또래 그룹과 규칙적으로 함께 어울리게 될 것이다.

이 매뉴얼은 전체 프로그램을 온전히 그대로 사용하도록 구성되어 있다. 각각의 회기는 바로 앞 회기에서 다룬 내용을 토대로 진행된다. PEERS®는 이 책에서 설명한 대로 외래 프로그램으로 시행될 수도 있고, 학교 기반의 프로그램으로 시행될 수도 있다. 이때 청소년들은 학교 시간 중에나 수업이 끝난 직후에 그룹을 진행하며, 부모들은 보다 편한 시간에 만날 수도 있다.

부모와 청소년이 따라 할 수 있는 일련의 단계로 자료가 제시되며, 부모와 청소년으로 하여금 배당된 과제를 수행하게 하는 것(즉, 치료 회기에 배운 것을 가정과 지역사회, 학교에서 일반화하는 것)이 가장 강조된다는 점에서, 이 매뉴얼은 행동 치료적인 지향을 갖고 있다. 이 프로그램은 Children's Friendship Training에서 처음 도입한 대로, 부모를 치료의 필수적인 요소가 되게 하는 독특한 형태를 따른다는 점과, '함께 어울리기'를 강조한다는 점에서 매우 독창적이다. 이들은 현재까지 알려진 다른 어떤 사회기술 프로그램에서도 볼 수 없는 것들이다. 부모용 유인물과 이것을 전달하는 기술은 Children's Friendship Training을 시행한 150여 개 집단과 PEERS®를 수행한 수십 개 집단에서의 경험을 바탕으로 수년간에 걸쳐 다듬어져 왔다.

이러한 기술들은 캘리포니아대학교 로스앤젤레스캠퍼스(UCLA)의 심리학과 정신과 수련을 시작하는 치료자들, 그리고 많은 지역사회 정신건강 전문가와 교사들에게 교육되어 왔다. 이 치료를 효과적으로 수행하기 위하여 치료자가 반드시 사회기술 집단 또는 일반적인 집단 치료에 아주 많은 경험을 가진 사람일 필요는 없지만, 다양한 형태의 발달장애를 가진 청소년 및 그 가족들과 일하는 데 필요한 배경지식을 갖고 있어야만 한다. 이 프로그램이 거둔 이전의 성공 경험에 비추어, 우리는 경험 있는 치료자들 자신이 기존에 갖고 있는 이론적 방향에 따른 판단을 유보하고, 여기 설명된 행동적 기법들을 시도해 보기를 권한다.

필요한 치료진

두 집단을 동시에 진행하기 위해서는, 청소년 집단 치료자와 부모 집단 치료자가 필요할 것이다. 이 치료자들은 해당 진단군(즉, ASD, 발달 지연, 주의력결핍 과잉행동장애)의 가족과 일했던 경험이 많은 사람이어야 한다. 하지만 사회기술 그룹을 운영한 경험은 많지 않아도 상관없다. 일반적으로 PEERS®는 정신건강 전문가(심리학자, 정신과 의사, 사회복지사, 부부 치료사 또는 가족 치료사)에 의해 진행되지만, 교사/교육자가 이끄는 그룹도 역시 성공적이었다. 고기능자폐 청소년 집단을 진행하기 위해서 청소년 집단 치료자는 이전에 청소년과 함께 일해 본 경험이 있어야 하며, 고기능 자폐증에 대한 지식도 있어야 한다. Hibbs 등(1997)은 정신교육적 접근을 더 편안하게 느끼는 치료자(예 : 부모 훈련), '인접 분야' 전문가(예 : 교사, 상담교사, 일차 의료 전문가)와 같은 종류의 치료자들은 매뉴얼을 바탕으로 하는 치료적 개입에 더 적당할 수 있다고 제안하였다.

각각 1명씩의 청소년 집단 치료자와 부모 집단 치료자와 별도로, 청소년 집단을 도와줄 1~2명의 보조 치료자가 반드시 필요하다. 보조 치료자는 청소년의 반복되는 잘못된 행동을 바로잡아 줄 수 있게 훈련되어야 한다. 또한 이들은 매주 사례 회의를 통해 집단 치료자들로부터 지도 감독을 받아야 한다. 보조 치료자들은 청소년의 문제행동에 대해 부모, 청소년과 해결책을 논의할 수 있는 능력을 갖추어야 한다. 또한 보조 치료자들은 집단 치료자와 함께 역할극을 통해 청소년들에게 사회기술을 제시해 보여 주어야 한다. 발달장애나 아동 심리에 대해 교육받은 적이 있으면서, 청소년들과 관련된 임상 경험(예 : 여름 캠프 카운슬러 등)이 있는 심리학 학부 대학생이 이 역할을 하기에 적합하다고 생각된다. 보조 치료자들은 매주 회기 전의 사례 회의에서 각 회기에 해당하는 역할극을 훈련해야 한다. 보조 치료자로 하여금 각 회기의 치료자 가이드에 나와 있는 역할극 대본을 적절한 정서적 요소들을 습득할 때까지 읽도록 하는 것이 도움이 된다. 부모 집단은 1명의 치료자가 진행해도 무방하다.

누가 PEERS®를 통해 도움을 받을 것인가?

다음에서 볼 수 있듯이, 이 치료는 ASD를 가진 청소년들을 위해 개발되었으며, 이들이 PEERS®를 통해 지속적인 도움을 받을 수 있다고 확신한다. 프로그램의 개발자들은 ADHD를 가진 청소년 임상군에게 PEERS®를 시도해 보고 있으며, 임상적으로 좋은 반응을 얻고 있다. PEERS®는 사회적 실수들을 바로잡기보다는 기술을 발전시키는 것에 있으며, 친구를 사귀고 유지하는 단계들은 진단과 상관없이 유사하다고 생각되기 때문에, 이 프로그램의 적용 가능성은 매우 광범위하다. 우리는 우정을 형성하고 지속하는 데 필요한 단계들을 잘 알지 못하는 어떤 청소년이든지 PEERS®를 통해 도움을 받을 수 있을 것이라고 생각한다. 이 주장을 뒷받침하는 근거로써, PEERS®의 근간이 된 Children's Friendship Program은 원래 ADHD를 가진 아동을 위해 개발되었다. 이후 연구들은 이 프로그램이 태아 알코올 스펙트럼장애(O'Connor et al., 2006), ASD(Frankel, Myatt, Whitham et al., 2009), 그리고 비만문제를 가진 어린이들(Frankel, Sinton, & Wilfley, 2007)에게 적용이 가능하다는 것을 증명하였다. ASD 이외의 청소년들에게 PEERS®를 사용하는 전문가들이 있다면 저자들에게 알려 주기를 바란다.

매뉴얼의 구성

PEERS®는 청소년들이 친구를 사귀고 유지하며, 또래들 사이의 평판을 향상시키는 데 필요한 사회적 기술에 관한 구조화된 수업으로 진행된다. 〈표 1.1〉은 모든 치료 회기의 개요를 보여 준다. 이 매뉴얼은 각 회기마다 단계별로 윤곽을 보여 주도록 구성되었다. 우리는 이렇게 전

| 표 1.1 **치료 회기의 개요** |

회기	교육	과제 점검	청소년 활동	필요한 자료	과제
1	소개와 대화기술 I : 정보 교환	없음	퀴즈쇼	화이트보드, 보드마커, 이름표, 퀴즈쇼 답지, 가위, 펜	1. 집단 구성원과의 통화 2. 부모님과 함께 정보 교환 연습하기
2	대화기술 II : 주고받는 대화	1. 집단 구성원과의 통화 2. 부모님과 함께 정보 교환 연습하기	퀴즈쇼	화이트보드, 보드마커, 이름표, 퀴즈쇼 답지, 가위, 펜	1. 집단 구성원과의 통화 2. 부모님과 함께 정보 교환 연습하기
3	대화기술 III : 전자통신	1. 집단 구성원과의 통화 2. 부모님과 함께 정보 교환 연습하기	퀴즈쇼	화이트보드, 보드마커, 이름표, 퀴즈쇼 답지, 가위, 펜	1. 집단 구성원과의 통화 2. 부모님과 함께 정보 교환 연습하기
4	적절한 친구 선택하기	1. 집단 구성원과의 통화 2. 부모님과 함께 전화 연습 3. 친구를 사귈 수 있는 곳 4. 개인적 물품	정보 교환 : 개인 물품	화이트보드, 보드마커, CD 플레이어, 스피커, 헤드폰, 잡지	1. 집단 구성원과의 통화 2. 집단 구성원이 아닌 사람과의 통화 3. 친구를 사귈 수 있는 곳 4. 개인적 물품
5	유머의 적절한 활용	1. 집단 구성원과의 통화 2. 집단 구성원이 아닌 사람과의 통화 3. 친구를 사귈 수 있는 곳 4. 개인적 물품	정보 교환 : 개인 물품	화이트보드, 보드마커, CD 플레이어, 스피커, 헤드폰, 잡지	1. 집단 구성원과의 통화 2. 집단 구성원이 아닌 사람과의 통화 3. 친구를 사귈 수 있는 곳 4. 농담에 대한 반응 5. 개인적 물품
6	또래 관계에 들어가기 I : 대화에 끼어들기	1. 집단 구성원과의 통화 2. 집단 구성원이 아닌 사람과의 통화 3. 친구를 사귈 수 있는 곳 4. 농담에 대한 반응 5. 개인적 물품	정보 교환 : 개인 물품	화이트보드, 보드마커, CD 플레이어, 스피커, 헤드폰, 잡지	1. 끼어들기 2. 집단 구성원과의 통화 3. 집단 구성원이 아닌 사람과의 통화 4. 농담에 대한 반응 5. 개인 물품
7	친구 되기 II : 대화에서 빠져나오기	1. 대화에 살짝 참여하거나 빠지기 2. 집단 구성원과의 통화 3. 집단 구성원이 아닌 사람과의 통화 4. 농담에 대한 반응 5. 개인 물품	정보 교환 : 개인 물품	화이트보드, 보드마커, CD 플레이어, 스피커, 헤드폰, 잡지	1. 끼어들기 2. 집단 구성원이 아닌 사람과의 통화 3. 실내게임

8	함께 어울리기	1. 대화에 살짝 참여하거나 빠지기 2. 집단 구성원이 아닌 사람과의 통화 3. 실내게임	함께 어울리기	화이트보드, 보드마커, 실내게임 물품	1. 함께 어울리기 2. 끼어들기 3. 실내 집단 게임
9	좋은 스포츠맨 되기	1. 함께 어울리기 2. 대화에 살짝 참여하거나 빠지기 3. 실내게임	함께 어울리기와 좋은 스포츠맨 되기	화이트보드, 보드마커, 실내게임 물품	1. 함께 어울리기 2. 좋은 친구 되기 3. 끼어들기 4. 실내 집단 게임
10	거부 I : 놀림과 당황스러운 피드백	1. 함께 어울리기 2. 좋은 친구 되기 3. 대화에 살짝 참여하거나 빠지기 4. 실내 집단 게임	함께 어울리기와 좋은 스포츠맨 되기	화이트보드, 보드마커, 실내게임 물품	1. 함께 어울리기 2. 좋은 친구 되기 3. 놀림 무력화시키기 4. 외부활동 장비
11	거부 II : 괴롭힘과 나쁜 평판	1. 함께 어울리기 2. 좋은 친구 되기 3. 놀림 무력화시키기 4. 외부활동 장비	좋은 스포츠맨 되기와 외부 활동	화이트보드, 보드마커, 실외게임 물품	1. 함께 어울리기 2. 놀림 무력화시키기 3. 괴롭힘, 나쁜 평판에 대처하기 4. 외부활동 장비
12	의견충돌 다루기	1. 함께 어울리기 2. 놀림 무력화시키기 3. 괴롭힘, 나쁜 평판에 대처하기 4. 외부활동 장비	좋은 스포츠맨 되기와 야외활동	화이트보드, 보드마커, 실외게임 물품	1. 함께 어울리기 2. 놀림 무력화시키기 3. 괴롭힘, 나쁜 평판에 대처하기 4. 의견충돌 다루기 5. 외부활동 장비
13	소문과 험담	1. 함께 어울리기 2. 놀림 무력화시키기 3. 괴롭힘, 나쁜 평판에 대처하기 4. 의견충돌 다루기 5. 외부활동 장비	좋은 스포츠맨 되기와 야외활동	화이트보드, 보드마커, 실외게임 물품	1. 함께 어울리기 2. 소문, 험담 다루기 3. 놀림 무력화시키기 4. 괴롭힘, 나쁜 평판에 대처하기 5. 의견충돌 다루기
14	졸업과 종료	1. 함께 어울리기 2. 소문, 험담 다루기 3. 놀림 무력화시키기 4. 괴롭힘, 나쁜 평판에 대처하기 5. 의견충돌 다루기	졸업 파티와 졸업식	졸업 증서, 음식, 음료, 영상, 실내 장식, TV, DVD 플레이어, 음악, CD 플레이어, 졸업 상장	없음

체적인 윤곽을 보여 주는 것이, 일일이 대본을 제시해 주는 것에 비해 자료를 상황에 맞추어 자연스럽게 제시할 수 있고, 치료자가 따라 하기 쉬우며, 치료자가 각 수업에 적절한 자료들을 즉흥적으로 활용하도록 도울 수 있음을 알게 되었다. 치료자가 우리의 접근 방식에 더 편안해짐에 따라, 각 회기의 중요한 요점을 이해하기 위한 추가적인 치료자 자료가 도움이 될 것이다.

이 매뉴얼은 각각의 회기 중에 사용하기 위한 것이다. 내용을 외우는 것은 필요하지 않으며 권장하지도 않는다. 가족들은 부모와 청소년에게 기술을 가르칠 때 치료자가 그들 앞에 매뉴얼을 펼쳐 놓고 진행하는 것에 대해 편안하게 느끼는 것 같다. 중요한 것은 치료자가 가르치는 기술의 모든 필수적인 요소들을 다루는 것이다. 이 매뉴얼은 소리 내어 읽도록 되어 있지는 않다(부모용 유인물을 제외하고). 각각의 장은 각 회기의 진행 원칙을 안내하는 짧은 개요를 제공하게 구성되어 있다. 각 회기는 동시에 진행되는 부모와 청소년 집단 치료자를 위한 안내를 담고 있다. 학습의 중요한 초점을 유지하기 위해, 치료 회기는 고도로 구조화되어야 한다. 각 회기는 아래의 목록과 같이 구성되어 있다.

부모 치료자 가이드

'부모 치료자 가이드(1회기 제외)'는 아래와 같은 부분으로 이루어져 있다.

- **부모 회기 가이드 라인**－각 회기는 많은 내용으로 이루어져 있다. 각 회기의 가장 중요한 초점을 이 부분에 제시함으로써, 치료자가 가장 중요한 요소를 적절히 강조하도록 돕고, 진행 과정을 숙지할 수 있게 한다.
- **과제 점검**－과제 점검을 회기 첫 부분에 배치한 것은, 과제를 완수하는 것이 그만큼 중요하다고 강조하고, 과제를 수행하는 과정에서 나타난 문제의 해결법을 논의하는 데 충분한 시간을 할애하기 위한 것이다. 이 부분에서는 치료를 각 가족마다의 개별적인 필요에 따라 개별화하는 것이 가능하다. 일반적으로, 총 90분간의 전체 회기 시간 중에 약 50~60분 정도가 소요된다.
- **과제**－이 부분은 부모 그룹 치료자가 부모용 유인물과, 다음 주에 수행할 과제를 어떻게 제시해야 하는지 설명한다. 제시를 쉽게 하기 위해, '부모용 유인물'은 '부모 치료자 가이드' 안에 포함하였다. '부모용 유인물'의 내용은 '부모 치료자 가이드' 안에 **굵은 글자**로 표시되어 있으므로, 치료자는 회기의 내용을 전달하는 동안 매뉴얼의 한 곳만 봐도 된다. '부모 유인물'은 부모 회기의 중요한 구조를 보여 주고, 청소년이 교육에서 배우는 내용들을 설명하며, 과제에서 부모가 해야 할 부분을 상세히 알려 준다. 이 부분은 90분 회기 중에 보통 20~30분이 소요된다. 나머지 10~20분 동안에는 청소년과 다시 만나고 과제에 대해 협의하는 것에 할애된다(아래의 '청소년 치료자 가이드' 참조).

부모 유인물

'부모 유인물'은 '부모 회기 가이드 라인'에 바로 이어서 나온다. 유인물은 복사해서 사용하기 좋게 제작되어 있으며, 각각의 회기 동안 부모들에게 나누어 주어야 한다. 이전 회기에 결석한 사람을 위해 추가의 유인물을 마련해 두되, 사전에 예정되었던 결석이 아니라면 회기 시작 전에 유인물을 주는 것은 권장하지 않는다.

청소년 치료자 가이드

'청소년 치료자 가이드(1회기 제외)'는 아래와 같은 부분으로 이루어져 있다.

- **청소년 회기 가이드 라인**—부모 회기와 유사하게, 각 회기의 가장 중요한 초점을 이 부분에 제시함으로써, 치료자가 가장 중요한 요소를 적절히 강조하도록 돕고, 진행 과정을 숙지할 수 있게 한다.
- **규칙 점검**—집단에서 지켜야 할 규칙에 대한 간략한 점검이 이 부분에서 이루어진다. 하지만 집단 구성원들의 규칙 위반이 자주 일어날 때만 첫 회기 이후에도 규칙을 반복해서 점검한다.
- **과제 점검**—부모 회기와 마찬가지로, 회기 첫 부분 과제를 점검하는 것은, 과제를 완수하는 것이 그만큼 중요하다고 강조하고, 과제를 수행하는 과정에서 나타난 문제의 해결법을 논의하는 데 충분한 시간을 할애하기 위한 것이다. 이 부분에서는 치료를 각 청소년의 개별적인 필요에 따라 개별화하는 것이 가능하다. 일반적으로, 총 90분간의 전체 회기 시간 중에 약 20~30분 정도가 소요된다.
- **교육**—청소년을 위한 교육 내용은 소크라테스식 기법 또는 역할극/행동 연습을 통하여 제시된다. 이는 청소년들에게 치료에 능동적으로 참여하게 하고, (적어도 집단적으로라도) 교육 내용의 많은 것들을 이미 알고 있으며, 스스로 규칙을 만들어 나가고 있다는 유능감을 주게 된다. 이 부분은 전체 90분 회기 중에 대략 30분 정도가 소요된다.
- **행동 연습**—청소년이 배운 내용을 일상생활에서 실제 행동으로 옮기기 시작하도록 돕는 방법 중에 하나는, 청소년 집단 치료자와 보조 치료자에게서 수행에 대한 피드백을 받으면서 회기에서 새로 익힌 기술을 연습하는 것이다. 매뉴얼의 행동 연습 부분에는, 기술의 일반화를 촉진하기 위해 치료자의 가이드하에 시행할 수 있는 연습들을 제안하였다.
- **과제**—청소년 집단 치료자는 다음 주에 해야 할 과제 개요를 간단하게 알려 준다. 이번 주에 새로 배웠거나 이전에 배운 내용들과 관련된 과제를 내 줌으로써, 청소년 집단 치료자는 청소년들이 새로 배운 기술을 회기 밖에서 일반화하기 시작할 수 있게 공식적으로 방법을 제시해 주는 것이다.

- **청소년 활동**—전체적으로 보면, 청소년 자신이 집단을 계속 할 것인지를 결정해야 한다. 청소년이 집단을 재미있고 도움이 된다고 느끼지 않으면, 탈락할 가능성이 높아진다. 청소년 활동은 치료 회기에서 즐거움을 주는 부분일 뿐 아니라, 새로 배운 기술들을 다양한 수준에서 연습할 수 있는 추가적인 기회가 된다. 각 장의 청소년 치료 가이드 끝부분에 '청소년 활동 가이드'가 수록되어 있다. 90분 전체 시간 중에서 약 20분 정도를 청소년 활동에 배정한다.
- **부모와 다시 만나기**—청소년과 부모님은 회기의 마지막에 같은 방에 함께 모인다. 청소년 집단 치료자는 'buzzword(우리끼리 단어)'를 사용하여 청소년들이 회기에서 배운 것을 복습하도록 돕는다. buzzword는 이 매뉴얼 전체에 걸쳐 **둥근 고딕체**로 쓰여 있다. 이 핵심어구들은 각 회기의 중요한 내용에 대해 논의하는 데 사용하게 되는 일종의 약어로, 부모와 청소년 모두에게 강조해준다. 회기의 교육 내용과 buzzword를 점검한 뒤, 청소년 집단 치료자는 다음 주에 수행할 과제를 정식으로 공지한다. 그다음 치료팀(각 집단 치료자와 보조 치료자 포함)은 각 청소년, 부모들과 개별적으로, 과제를 완수하기 위해 어떻게 함께 노력할 것인지 간단히 협의한다. 이 부분은 일반적으로 전체 회기 90분 중에서 약 20분 동안 실행한다.
- **점수 계산**—청소년들은 졸업 파티 및 시상을 위해 매주 점수를 모은다. 청소년이 과제를 완수한 것, 회기에 참여하는 것, 그리고 규칙을 적절히 따르는 것에 대해 점수가 주어진다. 보조 치료자는 각 회기마다 개별 점수와 집단 전체의 점수를 계산한다(부록 G의 PEERS® 주간 포인트 기록지 참조). 점수의 계산은 청소년이 없는 곳에서 이루어져야 하고, 개별 점수와 집단 전체의 점수는 공개하지 않는다.

청소년 활동 가이드

각 장의 마지막에는 청소년 집단 치료자와 보조 치료자들이 청소년들의 사회화 활동을 효과적으로 촉진하는 것을 도와주는 '청소년 활동 가이드'가 수록되어 있다.

- **필요한 자료**—'청소년 활동 가이드'에 제시된 활동에 필요한 자료/물건들의 목록이다. 가능하면 이 자료들은 집단 시작 전에 안전한 곳에 보관되어야 한다.
- **규칙**—활동을 촉진하기 위한 구체적인 지침이 기록되어 있으며, 여기에는 활동 중에 청소년들을 어떻게 코치하고 점수를 주는지, 그리고 마지막에 어떻게 마무리하고 청소년들과 활동을 요약하는지가 포함된다.

연구 결과

전형적으로 발달하는 청소년들은 또래의 행동을 관찰하거나 부모님의 구체적인 가르침을 통해 사회적인 에티켓의 기본 규칙들을 습득하고 발달시킨다(Gralinski & Kopp, 1993; Rubin & Sloman, 1984). 하지만 발달 지연이나 ASD를 가진 일부 청소년들에게는 추가적인 가르침이 필요하다. ASD를 가진 청소년에게는 친구를 사귀고 유지하는 것을 배우는 것이 특히 더 어려울 수 있다. 왜냐하면 또래 관계에 필요한 에티켓을 자연스럽게 발전시키고 전달하는 것은, 또래로부터의 긍정적이고 지속적인 상호작용과 친한 친구들로부터의 배움을 통해 이루어진다. 자폐성 장애 청소년은 또래들 사이에서 고립되는 것이 흔하기 때문에, 관계에 필요한 에티켓의 부족이 더 분명히 드러나게 된다. 뿐만 아니라, 치료를 받지 않을 경우 자폐성 장애를 가진 많은 성인들은 결국 일반적인 사람에 비해 타인과의 교류나 교우관계가 부족하게 될 것이다(Baxter, 1997). 따라서 ASD를 가진 사람에게 친구를 사귀고 유지하는 기술을 가르치는 것은 일생에 걸쳐 지속적이고 중요한 영향을 끼친다.

일반적인 발달을 거친 어린이들의 경우, 대략 초등학교 4학년을 전후해서 가장 친밀한 우정이 안정적으로 형성된다(Frankel, 1996; McGuire & Weisz, 1982). 한두 명의 친한 단짝 친구를 사귀는 것은 이후의 적응에 중요한 영향을 미치며, 스트레스가 되는 인생의 사건의 충격을 완화시키고(Miller & Ingham, 1976), 자아 존중감과 양의 상관관계를, 불안과 우울증상과는 음의 상관관계를 가진다(Buhrmester, 1990). 일반적인 아이들에게 친한 단짝 친구는 사회적 기능을 향상시키지만, 또래와의 갈등은 미래의 사회적 상호작용을 억제시킬 수도 있다.

청소년들에게 사회기술을 가르치는 것은 매우 중요한 치료임에도 불구하고, 대부분의 사회기술훈련에 관한 문헌은 낮은 사회적 기능을 가진, 어린 ASD 아동을 위한 개입에 초점을 맞추고 있다(Wolfberg & Schuler, 1993). 아스퍼거장애나 고기능 자폐장애와 같은, 사회적 기능의 장애가 덜한 청소년들을 위한 사회기술훈련의 효과를 연구한 프로그램은 많지가 않다(Marriage, Gordon, & Brand, 1995). 이러한 집단을 대상으로 한 사회기술 치료가 수행되었더라도, 사회적 기능 향상 또는 친밀한 우정의 발전과 같은 측면에서 정식으로 치료 효과를 검증하지 않았거나, 부모나 선생님 보고 등을 통해 치료 장면 밖에서의 사회적인 기능이 평가되지 않았다.

발달장애와 자폐성장애 청소년의 사회적 기능 향상 및 친밀감 형성을 촉진시키는 사회기술훈련의 효과에 대해 증거 기반이 부족하다는 점이, 이 매뉴얼을 발달시키게 된 동기가 되었다. PEERS®에 대한 첫 무작위 통제 연구가 2009년 *Journal of Autism and Developmental Disorders*에 게재되었다(Laugeson, Frankel, Mogil, & Dillon, 2009). 이 연구는 PEERS® 치료를 받은 13~17세 사이의 ASD 청소년 17명을, 치료를 받지 않고 대기 중인 같은 연령대의 ASD 청소년 16명과 비교하였다. 치료 대기 중인 대조군과 비교해서 치료를 받은 군에서 전반적인 사회기술 지식이 의미 있게 향상되었고, 초대자로서 또래들과 함께 어울리는 횟수가 증가하였으며, 부모들도 자녀의 전반적인 사회기술이 향상되었다고 보고하였다. 교사가 보고한 청소년의 사회기술은 매우 많이 좋아진 경향을 보였지만 설문지 회수율이 낮아 의미를 두기는 어려웠다. 이 매뉴얼을 쓰고 있을 시점에서, 이 연구는 ASD 청소년을 대상으로 한 치료 효과 판정 연구 중에서 가장 많은 수의 대상을 포함하고 있는 연구 중의 하나였다.

PEERS®에 관한 두 번째 연구는 2012년 *Journal of Autism and Developmental Disorders*에 게재되었다(Laugeson, Frankel, Gantman et al., 2012). ASD를 가진 28명의 중 · 고등학교 청소년으로 구성된 집단에서 이전 연구와 같은 결과를 보였으며, 사회적인 반응성과 관련된 자폐증 증상이 추가적으로 의미 있게 감소되었다. PEERS® 치료를 받은 청소년들은 치료 대기 중인 청소년들과 비교해서 부모 보고에 의한 사회기술이 사회적 반응성, 사회적 의사소통, 사회적 인지, 동기, 자기주장, 협동, 책임감 등의 영역에서 현저히 향상되었고, 초대자가 되어 함께 어울리기를 하는 횟수, 사회적 예절에 관한 지식이 의미 있게 증가되었다. 이런 결과는 PEERS®가 끝난 후 14주 추적 관찰 시점에도 유지되었다. 다만, 청소년 보고에 따른 함께 어울리기 횟수는 추적 관찰 기간 동안에 의미 있게 줄어들었다. 그러나 12명의 부모 중에 7명의 부모가, 치료 전보다는 치료 후에 현저히 향상되었다고 보고하였다. 이 결과로 미루어 보건대, 아마도 부모가 참여하는 경우, 지역 사회나 다른 청소년의 집에서 이루어지는 것보다 함께 어울리기가 더 잘 유지된다고 추측할 수 있다. 이는 치료가 끝난 후에도 지속적으로 효과를 유지하기 위한 목적으로 함께 어울리기를 할 때에, 부모의 참여가 중요하다는 것을 의미하는 것이다.

한국어판 PEERS®의 효과 판정 연구는 총 47명의 12~18세 청소년들을 대상으로 한 무작위 배정 임상시험으로 진행되었다. 치료를 먼저 시작한 청소년 23명과 대기그룹에 있었던 청소년 24명을 비교하였을 때, PEERS® 프로그램을 마친 청소년들이 대인관계 및 놀이/레저 영역에서의 적응능력이 현저히 향상되었으며, 대화 및 사회적 상호작용 영역에서의 자폐증상이 의미 있게 감소되었다. 또한 치료 후에 사회적 기술에 관한 지식, 초대자로서 모임을 갖는 횟수, 자기 주장 능력과 전반적인 사회기술이 의미 있게 향상되었다. 뿐만 아니라 우울감, 불안과 사회적 위축 등의 내재 증상, 어머니의 불안이 의미 있게 감소된 것으로 나타나, 이런 연구 결과는 프로그램이 청소년의 사회성 기술 향상을 도울 뿐 아니라 2차적인 정서, 행동 증상에도 도움이 되는 것을 의미한다.

이러한 결과는 PEERS®가 ASD를 가진 청소년들이 친구를 사귀는 기술을 호전시킨다는 것을 보여 준다. 모든 연구들을 결합하여 총 61명에 대해 분석한 자료들은 이러한 결과를 더욱 설득력 있게 만든다. 두 연구 모두에서 중도 탈락률은 상당히 낮았다. 첫 번째 연구에서는 33명이 프로그램을 완료하였고 6명(14.6%)이 중도 탈락하였고, 두 번째 연구에서는 28명이 완료하였고 4명(12.5%)이 중도 탈락하였다. 이는 대부분의 외래 환자 치료에서 프로그램 경과 중에

43%에서 59% 정도가 중도 탈락한다고 보고한 것과는 대조적인 결과이다(Frankel & Simmons, 1992). 한국의 청소년을 대상으로 한 연구에서는 총 55명의 참여자 가운데 8명(14.5%)이 중도 탈락하여 UCLA 그룹의 연구와 비슷한 탈락률을 보였고, 끝까지 참여한 청소년의 전체 회기에 대한 결석률은 1.8%에 불과하였다(Yoo et al., 2013).

학교 상황에서 PEERS®의 사용

2008년에 시애틀, 워싱턴, LAKE 워싱턴 학군에서의 Autism Spectrum and Treatment(ASTAR)와 협력하여, 학교 상황에서의 PEERS®에 대한 시범 연구를 시행하였다. 이 시범 연구는 치료진이 주도하고 부모가 함께 참여하는 방과후 프로그램으로 구성이 되었다. 결과는 상당히 긍정적이었으며, 이전 결과와 일치되는 것으로 나타났다.

이 매뉴얼을 제작하고 있는 시점에서, PEERS®는 LA 지역 내의 ASD 아동을 위한 사립학교인 Village Glen 학교의 자조모임에서 효과 검증을 위한 연구가 진행 중이었다. Nathan and Lily Shapell Foundation의 후원으로 진행된 이 연구는, Help-Group UCLA Autism Research Alliance의 일부로 진행이 되고, 80명이 넘는 ASD 중학생을 대상으로 친구 사귀는 기술 향상에 대한 효과를 검증하기 위해 수행된다. 훈련된 교사가 치료를 주도하는 모델을 사용하여 매일 교실에서 20~30분간 PEERS®를 가르치게 된다. 부모님은 매주 심리교육적인 유인물을 받게 되는데, 여기에는 이 프로그램의 중요 특성과, 자녀들의 교우 관계를 향상시키는 노력을 돕는 방법이 기술되어 있다. 14주 동안의 치료의 결과는 Village Glen 학교에서 진행되는 기존의 사회기술 수업과 비교될 것이다.

젊은 성인(20대~40대)에서의 매뉴얼 사용

젊은 성인기에는 진학, 구직, 사회적 네트워크 형성, 집안 살림을 관리하기 위한 일의 증가, 이성 관계의 구축과 같은 다양한 도전에 직면하게 된다. 이런 모든 영역에서, 어느 정도 이상의 사회적 기술의 습득을 필요로 하는데, 불행히도 자폐증을 가진 젊은 성인들은 이런 기술들을 충분히 갖추고 있지 못하다. 치료를 받지 않으면, 이러한 사회적인 어려움은 우울, 불안, 사회적 고립, 외로움과 같은 증상으로 이어질 가능성이 높다. ASD를 가진 어린이와 청소년에 대해서는 상당히 많은 연구가 이루어졌음에도 불구하고, 자폐증을 가진 젊은 성인들을 위한 효과가 입증된 서비스는 거의 없는 형편이다.

이 매뉴얼을 집필하고 있을 당시, 18세에서 23세의 ASD를 가진 젊은 성인들의 교우 관계 기술의 향상에 있어서, 성인용으로 각색된 PEERS® 매뉴얼의 효과를 입증하기 위한 연구가

Help Group-UCLA Autism Research Alliance의 주도하에 진행되고 있었다. 젊은 성인들에게 사회적 예절의 규칙을 가르치는 수업에 부모와 양육자들도 매주 참석하게 된다. 14주의 치료 기간 동안, 사회적 의사소통, 적절한 우정관계 선택하기, 사회적 활동 조직하기, 사회적 거절에 대처하기, 사회적 압력이나 부당하게 이용당하는 것에 저항하기, 데이트 예절 등과 같이, 친구 관계를 만들고 유지하기 위한 핵심 기술을 가르치게 될 것이다.

이 연구는 2012년에 *Journal of Autism and Developmental Disorders*에 게재되었는데 (Gantman, Kapp, Erenski, & Laugeson, 2012), 치료를 받은 성인들 자신은 고독감이 현저히 감소하였다고 보고하였으며, 사회기술에 대한 지식이 의미 있게 향상된 것으로 나타났다. 보호자들은 치료를 받은 성인들에서 전반적인 사회기술, 사회적 반응성, 공감, 그리고 모임을 갖는 횟수가 늘어났다고 보고하였다. 이는 성인들을 위한 PEERS® 프로그램이 성인 ASD 환자들에서 사회기술을 향상시키는 효과가 있음을 입증한 것이다.

2

치료를 위한 준비

제2장　치료를 위한 준비

02 치료를 위한 준비

선별

청소년을 집단에 포함시키기에 앞서, 청소년이 그 집단에 적절한지 평가하고, 집단에 대해 갖고 있는 기대를 파악하기 위해 전화 상담과 초기 면담을 통한 사전 선별을 하는 것이 좋다. 이런 면담을 수행하는 가장 중요한 목적은 청소년이 이 집단에서 제공하는 교육을 이해하고 따라 갈 수 있는 충분한 언어능력을 가지고 있는지, 참석하고자 하는 동기가 분명히 있는지, 참여를 어렵게 하는 행동 문제는 없는지(예 : 폭력적 행동), 부모가 과제 수행에서 자신의 역할을 담당하는 데 동의하는지를 확인하고 파악하는 것이다. 정말 이 집단에 참여하고 싶어 하는 청소년만이 프로그램에 참여할 수 있게 하는 것이 중요하다.

전화 상담을 통한 사전 선별은 일반적으로 10~15분 정도 진행되며, 반드시 전문 자격을 갖춘 치료자가 수행할 필요는 없다(전화 상담 대본, PEERS® 전화 상담 자료 양식 참고). 전화 상담을 통한 사전 선별이 진행되는 동안, 청소년이 구두로 제시되는 프로그램의 내용을 따라 올 수 있을 정도의, 평균 이상의 지적 능력을 갖고 있는지 파악하는 것이 중요하다. 언어능력 및 청소년의 참여의사에 관련해서는 부모 또는 보호자에게 분명한 기준을 알려줄 것을 적극 권한다. 'PEERS® 전화 상담 대본' 예시는, PEERS®를 통해 도움을 받을 수 있는 청소년들을 선별하고, 필수적인 기초 정보를 확인할 수 있도록 고안되었다. 선별 과정을 도와줄 'PEERS® 전화 상담 자료 양식'도 첨부되어 있다.

전화 상담 대본

"전화해 주셔서 감사합니다!"

[전화한 부모의 성명을 묻는다.]

질문 : 우리 프로그램에 의뢰해 주신 분은 누구십니까? 우리 프로그램을 어떻게 알게 되셨습니까?

프로그램에 대하여 간략하게 소개해 드리겠습니다. PEERS®는 중 · 고등학교에서 친구를 사귀거나 유지하는 데 어려움을 겪는 청소년을 위한 프로그램으로, 부모님이 함께 참여하여 도와주는 '부모 조력형' 치료 프로그램입니다.

14주에 걸쳐서 일주일에 한 번씩, 매주 90분 동안 같은 시간에, 부모님과 청소년 프로그램을 각각 따로 진행하게 됩니다. 이 집단은 대화기술, 대화에 끼어들고 빠져나오는 기술, 친구들에게 전화하기를 비롯한 전자 매체를 이용한 의사소통 방법, 올바른 친구를 선택하는 방법, 놀림이나 괴롭힘을 포함하여 거절을 당했을 때 대처하는 방법, 친구들과 논쟁이나 의견 대립을 다루는 방법, 좋은 초대자와 스포츠맨 되기 등과 같이, 친구들과 적절하게 모임(우리는 이를 '함께 어울리기'라고 합니다.)을 갖는 방법 등과 같은 기술에 중점을 두고 있습니다. 부모님은 집단 밖에서 사회기성에 대한 코치 또는 조언자로서, 자녀들이 친구를 만들고 유지하는 것을 어떻게 도와주어야 하는지 배우게 될 것입니다. 청소년 집단에서 청소년들은 먼저 그날 배울 내용에 대한 수업을 한 뒤에, 보드게임, 카드게임 또는 기타 야외활동 등과 같은 사회적 활동을 통해 그날 배운 모든 기술을 바로 연습할 것입니다. 또한 청소년들이 배운 내용을 연습할 수 있도록 매주 과제가 주어질 것입니다. 수업은 _______(날짜와 시간 삽입)에 진행됩니다. 총 수업 기간은 14주이며, 다음 회기는 _______부터 _______까지입니다. 14주 중에 최소한 11주는 동일한 부모님이 참석할 수 있어야 과정에 등록할 수 있습니다.

→ 만약 부모님이 참석에 대하여 뭔가 절충이 필요하거나, 가족이 3번 이상 불참할 예정이거나, 가족이 첫 번째와 두 번째 시간에 참석하지 못한다면 등록에서 제외하십시오.

질문 : 이 과정에 관심이 있으십니까?

[만약 관심이 없다면, 대체할 수 있는 다른 사회기술 집단의 목록에 있는 프로그램에 의뢰합니다.]

[만약 관심이 있다면, 아래와 같이 계속 진행하십시오.]

질문 : 당신의 자녀가 이 과정에 참여하는 데에 관심 있어 할 것 같습니까?

누구도 이 집단에 참여할 것을 강요하지 않는다는 것을 아는 것이 매우 중요합니다. 즉, 당신의 자녀가 이 집단에 기꺼이 자발적으로 참여하려고 해야 한다는 의미입니다. 이 부분에 있어서 자녀분과 더 상의할 시간이 필요하십니까?

[만약, 문제가 없다면, 전화 상담을 진행하십시오.]

예, 좋습니다! 우선 당신과 당신의 자녀가 이 프로그램에 참여 대상이 되는지 판단하기 위한 몇 가지 간단한 질문을 드리겠습니다. 대답하시는 모든 내용들은 비밀이 유지될 것입니다. 또한 등록에 필요한 자료들을 보내기 위해 연락처를 알려주시기 바랍니다.

질문 : 자녀의 성명이 어떻게 되나요?

질문 : 자녀의 나이는 어떻게 되나요?

질문 : 자녀의 생년월일은 어떻게 되나요?

질문 : 자녀는 몇 학년인가요?

[반드시 중 · 고등학교 학생이어야 하며, 나이가 17세라도 대학생이라면 등록에서 제외하십시오.]

질문 : 자녀가 재학 중인 학교의 이름은 무엇인가요?

질문 : 자녀가 학교에서 특수 교육을 받고 있나요?

만약 특수 교육 중이라면, 물어보십시오. 그렇다면 몇 학년 정도 수준의 교육을 받고 있나요?

[만약 6학년 수준 이하라면 등록에서 제외하십시오.]

질문 : 자녀분은 친구를 만들고 유지하는 데에 어떤 문제가 있나요?

- 학교에서 친구가 없음
- 새로운 친구를 사귀지 못함
- 친구관계를 지속적으로 유지하지 못함
- 함께 어울리거나 친구와 모임을 갖지 못함
- 놀림을 받거나 괴롭힘을 당함
- 친구들과의 관계가 공격적임
- 생일파티나 친구 집에 초대받지 못함
- 다른 아이들이 자녀를 싫어함

→ 다음에 해당된다면 등록에서 제외하십시오.

- 청소년의 언어능력이 부족함
- 청소년이 자발적으로 참여에 동의하지 않음

→ 다음에 해당된다면 등록에서 제외하는 것을 고려하십시오.

청소년이 강하게 다른 사람들로부터 분리되고 싶어 함(그래도 청소년이 이 집단에 관심이 있는지 확인하십시오. 만약 관심 있어 한다면 제외하지 마십시오.)

질문 : 자녀가 학교에서 어울리는 친구 그룹이 있나요?

질문 : 자녀가 또래 친구들과 모임을 갖나요? 자녀가 친구들을 집에 초대하나요?

질문 : 이러한 모임들은 주로 어떻게 진행되나요?

질문 : 자녀가 어떤 종류의 게임이나 활동을 좋아하나요?

질문 : 자녀가 운동이나 스포츠를 하나요?

질문 : 자녀가 클럽이나 학업 외 활동을 하나요?

질문 : 자녀가 집에서 중요한 행동 문제를 일으키나요?

질문 : 혹시 학교에서 선생님으로부터 자녀의 중요한 행동 문제에 관련하여 들으신 바가 있으신가요?

→ 만약 다음과 같은 행동 문제가 있다면 등록에서 제외하십시오.

- 어른이나 또래친구에게 폭력적 · 공격적 행동
- 1 : 1 도움 없이는 기능을 할 수 없음
- 청소년이 그룹 안에서 기능하기 어려움
- 환경을 제한하거나 규칙을 설정하는 것이 청소년에게 효과가 없음

질문 : 자녀가 심리학적이나 의학적 진단을 받은 경험이 있나요?

→ 다음에 해당된다면 등록에서 제외하십시오.

- 심각한 언어장애 또는 발음 문제
- 낮은 기능의 자폐증
- 신체적 또는 의학적 장애(운동활동에 참여할 수 없는 정도)
- 시각장애 또는 청각장애
- 주요 정신과적 질병(조현병, 양극성장애/조울증, 주요 우울증)

질문 : 자녀가 약물을 복용중인가요? [이름과 투약정보를 확인하십시오.]

앞서 언급했듯이 이 프로그램에는 부모님 집단이 포함되어 있으며, 부모님 한 분의 지속적인 참여가 필요합니다. 또한 다른 한 분의 참여도 언제든지 환영합니다.

질문 : 자녀와 함께 프로그램에 참석하실 부모님이 누구인가요?

→ 만약 부모님이 참석에 대하여 절충이 필요하다면 등록에서 제외하십시오.

질문 : 재차 확인을 위해 여쭈어 봅니다. 당신은 청소년과 어떤 관계입니까? (예 : 당신은 자녀의 친어머니입니까?)

질문 : 양부모가 모두 계십니까? 부모 한 분만 계십니까?

질문 : 자녀가 형제자매가 있습니까? [형제자매의 나이와 성별을 확인하십시오.]

우리 프로그램이 당신의 자녀에게 적합한 것 같습니다. 과정에 등록하기 위해 제가 설문지들을 메일로 보내드릴 것입니다. 설문지를 작성하여 제출하시는 데 약 20~30분 정도 소요될 것입니다. 설문지를 받아 본 후에, 부모님과 자녀분이 함께 약 1시간 정도의 초기 면담을 할 수 있는 시간약속을 하기 위해, 다시 전화를 드리겠습니다. 초기 면담을 하는 것은 우리 프로그램이 알맞은지, 이 프로그램이 자녀에게 도움이 될지를 결정하기 위한 것입니다. 초기 면담을 마친 후 이 과정이 자녀에게 도움을 줄 수 있다고 판단되면, 공식적으로 자녀를 대기 명단에 등록하고, 참여가 가능한 다음 번 과정이 시작할 때 참여할 수 있도록 하겠습니다. 설문지 양식을 작성하여 제출하고, 초기 면담이 완료되기 전까지는 대기 명단에 등록되지는 않습니다.

질문 : 혹시 다른 궁금하신 사항이 있으신가요?

좋습니다! 전화해 주셔서 감사합니다. 며칠 이내로 설문지 양식을 받게 되실 것입니다. 과정에 등록이 가능한 숫자가 제한되어 있으니 가급적 빠른 회신을 부탁드립니다. 혹시 다른 궁금하신 사항이 있으시다면 언제라도 부담 없이 전화해 주십시오.

PEERS® 전화 상담 자료 양식

Program for the Education and Enrichment of Relational Skills(PEERS®)

선별 면담자 :		날짜 :
청소년 이름 :	남 여	생년월일 :
나이 :	학년 :	학교 :
의뢰인 :		

가족 정보

가족 유형 :

- ❒ 친부모
- ❒ 입양부모
- ❒ 위탁양육
- ❒ 그룹홈
- ❒ 양부모
- ❒ 편부모
- ❒ 기타 : ___________________

초기 면담 참석 예정자 :

- ❒ 친모
- ❒ 친부
- ❒ 계모
- ❒ 계부
- ❒ 기타 : ___________________

개인 정보

부모 이름 :		
주소 :	E-mail :	
집전화 :	직장전화 :	휴대폰 :
진단 :	약물 :	
IQ 지수/구분 :	학교 형태 :	
포함 기준(해당사항 모두 체크)	제외 기준(해당사항 모두 체크)	
❒ 중 · 고등학교 학생 ❒ IQ 70 이상 ❒ 사회적 문제 ❒ 부모와 자녀가 한국어에 능숙함 ❒ 부모 또는 보호자의 자발적 참여의사 ❒ 청소년의 자발적 참여의사	❒ 주요 정신과 질환(조현병, 양극성장애 등) 구체적 기술 : ❒ 신체장애(야외 활동이 어려울 정도) 구체적 기술 : ❒ 의학적 문제(참여가 어려울 정도) 구체적 기술 :	
행동 문제(해당사항 모두 체크)		
❒ 부적절한 교실 내 행동 ❒ 가정/학교에서의 행동 문제로 학업에 저해가 됨 ❒ 폭력성/공격성 ❒ 방화 ❒ 절도	❒ 심각한 기물 파손 ❒ 논쟁적/떼쓰기/불복종 ❒ 부모가 자녀를 두려워함 ❒ 행동 문제로 인한 입원치료 경력 ❒ 기타(구체적 기술) :	
사회적 문제(해당사항 모두 체크)		
❒ 함께 어울리거나 모임을 하지 않음 ❒ 학교/지역사회에서 친구가 없음 ❒ 사회적 고립/위축 ❒ 사회 불안 ❒ 친구를 사귀기 어려움 ❒ 친구관계를 유지하기 어려움	❒ 부적절한 또래 그룹 ❒ 또래에게 공격적이거나 짓궂음 ❒ 놀림을 받거나 괴롭힘을 당함 ❒ 또래들로부터 거절당함 ❒ 사회적으로 어색함 ❒ 사회적 신호를 이해하기 힘듦	
기타 특이사항 :		

부모와 청소년 초기 면담

PEERS® 치료 집단에 등록하기에 앞서서, 부모 또는 보호자와 청소년 모두와 초기 면담을 가질을 적극 권한다. 이 초기 면담은 일반적으로 약 50분 정도 소요된다. 권장되는 면담의 구성은, 5분 동안의 부모/보호자 및 청소년과의 인사, 20분 동안의 청소년과의 개별면담, 청소년이 치료 전 설문지를 작성하는 동안 20분 동안의 부모/보호자와의 개별면담, 나머지 5분 동안 부모와 청소년이 함께하는 마무리 시간으로 이뤄지는 것이다. 면담 사이의 대기시간은 부모와 청소년이 치료 전 설문지를 작성하는 시간으로 유용하게 활용될 수 있다.

인사

면담의 첫머리에는 가족을 환영하는 간략한 인사와 함께, 초기 면담의 절차를 소개하는 것이 좋다. 이렇게 시작할 수 있다. "오늘 우리가 무엇을 할지 잠시 설명해 드리겠습니다. 먼저, 전 오늘 우리가 왜 만남을 가지는지에 대해 여기 있는 모두가 확실하게 이해하고 있는지 확인하고 싶습니다. _______ (청소년의 이름), 오늘 왜 이 자리에 함께 있는지 알고 있니?" 이 시점에서 당신은 청소년이 이 자리에 대하여 어떻게 이해하고 있는지 설명할 기회를 줄 수 있으며, 방문의 목적에 대해 잘못 이해하고 있는 점이 있는지 확인할 수 있다. 만약 청소년이 이 자리의 목적에 대하여 확실히 이해하지 못하고 있다면 당신은 이렇게 말할 수 있다. 여기는 네 또래의 청소년들에게 친구를 사귀고 유지하는 방법을 가르쳐 주기 위한 집단이다. 이 집단은 일주일에 한 번씩 14주에 걸쳐서 매주 만나게 된다. 네가 이 집단에 참여하길 원한다면, 너와 부모님은 이 집단에 참여하게 될 것이다. 오늘 우리는 이 집단이 너와 부모님 모두에게 잘 맞을지 확인하기 위해 만난 것이다. 너와 부모님에게 이 집단이 알맞은지를 파악하기 위해, 학교, 친구들, 네가 좋아하는 것 등에 관해 몇 가지 질문을 할 것이다. 괜찮겠니?

청소년이 당신이 질문하는 것에 동의한다면, 초기 면담의 구성에 대한 설명을 계속하면 된다. 이렇게 말할 수 있다. 이제 우리가 왜 이 자리에 있는지 모두가 분명히 이해했기 때문에, 부모님과 청소년을 따로 개별적으로 이야기할 수 있는 시간을 가졌으면 합니다. 먼저 _______(청소년의 이름)와 함께 약 20분 정도 대화하고, 그다음 _______(부모의 이름)씨와 약 20분 정도 대화하려고 합니다. 각자 기다리는 시간 동안 제가 드리는 간단한 설문지를 작성해 주시기 바랍니다. 이 설문지 양식은 사회적인 상황에서 _______(청소년의 이름)에게 어떤 일들이 일어나고 있는지 이해하는 데 도움이 될 것입니다. 끝날 무렵에, 다시 다 함께 모여 이 집단이 모두에게 적절한지 다시 한 번 이야기하도록 하겠습니다. 괜찮겠습니까?

청소년 면담

청소년 면담을 시작하면서 잠시 동안 청소년에게 치료 프로그램에 대하여 설명해 주는 것이 도움이 될 것이다. 이렇게 말할 수 있다. 잘 알다시피, 지금부터 학교, 친구들 그리고 네가 좋아하는 것들에 대해 몇 가지 질문을 할 것이다. 그 전에 우리 집단에 대하여 잠깐 설명하려고 한다. 우리 프로그램의 이름은 PEERS®라고 하며, 이 프로그램의 목적은 청소년들이 친구를 사귀고 유지하는 방법을 배우도록 도와주는 것이다. 우리는 우정을 맺고 유지하는 데 필요한 중요한 기술을 가르쳐 줄 것이다. 여기에는 어떻게 올바르게 대화하는지, 어떻게 다른 청소년들에게 다가가서 대화에 참여하고, 어떻게 다른 청소년과 함께 어울리고 모임을 갖는지 등이 있다. 또한 우리는 친구들과 갈등이 생겼을 때 대처하도록 도와주는 기술들도 알려 줄 것인데, 여기에는 놀림을 받거나 괴롭힘을 당할 때 어떻게 해야 하는지, 친구와의 논쟁을 어떻게 풀어가는지, 심지어 어떻게 나쁜 평판에 대처할 수 있는지 등이 포함된다. 우리는 너에게 이러한 기법을 가르쳐 줄 뿐만 아니라, 이것들을 매주 집단 안에서 연습하고, 각 회기 사이에는 집단 밖에서 연습할 수 있게 할 것이다. 일반적으로 집단은 너와 비슷한 연령의 8~10명의 청소년으로 구성된다. 네가 청소년 집단에 참여하는 동안, 부모님은 다른 방에서 부모님 집단에 참여하게 된다. 부모님 집단을 하는 이유는, 청소년들이 배우는 내용들을 부모님도 똑같이 배우고, 네가 새로운 친구를 사귈 수 있는 곳을 부모님이 알아낼 수 있게 도와 드리기 위한 것이다. 이 집단은 언제나 즐겁고, 대부분의 청소년들이 과정이 끝나는 14주에는 우정을 만들고 유지하는 기술을 향상시킬 수 있다는 것이 좋은 점이다. 프로그램에 좀 관심이 있니? 혹시 프로그램에 대하여 궁금한 것이 있니? 당신은 질문에 대해 대답하고 초기 면담을 진행한다(청소년 초기 면담 체크리스트 참고).

청소년과 면담하는 동안, 청소년과 라포를 형성하고, 이 집단에 참여할 것인지 여부는 전적으로 청소년의 결정에 달려 있다는 사실을 알려 주는 것이 매우 중요하다. 청소년이 이 집단에 참여하기 위해서는 청소년 본인이 원해야 한다는 점을 확실하게 전달해야 한다. 만약 청소년이 참여에 동의하는 것을 꺼려 한다면, 청소년이 동의하기 전까지 집단에 포함시키지 말고 기다리는 것이 좋다. 이런 경우에는, 다음 단계로 진행하기 전에 청소년이 면담자에게 직접 참여에 대한 의사를 표현하도록 요청한다. 청소년이 집단 참여에 동의하기를 주저하는 경우, 면담자는 부담 갖지 말고 면담을 중지하고, 부모와 청소년이 다시 함께 모여 이 문제에 대해 논의한다. 즉, 청소년이 이 집단에 참여하기를 원치 않으며, 청소년이 치료받기를 원한다는 확신 없이는 이 면담이 진행될 수 없음을 부모에게 알린다. 이런 경우에 부모는 흔히 강압적으로 자녀가 동의하도록 시키는데, 그런 일이 일어날 경우 면담자는 초기 면담을 지속하는 것에 대해 매우 신중해야 한다. 청소년이 참여를 꺼리는 가족을 포함하게 되면 집단의 결속을 저해하고, 중도 탈락이 많아진다.

부모/보호자 면담

부모 또는 보호자 면담을 통해, 청소년의 사회적, 심리학적, 의학적 그리고 발달과정에 대한 충분한 정보를 얻어야 한다. 특히, 이전 또는 현재의 정신의학적 진단뿐만 아니라 정신의학적 평가 및 치료(약물치료 포함)에 대한 포괄적인 정보를 얻도록 한다. 부모 또는 보호자가 자녀의 사회적 문제에 대한 걱정거리를 설명할 시간을 충분히 주면서, PEERS® 커리큘럼을 통해 부모의 걱정을 충분히 다룰 수 있는지, 아니면 다른 치료법이 더 적절할지, 혹은 추가적인 의뢰가 필요할지를 신중히 고려하는 것이 매우 중요하다.

이 시점에서 치료 중에 부모 또는 보호자가 무엇을 해야 하는지 조심스럽게 설명해야 한다. 구체적으로는 다음과 같은 것들이다.

- 각 회기에는 항상 동일한 부모가 참석해야 한다.
- 치료적 개입을 하는 동안 자녀들이 새로운 친구들과 쉽게 함께 어울리기를 할 수 있도록, 충분한 자유시간을 확보해야 한다.
- 부모는 집단이 시작될 때부터 자녀들이 가입하여 활동할 수 있는 학업 외 활동을 찾기 위해 노력해야 한다. PEERS® 매뉴얼은 이를 도울 수 있도록 설계되어 있지만, 이 활동을 완수할 수 있도록 충분히 동기부여가 되어 있어야 한다.
- 부모들은 이 치료가 고도로 구조화되어 있어서, 우정을 촉진시키기 위해 고안된 매 회기의 주제가 정해져 있고, 또 회기마다 과제가 주어진다는 점을 이해해야 한다. 부모를 지지해 준다거나, 과제를 하는 데에 걸림돌이 되는 문제에 대해 논의하는 것 이외의 주제를 다룰 시간은 거의 주어지지 않을 것이다.
- 부모는 자녀에게 치료적 개입이 필요하다는 것에 동의해야 하며, 그렇지 않은 경우에는 집단에 참여하는 것에 대해 다시 생각해 보아야 한다. 부모가 회기의 형식이나 치료의 목표를 바꿀 수는 없다.
- 또한 부모들은 이 집단의 목적이 자녀들로 하여금 친구를 만드는 데에 필요한 기술들을 가르치는 것이라는 사실을 이해해야 한다. 이 집단에 참여하는 다른 청소년들은 이러한 기법을 연습하기 위한 대상이 된다. PEERS®가 진행되는 14주 동안에는 그 어떤 방식으로든 집단에 참여하는 다른 청소년들과 집단 밖에서 어울리는 것이 금지될 것이다(글상자 2.1 세부설명 참고). 청소년들에게 주어지는 과제 중에는 다른 집단 구성원과 전화 통화하기가 있는데, 이 과제는 단지 대화 기법을 연습하기 위한 것일 뿐이지, 집단 구성원이 만나서 어울리게 하기 위한 것은 아니다. 청소년들은 매주 다른 집단 구성원과 통화하도록 배정될 것이다. 이 과제는 이후에 집단에 속하지 않은 다른 청소년들에게 전화하는 것으로까지 확장된다. 〈글상자 2.1〉을 보면, 학교 프로그램에서 운영되는 집단에도 이 규칙은 적용되는 것이며, PEERS®를 시작하기 전부터 서로 알고 있는 청소년일지라도 집단 내에서 사교적인 만남을 위해 연락하는 것은 금지된다는 점을 분명히 하고 있다. 치료 시작 전부터 서로 알고 지내던 청소년들이라면, 집단에 참여하는 동안에는 집단 밖에서 만나는 것을 중단하는 것에 동의하게 할 것을 권한다.

글상자 2.1
치료 기간 동안 집단 구성원들과 따로 만나는 것을 금지하는 이유

1. 집단에서 가르치는 기법들과 서로 모순될 수 있다.
   a. 청소년들은 실제로 집단 밖에서 서로 만나기를 원치 않을 수 있다. 다른 집단 구성원들과의 만남을 금지하는 것은 불편한 상황을 피할 수 있는 좋은 방법일 수 있다.
   b. 부모들은 자녀들이 서로 친구가 되지 않는 것이 좋겠다고 느낄 수 있다.
2. 집단 구성원 사이에 부정적인 감정을 유발한다.
   a. 회기 후에 이루어지는 사교적 만남은, 일부 집단 구성원 간의 파벌 형성을 통한 경쟁심과 부정적인 감정을 유발할 수 있다.
   b. 기술을 배우기 전에 다른 집단 구성원과 함께 어울리는 것은 청소년들 사이에서 좋지 않은 상호작용을 불러 일으킬 수 있다.
   c. 집단 밖에서 만남으로써 야기되는 집단 구성원 간의 갈등은 집단 내에 긴장을 유발시킬 수 있으며, 이로 인해 집단으로부터 조기 탈락하게 만들 가능성도 있다.
3. 회기 중에 연락하기를 금지함으로써 부모와 자녀에게 다음을 가능하게 한다.
   a. 특정 집단 구성원이 소외감을 느낄 걱정 없이, 자유롭게 과제에 대해 보고할 수 있다.
   b. '잠재적 친구'에게서 소원해지는 것에 대한 걱정 없이 그들의 속마음을 서로에게 말할 수 있다.
   c. 서로 사회적 문제를 해결하기 위해 도와줄 수 있도록 노력함으로써 신뢰를 유지할 수 있다.

출처 : Frankel & Myatt, 2003

부모 또는 보호자 면담을 마무리할 때, 이 치료가 그 가족에게 적절한가의 결정에 관해 논의해야 한다. 청소년이 PEERS®에 적합하다면, 청소년을 다시 만나기 전에 부모에게 이 집단에 참여할 것인지의 여부를 결정할 기회를 주도록 한다. 만약 청소년에게 이 치료법이 적절하지 않다고 생각되면, 그 이유에 대하여 설명하고 적절한 다른 대안을 제공한다.

마무리

부모 또는 보호자와 치료자가 모두 청소년에게 이 프로그램이 적합하다는 것을 확인했다면, 잠시 동안 부모/보호자와 청소년을 함께 만나서 청소년에게 이를 말해 주고, 이 프로그램이 어떻게 진행될 것인지 가족에게 알려 준다. 청소년이 프로그램에 받아들여지면 치료자는 다음과 같이 말할 수 있다. _______(청소년 이름)과 _______(청소년 이름)의 부모님은 우리 프로그램에 참여하게 될 것입니다. 아시는 바와 같이 우리 집단은 총 14주 동안 매주 90분씩 만나고 있습니다. _______(청소년 이름)과 부모님과 같이 우리 집단에 대한 몇 가지 정보를 나누고 싶은데 혹시 궁금한 점이 있으면 얼마든지 질문해도 좋습니다. 이 시점에서 시작일자, 시간, 프로그램을 진행하는 장소, 약도 및 주차안내, 배우게 될 기술의 목록 등의 총괄적인 정보가 담긴 '환영 편지'를 가족에게 제공하는 것이 도움이 된다. 이 '환영 편지' 안에, 규칙적으로 참여하고 정시에 도착하는 것이 프로그램의 성공에 필수적이라는 사실을 넣는 것도 좋다('환영 편지' 예시 참조). 부모에게 회기에 형제나 자매를 데리고 오지 않도록 주의를 주어야 한다. 이 규칙의 예외는, 성공적인 참여가 가능하도록 도움을 줄 수 있는 손위의 성인 형제, 자매가 관여하는 경우이다(예를 들어, 부모가 한국어를 하지 못하는데 집단은 오직 한국어로만 진행되는 경우, 한국어를 할 수 있는 성인 형제, 자매를 참여시키는 것).

청소년 초기 면담 체크리스트

1. 부모님께서 여기에 온 목적을 설명해 주셨나요?

   ❒ 정확한 목적을 대답 ❒ 모름 ❒ 틀린 목적을 대답

2. 우리는 친구를 사귀고 관계를 유지하는 방법을 알려 주는 수업을 합니다. 이런 것에 관심이 있습니까?

   ❒ 예 ❒ 아니오 ❒ 모름

3. 당신이 좋아하는 활동에 대하여 알고 싶습니다. 학교에서 친구들과 자유롭게 어울릴 수 있는 시간이 있습니까(점심, 등교 전/방과 후)?

   ❒ 예 ❒ 아니오(4번 문항은 건너 뛰세요.)

4. 주로 그 시간에 무엇을 합니까?

   ❒ 다른 친구들과 함께 시간을 보냄 ❒ 혼자 시간을 보냄

5. 학교에서 늘 함께 어울리는 친구들이 있습니까?

   ❒ 예 ❒ 아니오(9번 문항으로 가세요.)

6. 그 친구들의 이름은 무엇입니까?

   ❒ 이야기하지 않음 ❒ 2~3명의 친구 이름을 이야기함

   ❒ 4명 이상의 친구 이름을 이야기함

7. 그 친구들은 당신과 같은 학년입니까?

   ❒ 같은 학년 ❒ 높은 학년 ❒ 낮은 학년 ❒ 어른

8. 그 친구들과 어떻게 만납니까?

   ❒ 함께 결정해서 만남 ❒ 항상 같은 장소에서 만남

   ❒ 친구가 있는 곳을 내가 찾음

9. 학교 밖에서 친구들과 주로 무엇을 합니까?

   ❒ 이야기/어울리기 ❒ 쇼핑/쇼핑몰 가기 ❒ 전화/인터넷

   ❒ 운동/스포츠 클럽 : ❒ 게임 : ❒ 기타 :

10. 클럽/동아리나 팀에 소속된 적이 있나요?

    ❒ 예 ❒ 아니오

11. 집에서 하는 게임이나 스포츠 중에 좋아하는 것은 무엇인가요?

    ❒ 없음 ❒ 보드/카드게임 : ❒ 운동/스포츠

    ❒ 전자/비디오/컴퓨터게임 : ❒ 기타 :

12. 친구와 함께 어울리는 모임을 가지나요?

    ❒ 예 ❒ 아니오(면담을 끝내세요.)

13. 친구와 함께 어울릴 때 무엇을 하는 것을 좋아하나요?

❐ 이야기하기/어울리기　❐ 게임　❐ TV나 영화 보기　❐ 음악 듣기

❐ 전자/비디오/컴퓨터게임　❐ 운동/스포츠 :

❐ 기타 :

14. 가장 마지막으로 친구와 함께 어울리는 모임을 가진 것은 언제입니까?

❐ 1주일 이내　❐ 1개월 이내　❐ 1개월 이상

15. 마지막으로 어울리는 모임을 함께 한 청소년의 이름은 무엇입니까?

❐ 이름 :　❐ 기억 안 남

16. 함께 무엇을 했나요(구체적인 답변을 하도록 촉구해 주세요.)?

❐ 여러 가지 활동　❐ 주로 전자/비디오/컴퓨터게임/TV 시청

17. 청소년이 친구를 사귀고 관계를 유지하는 방법에 대해 배우는 것에 대해 관심을 표현하나요?

❐ 흥미 없음, 친구가 많이 있음

❐ 수업에 대해 궁금한 점을 물어보며 관심을 표현함

❐ 수업에 대해 분명한 흥미를 가짐

전반적인 인상

지남력×3(사람, 장소, 시간)	❐ 예	❐ 아니오	
기분과 정동이 상황에 적절한가?	❐ 예	❐ 아니오	
조사자와 관계 형성이 되었는가?	❐ 쉽게	❐ 처음에 어렵다가 면담 후반에 가능함	
	❐ 형성되지 않음		
인지 능력	❐ 평균 이하	❐ 평균	❐ 평균 이상
사회 성숙도	❐ 실제 연령보다 1년에서 2년 부족		
	❐ 실제 연령 수준	❐ 실제 연령 이상 수준	

(출처 : Frankel & Myatt, 2003)

PEERS®에 참여하게 되신 것을 환영합니다!(환영 편지 예시)

- 귀 가족의 PEERS® 프로그램 참여가 확정되었습니다. 본 프로그램은 _____월 _____일에 시작되며, 오후 _______시부터 _______까지 진행됩니다.
- 이 프로그램을 통한 긍정적 효과를 충분히 얻기 위해서는 정기적인 출석, 그리고 지각을 하지 않는 것이 매우 중요합니다. **만약 3회기 이상 결석하시게 되거나 초반 1, 2회기의 참석이 어려우신 경우에는 다음 집단에 참여하시기를 권유드립니다.** 우리는 매주 만나게 되며, 주요 휴일을 피하여 일정을 잡습니다. 첫 회기 때 결석 예정일 양식을 나누어 드릴 것입니다.
- 매 회기마다 항상 **동일한 부모**가 참석하는 것이 중요합니다. 청소년들에게는 부모님의 지도 및 감독이 필요한 과제를 매주 제공할 것입니다(예 : 집단 구성원들과 전화 주고받기, 대화기술을 연습하기 위해 친구와 통화하기, 집단 구성원이 아닌 사람과 함께 어울리기 등). **다른 한 부모님의 참석도 언제나 환영하오나, 매주 부모가 바뀌는 것은 지양합니다.**
- 집단 회기에 오실 때에는 청소년의 형제/자매를 **동행하지 말아 주시기를** 부탁드립니다.
- 청소년 집단은 ____________선생님이, 부모 집단은 ____________선생님이 주치료자로서 집단을 이끌어 주실 것입니다. 이 외에 다른 훈련된 치료자와 대학원생들이 주치료자의 철저한 지도하에 보조 치료자로서 집단의 진행을 도와주실 것입니다.
- **가능하다면**, 집단 프로그램 참여 비용은 ________때 결제해 주십시오. ________, ________ 등의 방법으로 결제가 가능합니다. 비용과 보험 적용에 대한 내용은 첫 회기 때 안내될 것입니다.

모임 장소

- 프로그램은 ______________________________________에서 진행됩니다.
- 집단은 매주 동일한 장소에서 진행될 것입니다.
- 동봉된 지도를 참고하세요.

주차

- 동봉된 주차안내를 참고하세요.

청소년이 배우게 될 내용

• 적절한 대화기술을 사용하는 방법	• 함께 어울리기를 할 때 좋은 초대자가 되는 방법
• 또래와의 대화에 끼어들고 빠져나오는 방법	• 좋은 스포츠맨/게임친구가 되는 방법
• 적절한 유머를 사용하는 방법	• 친구들과의 논쟁에 대처하는 방법
• 전자통신을 이용한 의사소통 방법	• 나쁜 평판을 바꾸는 방법
• 소문과 뒷이야기에 대처하는 방법	• 놀림과 괴롭힘에 대처하는 방법
• 대화를 하면서 공통의 관심사를 찾는 방법	• 적절한 친구를 선택하는 방법

문의 사항이 있으시면 ○○-○○○○-○○○○로 연락 주십시오.

집단의 형성

집단의 구성

PEERS® 집단은 한 집단에 7명에서 10명 정도의 규모가 적당하다. 각 청소년 집단마다 진단의 범주를 분명히 할 필요가 있다. 대체로 ASD 청소년은 다른 ASD 청소년들과 함께할 때 더 편하게 느끼고 성공적으로 참여한다는 점이 PEERS® 사회기술 집단에서 반복해서 관찰되었다. 그러므로 ASD를 가지고 있는 동질적인 청소년 집단을 구성할 것을 권장한다. 주의력결핍 과잉행동장애를 가지고 있는 청소년과 기타 사회적 행동 문제를 가지고 있는 청소년은 집단 내에서 ASD를 가지고 있는 청소년을 잘 수용하지 못하는 것으로 나타났다. 따라서 반복적인 행동문제로 인한 소진을 최소화하기 위해서는 이들을 서로 다른 집단으로 분리하는 것이 더 좋다. 나이와 학년에 관해서는, 각 연령대에 1명 이상의 청소년이 참여한다면, 다양한 나이와 학년의 청소년으로 구성할 수 있다. 남자 청소년과 여자 청소년은 특별한 문제없이 쉽게 어울린다. 일반적으로 남아가 사회기술훈련을 더 많이 받기 때문에, 상대적으로 적은 수의 여아가 참여하게 될 가능성이 높다. 가족이 기꺼이 동의하지 않는 이상, 집단 내에 여아가 1명만 포함되게 하지는 않는 것이 좋다.

시설과 환경

부모 회기와 청소년 회기의 수업을 위해서 교실과 비슷한 분위기를 만드는 것이 도움이 된다. 청소년 치료실에는 화이트보드와 보드마커가 있어야 하고, 책상과 의자는 보드를 향하도록 한다. 부모 치료실에는 모든 부모가 동시에 둘러앉을 만큼 충분한 공간에 큰 원형으로 배치한다. 청소년 집단에서 11회기부터 13회기까지는 실외게임과 스포츠를 하는 기술을 가르칠 수 있도록 학교 운동장과 최대한 비슷한 실외에서 수행한다. 농구골대, 축구골대, 배구네트 등의 스포츠 시설이 있어야 하며, 안전을 위해 주변에는 울타리가 쳐져 있어야 한다. 만약 실외 시설을 확보하는 것이 불가능하다면, 11회기부터 13회기까지의 청소년 집단은 8회기부터 10회기에서와 같이 실내게임으로 수정해야 한다. 부모 및 자녀의 치료실과 실외 시설은 가능한 한 빠르게 이동할 수 있도록 서로 가까이 위치해야 한다.

행동 조절 기술

대부분의 행동문제는 선별과정에서 드러난다. 만약 청소년이 기꺼이 집단에 참여하고자 한다면, 그 청소년은 대체로 바르게 행동할 것이다. 그러나 몇몇 청소년은 집단에 방해가 되는 행동을 할 수 있으며, 이러한 방해 행동을 수정하기 위해서는 행동적 개입이 필요할 것이다. 청소년 집단의 치료자는 다음 세 가지 행동 유형에 대해 한계를 정해야 한다. 다른 청소년을 방해하는 행동(예 : 수업 중에 다른 집단 구성원을 방해하거나 집중을 못하게 함), 치료자나 다른 청소년을 존중하지 않는 행동(예 : 놀림, 괴롭힘, 무례한 말), 그리고 공격적인 행동이나 위협. 행동 문제를 다루는 방법은 '청소년 치료자 가이드–1회기'에 분명하게 제시되어 있다.

필요한 자료

집단을 위해서는 다음과 같은 자료가 필요하다.

- 집단 구성원과의 통화 과제에 쉽게 사용할 수 있도록 각 구성원의 이름과 전화번호가 적힌 '전화번호부'가 필요하다. 이 명단은 첫 번째 회기 때 부모들에게 배부되어야 한다(부록 C의 '전화번호부' 참고). 접수 면담을 할 때 부모들은 정확한 전화번호를 알려 주어야 하고, 이를 다른 집단 구성원에게도 배부할 수 있도록 동의를 받아야 한다.
- '결석 예정일 알림표'는 첫 번째 회기에 부모들에게 배포되어야 하며, 각 자녀의 부모들은 어떤 회기에 참여가 불가능한지를 기재해야 한다(부록 E '결석 예정일 알림표' 참고). 부모들이 특정 회기만 선택하여 참여하는 것을 방지할 수 있도록 교육내용에 대해서는 기재하지 않는다.
- 1회기부터 6회기에 걸쳐 전화 과제를 기록할 수 있는 '집단 내 통화하기 과제양식'이 필요하다. 어떤 청소년이 누구와 통화를 하기로 했는지 계속 주의 깊게 파악하고 있는 상태에서, 청소년이 매번 다른 집단 구성원과 통화할 수 있도록 치료자가 전화를 거는 사람과 전화를 받는 사람을 변경한다(부록 F '집단 구성원들과의 전화 배정표' 참고).
- 매주 청소년 회기에서 개인 및 집단의 점수를 기록할 수 있도록 '주간 포인트 기록지'가 필요하다. 이 기록지에는 14회기에 이루어지는 졸업식 때 상을 수여하기 위해 청소년의 이름, 개인 및 집단의 점수를 각각 기록한다(포인트 부여에 대한 설명은 '청소년 치료자 가이드–1회기' 참고). 부록 G에 'PEERS® 주간 포인트 기록지'의 예가 제시되어 있다.
- 9회기부터 13회기까지 진행되는 실내게임과 실외 활동에서 청소년이 좋은 스포츠맨이 되기 위해 어떻게 노력했는지를 기록하기 위해 'PEERS® 좋은 스포츠맨 되기 포인트 기록지'가 몇 부 필요하다. 기록지의 수는 집단에 몇 명의 치료진이 참여하는지에 따라 결정된다. 청소년 집단 치료 팀의 각 구성원은 특정 청소년 집단이 좋은 스포츠맨 되기에 잘 따르고 있는지 확인해서 기록한다. 'PEERS® 좋은 스포츠맨 되기 포인트 기록지'의 예시는 부록 H에 제시되어 있다.
- 매주 과제를 수행하고 완수했는지를 기록할 수 있는 'PEERS® 과제 수행 기록지'가 필요하다. 이 양식은 회기가 진행될 때 부모 집단 치료자와 청소년 집단 보조 치료자가 기록할 수 있다. 이 양식에는 부모와 자녀의 이름 모두를 포함하고, 필요하다면 나이, 학년,

진단 그리고 어떤 종류의 학교에 다니는지 등을 기록해 두는 것도 치료자에게 좋은 정보가 될 수 있을 것이다. 이 양식은 앞으로의 치료에 참조하고 매주 사례회의에서 치료순응도를 확인하는 데 사용할 수 있도록 보관해 둔다. 부모와 청소년 집단을 위한 'PEERS® 과제 수행 기록지'는 부록 D에 있다.

- 청소년의 점수와 buzzword 및 수업의 핵심을 기록하는 데 쓰이는 화이트보드와 보드마커는 청소년 집단 치료실에 꼭 필요한 도구이다.
- 청소년 회기 활동을 위한 추가적인 자료는 매 청소년 회기 마지막에 '청소년 활동 가이드'에 제시되어 있다.

음식과 음료 제공

ASD 및 발달장애 청소년과 같은 외래환자 집단에서는 음식과 음료를 제공하는 것이 일반적이다. PEERS® 사회기술 집단에서는 음식과 음료를 제공할 때도 있고, 하지 않을 때도 있었다. 음식과 음료를 제공하는 것의 장점은 식사시간에 집단 일정을 잡을 수 있으며, 음식이 있음으로써 청소년들로 하여금 과제를 검토하는 동안 자리에 있게 되는 것, 그리고 구조화되지 않은 방식으로 식사 예절을 가르칠 수 있는 기회가 되는 것 등이다. 하지만 한편으로는 음식을 나누어 주느라 시간이 소비되며, 회기 내용에 집중하는 데 방해가 될 수 있기 때문에 좋지 않을 수도 있다. 중요한 것은 음식 및 음료 제공 여부는 집단이 잘 진행되는 것에 별로 영향을 주지 않는다는 사실이다.

시작 단계에서 어려운 점

시작 단계에서 가장 어려운 부분은 처음 2~3집단을 형성할 때 나타난다. 청소년들을 의뢰해 주는 사람들은 집단에 들어올 수 있는 기준이나, 치료가 그들에게 제공할 수 있는 것이 무엇인지를 잘 모르며, 치료 상황이나 실적에 대해서도 잘 알지 못한다(적절한 집단을 구성할 수 있는 상태인지, 청소년들에게 어떤 도움이 되는지 등). 치료를 시작하기 위해서는, 집단에 맞는 특성을 가진 청소년과 부모가 반드시 약 2개월 이내에 등록될 수 있도록 해야 한다. 대기 시간이 2개월보다 더 길어지게 되면, 부모들은 대체로 그때까지 기다리지 않게 되며, 당신이 소개받은 치료를 제공해 줄 수 있다는 것을 신뢰하지 않게 될 가능성이 많다. 초기 집단을 만들어 진행하기 위해 앞서 기술한 기준들을 타협하지는 않는 것이 좋다. 하지만 집단에 최소한 6명은 필요하며, 이것은 집단 참가자와 치료자가 동시에 '집단'이라고 느낄 수 있는 최소의 인원, 또는 '필수적인 크기'이다. 타협을 하게 되면, 임상가로서 당신에 대해 '입에서 입으로 전해지는' 명성에 해가 될 수 있다. 결석을 하더라도 집단원의 수가 적절히 유지될 수 있도록 7명에서 8명의 구성원으로 시작하는 것이 좋다. 90분 동안 부모와 청소년 집단 내에서 충분히 토론할 시간을 가질 수 있어야 하기 때문에, 최대 인원 수는 10명을 넘지 않도록 한다.

buzzword, 또는 '우리끼리 단어'

청소년 회기 및 부모 회기 자료에 **둥근 고딕체**로 쓰여 있는 용어는 'buzzword'라고 하는데, 프로그램 교육 과정에서 중요한 개념들을 의미하는 것이다. buzzword를 통해 복잡한 사회적 행동을 간단한 몇 개의 단어로 표현한 것이다. 실제 회기에서는 '우리끼리 단어'로 번역하여 사용하고 있다.

치료진, 부모들, 청소년들 사이에 공통 언어를 발전시키기 위해 가능한 많은 buzzword를 사용하도록 한다. 치료자 가이드에서 buzzword가 처음 나올 때, 치료자는 그 단어를 강조해서 이야기해야 하며, 청소년 회기에서는 이 단어들을 보드에 적는다.

치료 효과 평가

표준화된 평가 도구를 시행하는 것은 치료의 필수적인 부분이다. 이는 치료 프로그램의 질을 유지하기 위해 필요하며, 치료 효과에 대한 가장 객관적인 평가이다. 각 참여자들이 얼마나 향상되었는지 평가하게 될 것이라는 사실을 알면, 치료자는 구조화된 치료를 좀 더 잘 전달할 수 있을 것이다. 다음은 우리가 출판한 연구에서 사용했던 평가도구로, 쉽게 사용할 수 있으며 치료 후에 의미 있는 변화가 나타났던 척도들이다. 또한 이 척도들은 부모와 청소년이 완성하는 데 큰 부담을 안겨 주지 않는다. 평가도구는 접수 면담을 하기 이전 또는 시행되는 도중에 모두 부모에게 주어서 시행하고, 마지막 회기에 다시 한 번 작성하게 한다.

사회기술 향상 시스템(Social Skills Improvement System, SSIS)(Gresham & Elliott, 2008)—SSIS는 사회기술 평가 시스템(SSRS)(Gresham & Elliott, 1990)을 대체한 것으로, 76개의 문항으로 구성되어 있으며 작성하는 데 약 15분이 소요된다. 문항들은 청소년의 부모와 교사에게 각각 독립적으로 시행할 수 있다. '전혀 그렇지 않다', '가끔 그렇다', '자주 그렇다' 중에서 가장 가까운 것에 체크하도록 한다. 사회기술과 문제행동 척도는 요인분석을 통해 만들어졌다. Gresham과 Elliott(2008)은 청소년용, 부모용, 교사용 질문지의 심리측정적 특성을 보고하였다. 13세에서 18세의 경우, 부모용의 알파 계수는 .77 이상이었고, 교사용은 .75였다. 검사-재검사 신뢰도는 부모용은 .73 이상이었으며, 교사용은 .75였다. 사회기술 척도에서의 높은 점수는 사회적 기능이 더 좋음을 의미하며, 문제행동 척도의 낮은 점수는 행동적 기능이 더 좋음을 의미한다.

사회적 반응 척도(Social Responsiveness Scale, SRS)(Constantino, 2005)—SRS는 자연스러운 사회적 상황에서 일어나는 자폐적 증상의 심각도를 평가하는, 65개 문항으로 된 측정도구이다. 이는 부모와 교사에 의해 작성되는데, 약 15분이 소요되며, 청소년의 사회적 인지, 사회적 정보처리, 상호교환적인 사회적 의사소통능력, 사회불안 또는 회피, 그리고 자폐적 몰두와 자폐적인 형질에 대해 평가함으로써 청소년의 사회성 결함에 대한 분명한 묘사를 제공한다. SRS는 4세에서 18세의 아동을 평가하는 데 적합하다.*

교우관계 질 척도(Friendship Qualities Scale, FQS)(Bukowski, Hoza, & Boivin, 1994)—FQS는 교우관계의 질적 수준을 평가하는 청소년용 자기보고식 검사이다. 이는 23개의 문항에 대해 1점부터 5점까지 체크할 수 있게 이루어진 리커트 척도로, 작성하는 데 약 5분이 소요되며, 5개의 서로 다른 하위척도(우정, 친밀감, 도움, 안정감, 갈등)로 구성되어 있다. 청소년들로 하여금 그들의 가장 친한 친구를 생각해 내어, 그 친구와의 우정에 대해 생각하며 측정도구를 작성하도록 한다. 예를 들어, "내 친구와 나는 우리의 모든 자유 시간을 함께 보낸다."와 같은 문항들이 포함되어 있다. 총점은 23점부터 115점까지로, 점수가 높을수록 유정의 질이 높음을 시사한다. 저자들에 따르면, 하위척도의 알파 계수는 .71에서 .86이었다. 확인적 요인분석(confirmatory factor analysis)을 통해 하위척도들의 요인구조가 지지되었고, 친구와 잘 소통했을 때와 그렇지 못했을 때의 비교를 통해 척도의 변별 타당도가 확인되었다(Bukowski et al., 1994).

청소년 사회기술 지식 검사(Test of Adolescent Social Skills Knowledge, TASSK)(Laugeson et al., 2009)—TASSK는 26개의 문항으로 구성되어 있으며, PEERS®의 치료적 개입 중에 배운 특정 사회적 기술에 대한 청소년의 지식을 평가하기 위해 개발된 것이다. 13개의 교육에서의 핵심요소로부터 2개 문항씩을 추출했다. 청소년들에게 주요문장들이 주어지고, 2개의 가능한 답 중에서 가장 적절한 것을 선택하게 한다. 총점은 0점에서 26점까지의 범위이며, 높은 점수일수록 사회적 기술에 대해 더 많이 알고 있음을 반영한다. TASSK의 알파 계수는 .56이었다. 척도에 다양한 영역과 관련된 문항들이 포함되어 있다는 점을 감안하면, 이와 같은 중간 수준의 내적 일치도는 적절하다고 볼 수 있다. TASSK는 작성하는 데 약 5분 정도 소요된다.

놀이의 질 질문지(Quality of Play Questionnaire, QPQ)(Frankel & Mintz, 2009)—QPQ는 12개의 문항으로 구성되어 있으며, 바로 이전 달에 친구들과 얼마나 자주 어울렸는가, 그리고 어울리는 과정에서 어느 정도의 갈등이 있었는가를 부모와 자녀가 각각 독립적으로 평가하도록 한다. 질문지 작성에는 약 2분에서 3분 정도의 시간이 소요된다. 갈등 척도를 구성하는 10개 문항에 대해서는 부모와 자녀가 각각 친구와의 갈등 정도를 평가하게 한다(예 : "우리는 서로 비판하거나 놀렸다."). 마지막 두 문항은 이전 달에 청소년이 초대를

---

* 역자 주 : SRS의 연령 범주는 최근에 개편되었습니다. 자세한 내용은 Western Psychological Services 홈페이지(www.wpspublish.com)를 참조하십시오.

했거나 친구로부터 초대를 받아 친구와 어울린 횟수가 얼마나 되는지를 부모와 자녀가 각각 답하게 하는 것이다. QPQ는 175명의 남아와 여아에 대한 요인분석을 통해 개발되었다. 갈등 척도의 알파 계수는 .87이었다. 이 척도는 SSRS 문제행동 척도와의 비교를 통해 수렴타당도가 확인되었고($rho = .35$, $p < .05$), 지역사회와 임상표본을 유의미하게 변별해 주는 것으로 나타났다($p < .05$). 함께 어울리기 위해 얼마나 자주 초대를 하거나 초대 받았는지 보고된 빈도 수 또한 지역사회와 임상표본을 유의미하게 변별해 주었다(p's $< .005$). PEERS®의 무작위 대조군 연구에서 기저 시점(baseline)에 측정된 부모와 자녀의 점수 사이의 스피어만 상관계수의 경우, 갈등 척도는 .55, 친구를 초대한 빈도는 .99, 친구로부터 초대된 빈도는 .99였다(빈도가 '0'인 경우를 제외했을 때의 상관계수는 각각 .97과 .94였다.).

3

치료 회기

1회기

03

소개 및 대화기술 I – 정보 교환

부모 치료자 가이드

부모 회기 가이드 라인

첫 번째 부모 회기의 목적은 부모들에게 청소년 집단의 구조에 대해 알려 주고, 치료에 대한 기대를 명확하게 하는 것이다. 이것이 첫 번째 부모 회기의 가장 중요한 목적인 만큼, 가르치는 수업의 내용 자체는 한정적이다. 명료한 기대치를 설정하는 것과 치료의 구조를 만드는 것은 매우 중요하며, 이것이 전제되지 않고는 치료가 쉽게 핵심을 벗어나게 되고, 개입의 효과는 자연히 줄어들게 된다.

이 매뉴얼을 쓸 시점을 기준으로 소아, 청소년의 또래 관계 문제를 해결하기 위한 효과적인 프로그램은 매우 드물며, 많은 경우에 충분한 근거가 부족하고, 임상가들에 의해 널리 쓰이지 못하고 있다. 그 결과 많은 청소년의 부모들은, 자녀들을 도와주고자 하는 몇 년에 걸친 시도가 별로 효과가 없었던 것에 실망한 상태에서 PEERS®에 참여하게 된다. 부모들은 종종 다양한 형태의 실망스러움을 표현한다. 한편으로 부모들은 이 치료가 그들을 도와줄 수 있을 것이라고 기대하는 동시에 다른 한편으로는 높은 저항을 보인다. 때때로 부모들은 이전에 수많은 경험에서 별로 달라진 것이 없었기 때문에 이번에도 역시 자녀가 별로 바뀌는 것이 없을 것이라고 생각한다. 이들 부모들은 심지어 숙제에 대한 순응도에 있어서도 자녀가 바뀌지 않을 것이라고 예상하며, 이것은 앞으로 주어지는 숙제를 잘 완수하지 않게 만든다.

자녀를 프로그램에 참여시킨 대다수의 부모들은 치료자의 도움을 바라고 필요로 하며, 함께 일하는 보람을 느끼게 할 것이다. 또한 집단을 만들어 준 것에 대해 감사하게 생각하고, 최선을 다해 과제를 완수하려고 애쓸 것이다. 한 번 자녀가 향상되는 것을 보게 되면 부모들은 매우 기뻐할 것이며, 치료자를 지지하고 고무시키고, 발전하게 할 것이다. 하지만 문제를 드러내는 일부의 부모들도 있는데, 가장 흔한 것은 자기애적 증상에 의해 나타나는 것이다. 아마도 집단에서 일어나는 문제의 90% 이상은 10% 이내의 부모에 의해 일어난다. 이 책에서 부모 회기의 구조화를 다루는 부분은 이런 류의 부모들의 증상을 다루는 방법에 대해 설명하고 있다. 이것은 청소년들이 PEERS®로부터 좀 더 많은 이득을 얻을 기회를 주고, 집단의 다른 부모들이 받을 수 있는 도움이 줄어들지 않게 도울 수 있다. 우리가 제시하는 집단의 구조를 충실히 지키는 것은 대부분의 부모들과 청소년들이 PEERS®로부터 확실히 도움을 받을 수 있게 하는 최선의 방법이 된다. 구조에서 벗어나게 되면 치료가 매일매일의 가족 내 문제들을 해결해 주는 지지그룹처럼 될 우려가 있고, 최악의 경우 자녀에 대한 불만을 토로하는 모임이 되어 버릴 위험이 있다. Frankel과 Myatt(2003)의 연구와, 부모, 자녀와 함께 일했던 우리 자신의 경험에 근거하여, 우리는 이런 저항과 위험을 극복할 수 있는 몇 가지 치료 기술을 성공적으로 사용하게 되었다.

이렇게 어렵고 다루기 힘든 부모들이 집단에서 이탈하기 전에, 이런 증상들을 재빨리 인지하고 적절한 행동을 취하는 것이 중요하다. 최근의 연구들은 인격장애의 증상들이 연속선상으로 존재하며, *Diagnostic and Statistical Manual of Mental Disorders*(4th ed., DSM-IV)에 의한 진단 유무보다는 증상의 개수가 병의 경과와 더 상관관계가 있음을 시사하고 있다(Marlowe, Kirby, Festinger, Husband, & Platt, 1997). 부모 회기에서 이러한 형질이 표현되는 것을 즉시 다루지 않으면, 치료자의 목적을 달성하는 것이 심하게 위태로워질 수 있다. 집단의 치료 과정에 영향을 줄 가능성이 많은, 좀 더 흔히 관찰되는 자기애의 증상들을 〈글상자 3.1〉에 열거하였다.

첫 번째 회기에는 의도적으로 강의 내용을 많이 넣지 않았기 때문에, 부모 유인물 순서를 너무 빨리 진행하여 읽고 넘어가는 것에 그치는 경향이 있다. 따라서 치료자가 회기를 종료시간보다 훨씬 빨리 끝내고 청소년들이 회기를 끝내고 오기를 기다리게 되는 일이 생긴다. 이것이 〈글상자 3.1〉에 열거한 부모의 자기애적 증상 가운데 하나를 불러일으킬 여지를 줄 수 있다. 이를 방지하기 위해, 치료자는 돌아가면서 부모 유인물을 한 부분씩 읽도록 하고, 각 부분이 그들에게 무엇을 의미하는지 생각해 보게 할 수 있다. 과제 부여는 매우 상세하게 진행하도록 한다. 많은 부모들은 이렇게 추가로 명료하게 해 주는 것을 필요로 한다. 과제 부여를 끝낸 뒤에는 질문을 받되, 유인물과 관련 있는 질문에만 답변을 한다. 이후 회기에 다루게 되는 질문들은 이번 회기에서 논의하지 않고 해당 회기를 위해 남겨 둔다. 즉, 치료자는 이렇게 말할 수 있다. 그것은 매우 중요한 질문입니다만, 우리는 나중에 그것을 함께 이야기하게 될 것입니다.

글상자 3.1

치료 과정에서 부정적인 영향을 줄 가능성이 많은 부모 특성

- **조종하려는 부모**
  가장 분명히 드러나는 예는, 회기가 자녀의 즉각적인 요구에 맞추어져야 한다고 주장하는 것이다. 좀 덜 드러나는 예는 치료자가 언제 자신들의 당면한 관심사와 관련된 주제를 이야기할 것인지 물어보는 것이다. 이런 문제를 해결하기 위해서는 첫 번째 부모용 유인물을 참조할 수 있다.
- **관심의 중심이 되려고 하는 부모**
  이것의 예로는, 과제를 하려고 시도하지 않은 것에 대해 변명하는 데 급급한 부모(이는 과제를 완수한 부모들의 시간을 침해하는 것이다.), 자신들이 얼마나 힘들게 살고 있는지 이야기하는 부모들이다. 이런 경우, 과제를 완수해 온 부모들에게로 논의의 방향을 되돌려 주는 것이 중요하다.
- **자녀가 부모의 정서적 요구에 맞는 방법으로 자신들을 세상에 드러내기 바라는 부모**
  이것의 예는 부모가 치료 회기를 자신의 자녀에 대한 불평불만을 토로하는 장으로 만드는 것이다. 우리는 첫 번째 회기에서 부모로 하여금 자녀의 가장 좋은 점이 무엇인지 이야기해 보도록 하는 방법으로 이를 다룰 수 있다. 이때 부모가 잘 하지 않으려 하면 논의의 방향을 환기해 준다.
- **집단의 필요성을 최소화하려는 부모**
  여기에 해당하는 예는 주어진 과제를 하기 위한 시도에 대해 이야기하기보다는 자녀가 가졌던 모임들에 대해서만 보고하는 것이다. 자녀가 학교 때문에 너무 바빠서 숙제를 할 틈이 없었다고 하는 부모도 여기 해당된다. 또 다른 예로는 과제 수행이 부모의 책임임에도 불구하고 그들의 자녀가 숙제할 시간이 되니까 하기 싫어해서 못했다고 가볍게 이야기하는 부모이다. 치료자는 성공적으로 과제를 수행해 온 부모들에게 손을 들게 하고 먼저 이야기하게 함으로써 이를 최소화할 수 있다. 이렇게 하면 집단을 좀 더 집중하게 할 수 있고, 과제가 '할 수 있는 것'이라는 사실을 보여 주게 된다.

아직 우리는 거기까지 가지 않았으므로, 잠시 기다렸다가 이후 치료 시간에 다시 이야기하도록 하겠습니다. 치료와 관련 없는 질문(예 : "자폐증의 원인은 무엇인가요?", "자폐증이 완치 되나요?")들을 잘 가려 내야 하며, 이때는 다음과 같이 답할 수 있다. 그것은 매우 좋은 질문입니다만, 지금은 PEERS® 프로그램을 위한 목적, 즉 자녀들에게 친구를 만들고 유지하게 돕는 것에 계속 신중하게 집중했으면 합니다. 지금은 단지 이 주제를 다루는 데 필요한 시간만 있기 때문에, 우리는 모두 옆길로 벗어나지 않도록 주의해야 합니다. 이렇게 방향을 다시 제시해 주면 부모들은 무엇을 기대할 수 있는지 정확히 알게 되므로 좀 더 편안해지고, PEERS®가 제공하는 것에 대해 보다 더 잘 집중할 수 있게 된다.

완전히 주제를 벗어난 질문에 관해서는 역시 집단의 구조를 활용하여 이렇게 이야기할 수 있다. 우리가 오늘 해야 할 일들이 아주 많으므로, 아쉽게도 그 질문에 대해서 토론할 수 있는 시간이 당장은 없습니다. 특히 다루기 힘든 집단에 대해서는, 이 부분을 강조하기 위해 주제 목록을 칠판에 써야 할 수도 있다. 처음부터 부모들에게 다음과 같이 말함으로써 때때로 치료자가 부모들의 이야기를 중단시킬 수도 있음을 알리는 것도 좋다. 우리는 매주 많은 양의 자료들을 다루어야 하므로, 여러분들이 거기에 집중할 수 있도록 제가 때때로 이야기를 중단시키게 될 수도 있습니다. 이 프로그램으로부터 최상의 결과를 이끌어내게 하기 위해서는 주제에 집중하는 것이 필요하기 때문이므로, 이해해 주셨으면 합니다. 부모들이 치료에 중요한 영향을 줄 수 있는 문제들을 제기한다면, 치료의 궤도를 벗어나기보다는 집단의 밖에서 따로 만나 추가적인 자문을 제공하는 것이 더 좋다.

치료 첫 부분의 과제들, 즉 집단 내 전화 통화와 집단 구성원이 아닌 사람과의 통화는 Frankel과 Myatt(2003)의 발상에 기반을 둔 것이다. 통화는 부모들에게 치료시간에 배웠던 대화기술의 일반화를 실행하고 관찰하는 수단으로 이용된다. 부모는 자녀의 대화기술을 향상시키기 위해 이와 같은 '가르칠 수 있는 순간'에 어떻게 개입하는지 배우며, 청소년은 그런 부모 앞에서 연습을 수행하게 된다. 양쪽 청소년들 모두 언제가 전화하기에 좋은 시간인지 미리 합의할 수 있기 때문에, 집단 내 통화하기는 쉽게 이루어진다. 이렇게 완수하기 쉬운 집단 내 통화하기 과제를 처음에 배치함으로써, 숙제를 하는 것이 가능하고 완수할 수 있다는 기대를 하게 만든다.

시작하기

- 부모 집단을 환영하는 것으로 시작한다.
- 돌아가면서 부모들이 다음과 같이 구체적으로 스스로를 소개하도록 한다.
  - 부모의 이름
  - 자녀의 이름과 나이
  - 자녀에 대해서 가장 좋게 생각하는 것
- 각 부모가 소개를 끝낼 때마다 자녀에 대해 가장 좋다고 이야기한 것들을 간략히 반복한다. 이렇게 하면 주제의 흐름을 유지하는 데 도움이 된다.
- 자녀들에 대해 부정적인 이야기는 하지 않도록 한다(이런 경우 부드럽게 제지하면서 자녀에 대해 가장 좋다고 여기는 점을 이야기하도록 다시 한 번 강조해 준다.).
- 적절한 기대치를 설정하기 위해, 처음에는 개인적인 대화를 하지 않도록 한다(특정한 한 부모와의 대화를 하지 않도록 하며, 부모들이 주제를 벗어난 잡담으로 주의가 산만해지는 것을 허용하지 않도록 노력한다.).
- 비밀 보장의 원칙을 점검한다.
  - 비밀 보장의 예외와 한계를 점검한다(이것은 치료가 시행되는 지역에 따라 다를 수 있다.).
    - 만약 청소년이 학대 혹은 방임되었다는 정보를 알게 되거나 자해 또는 타해의 위험이 있다고 판단하면 우리는 적절한 기관에 이를 보고할 것입니다.
  - 집단의 구성원들에게, 치료 과정에서 듣게 되는 것들에 대하여 비밀을 지키도록 권장한다.
    - 우리는 부모님들과 청소년들이 모두 비밀을 유지해 주시기를 바랍니다. 여기에서 이야기했던

내용들을 어떤 집단 밖의 사람과도 이야기하지 마십시오. 하지만 우리가 모든 분들이 지시에 따르고 있는지를 우리가 통제할 수 있는 방법은 없습니다.

- 집단의 목적에 대해 설명한다.
  - PEERS®는 청소년들이 친구를 만들고 유지하도록 돕는 사회기술훈련 집단이다.
  - 우리는 다음과 같은 기술을 가르치는 데 집중할 것이다.
    - 좋은 대화기술을 사용하는 법
    - 전자통신(전화, 문자, 메신저, 이메일, 인터넷 등)을 적절하게 사용하는 방법
    - 또래들과의 대화에 끼어들고 빠져나오는 법
    - 적절한 친구를 선택하는 방법
    - 유머를 적절하게 사용하는 법
    - 친구들과 성공적인 함께 어울리기를 하는 법
    - 좋은 스포츠맨이 되는 방법
    - 놀림과 괴롭힘에 대처하는 방법
    - 나쁜 평판을 바꾸는 방법
    - 친구들과의 논쟁과 의견충돌을 다루는 법
    - 소문과 뒷이야기에 대처하는 법
  - 우리는 한 번에 90분간, 주 1회, 총 14주간의 모임을 갖게 될 것이다.
  - 같은 시간 동안에 서로 다른 방에서 부모 집단과 청소년 집단이 진행될 것이다.
  - 부모들은 청소년들이 배우는 내용을 부모 집단에서 배우게 될 것이다.
  - 부모들은 청소년들과 이야기를 나누고, 그들이 PEERS®에서 배운 기술을 잘 사용하도록 청소년들을 도와주게 될 것이다.
  - 14주가 끝날 때에 우리는 졸업 파티와 졸업식을 하게 될 것이다.
- 부모 집단의 구조를 설명한다.
  - 치료 시간은 이전 시간에 내 준 과제를 점검하는 것으로 시작된다(약 50~60분).
    - 부모님과 자녀들은 매주 새로 배운 기술을 연습하기 위한 과제를 받게 된다.
    - 부모가 숙제를 완수하는 데 얼마나 관여할 것인가는 청소년이 어떤 정도의 개입을 편안히 여기느냐에 따라 다르다.
      - 이것은 매 회기 마지막에 다 같이 모이는 시간 동안 치료 팀과의 협의를 통해 결정될 것이다.
      - 부모님은 최소한 자녀와 숙제에 대해 이야기라도 해야만 한다.
    - 우리는 단지 모두 완수된 과제에 대해서만 집중할 것이다.
      - 이것은, 만약 부모가 과제를 완료하지 못했다면, 문제해결을 논의하는 것 이외

에 왜 못했는지를 이야기하는 데는 시간을 할애하지 않겠다는 의미이다.

- ■ 치료 프로그램의 성공 여부는 과제를 얼마나 잘 완수했는지에 달려 있다.

- 회기의 다음 부분은 앞으로 한 주 동안 하게 될 과제를 검토하는 것이다(약 20~30분).
  - 부모들은 매주 과제 및 수업의 간략한 요약이 들어 있는 부모용 유인물을 받게 될 것이다.
    - ■ 이 유인물들을 잘 보관해 두기를 권하며, 바인더에 넣어 두면 더 좋다.
    - ■ 자녀들의 사회기술을 도와주는 데 지원을 해 줄 수 있는 다른 가족들과도 유인물을 함께 보면 좋다.
- 치료의 마지막에, 우리는 자녀들과 다시 만나게 될 것이며, 여기서 그날 배운 것을 복습하고, 집단을 떠나기 전에 부모와 자녀가 과제에 합의한 것을 확인하게 된다(약 10~20분).

■ 청소년 회기의 구조에 대해 간략히 설명한다.

- 각 청소년 회기는 과제 점검 및 과제의 수행과 관련된 문제해결로 시작한다(약 20~30분).
- 이어서 그 주의 교육이 진행된다(약 30분).
- 그다음 청소년이 회기에서 새로 배운 기술을 연습해 볼 수 있는 행동 연습이 다음과 같은 형태로 진행된다(약 20분).
  - 사회화 활동
  - 실내게임
  - 실외게임과 스포츠
- 회기는 부모와 다시 만나서 과제를 점검하고 부모, 청소년, 그리고 치료팀 사이에 과제를 협의하는 것으로 마친다(약 10~20분).

■ 청소년이 집단에서 잘못된 행동을 했을 때 취하게 될 조치에 대해 설명한다.

- 청소년 집단의 치료자는 PEERS®가 진행되는 14주 동안 부모들과 계속 의사소통을 할 것이다.
- 집단활동 중에 청소년이 그릇된 행동을 한다면, 우선 주의를 주게 된다.
- 반복되는 경고 후에도 청소년이 그릇된 행동을 한다면, 마지막 경고를 줄 것이다.
- 만일 청소년의 행동이 나아지지 않는다면, 부모가 방 밖으로 나오도록 부를 것이며, 집단 치료자나 보조 치료자가 청소년과 부모와 함께 상의하고, 어떻게 하는 것이 좋을 것인지 결정할 것이다.

■ 만약 청소년의 잘못된 행동들이 지속적으로 문제가 된다면, 청소년 집단 치료자는 부모와 가능한 해결책을 논의할 것이며, 해결 방법에는 조기 종료도 포함된다.

소개

- 부모용 유인물을 나누어 준다.
- 부모들이 차례에 따라 돌아가면서 부모용 유인물을 읽도록 한다.
  - 만약 언어장애 혹은 읽기장애를 가진 부모가 있다고 생각되면, 유인물을 돌아가며 읽지 않는다(이것은 초기 면담 중에 문항 작성을 하는 동안 알아낼 수 있다.).
- **굵게** 표시된 부분은 부모용 유인물에서 그대로 가져 온 것이다.
- **둥근 고딕체로** 표시된 부분은 buzzword라고 하는데, 교육 과정의 중요한 개념들에 해당된다.
  - buzzword는 복잡한 사회적 행동들을 몇 개의 간단한 단어로 축약해서 표현한 것이다.
- 가능한 한 buzzword를 많이 사용하여, 치료자, 부모, 청소년 사이에 공통된 언어로 발전하게 한다.

이 집단에서 기대할 수 있는 것들

1. **당신의 자녀가 친구를 만들고 유지하는 법에 대해서 배우는 것을 도와줍니다.**
2. **적절한 친구를 찾으려는 자녀의 노력을 좀 더 효과적으로 도와주게 될 것입니다.**
3. **아는 또래들을 새로 만들고 친밀한 우정을 발전시키는 자녀의 능력을 효과적으로 지원합니다.**
4. **당신의 자녀가 사회적 관계에서 독립심을 기를 수 있도록 도울 것입니다.**

방법

1. **각각의 청소년 회기에는 자녀들이 사회적 상황에서 만날 수 있는 어려운 일들을 어떻게 다뤄야 하는지에 대한 간략한 지침이 포함되어 있습니다.**
2. **각 회기의 내용에 대해서는 부모님께 간략히 알려드릴 것입니다.**
3. **회기 동안, 자녀들은 배운 기술을 실제로 연습할 것입니다.**
4. **부모님과 자녀들이 회기에서 배운 기술을 연습하기 위해, 매주 가정과 학교에서 할 수 있는 과제를 드릴 것입니다.**
5. **이전 회기에 드린 과제는 부모와 청소년 집단에서 매주 검토할 것입니다.**
6. **이 집단의 부모님께서 하실 일 중 가장 중요한 두 가지는 다음과 같습니다.**
   a. **자녀가 다른 청소년들을 만날 수 있는 그룹에 참여시키는 것**
   b. **자녀들이 친구들과 모임을 만드는 것을 도와주는 것**

이 집단에서 하기 어려운 일들

1. **이것은 지지 집단이나 청소년의 정신과적 · 심리적 질환이나 발달 문제가 무엇인지 알아내도록 돕는 집단은 아닙니다.**
2. **부모님께서 매 회기마다 참석하시고, 제 시간에 오지 않으시면 자녀는 향상되기 힘듭니다. 청소년이 향상되려면 부모님께서 매 회기 참석하시고, 제 시간에 오셔야만 합니다.**
3. **청소년이 과제를 하려고 하지 않으면 역시 나아지기 힘들 것입니다.**
4. **자녀들은 이 집단의 다른 구성원들과 지속적인 우정을 유지하기는 어려울 수 있습니다. 이 집단은 기술을 익히는 집단이지, '우정의 상대를 찾는 집단'은 아니기 때문입니다. 부모님들께서는 이 프로그램이 진행되는 동안 집단의 다른 부모님들과 밖에서 만나 어울리시면 안 됩니다.**
   a. **[치료 기간 동안 집단의 다른 구성원들과 집단 밖에서 접촉하고 어울리지 않겠다는 것에 부모들이 함께 구두로 동의하게 한다.]**
5. **PEERS®는 당신의 청소년의 모든 문제점을 치료하려고 하는 것은 아닙니다. 우리는 또래 관계와 우정에 집중하겠습니다.**

좋은 우정의 특징들

- 설명 : 이 집단의 이름은 PEERS®입니다. 한글 '또래'라는 뜻으로, 때로는 친구 또는 잠재적인 친구들을 의미합니다. 이 집단의 목적은 우리의 청소년 자녀들이 친구를 만들고 유지하는 방법을 가르쳐 주기 위한 것입니다. 따라서 우리가 좋은 친구가 되기 위해서 필요한 것이 무엇인지에 대해 같은 생각을 갖고 있어야만 청소년들이 가장 잘 맞는 친구들을 찾는 것을 도와줄 수 있을 것입니다.
- 부모들에게 좋은 우정의 특징이 되는 요소에 대해 설명한다(부모들이 토론하게 하고 거기서 나온 내용을 덧붙여도 좋다.).
  - 공통의 관심사
    - 비슷한 관심사, 좋아하는 것, 취미(예 : 똑같은 물건을 둘 다 갖고 있다.)
  - 자기를 드러내기/비밀의 공유
    - 개인적인 생각, 느낌, 경험을 공유하는 것이 편안하게 느껴짐(예 : 편안한 마음으로 비밀 이야기를 할 수 있다.)
  - 이해
    - 상호 간의 이해(예 : 둘이 서로 이해한다.)
  - 갈등 해결
    - 우정을 해치지 않고 가능한 논쟁과 갈등을 해결할 수 있음(예 : 둘이서 말다툼을 하거나 의견이 일치하지 않았더라도 화해할 수 있고, 여전히 친구로 지낼 수 있다.)

– 상호적/나눔/동등함
  • 서로 나누는 우정이 상호교환적임(예 : 둘이 동등하다, 둘이 서로 우정을 나눈다, 한 사람이 다른 사람에게 군림하거나 이용하지 않는다.)
– 애정/배려
  • 서로 좋아함, 따뜻함, 서로에 대한 배려에 바탕을 둔 우정(예 : 둘이 서로 배려하고, 관심을 갖고, 살핀다.)
– 약속/충실함/믿음
  • 서로에게 충실함, 신의, 믿음에 바탕을 둔 우정(예 : 서로에 대해 충실하다, 서로를 믿는다.)

교육 : 정보 교환

■ 설명 : 오늘 저녁에 청소년들이 배울 첫 번째 교육 내용은 **정보 교환**을 하는 방법입니다(정보 교환은 첫 번째 buzzword이다.). 정보 교환은 사람들이 대화를 할 때 자연스럽게 일어나는 일로, 서로의 생각, 지식, 관심사 등을 나누고 서로 교환하는 것입니다. 정보 교환의 가장 중요한 목표는 공통의 관심사를 찾는 것입니다. 공통의 관심사를 알게 됨으로써 우리는 서로 이야기를 나눌 수 있는 주제나 함께할 만한 일이 있는지 찾아낼 수 있습니다.

■ 돌아가면서 부모들이 차례에 따라 부모 유인물을 읽도록 한다.
  – **굵게 표시된** 부분은 부모용 유인물에서 그대로 가져온 것이다.

정보 교환의 규칙

■ 다른 사람에게 그 사람 자신에 대해 물어보기(**예 : 흥미, 관심사, 취미 등**)

■ **상대방의 말이 끝나고 나면,** 스스로의 질문에 대답하기
  – 자신에 관해 무엇인가를 공유한다(**예 : 관심사, 좋아하는 것, 취미 등**).

■ 공통의 관심사를 찾기
  – **함께 이야기할 수 있는 것들을 알아낸다.**
  – **당신이 함께할 수 있는 활동들을 알아낸다.**
  – **상대방이 싫어하는 것이 무엇인지도 알아낸다. 그래야 그런 것들을 하지 않도록 피할 수 있기 때문이다.**

■ 대화를 서로 나누기
  – **상대가 당신에게 질문을 하거나 이야기를 할 수 있는 기회를 준다.**
  – **상대가 대화를 이끌어 갈 수 있도록, 때때로 짧게 멈추어야 한다.**
    • **그 사람이 만약 아무 말도 하지 않는다면, 다른 이어가는 질문이나 이야기를 한다.**

– 상대방이 대화를 흥미 있어 하는지 확실히 판단한다.
 - 상대방이 대화에 참여하고 있는가?(예 : 당신에게 말을 하거나 질문을 한다.)
 - 상대방이 눈을 맞추고 있는가?
 - 대화하는 곳을 떠나 다른 곳으로 가려고 하고 있는가?
 - 상대방의 신체언어가 말하고 있는 것은 무엇인가?(예 : 당신을 향해 있는가, 당신에게서 멀리 향해 있는가?)

■ 처음에는 너무 개인적이 되지 않도록 하기
– 상대방을 불편하게 할지도 모른다.
– 상대는 앞으로 당신과 별로 이야기하고 싶지 않게 될 수도 있다.

과제

■ 부모 집단 치료자는 과제를 알려 주고, 부모들에게 있을 수 있는 어려운 점들을 논의한다.

1. 이번 주에 부모는 자녀와 함께 정보 교환을 연습해야 한다.
 a. 실제 연습을 하기 전에, 자녀와 함께 정보 교환의 규칙들을 점검한다.
 b. 공통의 관심사를 찾아 그룹에 와서 이야기할 수 있게 한다.
2. 집단 내의 통화
 a. 전화하기 전에
  i. 회기를 마치고 치료실을 떠나기 전에, 자녀들의 대화기술 연습을 위해 집단의 다른 구성원에게 전화할 수 있도록 약속을 정한다.
   1. 청소년 집단 치료자는 매주 누가 누구와 전화할 것인지를 배정하고 부모와 청소년이 다시 만나는 시간에 배정한 것을 큰 소리로 읽어 알려 준다.
  ii. 전화를 하기 위한 날짜와 시간을 정한다.
  iii. 전화를 하는 동안 부모가 어디에 있을 것인지는 자녀와 협상할 수 있다.
  iv. 전화를 하기 전에 정보 교환 규칙을 자녀와 함께 점검한다.
 b. 전화하는 동안에
  i. 청소년은 전화 통화를 통해 정보를 교환할 수 있어야 한다.
  ii. 다음 시간에 와서 발표할 수 있는, 공통의 관심사를 찾는다.
 c. 전화하고 난 뒤에
  i. 부모와 자녀는 전화 통화에 대해 의견을 나누고, 알아낸 공통의 관심사가 무엇인지 이야기하고, 문제를 해결한다.

자녀의 과제를 돕는 방법

- 문제해결
  - **청소년이 새로운 기술을 배우기 어려워할 때, 부모님이 제안이나 권유를 해 준다.**
    - **"( )게 해 보면 어떻겠니?"라는 말을 사용하여 제안하는 것이 종종 도움이 된다.**
      - **예 : 다음 번에 네가 정보 교환을 할 때는, 친구에게 "너도 ( )을 좋아하니?"라고 물어보면 어떨까?**
  - **청소년에게 뭔가 잘못했다고 드러내서 이야기하지 않는다.**
    - **이것은 자녀의 용기를 잃게 하거나 당황스럽게 만들 수 있다.**
    - **예 : "네가 정보 교환하는 방법은 틀렸잖아!"와 같이 이야기하지 않는다.**

NOTE : 자신의 자녀가 첫 번째 과제를 수행하는 것이 어려운 이유들을 들어 변명하는 부모들에게 주의를 기울일 필요가 있다. 일부의 부모들은 '헬리콥터 부모'이거나 '과보호형 부모'로, 과제를 대신 해 주거나 너무 많은 준비를 시키려고 노력한다. 이런 부모들에게 처음에는 청소년에게 개입하여 먼저 도와주려 하기보다 어떻게 하는지 한 걸음 떨어져서 지켜 보게 하는 것이 좋다. 이런 부모들이 전화 통화를 하는 도중에 청소년이 어떻게 말할지 코치해 주거나 대본을 제시해 주지 못하게 해야 한다. 통화 중에 연습을 하는 것보다는 전화하기 전에 하는 것이 더 좋다.

진행에 관한 언급

- 부모들에게 전화번호부를 나누어 준다(이것은 집단이 시작하기 전에 만들어져 있어야 한다. 모든 부모와 청소년들의 이름과 전화번호를 기입한다.).
  - 부모들에게, 집단 구성원과의 통화에서 이 전화번호부를 사용하게 될 것이라고 이야기한다.
  - 매주 계획된 전화 통화 날짜와 시간을 이 종이에 적는다.
  - 전화번호부에 있는 것과 다른 번호를 사용하기를 원하거나 잘못 기록된 번호가 있다면 치료진에게 알려 주도록 한다.
    - 변동 사항이 있을 때는 다음 주에 새로운 전화번호부를 나누어 준다.
- 계획된 결석 통보서를 나누어 준다.
  - 모든 회기에 참여하는 것이 매우 중요함을 부모들에게 강조한다.
  - 만약 결석해야 하는 일이 있다면, 이것을 계획된 결석 통보서에 적어서 2회기가 시작되기 전까지 치료팀에게 주도록 한다.
  - 해당 주에 5~6명 이상이 결석하게 된다면 일정의 변경을 고려할 수 있다.

부모용 유인물 1 : PEERS®에 대한 소개 및 대화기술 I – 정보 교환

이 집단에서 기대할 수 있는 것들

1. 당신의 자녀가 친구를 만들고 유지하는 법에 대해서 배우는 것을 도와줍니다.
2. 적절한 친구를 찾으려는 자녀의 노력을 좀 더 효과적으로 도와주게 될 것입니다.
3. 아는 또래들을 새로 만들고 친밀한 우정을 발전시키는 자녀의 능력을 효과적으로 지원합니다.
4. 당신의 자녀가 사회적 관계에서 독립심을 기를 수 있도록 도울 것입니다.

방법

1. 각각의 청소년 회기에는 자녀들이 사회적 상황에서 만날 수 있는 어려운 일들을 어떻게 다뤄야 하는지에 대한 간략한 지침이 포함되어 있습니다.
2. 각 회기의 내용에 대해서는 부모님께 간략히 알려드릴 것입니다.
3. 회기 동안, 자녀들은 배운 기술을 실제로 연습할 것입니다.
4. 부모님과 자녀들이 회기에서 배운 기술을 연습하기 위해, 매주 가정과 학교에서 할 수 있는 과제를 드릴 것입니다.
5. 이전 회기에 드린 과제는 부모와 청소년 집단에서 매주 검토할 것입니다.
6. 이 집단의 부모님께서 하실 일 중 가장 중요한 두 가지는 다음과 같습니다.
   a. 자녀가 다른 청소년들을 만날 수 있는 그룹에 참여시키는 것
   b. 자녀들이 친구들과 모임을 만드는 것을 도와주는 것

이 집단에서 하기 어려운 일들

1. 이것은 지지 집단이나 청소년의 정신과적 · 심리적 질환이나 발달 문제가 무엇인지 알아내도록 돕는 집단은 아닙니다.
2. 부모님께서 매 회기마다 참석하시고, 제 시간에 오지 않으시면 자녀는 향상되기 힘듭니다. 청소년이 향상되려면 부모님께서 매 회기 참석하시고, 제 시간에 오셔야만 합니다.
3. 청소년이 과제를 하려고 하지 않으면 역시 나아지기 힘들 것입니다.
4. 자녀들은 이 집단의 다른 구성원들과 지속적인 우정을 유지하기는 어려울 수 있습니다. 이 집단은 기술을 익히는 집단이지, '우정의 상대를 찾는 집단'은 아니기 때문입니다. 부모님들께서는 이 프로그램이 진행되는 동안 집단의 다른 부모님들과 밖에서 만나 어울리시면 안 됩니다.

5. PEERS®는 당신의 청소년의 모든 문제점을 치료하려고 하는 것은 아닙니다. 우리는 또래 관계와 우정에 집중하겠습니다.

정보 교환의 규칙

- **다른 사람에게 그 사람 자신에 대해 물어보기**(예 : 흥미, 관심사, 취미 등)
- 상대방의 말이 끝나고 나면, **스스로의 질문에 대답하기**
  - **자신에 관해 무엇인가를 공유한다**(예 : 관심사, 좋아하는 것, 취미 등).
- **공통의 관심사를 찾기**
  - 함께 이야기할 수 있는 것들을 알아낸다.
  - 당신이 함께할 수 있는 활동들을 알아낸다.
  - 상대방이 싫어하는 것이 무엇인지도 알아낸다. 그래야 그런 것들을 하지 않도록 피할 수 있기 때문이다.
- **대화를 서로 나누기**
  - 상대가 당신에게 질문을 하거나 이야기를 할 수 있는 기회를 준다.
    - 상대가 대화를 이끌어 갈 수 있도록, 때때로 짧게 멈추어야 한다.
    - 그 사람이 만약 아무 말도 하지 않는다면, 다른 이어가는 질문이나 이야기를 한다.
  - 상대방이 대화를 흥미 있어 하는지 확실히 판단한다.
    - 상대방이 대화에 참여하고 있는가?(예 : 당신에게 말을 하거나 질문을 한다.)
    - 상대방이 눈을 맞추고 있는가?
    - 대화하는 곳을 떠나 다른 곳으로 가려고 하고 있는가?
    - 상대방의 신체언어가 말하고 있는 것은 무엇인가?(예 : 당신을 향해 있는가, 당신에게서 멀리 향해 있는가?)
- **처음에는 너무 개인적이 되지 않도록 하기**
  - 상대방을 불편하게 할지도 모른다.
  - 상대는 앞으로 당신과 별로 이야기하고 싶지 않게 될 수도 있다.

과제

1. 이번 주에 부모는 자녀와 함께 **정보 교환**을 연습해야 한다.
   a. 실제 연습을 하기 전에, 자녀와 함께 **정보 교환**의 규칙들을 점검한다.
   b. **공통의 관심사를 찾아** 그룹에 와서 이야기할 수 있게 한다.
2. **집단 내의 통화**
   a. 전화하기 전에

i. 회기를 마치고 치료실을 떠나기 전에, 자녀들의 대화기술 연습을 위해 집단의 다른 구성원에게 전화할 수 있도록 약속을 정한다.

ii. 전화를 하기 위한 날짜와 시간을 정한다.

iii. 전화를 하는 동안 부모가 어디에 있을 것인지는 자녀와 협상할 수 있다.

iv. 전화를 하기 전에 **정보 교환** 규칙을 자녀와 함께 점검한다.

b. 전화하는 동안에

i. 청소년은 전화 통화를 통해 **정보**를 **교환**할 수 있어야 한다.

ii. 다음 시간에 와서 발표할 수 있는, **공통의 관심사를 찾는다.**

c. 전화하고 난 뒤에

i. 부모와 자녀는 전화 통화에 대해 의견을 나누고, 알아낸 **공통의 관심사**가 무엇인지 이야기하고, 문제를 해결한다.

자녀의 과제를 돕는 방법

- 문제해결
  - 청소년이 새로운 기술을 배우기 어려워할 때, 부모님이 **제안이나 권유를 해 준다.**
    - "(   )게 해 보면 어떻겠니?"라는 말을 사용하여 제안하는 것이 종종 도움이 된다.
      - 예 : 다음 번에 네가 정보 교환을 할 때는, 친구에게 "너도 (   )을 좋아하니?"라고 물어보면 어떨까?
    - 청소년에게 뭔가 잘못했다고 드러내서 이야기하지 않는다.
      - 이것은 자녀의 용기를 잃게 하거나 당황스럽게 만들 수 있다.
      - 예 : "네가 정보 교환하는 방법은 틀렸잖아!"와 같이 이야기하지 않는다.

청소년 치료자 가이드-1회기 : 소개 및 대화기술 I-정보 교환

청소년 회기 가이드 라인

첫 번째 회기의 가장 중요한 목적은 짧은 수업식 교육과 행동 연습을 통해 청소년들이 집단의 구조를 알게 하고, 집단의 결속력을 다지는 것이다. 치료자가 처음부터 분명한 기대치를 수립하고 비적응적 행동을 최소화하는 것이 매우 중요하다.

선별 면접이 제대로 이루어졌다고 가정한다면, 집단의 청소년들은 자발적으로 참여해야만 한다. 스스로 원해서 참여하는 청소년들만 집단에 들어오게 되면, 행동문제나 비적응적 행동을 최소화할 수 있다. 매우 초기 단계에서 청소년들은 "이런 곳에 끼기엔 내가 너무 수준이 높아." 유형의 태도를 보이는 경우도 있다. 그들은 자신에게 도움은 필요 없다는 듯이, 마치 집단에 속해 있지 않은 것처럼 행동함으로써 부적절한 '자존심 지키기'를 하곤 한다. 이런 행동들은 집단의 한두 명, 특히 나이가 많은 청소년들 사이에서 자주 나타난다. 치료자는 왜 그들이 이 프로그램에 참여해야만 하는가에 관한 논쟁에 말려들지 않아야 한다. 이를 두고 논쟁하는 것은 프로그램에 열심히 참여하고 싶어 하는 다른 구성원들을 혼란스럽게 만들 뿐이다. 대신에 치료자는 우정을 발전시키는 것의 이로움, 친구를 사귀고 우정을 유지하기가 누구에게나 (부모님이나 치료팀을 포함하여) 어렵다는 점 등의 일반적인 이야기를 함으로써 그 경험을 보편적인 것으로 만들 수 있다.

세심하게 통제된 교실 환경은 청소년들이 치료 회기 중의 수업식 교육으로부터 가장 큰 이로움을 얻을 수 있게 하는 데 유용하다. 구성원들은 이야기를 하고 싶을 때 반드시 손을 들어야 하고, 다른 사람들이 말하고 있는 중에 끼어들어서는 안 되며, 자기 이야기만 지나치게 길게 해서는 안 된다. 집단에게 규칙이 무엇인지를 확실히 보여 줌으로써, 집단이 구성원들에게 기대하는 것이 무엇인지를 명료하게 한다. 청소년들이 이들 규칙에 확실히 따를 수 있게 하기 위해, 청소년들이 이러한 각각의 규율들이 왜 중요한가에 대하여 설명해 보는 방식으로 제시해 주는 것이 도움이 된다.

어떤 청소년이 주제와 관련이 없는 이야기를 하기 시작한다면, 치료자는 주제에서 너무 멀리 벗어나지 않도록 해야 하는데, "이것이 주제에 맞는 이야기일까요?"라고 질문을 하거나 방향을 전환할 수 있다. 또한 질문에 관해 지나치게 긴 대답을 하는 청소년에게도 방향을 전환해 주어야 한다. 이런 경우, "알겠어요. 그런데 오늘 배워야 할 내용이 매우 많기 때문에 이제 진행을 해야만 합니다."라고 말할 수 있다. 만약 그래도 청소년이 계속 이야기한다면, "다음에 시간이 되면 다시 이야기하도록 합시다."라고 할 수 있다. 하지만 그 주제로 다시 돌아가는 것은 좋지 않은데, 그렇게 하면 관련 없는 주제에 대해 이야기하는 것을 강화하게 될 뿐이기 때문이다.

치료자가 재미있는 분위기를 만들어 주는 것은 중요하다. 재미있는 환경을 만드는 것은 청

글상자 3.2

그룹 안에서 잘못된 행동들을 다루는 방법

- 치료자는 14주 동안 부모들과 계속 의사소통을 해야 한다.
- 집단활동 중에 청소년이 그릇된 행동을 한다면, 주의를 준다(**예 : 이것은 경고입니다. 만일 계속하여 ________ 행동을 한다면 부모님을 부를 수밖에 없습니다.**).
- 청소년이 경고에 관해 어느 정도 반응을 보인다면, 부모의 도움을 청하기 전에 2~3회의 경고를 더 주어도 좋다.
- 반복되는 경고 후에도 청소년이 그릇된 행동을 한다면, 마지막 경고를 준다(**예 : 이것이 마지막 경고입니다. 계속해서 ________와 같은 행동을 한다면 우리가 부모님을 뵈러 가겠습니다.**).
- 만일 청소년의 행동이 나아지지 않는다면, 부모가 방 밖으로 나오도록 부른다.
- 치료자 또는 보조 치료자(더 좋음), 청소년, 부모가 중립적인 장소에서 만난다.
- 문제행동들을 간단히 설명한다.
- 청소년이 적절하게 행동을 할 준비가 되었다면 언제든지 돌아올 수 있다는 것을 청소년과 부모에게 알린다(**예 : 두 분이 대화할 시간을 드리겠습니다. 바르게 행동할 준비가 되면 언제든지 집단으로 돌아 와도 좋습니다.**).

소년으로 하여금 수업에서 규칙을 만들어 내는 과정에 적극적으로 참여하게 함으로써 가능하다. PEERS®는 구체적인 규칙과 사회적 예의의 단계에 대한 특별한 교육 과정으로 이루어진다. 이런 과정은 '소크라테스식 질문법'과 모델링, 역할극 등을 통해 습득된다. '소크라테스식 질문법'은 얻고자 하는 답을 유발해 낼 수 있는 질문을 던지는 것이다. 모델링과 역할극은 보다 복잡한 사회적 행동에 대한 규칙을 만들어 낼 수 있게 하기 위해 적절한 행동과 부적절한 행동의 예를 구체적으로 시연해 보여 주는 것이다(예 : '대화를 독차지하는' 것처럼 보이는 행동을 보여 주고, "이 대화에서 잘못된 것은 무엇일까요?"라고 묻기). 이런 교수법은 강의식 학습을 하는 동안 청소년들의 주의를 유지하고, 배우는 기술들을 좀 더 기꺼이, 신뢰를 갖고 받아 들이도록 돕는다. 치료자가 규칙을 만들어 주었을 때보다 또래들이 그것을 만들어 냈을 때, 청소년들은 배운 것을 훨씬 더 신뢰하게 된다.

규칙을 제시하거나 사회적 예의의 단계를 보여 줄 때, "어떻게 하면 좋은 대화를 할 수 있는지 생각나는 것이 있는 사람 있나요?"과 같이 열린 질문은 피하도록 한다. 이와 같은 질문은 너무 광범위할 뿐 아니라, 아직 사회적 예의의 규칙을 잘 모르는 청소년들로 하여금 부적절한 답을 하게 만들 가능성이 많다. 그 대신 이 매뉴얼의 강의식 학습 부분에 요약되어 있는 질문의 방식을 따르는 것을 권한다.

마지막으로, 치료자와 보조 치료자가 우스꽝스럽게 행동하거나 청소년들과 농담을 주고받는 것을 피해야 한다. 그럴 경우 자칫하면 집단에 대한 통제를 잃게 되거나 주제에서 벗어나게 될 위험이 있다.

잘못된 행동들을 다루기

청소년들이 실제로 문제행동을 하기 전에는 문제행동을 다루는 과정에 대해 미리 설명해 주지 않기를 권한다. 이것이 오히려 청소년들로 하여금 부적절한 행동을 할 엄두를 내도록 부추길 수 있기 때문이다. 우선, 행동에 대한 경계를 제한하는 것으로 시작한다. 예를 들어, 청소년이 이야기하는 차례를 지키지 못할 때, "손을 들고 이야기해야 합니다."라고 말하는 것이다. 만약 다른 사람의 말을 부적절하게 비웃는 청소년이 있다면, "여러분들 모두가 서로를 존중해야 합니다."라고 이야기할 수 있다. 청소년이 자꾸 농담을 하고 '그룹의 코미디언'이 되기를 자처한다면 "모두가 진지해지길 바랍니다."라고 말할 수 있다. 이런 말들은 청소년들로 하여금 치료자가 세워 놓은 행동의 기대치를 충족하도록 재전환시키는 동시에 처음부터 너무 처벌적인 분위기가 되지 않게 돕는다. 청소년이 지속적으로 경계를 시험해 보고자 한다면, "손을 들고 이야기하고, 진지하게 행동하고, 다른 사람들을 존중하는 것은 왜 중요할까요?"라고 말함으로써 집단이 함께 토론하도록 터놓는 것이 도움이 된다. 이런 방법은 문제행동을 하는 청소년을 직접 지적하지 않고도 또래의 압력을 활용하는 것이다. 청소년들에게 처음에 경계를 시험해 보고자 하는 것은 자연스러운 일이지만, 존중하는 태도로 이 상황을 다루게 되면 부정적인 영향을 최소화할 수 있다.

반면에, 언어적 · 신체적 공격은 즉각, 심각하게 대응해야 하는 두 가지 문제행동이다. 싸우려는 척을 하거나 싸우는 흉내를 내는 것 또한 여기 포함된다. 집단이 진행되는 동안 어떤 청소년도, 어떤 형태로든 놀림을 받거나, 괴롭힘을 당하거나, 신체적으로 위협받는 것은 용납되지 않는다. 드문 경우지만 이럴 때 청소년은 즉시 그룹으로부터 격리되어야 한다. 부모를 부모그룹으로부터 불러내어, 청소년이 있는 곳에서 벌어진 사건에 대해 알려 준다. 사건의 심각한 정도에 따라, 적절하게 짚고 넘어간 뒤에 청소년은 다시 집단으로 돌아올 수도 있다. 모든 청소년이 집단 안에서 안전하게 느껴야 하고, 이런 형태의 사건들은 즉각 다루어야 한다는 것이 핵심이다. 치료자가 나머지 그룹과 회기를 지속하는 동안 이런 문제를 다루도록 훈련된 보조 치료자를 두는 것이 중요하다.

준비와 시작 인사

청소년들이 방에 들어오면, 각 청소년들의 이름을 칠판에 쓰고, 점수를 쓸 수 있는 공간을 남겨 놓는다(점수는 숙제를 완성하거나 수업 진행에 참여했을 때 주어진다.). 이런 과정은 매주 이루어진다.

청소년들은 각각 다른 학습 스타일을 가졌기 때문에, 사회적 에티켓에 관한 규칙을 제시할 때는 buzzword나 간략한 요점을 칠판에 적는 것이 좋다. 청소년들이 행동 연습을 할 때 참조해야 하므로, 이런 규칙과 과정들은 지우지 말고 그 회기가 끝날 때까지 남겨 두는 것이 좋다.

따라서 치료자는 수업 내용과 각 청소년에게 주는 점수를 모두 기록할 수 있게 칠판을 잘 나누어 사용해야 한다.

회기 동안 청소년들이 잘 앉아 있도록 하며, 이야기를 하거나 질문할 때는 손을 들도록 한다. 그렇지 않으면 집단을 통제하기 어렵게 된다. 다른 사람의 이야기를 듣고 있는 동안, 특히 과제를 검토하는 시간 동안에 피자 등의 간식을 먹는다든가 음료수를 마시는 것이 도움이 될 수도 있다. 음식을 제공할 경우, 더 달라고 요청할 때도 반드시 손을 들게 한다. 이를 통해 적절한 식사 예절을 강화시킬 수 있으며, 부적절한 식이행동에 대한 코칭 기회가 될 수 있다.

시작 인사

- 집단을 환영하는 인사로 시작한다.
- 청소년 집단 치료자 자신과 보조 치료자들을 소개한다.
- 돌아가면서 다음을 이야기하게 한다.
  - 이름
  - 나이와 학년
  - 다니는 학교 이름
- 지시를 따르거나 참여하는 것에 대해 즉각 점수를 주기 시작한다.
  - 칠판에 각 청소년의 이름을 쓰고, 이름 옆에 점수를 의미하는 표시를 한다.
- 청소년들이 점수에 관해 물으면 나중에 설명하겠다고 이야기한다.

집단의 규칙

- 집단을 위한 규칙들을 제시해 준다(칠판에 규칙을 쓴다.).
- 각각의 규칙에 대해, "이것이 왜 좋은 규칙인가?" 묻는다.

규칙

1. 다른 사람 말에 경청한다(다른 사람이 말할 때 이야기하지 않는다.).
2. 지시에 따르기
3. 손을 든다.
4. 다른 사람을 존중한다(놀리거나 비웃지 않기, 욕하지 않기).
5. 만지지 않기(때리거나, 발로 차거나, 밀치거나, 안지 않기 등)

PEERS® 소개

PEERS®를 하는 이유

다음을 설명한다.

- 그룹의 이름은 PEERS®이다.
- 질문 : 한글로 "peer"가 무엇일까요?
  - 답 : "또래"라는 뜻이다. 자기와 비슷한 나이의 친구, 같은 반 아이, 동료 등을 의미한다.
- PEERS®는 청소년들이 친구를 만들고 우정을 지켜가는 데 필요한 사회기술을 배우는 프로그램이다.
- 우리는 이제부터 14주 동안, 매주 90분씩 만날 것이다.
- 청소년 그룹과 부모님 그룹이 같은 시간에 다른 방에서 진행된다.
- 부모님들은 이 그룹에서 청소년들이 이야기하는 내용들을 배울 것이다.
- 부모님들은 PEERS®에서 배운 기술들을 이용해서 청소년들과 이야기를 나눌 것이고, 도와주게 될 것이다.
- 14주가 끝날 때, 우리는 졸업 파티와 졸업식을 할 것이다.

회기의 구조

각 회기의 구조에 관해 다음과 같이 설명한다.

- 각 회기는 과제 점검으로 시작된다(약 20~30분).
  - 여러분은 매주 PEERS®에서 배운 기술을 연습해 볼 수 있는 숙제를 받게 될 것이다.
  - 숙제들은 재미있는 것이므로, 미리 걱정하지 않아도 된다.
  - 부모님들은 숙제를 도와주실 수도 있고, 도와주지 않을 수도 있다. 여러분이 어떤 것을 더 좋아하는지에 따라 다르다.
  - 그러나 어떤 경우든, 숙제에 대하여 부모님과 이야기를 해야 한다.
  - 왜냐하면, 부모님들 역시 매 회기의 처음에 숙제에 대해 점검을 할 것이기 때문에 여러분이 무엇을 어떻게 했는지 알고 계셔야 한다.
    - [다음 학습으로 넘어가기 전에, 모든 청소년이 숙제를 부모님과 매주 논의하도록 동의를 얻는다.]
- 그다음 그날의 수업을 진행한다(약 30분).
- 우리는 다음과 같은 것들을 통해 기술들을 연습한다.

- 서로 어울리는 활동
- 실내게임
- 실외게임과 스포츠

■ 다 끝나면 부모님들이 있는 방으로 옮겨서, 수업에서 들은 buzzword와 다음 주 숙제를 짧게 점검할 것이다(약 10분).
- 설명 : buzzword는 어떤 형태의 사회적 기술을 설명하는 데 쓰는 단어나 용어입니다. 우리는 이런 단어를 사용함으로써, 사회적 예의의 규칙과 단계를 이야기할 때 우리끼리 쓰는 공통의 단어를 갖게 될 것입니다.

점수 얻기

■ 다음과 같은 것을 하면 청소년들이 점수를 얻을 수 있음을 알려 준다.
- 규칙을 지켰을 때(예 : 잘 듣기, 존중하기, 지시에 따르기)
- 전 시간에 내 준 과제를 수행해 왔을 때
- 수업에 참여했을 때
- 회기 중에 새로 배운 기술을 연습했을 때

■ 매 회기의 끝에 그룹과 개인의 점수를 계산한다.

■ 그룹의 점수는 치료가 끝날 때 졸업 파티를 하기 위해 모으는 것이다.
- 더 많은 점수를 모을수록, 더 크고 멋진 파티를 한다.

■ 개인 점수는 졸업식 때 상을 주기 위해 모으는 것이다.
- 더 많은 점수를 모을수록, 더 큰 상이 주어진다.
- 많은 점수를 얻은 사람 순으로 상품을 선택할 수 있다.
- 상품은 다음과 같은 것이 될 것이다.
  - 농구공, 축구공, 배구공, 럭비공, 야구 장비, 원반 등
  - 보드게임, 카드게임
    - ■ [NOTE : 상품은 상호작용이 가능하고 또래와의 사회적인 활동을 촉진시킬 수 있는 것으로 준비한다.]

■ 다음과 같이 질문한다. 우리가 점수를 얻는다면, 그것은 여러분 자신을 위해 좋은 것일까요, 우리 그룹을 위해 좋은 것일까요, 아니면 둘 다일까요?
- 답 : 둘 다

토론을 위한 질문

설명 : 이 그룹의 이름은 PEERS®입니다. "Peers"를 한국어로 번역하면 친구 또는 친구가 될 수 있는 또래

를 의미할 때도 있습니다. 이 그룹의 목표는 우리가 친구를 사귀고 우정을 유지할 수 있는 법을 배우는 것입니다.

[그룹에게 다음 질문들을 하고, 짧게 토론하도록 한다. 브레인스토밍 활동으로 활용하고, 좋은 반응들은 칠판에 적는다. 청소년들이 제시하는 대답들은 아래 '좋은 우정의 특징들' 항목에 나오는 말들로 적절히 바꾸어서, 모든 내용들이 다 포함될 때까지 계속한다.]

- 친구란 무엇인가요?
- 친구가 되었다는 것을 어떻게 알 수 있나요?
- 친구끼리는 무엇을 공통적으로 가지고 있나요?
- 제일 친한 친구란 어떤 것인가요?

좋은 우정의 특징들

청소년들이 브레인스토밍한 뒤, 좋은 우정의 기본 특징에 관해 짧게 복습한다.

- 공통의 관심사
  - 비슷한 관심사, 좋아하는 것, 취미(예 : 똑같은 물건을 둘 다 갖고 있다.)
- 자기를 드러내기/비밀의 공유
  - 개인적인 생각, 느낌, 경험을 공유하는 것이 편안하게 느껴짐(예 : 편안한 마음으로 비밀 이야기를 할 수 있다.)
- 이해
  - 상호 간의 이해(예 : 둘이 서로 이해한다.)
- 갈등해결
  - 우정을 해치지 않고 가능한 논쟁과 갈등을 해결할 수 있음(예 : 둘이서 말다툼을 하거나 의견이 일치하지 않았더라도 화해할 수 있고, 여전히 친구로 지낼 수 있다.)
- 상호적/나눔/동등함
  - 서로 나누는 우정 그 성질이 상호교환적임(예 : 둘이 동등하다, 둘이 서로 우정을 나눈다, 한 사람이 다른 사람에게 군림하거나 이용하지 않는다.)
- 애정/배려
  - 서로 좋아함, 따뜻함, 서로에 대한 배려에 바탕을 둔 우정(예 : 둘이 서로 배려하고, 관심을 갖고, 살핀다.)
- 약속/충실함/믿음
  - 서로에게 충실함, 신의, 믿음에 바탕을 둔 우정(예 : 서로에 대해 충실하다, 서로를 믿는다.)

교육 : 정보 교환을 위한 규칙

설명 : PEERS®를 하는 동안, 우리는 매주 다른 사회기술에 집중할 것입니다. 오늘 우리는 다른 사람과 어떻게 대화를 하는지에 대하여 이야기할 것입니다. 청소년들의 우정의 가장 중요한 부분 중 하나는 대화를 나눌 수 있는 능력입니다. 대화에는 정보의 교환이 중요한데, 이것은 두 사람이 서로 알아 가는 과정에서 자연스럽게 서로에 관한 정보를 주고받는 것입니다. 정보를 교환하는 가장 중요한 목적은, 공통의 관심사를 찾음으로써 그 사람과 같이 이야기할 수 있는 주제나 함께할 수 있는 활동들이 있는지 알아내는 것입니다.

정보 교환을 위한 규칙들을 제시한다(**정보 교환**은 우리의 첫 번째 buzzword이다.).

1. **다른 사람에게 그 사람 자신에 대해 물어보기**(예 : 흥미, 취미, 주말에 무엇을 하는지 등)
   a. 설명 : 정보 교환을 위한 첫 번째 규칙은 상대방에게 그 사람 자신에 대해 묻는 것입니다. 여러분은 그 사람의 흥미, 관심사, 취미, 주말에 무엇을 하는 것을 좋아하는지 등을 물어볼 수 있습니다. 그 사람 자신에 대해 묻는 것은 왜 중요할까요?
      i. 답 : 이렇게 함으로써 그 사람의 관심사, 취미, 좋아하는 것이 무엇인지 알 수 있고, 당신과 **공통의 관심사**를 갖고 있는지 알아낼 수 있다.
2. 상대방의 말이 끝나고 나면, **스스로의 질문에 대답하기**
   a. 당신 **자신에 관해 무엇인가를 공유한다**(예 : 관심사, 좋아하는 것, 취미 등).
   b. 설명 : 정보 교환에 대한 또 하나의 규칙은 스스로의 질문에 대답하고, 여러분 자신에 대한 무엇인가를 공유해야 한다는 것입니다. 여기에는 여러분의 관심사, 좋아하는 것, 취미 등에 관해 이야기하는 것이 포함됩니다. 여러분 스스로의 질문에 대해 답하는 것은 왜 중요할까요?
      i. 답 : 왜냐하면 정보 교환을 위해서는 같은 질문을 당신에게 해야 한다는 것을 그들이 모를 수 있기 때문에, 당신이 스스로에 대한 것을 상대방과 공유해야 한다.
3. **공통의 관심사를 찾기**
   a. 함께 이야기할 수 있는 것들을 알아낸다.
   b. 둘이서 함께할 수 있는 활동들을 알아낸다.
   c. 상대방이 싫어하는 것이 무엇인지도 주의를 기울인다. 그래야 그런 것들을 하지 않도록 피할 수 있기 때문이다.
   d. 설명 : 정보 교환을 하는 가장 중요한 목적은 공통의 관심사를 찾는 것입니다. 그 사람과 같이 이야기할 수 있는 주제나 함께할 수 있는 활동들이 있는지 알아내려면, 우리는 공통의 관심사가 무엇인지 찾아야만 합니다. 상대방이 싫어하는 것이 무엇인지도 주의를 기울이는 것도 도움이 됩니다. 그래야 함께 있을 때 그런 것들을 하지 않도록 피할 수 있기 때문입니다. 공통의 관심사를 찾는 것은 왜 중요할까요?
      i. 답 : 왜냐하면 공통의 관심사는 우정의 바탕이 되기 때문이다.

4. **대화를 서로 나누기**
   a. 설명 : 정보 교환의 또 다른 규칙은 대화를 서로 주고받으며 나누는 것입니다. 대화를 서로 나누는 것이 왜 중요할까요?
      i. 답 : 왜냐하면 그것이 정보를 교환하는 방식이며 서로에 대해 알아가는 방법이기 때문이다.
   b. 이것은 상대방이 당신에게 질문을 하거나 이야기를 할 수 있는 기회를 준다는 뜻이다.
      i. 상대가 대화를 이끌어 갈 수 있도록, 때때로 짧게 멈춘다.
      ii. 상대방이 만약 아무 말도 하지 않는다면, 다른 이어가는 질문이나 이야기를 한다.
5. **처음에는 너무 개인적이 되지 않도록 하기**
   a. 설명 : 정보 교환의 마지막 규칙은 처음부터 너무 개인적인 것이 되지 않게 하는 것입니다. 처음 누군가와 친해지기 시작할 때 너무 개인적이 되는 것은 어떤 문제가 있을까요?
      i. 답 : 상대방을 불편하게 할지도 모르며, 그렇게 되면 상대는 앞으로 당신과 별로 이야기하고 싶지 않게 될 수도 있다.
   b. 너무 개인적이 되는 것의 예를 들어 준다(예 : 이번 시험에서 몇 점 맞았니?).
      i. 우스꽝스러운 대답을 하려고 시도할 수도 있으므로, 청소년들이 예를 들게 하지는 않는다.
   c. 질문 : 매우 친해지게 된 다음에는 조금 더 개인적이 되어도 괜찮은가요?
      i. 답 : 예, 서로 친한 친구라면 괜찮습니다.

■ 또한 상대방이 대화를 흥미 있어 하는지 확실히 판단해야 할 필요가 있다.
  – 상대방이 대화에 참여하고 있는가?(예 : 당신에게 말을 하거나 질문을 한다.)
  – 상대방이 눈을 맞추고 있는가?
  – 대화하는 곳을 떠나 다른 곳으로 가려고 하고 있는가?
  – 상대방의 신체언어가 말하고 있는 것은 무엇인가?(예 : 당신을 향해 있는가, 당신에게서 멀리 향해 있는가?)

■ 만약 상대방이 당신과 이야기하는 것을 즐기지 않는 것처럼 보인다면, **다른 곳으로 가서** 이야기를 나눌 수 있는 다른 사람들을 찾아본다.

역할극

■ 청소년 집단 치료자와 보조 치료자는 **적절한** 역할극을 통해 **정보 교환**을 시연해 보여 준다.
  – 치료자 : 이제 우리는 적절하게 정보를 교환하는 방법의 예를 보여 줄 것입니다. 이 대화를 잘 보고, 끝나고 나서 우리가 어떤 점을 **잘 했는지** 이야기해 주세요.

치료자 : (보조 치료자를 향해 서서, 적절한 눈맞춤을 하면서) 안녕 ______(이름)야! 잘 지냈어?

보조 치료자 : 응. 잘 지냈어. ______(이름) 너는 어땠어?

치료자 : 나도 잘 지냈어. 주말은 어땠니?

보조 치료자 : 즐겁게 보냈어. 친구들과 영화를 보러 갔었거든.

치료자 : 재미있었겠다. 무슨 영화 봤는데?

보조 치료자 : 요즘 모든 사람이 이야기하는 공상 과학 영화를 보러 갔었어.

치료자 : 멋지다! 나도 보러 가고 싶었는데! 영화 좋았어?

보조 치료자 : 응. 진짜 좋았어. 나 한 번 더 볼지도 몰라. 너 공상 과학 영화 좋아해?

치료자 : 응, 정말 좋아해. 나 공상 과학 책 읽는 것도 좋아해, 넌 어때?

보조 치료자 : 나도 진짜 좋아해. 난 항상 공상 과학 책을 읽어.

치료자 : 나도 그래! 네가 가장 좋아하는 책은 어떤 거야?

- 설명 : 자, 여기까지입니다. 이 대화에서 우리가 잘 한 것이 무엇인지 누군가 말해 볼 수 있을까요?
  - 답 : 상대방에게 질문을 하고, 스스로의 질문에 답함으로써 정보를 교환하였고, 공통의 관심사를 찾았다. 너무 개인적이 되지 않게 하였고, 대화를 서로 주고받았다.
- 질문 : 우리가 서로 대화하고 싶어 하는 것처럼 보였나요?
  - 답 : 예.
- 질문 : 어떻게 알 수 있지요?
  - 답 : 적절한 눈맞춤을 하였고, 서로 이야기를 나누었고, 상대방의 질문에 답하였다. 서로를 바라보았고, 그 자리를 떠나려고 하지 않았다.

행동 연습

- ■ 치료자 : 우리는 이제 주고받는 대화를 하기 위한 규칙들을 알고 있습니다. 이제 각자 옆에 앉은 사람과 각각 연습해 보도록 할 것입니다. 대화의 목적은 공통의 관심사를 찾는 것임을 기억하세요.
- ■ 청소년들이 옆에 앉은 사람과 주고받는 대화를 연습하도록 한다.
  - 청소년 집단 치료자는 짝을 짓는 것을 배정해 주어야 하며, 만약에 짝이 적절하지 않다면 청소년들의 자리를 옮겨 줄 수 있다.
  - 만약에 짝이 맞지 않다면, 한 팀은 3명으로 만든다.
- ■ 청소년 집단 치료자와 보조 치료자는 필요하다면 연습이 잘 이루어지도록 돕거나 촉진해준다.
  - 도와주기의 예 : 서로의 학교 혹은 취미에 대해서 질문할 수 있어요. 제일 좋아하는 책, 영화, 혹은 텔레비전 프로그램에 대해 이야기해도 좋습니다. 상대방이 무엇을 하며 주말을 보내는지 알아

봐도 좋겠어요.

- 만약에 어떠한 문제가 생겨난다면 청소년 집단 치료자와 보조 치료자는 이를 해결하도록 도와주어야 한다.
  - 도와주기의 예 : 처음에는 너무 가까이 다가가지 않는 것을 기억하세요. 대화를 함께 나누어야 합니다. 자기 스스로의 질문에 답을 해야 할 때도 있습니다. 진행자가 되지는 마세요. 대화를 독차지하지 않도록 하세요. 이어가는 질문을 하는 것을 기억하세요.
- 이 활동에 2~3분 가량을 할애한다.
- 그 후 "자. 이제 대화를 끝마칠 시간입니다. 많은 정보를 서로 잘 교환하는 것을 들었습니다. 이제 돌아가면서 여러분이 찾은 공통의 관심사를 이야기해 봅시다."라고 말하면서 청소년들이 공통의 관심사를 찾았는지 확인한다.
- 청소년의 노력에 대해 칭찬한다.

과제

- 다음과 같이 말하며 이번 주의 과제를 설명한다. 이번 주에 여러분이 정보 교환하기를 계속해서 연습하도록 할 것입니다. 매주 PEERS®에서 배운 내용과 관련된 과제를 내 줄 것이라고 말한 것을 기억해 주세요. 이번 주 여러분의 과제는,
  - 부모님과 주고받는 대화를 하는 것을 연습하고 공통의 관심사를 찾는 것입니다.
  - 집단의 다른 구성원과 그룹 내 전화 통화를 합니다.
    - 이는 적어도 5~10분 정도 지속되어야 합니다.
    - 그룹에서 보고하기 위한 공통의 관심사를 찾아야 합니다.
- 청소년 집단 치료자와 보조 치료자는 일주일의 그룹 내 전화를 배정하고 추후에 참조하기 위해 이를 '부록 F : 집단 구성원들과의 전화 배정표'에 기입한다.
  - 만약에 청소년들의 수가 짝이 맞지 않다면 누군가에게 '이중 의무'를 배정한다.
    - 이 사람은 두 번의 그룹 내 전화를 한다(한 번은 전화 거는 사람, 한 번은 받는 사람).
    - 이 사람은 추가적인 전화를 하는 것을 위해 추가적인 점수를 받는다.

청소년 활동 : 퀴즈쇼

NOTE : 규칙을 위해 '청소년 활동 가이드'를 참고한다.

- 활동을 시작하기 전에 청소년들은 (아직 하지 않았다면) **퀴즈쇼** 대답 종이를 완성해야 한다.
  - 시간을 절약하기 위해, 집단이 시작하기 전에 대기실에서 기다리는 동안 청소년들이

이 종이를 작성하게 하는 것이 크게 도움이 된다.

- 청소년들은 **퀴즈쇼** 전에 **정보**를 **교환**하고 질문하는 연습해야 한다.
  - 칠판 위에 주제들을 적고 청소년들을 2~3명씩 나눈다.
  - 청소년들이 각각의 그룹 구성원당 2~3분 정도로 **정보를 교환**한 후에 다시 그룹으로 모여서 **퀴즈쇼**게임을 한다.
- 청소년들은 **정보 교환** 활동에서 나온 질문에 정답을 맞춤으로써 점수를 얻기 위해 서로 경쟁한다.
  - 가장 먼저 손을 든 청소년이 첫 번째로 맞출 기회를 얻는다.
  - 그 청소년이 틀렸다면, 다른 사람이 대답할 기회를 얻는다(두 번째로 손을 든 사람).
  - 청소년들은 하나의 질문당 한 번의 추측 기회만을 갖는다.
  - 청소년들에게 힌트를 주지 않는다.
- 게임 동안에 청소년들이 서로에게 박수를 쳐 주도록 격려한다.
- 서로 다른 종류의 색을 활용하여 칠판에 점수를 기록한다.
- 게임의 마지막에 가장 많은 점수를 얻은 사람이 **퀴즈쇼 승자**가 된다.

부모와 다시 만나기

- 청소년들에게 부모와 다시 만난다고 공지한다.
  - 청소년들은 각자의 부모 곁에 서 있거나 앉아 있도록 한다.
  - 다시 만나는 시간이 시작되기 전에, 조용히 하고 그룹에 완전히 집중하도록 한다.
- 치료자 : 오늘 우리는 **정보 교환**하기를 배웠습니다. 누가 정보 교환을 위한 규칙들을 이야기해 보겠습니까? [청소년들이 모든 규칙을 이야기하도록 한다. 필요하다면 촉진해 줄 준비를 한다.]
  - **다른 사람에게 그 사람 자신에 대해 물어보기**(예 : 흥미, 관심사, 취미 등)
  - 상대방의 말이 끝나고 나면, **스스로의 질문에 대답하기**
    - **자신에 관해 무엇인가를 공유한다**(예 : 관심사, 좋아하는 것, 취미 등).
  - **공통의 관심사를 찾기**
  - **대화를 서로 나누기**
  - **처음에는 너무 개인적이 되지 않도록 하기**
- 치료자 : 이 그룹은 오늘 정보 교환하기를 매우 잘 연습했습니다. 그리고 정보 교환하기를 연습하기 위해 퀴즈쇼라고 불리는 게임을 하였습니다. 오늘의 퀴즈쇼 승자는 ________(이름)입니다. 그에게 큰 박수를 쳐 줍시다.
- 다음 주의 과제를 점검한다(다음을 참고).
  - 반드시 부모 앞에서 그룹 내 전화하기 과제를 읽는다.

– 부모들에게 누가 누구에게 전화를 하는지 기록하도록 한다.

■ 각각의 가족들이 개별적으로 분리되어서 전화 통화 도중에 부모들은 어디에 있을지 협의한다.

과제

1. 부모와 청소년들은 **주고받는 대화**를 하면서 **정보**를 **교환**한다.
   a. 부모들은 자녀들과 **주고받는 대화**를 하기 위한 규칙을 검토한다.
   b. 공통의 관심사를 찾는다.
2. **집단 구성원과의 통화**
   a. 전화하기 전에
      i. 회기를 마치고 치료실을 떠나기 전에, 자녀들의 대화기술 연습을 위해 집단의 다른 구성원에게 전화할 수 있도록 약속을 정한다.
      ii. 전화를 하기 위한 날짜와 시간을 정한다.
      iii. 전화를 하는 동안 부모가 어디에 있을 것인지, 그리고 만약에 지침에 따라 잘 따라가지 못할 때 부모의 역할에 대해서 협의한다.
      iv. 전화를 하기 전에 정보 교환 규칙을 자녀와 함께 점검한다.
   b. 전화하는 동안에
      i. 청소년은 전화 통화를 통해 **정보**를 **교환**하고, **주고받는 대화**를 해야 한다.
      ii. 다음 시간에 와서 발표할 수 있는, **공통의 관심사를 찾는다.**
   c. 전화하고 난 뒤에
      i. 부모와 자녀는 전화 통화에 대해 의견을 나누고, 알아낸 **공통의 관심사**가 무엇인지 이야기한다.

점수 계산

매주 다음 점수를 기록한다.

■ 각 청소년들이 얻은 점수를 계산한다. 청소년들이 있을 때에 점수를 계산하지 않는다.

■ 그룹이 얻은 총 점수를 합산한다.
  – 각각의 혹은 그룹의 총 점수를 밝히지 않는다.
  – 청소년들 사이에서 얻은 점수를 비교하려는 시도를 막는다.

■ 더 크고 멋진 졸업 파티를 하기 위해서 청소년들이 그룹으로서 노력해야 한다는 것을 상기시킨다.

청소년 활동 가이드 : 1회기

"퀴즈쇼"

필요한 자료

- 칠판과 분필/화이트보드와 보드마커
- 대답 종이
- 가위
- 펜

규칙

- 청소년들은 **정보**를 **교환**하는 게임에서 서로 경쟁할 것이다.
- 텔레비전 **퀴즈쇼**와 같이, 청소년들은 청소년 집단 치료자에게 질문을 듣고 대답을 한다.
  - 예 :
    - **청소년 집단 치료자** : " ________(이름)가 제일 좋아하는 스포츠는 무엇일까요?"
    - **청소년** : "야구입니다."
- 흥미와 협동을 증진하기 위해서 청소년 집단 치료자는 정답에 대해 점수를 줄 수 있다.
- **정보 교환** 활동을 하기 전에 대답 종이를 나누어 준다.
- 청소년들이 답을 채우고 청소년 집단 치료자에게 돌려주도록 한다.
  - 시간을 절약하기 위해, 청소년들이 그룹을 시작하기 전 로비에서 기다릴 때에 청소년들이 이를 완성하게 하는 것이 도움이 된다.
- 각각의 청소년이 모든 집단 구성원들과 **정보**를 **교환**할 때까지 2명 또는 3명이 짝을 지어 2~3분간(시간에 따라 조절 가능) **정보 교환**을 연습하게 한다.
- 청소년 집단 치료자가 **정보 교환**의 주제를 제안할 수 있으며 이것을 칠판에 적어둔다.
  - 이름
  - 사는 도시
  - 학교 이름
  - 가장 좋아하는 게임
  - 가장 좋아하는 운동
  - 가장 좋아하는 텔레비전 쇼
  - 가장 좋아하는 영화
  - 가장 좋아하는 주말 활동

- 가장 좋아하는 음식
- 가장 좋아하는 동물
- 가장 자신 있는 신체 부위
- 눈의 색깔(NOTE : 이것은 질문하지 않는다. 하지만 **정보 교환** 동안에 적절한 눈맞춤을 통해 알아낼 수 있다.) (**NOTE** : 한국 아이들에게는 적절하지 않습니다.)

■ 청소년들을 도울 수 있는 범주들을 칠판에 적는다.

- 내가 다니는 '학교'는
  - 대답 종이 : 학교 이름/학년
- 주말을 신나게 보내는 방법!
  - 대답 종이 : 가장 좋아하는 주말 활동
- 즐겁게 운동하기
  - 대답 종이 : 가장 좋아하는 운동
- 내가 제일 좋아하는 게임은
  - 대답 종이 : 가장 좋아하는 게임
- 영화, 영화, 영화!
  - 대답 종이 : 가장 좋아하는 영화
- 'TV' 쇼
  - 대답 종이 : 가장 좋아하는 TV 프로그램
- 즐거운 나의 '집'
  - 대답 종이 : 살고 있는 도시
- 세상엔 맛있는 게 너무 많아~
  - 대답 종이 : 가장 좋아하는 음식
- 동물원에 가면
  - 대답 종이 : 가장 좋아하는 동물
- 이게 나의 매력이야!
  - 대답 종이 : 가장 자신 있는 신체 부위
- 나의 눈 색깔은 (**NOTE** : 한국 아이들에게는 적절하지 않습니다.)
  - 대답 종이 : 눈의 색깔

■ 청소년들이 **정보**를 **교환**하고 있는 동안, 1명의 보조 치료자는

- 각 질문별로 대답 종이를 자른다(그어진 선에 따라 자르면 된다.).
- 질문 범주에 따라 대답 종이를 나누고 순서를 섞는다.

■ 청소년 집단 치료자와 보조 치료자는 필요한 경우에 청소년들이 퀴즈쇼의 주제에 맞는

적당한 질문을 하도록 유도해 준다.

- 청소년들이 **정보 교환**하기를 끝냈다면, 그룹으로 다시 모여서 **퀴즈쇼**를 시작한다.
  - 가장 높은 점수를 받은 청소년이 범주를 선택하게 한다.
  - 만약에 질문 전에 손을 든다면 질문을 할 수 없다고 알린다.
  - 처음으로 손을 든 사람이 처음으로 맞출 수 있다.
  - 만약에 틀린 대답을 말했다면, 두 번째로 손을 든 사람이 대답을 할 기회를 얻는다(계속 이렇게 진행).
  - 1명의 청소년은 질문 하나당 한 번의 대답 기회만 갖는다.
  - 청소년들에게 힌트를 주지 않는다.
- 청소년들은 이제 막 서로를 알게 되었기 때문에, 항목을 읽는 동안 치료자가 이 항목이 누구와 연관되어 있는지 (이름을 말하면서) 손으로 가리켜 주어야 할 수도 있다.
- 만약에 청소년이 대답을 하는 데 너무 오랜 시간이 걸린다면 시간제한을 둘 수 있다.
- 청소년들이 잘못된 형식으로 대답을 하여도 고쳐 주지 않는다.
  - 가장 중요한 것은 청소년들이 **정보 교환**을 통해 알게 된 정보들을 기억한다는 것이다.
- 답을 맞힌 청소년은 점수를 얻고 다음 범주를 고를 수 있다.
- 만약에 아무도 답을 맞히지 못하였다면, 방금 전 질문에서 지칭되었던 사람이 범주를 고른다.
- 게임을 하는 동안 서로에게 박수를 쳐 주도록 격려한다.
- 맞는 대답에 대해 점수를 준다.
- 다른 색깔의 보드마커를 사용하여 칠판에 점수를 기록한다.
- 게임의 마지막에 가장 많은 점수를 가진 사람이 **퀴즈쇼 승자**가 된다.
- **다음 두 회기를 위해 대답 종이를 보관한다.**

| "퀴즈쇼" 대답 종이 |

내가 다니는 '학교'는 __________의 학교 이름/학년 (이름) ____________________ (다니고 있는 학교 이름/학년)	**주말을 신나게 보내는 방법!** __________가 가장 좋아하는 주말 활동 (이름) ____________________ (가장 좋아하는 주말 활동)
즐겁게 운동하기 __________가 가장 좋아하는 운동은 (이름) ____________________ (가장 좋아하는 운동)	**내가 제일 좋아하는 게임은** __________가 가장 좋아하는 게임은 (이름) ____________________ (가장 좋아하는 게임 이름)
영화, 영화, 영화! __________가 가장 좋아하는 영화 (이름) ____________________ (가장 좋아하는 영화)	**'TV' 쇼!** __________가 가장 좋아하는 TV 프로그램 (이름) ____________________ (가장 좋아하는 TV프로그램)
즐거운 나의 '집' __________가 살고 있는 곳 (이름) ____________________ (살고 있는 지역 이름)	**세상엔 맛있는 게 너무 많아~** __________가 가장 좋아하는 음식 (이름) ____________________ (좋아하는 음식 이름)
동물원에 가면 __________가 가장 좋아하는 동물 (이름) ____________________ (가장 좋아하는 동물 이름)	**이게 나의 매력이야!** __________가 가장 자신 있는 신체 부위 (이름) ____________________ (가장 자신 있는 신체 부위)

2회기

04

대화기술 Ⅱ – 주고받는 대화

부모 치료자 가이드

부모 회기 가이드 라인

회기를 구조화하는 것은 부모가 치료 과정을 제대로 유지할 수 있게 도와주며, 회기를 생산적으로 유지하고 그룹의 리더가 책임을 가지는 데 절대적으로 필요하다. 과제 점검, 부모용 유인물, 그리고 과제 배정으로 이어지는 과정은 상당히 단순하기 때문에, 부모는 이러한 반복적인 과정을 빠르게 이해할 수 있을 것이다. 이전 회기에 결석한 부모들에게는 그룹 활동이 진행되는 동안 '추가 시간'을 할애해 주거나 특별히 전화를 해 주지 않는 것이 중요하다. 그렇게 특별한 대우를 해 주는 것은 매주 참여한 사람들에게 불공평할 뿐 아니라, 매주 참여하는 것이 중요하지 않다는 메시지를 줄 수도 있다. 이와 유사하게, 만약에 배우자가 이전 회기를 '채우기' 위해 대신 참석하였다면 배우자가 과제를 충분히 완성할 만큼 회기의 내용을 충분하게 전달했을 것이라고 기대해선 안 된다. 대신에 돌아온 부모에게 지난 번 놓친 회기에 대한 유인물을 제공하고, 다른 부모들과 과제 점검하는 시간을 이용하여 놓친 내용에 대한 정보를 얻게 도와줄 수 있다.

이 회기에서는 대화기술을 소개한다. 누구든지 친구가 되고 싶은 사람을 처음 만나면, 첫 번째 해야 할 일은 함께할 수 있는 활동을 찾는 것이다(Franket & Myatt, 2003). 이번 회기가 가장 중요하게 초점을 두는 것은, 청소년들에게 대화를 어떻게 나누는지 가르치고, 부모들이 어떻게 자녀들의 대화를 점검하는지 가르치는 것이다. 이것은 친구관계를 시작하고 유지하는 데 매우 결정적인 기술 중의 하나가 될 것이다.

친구가 되는 것은 연속적인 과정이다(Franket & Myatt, 2003). 하지만, 실제로 적용하는 관점에서는, 이 과정이 각각 개별적인 단계로 발생한다고 이해하는 것이 쉽다. 첫 번째 단계는 '낯선 사람'을 '잘 아는 사람'으로 바꾸는 것이다. 그다음 단계는 보다 친밀한 우정관계를 시작하는 것이다. 세 번째 단계는 이러한 친밀한 우정을 '제일 친한 친구관계'로 발전시키는 것이다. 각 단계는 서로 다른 대화의 규칙을 필요로 한다.

청소년들은 또래 관계가 어떤 단계에 있는지에 따라 상호 교류의 친밀한 정도를 조절할 수 있어야 한다(Altman & Tayler). 친밀도를 효과적으로 조절하려면 서로를 더 많이 노출해야만 한다. 상호 노출을 위해서는 반드시 반복적으로 만나야 하고, 상대방으로부터 수용되는 과정이 있어야 한다(Altman & Tayler). 첫 만남에서 청소년들은 각자가 무엇을 좋아하고 무엇을 좋아하지 않는가와 같은, 피상적인 측면에 관한 정보 교환에 중심을 두어야 한다. 서로를 평가하는 것, 특히 부정적으로 평가하는 것을 피해야 하며, 서로에게 무엇을 해야 하는지 지시하지 않아야 한다.

치료자는 바로 과제를 점검하는 것부터 시작한다. 부모들이 주제에서 벗어난 대화를 하고 있다면, 다음과 같은 말들로 환기시킨다. 지난번 과제는 그룹의 다른 구성원에게 전화하기였습니다. 성공하신 것부터 시작해 봅시다. (자녀가) 전화하기를 성공적으로 할 수 있었던 분들은 손을 들어 주시겠습니까? 첫 부분에 성공한 것에 관심을 두는 것은 중요하다. 이는 과제를 반드시 완료해 와야 한다는 기대 수준을 설정하는 데 도움이 된다. 과제를 완료하지 못한 부모(즉, 자녀가 약속된 시간에 전화 통화를 하지 못했던 부모)는 다른 부모들이 어떻게 과제를 완료할 수 있었는지 들을 수 있을 것이다.

가장 중요하게 점검해야 하는 과제는 집단 구성원에게 전화 걸기였으므로 먼저 이 과제부터 시작한다. 먼저 과제를 완료한 사람들의 이야기를 모두 들어 본다. 순서대로 돌아가면서 하지는 않도록 한다(예 : 왼쪽에서 오른쪽으로). 과제를 완료한 사람들에게 집중하지 않는 부모들의 주의를 즉시 환기시킨다(예 : "과제를 성공한 것을 먼저 들어봅시다."). 그다음으로 과제를 완료하지 못한 부모들에게 초점을 맞춘다. 과제를 할 수 없었던 사람들을 위해, 다음 주에는 어떻게 그것을 할 수 있을지 생각해 봅시다. 왜 숙제를 할 수 없었는지에 대한 이유를 듣는 것이 생산적이 되려면, 이런 보고가 간략해야 하고, 이를 통해 숙제를 방해하는 요인에 대한 해결법을 찾게 되어야 한다. "미안해요. 나는 이번 주에 너무 바빴어요."와 같은 말은 전혀 생산적이지 않다. 부모가 얼마나 바빴는지 혹은 청소년이 얼마나 일정이 많았는지를 좀 더 길게 이야기하는 것도 마찬가지다. 이러한 변명에 반응하는 방법은, 이 치료가 좋은 결실을 맺는 데 과제가 얼마나 중요한지를 강조하는 것이다. 이 시점에서 발생할 수 있는 또 다른 문제는, 자녀의 통화에 귀를 기울이지 않는 부모이다. 어떤 부모는, 전화 통화는 하였지만 회기에 참석하지 않았던 배우자에게 점검을 맡겼을 수도 있다. 어떤 부모들은 이유가 무엇이든 그들이 단순히 전화하는 것을 점검하지 않았다고 말할 것이다. 이전 회기에서 청소년과 협의가 되었던 것이 아니라면 이것은 성공적으로 완료한 것으로 치지 않는다. 왜냐하면 이것은 부모들이 그들의 자녀가 실생활에서 대화기술을 연습할 수 있는 기회를 놓친 것이기 때문이다. 대신에, 이러한 정보들을 다음 주에 과제를 더 잘 완료하기 위한 기회로 활용한다. 가족이 회기를 마치기 전에, 부모와 청소년 양쪽 모두가 참여한 상태에서 잠시 동안 전화 통화에 대해 분명히 논의하게 한다.

발생할 수 있는 또 다른 문제는 부모가 '대본 작가'가 되는 것이다(즉, 전화 통화 전체를 대본으로 사전에 미리 작성하는 것). 대본을 사용하게 되면 다른 청소년과 상호적인 대화를 주고받을 수 없게 되며, 결국 전화 통화의 주 목적을 약화시키는 것이다. 따라서 이런 경우 다음에는 대본을 사용하지 못하게 해야 한다. 치료자는 이렇게 말할 수 있다. 이것은 당신이 자녀가 자발적으로 더 많은 대화를 할 수 있는 방법을 배우게 할 수 있는 기회입니다. 치료자는 부모와 청소년이 다시 만나는 시간에, "만약에 전화를 걸 때 대본을 사용했다면 그것은 주고받는 대화하기의 규칙(즉, 다른 사람에게 귀 기울이기)을 따르는 것이 아니므로 과제로 인정되지 않는다."고 말함으로써 이를 다시 한 번 확인해 줄 수 있다.

이번 회기에 나타날 수 있는 부모의 어려운 행동에 대한 접근

1. 그룹에게 상관없는 질문을 하거나, 부모용 유인물에 대해 설명할 때 치료자를 무시하는 부모 : 마쳐야 할 것이 많으며, 계속 진행할 필요가 있다는 것을 말함으로써 다시 환기시켜 준다.
2. 그룹의 치료자를 무시하고 옆에 앉은 부모와 대화를 나누는 부모 : 이러한 부모에게 말을 걸려고 노력하지 말아라. 2~3초간 말을 멈추고 대화를 하는 부모를 바라봄으로써 그들이 대화를 멈추는지 확인한다. 이렇게 하면 일반적으로 다른 부모들이 당신에게 주의를 기울일 것이며, 결국 더 이상 대화를 못 하게 될 것이다. 만약에 이것이 통하지 않는다면, "모두 저에게 주의를 기울여 주시겠습니까?"라고 말할 수 있다. 조용해지길 기다린 다음 계속 진행한다.
3. 자신의 자녀가 이러한 수업에 참여할 필요가 없다고 말하는 부모(예 : 그들의 자녀는 단지 학교에서 친구가 없는 것뿐이지, 함께 어울리는 것에는 어려움이 없다는 것) : 이러한 부모는 그들이 그룹에 참여하기 원하는지 아닌지 양가감정을 가진 것일 수도 있고, 그룹을 조종하고 싶거나, 아니면 치료자가 그들을 그룹에 잡아 두도록 노력하게 만들고 싶은 것일 수도 있다. 만약에 부모들이 선별 과정이나 초기 면접 때 이러한 양가감정을 보인다면 그룹을 시작하지 않도록 하는 것이 좋다. (하지만 대부분 이런 걱정을 미리 이야기하지 않으며, 회기 중에 처음 듣게 되는 경우가 많다.) 이 경우, 자녀에게는 이 그룹이 필요하

다고 설득하거나 그룹 전체를 위한 시간을 여기 할애하지 않는 것이 중요하다. 다른 그룹 구성원이 예의상 참고 듣는다고 하더라도, 이런 대화는 그룹에게 별 이득이 되지 않으며, 아마 당신이 이러한 대화를 지속하지 않기를 바랄 것이다. 회기가 끝나고 따로 시간을 내어, 좀 더 적절한 치료 프로그램으로 의뢰하는 것을 의논해 볼 수 있다.

4. 지각생 : 어떤 부모는 때때로 늦게 오고, 어떤 이들은 습관적으로 늦는다. 어떤 경우이든, 늦게 들어오는 부모들 때문에 진행 중인 내용에 방해가 되어서는 안 된다. 만약에 그들이 과제 점검 시간에 들어온다면, 다 끝날 때까지 기다린 다음 과제를 이야기하게 한다(그들이 과제를 끝냈는지 알 수 없기 때문). 만약에 부모 유인물 검토 시간 중간에 온다면, 지각한 것에 대해 직접적으로 말하는 것 없이 유인물을 나누어 준다. 지각에 대한 변명을 들어주게 되면 회기 중의 가치 있는 시간을 빼앗게 되는 것이므로 일일이 듣지 않도록 한다. 만성적인 지각을 하는 부모들은 회기가 끝날 때 부모를 기다리도록 요청하여 이 문제를 다루어 주어야 한다. 단, 이때는 자녀에게서 멀리 떨어져 이야기한다. 치료자는 부모에게, 회기에서 그들이 놓친 부분이 무엇이며, 그로 인해 자녀가 받은 손해가 어떤 것인지를 상기시킬 수 있다.

과제 점검

1. 집단 구성원과의 통화
   a. 자녀들이 이 전화 통화를 통해 **정보**를 **교환**한 것을 확인한다.
   b. 부모로 하여금 **정보 교환**을 통해 알게 된 **공통의 관심사**를 이야기하여 보도록 한다.
   c. 발생 가능한 문제에 대해 해결법을 의논한다.
2. 부모가 자녀와 **정보**를 **교환**하는 것을 연습하도록 한다.
   a. 그들의 자녀와 **정보 교환**을 연습한 부모가 있는지 질문한다.
   b. 부모로 하여금 **정보 교환**을 통해 알게 된 **공통의 관심사**를 이야기하여 보도록 한다.
   c. 발생 가능한 문제에 대해 해결법을 의논한다.

교육 : 친구를 사귈 수 있는 곳/주고받는 대화

- 부모용 유인물을 나눠 준다.
- 설명 : 대화를 하면서 정보를 교환하는 목적은 공통의 관심사를 찾는 것입니다. 그러나 공통의 관심사를 찾거나 또는 공통의 관심사에 관한 이야기를 나눌 사람을 찾기 위해서는 우선 자신이 무엇에 관심을 가지고 있는지 알아야만 합니다. 이 그룹에서 가장 중요한 부모의 역할 중에 하나는 여러분의 자녀가 그들의 흥미를 계속 추구하면서, 동일한 흥미를 가지고 있는 다른 사람들을 만날 수 있는 활동을 찾도록 돕는 것입니다.

- 돌아가면서 부모들이 다음과 같은 것들을 이야기하도록 한다.
  - 자녀가 갖고 있는 흥밋거리나 관심사
  - 자녀들이 이러한 관심을 추구하면서 참여할 수 있는 활동들
  - 자녀가 참여하였던 현재 혹은 과거의 활동들
  - 부모 유인물의 표에 있는 제안들을 참조하도록 한다.
  - 다른 부모들에게 의견을 제공하게 한다.
- 돌아가면서 부모들이 차례에 따라 부모 유인물을 읽도록 한다.
  - 만약 언어장애 혹은 읽기장애를 가진 부모가 있다고 생각되면, 유인물을 돌아가며 읽지 않는다.
- **굵게** 표시된 부분은 부모용 유인물에서 그대로 가져 온 것이다.

친구를 사귈 수 있는 곳

청소년의 흥미들	관련된 활동
인터넷/컴퓨터	친구와 함께 관심 있는 분야 블로그나 카페 개설하기 혹은 함께 웹사이트 만들기, 친구와 함께 학습 관련 강의 동영상 듣기, 컴퓨터 클럽에 들어가기, 컴퓨터 캠프 참여하기, 컴퓨터 수업듣기
게임	친구와 함께 비디오/컴퓨터 게임하기, 게임 클럽에 들어가기, 친구와 함께 게임센터 가기, 친구와 함께 프로게임 대회 구경 가기
연예인/대중스타	친구와 함께 관심 있는 연예인에 관한 정보 공유하기, 친구와 함께 좋아하는 가수 콘서트장 가기, 친구와 함께 관심 있는 연예인 팬클럽 활동하기
영화	친구와 함께 영화 보러 가기, 좋아하는 영화장르에 관해 친구와 대화 나누기, 친구와 함께 영화제 참석하기(예 : 충무로/부천/부산국제영화제), 교내 영화 감상반에 가입하기, 청소년 영화제작 동아리 가입하기, 친구와 함께 청소년 영화캠프 참여하기, 친구와 영화에 대한 정보 공유하기, 친구들과 함께 DVD 보기
TV	친구와 집에서 좋아하는 TV 프로그램 함께 보기, 친구와 함께 서로 좋아하는 프로그램을 추천해 주고 공유하기, 친구와 좋아하는 TV 프로그램 시청 후기 나누기, 친구와 함께 좋아하는 TV 프로그램 방청 가기, 시청각 클럽에 참여하기
만화	친구와 함께 만화책 읽고, 서로 바꿔 읽기, 친구와 함께 서로 읽었던 만화책에 관한 후기 나누기, 친구와 함께 서점가기, 친구와 함께 만화 그리기, 친구와 함께 만화 코스프레 행사 참여 혹은 구경 가기, 친구와 함께 만화 페스티벌(예 : 서울국제만화페스티벌) 가기, 만화 수업 듣기
운동	친구들과 팀을 나누어 운동경기하기, 친구와 함께 자신이 좋아하는 운동선수에 관한 이야기 주고받기, 친구와 함께 운동경기 관람하기, 스포츠 팀에 가입하기(예 : 교내 대표 축구팀), 친구와 함께 응원하는 구단의 서포터즈 가입하기, 체육센터에서 운동경기하기, 유소년 리그 팀에 들어가기, 스포츠 캠프에 참여하기
학업	자신이 잘 모르는 것에 대해 서로 가르쳐주기(예 : 수학문제 풀이방법), 친구와 함께 독서실 다니기 또는 도서관 함께 다니기, 공부하는 방법 공유하기, 친구와 함께 소규모 스터디그룹 만들기, 대학입시정보 공유하기, 자신의 성적에 대한 고민 이야기하고 공유하기, 친구와 함께 야간 자율학습 참여하기

음악	친구와 함께 서로 좋아하는 음악, 노래를 추천해 주고 공유하기, 친구와 함께 음악 듣기, 친구와 함께 음악 관련 잡지 읽고 공유하기, 악기 배우는 학원 다니기, 학교밴드부에 가입하기, 청소년 오케스트라 가입하기, 친구들과 소규모 밴드 결성하기, 친구와 함께 콘서트 가기, 친구와 함께 뮤직비디오 보기, 음악 수업 듣기
사진	친구와 함께 사진 찍고, 찍은 사진 공유하기, 내가 찍은 사진을 친구와 함께 소셜 네트워크 사이트에 업로드하기, 청소년 사진동아리 가입하기, 동아리 혹은 친구와 함께 청소년 사진공모전 참여하기, 친구와 핸드폰 배경화면사진 공유하기, 교지 또는 학급 홈페이지 제작하는 스태프로 참여하기, 잡지사진 수업 듣기, 친구와 함께 사진 웹사이트 만들기
과학	과학 클럽 들어가기, 과학 캠프 참여하기, 친구와 함께 과학박물관 가기, 과학 수업 듣기

주고받는 대화를 하기 위한 규칙

- 설명 : 오늘 여러분의 자녀는 어떻게 또래와 함께 주고받는 대화를 하는지 배우게 될 것입니다. 주고받는 대화를 하는 것은 두 사람이 동등하게 대화에 참여하는 것입니다. 주고받는 대화를 하기 위해서는 매우 구체적인 규칙들이 있으며, 이를 여러분의 자녀가 연습하게 될 것입니다.
- 부모들이 돌아가면서 부모용 유인물을 읽도록 한다.
  - **정보 교환하기**(이전 회기 참고)
  - **스스로의 질문에 대답하기**(이전 회기 참고)
  - **공통의 관심사를 찾기**(이전 회기 참고)
  - **대화를 서로 나누기**(이전 회기 참고)
  - **처음에는 너무 개인적이 되지 않도록 하기**(이전 회기 참고)
  - **열린 질문을 하기**
    - 상대방이 더 다양한, 확장된 반응을 할 수 있도록 질문은 열린 질문이어야 한다.
      - 열린 질문 : "당신은 어떤 종류의 영화를 좋아하세요?"
      - 대답 : "나는 ~같은 액션 영화를 좋아해요."
    - 반복적인 닫힌 질문은 상대방으로 하여금 짧은 반응(예 : 네/아니오)만을 하게 만들고 인터뷰하는 것과 같은 상황이 된다.
      - 닫힌 질문 : "당신이 가장 좋아하는 영화는 무엇입니까?"
      - 대답 : "반지의 제왕."
  - **이어 가는 질문하기**
    - 이어 가는 질문이란 대화를 계속 이어 가기 위해 이야기하고 있는 특정 주제에 대해 질문하는 것을 의미한다.
    - 예 : 어떤 영화를 좋아하는지에 대한 이어 가는 질문은 "최근에 좋은 영화 본 것이 있나요?" 혹은 "_______(배우 이름)의 새 영화를 볼 계획인가요?" 등이 있다.

– 대화를 독차지하지 않기
- 대화를 혼자만 독점하지 않는다.
- 자기 스스로에 대해 자랑하거나 떠벌리지 않는다.
- 상대방의 말을 중간에 끊지 않도록 노력한다.
- 상대방이 이야기할 수 있도록 한다.
- 상대방이 무엇을 좋아하는지 물어본다.

– 진행자가 되지 않기
- 질문 후에 바로 또 질문을 하지 않는다.
- 다른 사람에게 질문을 한 후에는 당신 자신에 대한 것을 이야기한다.
- 당신이 하는 모든 질문과 말들은 주제와 관련된 것이어야 한다.

– 반복하지 않기
- 똑같은 것에 대해 반복해서 말하지 않는다.
- 몇 가지 다른 주제에 대해 이야기하도록 노력한다.

– 친구의 말에 경청하기
- 이것은 만약에 당신이 질문을 했다면, 그 대답을 귀 기울여 들으라는 뜻이다.
- 당신이 질문을 하였다면, 그 답이 무엇인지 알 수 있어야 한다.
- 똑같은 질문을 반복하지 않는다.
- 경청한다는 것은 당신이 친구에게 관심이 있다는 것을 나타낸다.

– 놀리거나 비판하지 않기
- 상대방이 말한 것을 놀리거나 웃음거리로 만들지 않는다.
- 상대방이 하는 말을 비판하지 않는다.

– 진지하게 하기
- 처음 누군가를 알아가기 시작할 때에는 우습게 행동하지 않는다.
- 당신이 다른 사람을 불편하게 만들 수 있다.
- 상대방은 당신의 유머 감각을 이해하지 못할 수도 있고, 당신이 자신을 놀린다고 생각할 수도 있다.
- '추잡한' 농담을 하거나, 욕을 하거나, 무례하게 행동하지 않는다.

– 목소리 크기를 잘 조절하기
- 너무 조용하거나 너무 크게 말하지 않는다.
- 이 부분은 부모들이 자녀에게 피드백을 줄 필요가 있다.

– 적절한 신체적 경계 가지기
- 다른 사람과 대화할 때는 너무 가까이 서거나 너무 멀리 서지 않는다.

- 이 부분은 부모들이 자녀에게 피드백을 줄 필요가 있다.

– 눈을 맞추기
- 소녀 : 다른 사람의 눈을 바라본다. 적절한 때에 미소를 보인다.
- 소년 : 너무 빤히 쳐다보지 않는다. 때때로 눈을 맞춘다.

과제

부모 집단 치료자는 과제를 알려 주고, 부모들에게 있을 수 있는 어려운 점들을 논의한다.

1. **친구를 사귈 수 있는 곳**
   a. **부모들은 청소년 자녀의 흥미에 기반하여 적어도 1개의 새로운 과외 활동을 알아보고 조사해야 한다(이 단계는 자녀와 함께하지 않는다.).**
2. **부모들은 그들의 자녀와 정보 교환하기와 주고받는 대화를 연습하여 본다.**
   a. **자녀와 함께 주고받는 대화를 하기 위한 규칙을 함께 점검하는 것으로 시작한다.**
   b. **공통의 관심사를 찾는다.**
3. **집단 구성원과의 통화**
   a. **전화하기 전에**
      i. **회기를 마치고 치료실을 떠나기 전에, 자녀들의 대화기술 연습을 위해 집단의 다른 구성원에게 전화할 수 있도록 약속을 정한다.**
         a. 치료팀이 전화하는 것을 배정할 것이다.
      ii. **전화를 하기 위한 날짜와 시간을 정한다.**
      iii. **전화를 하는 동안 부모가 어디에 있을 것인지, 그리고 만약에 지침에 따라 잘 따라가지 못할 때 부모의 역할에 대해서 협의한다.**
   b. **전화하는 동안에**
      i. **청소년은 전화 통화를 통해 정보를 교환하고, 주고받는 대화를 해야 한다.**
      ii. **다음 시간에 와서 발표할 수 있는, 공통의 관심사를 찾는다.**
   c. **전화하고 난 뒤에**
      i. **부모와 자녀는 전화 통화에 대해 의견을 나누고, 알아낸 공통의 관심사가 무엇인지 이야기한다.**

부모용 유인물 2 : 대화기술 Ⅱ–주고받는 대화

친구를 사귈 수 있는 곳

청소년의 흥미들	관련된 활동
인터넷/컴퓨터	친구와 함께 관심 있는 분야 블로그나 카페 개설하기 혹은 함께 웹사이트 만들기, 친구와 함께 학습 관련 강의 동영상 듣기, 컴퓨터 클럽에 들어가기, 컴퓨터 캠프 참여하기, 컴퓨터 수업듣기
게임	친구와 함께 비디오/컴퓨터 게임하기, 게임 클럽에 들어가기, 친구와 함께 게임센터 가기, 친구와 함께 프로게임 대회 구경 가기
연예인/대중스타	친구와 함께 관심 있는 연예인에 관한 정보 공유하기, 친구와 함께 좋아하는 가수 콘서트장 가기, 친구와 함께 관심 있는 연예인 팬클럽 활동하기
영화	친구와 함께 영화 보러 가기, 좋아하는 영화장르에 관해 친구와 대화 나누기, 친구와 함께 영화제 참석하기(예 : 충무로/부천/부산국제영화제), 교내 영화 감상반에 가입하기, 청소년 영화제작 동아리 가입하기, 친구와 함께 청소년 영화캠프 참여하기, 친구와 영화에 대한 정보 공유하기, 친구들과 함께 DVD 보기
TV	친구와 집에서 좋아하는 TV 프로그램 함께 보기, 친구와 함께 서로 좋아하는 프로그램을 추천해 주고 공유하기, 친구와 좋아하는 TV 프로그램 시청 후기 나누기, 친구와 함께 좋아하는 TV 프로그램 방청 가기, 시청각 클럽에 참여하기
만화	친구와 함께 만화책 읽고, 서로 바꿔 읽기, 친구와 함께 서로 읽었던 만화책에 관한 후기 나누기, 친구와 함께 서점가기, 친구와 함께 만화 그리기, 친구와 함께 만화 코스프레 행사 참여 혹은 구경 가기, 친구와 함께 만화 페스티벌(예 : 서울국제만화페스티벌) 가기, 만화 수업 듣기
운동	친구들과 팀을 나누어 운동경기하기, 친구와 함께 자신이 좋아하는 운동선수에 관한 이야기 주고받기, 친구와 함께 운동경기 관람하기, 스포츠 팀에 가입하기(예 : 교내 대표 축구팀), 친구와 함께 응원하는 구단의 서포터즈 가입하기, 체육센터에서 운동경기하기, 유소년 리그 팀에 들어가기, 스포츠 캠프에 참여하기
학업	자신이 잘 모르는 것에 대해 서로 가르쳐주기(예 : 수학문제 풀이방법), 친구와 함께 독서실 다니기 또는 도서관 함께 다니기, 공부하는 방법 공유하기, 친구와 함께 소규모 스터디그룹 만들기, 대학입시정보 공유하기, 자신의 성적에 대한 고민 이야기하고 공유하기, 친구와 함께 야간 자율학습 참여하기
음악	친구와 함께 서로 좋아하는 음악, 노래를 추천해 주고 공유하기, 친구와 함께 음악 듣기, 친구와 함께 음악 관련 잡지 읽고 공유하기, 악기 배우는 학원 다니기, 학교밴드부에 가입하기, 청소년 오케스트라 가입하기, 친구들과 소규모 밴드 결성하기, 친구와 함께 콘서트 가기, 친구와 함께 뮤직비디오 보기, 음악 수업 듣기
사진	친구와 함께 사진 찍고, 찍은 사진 공유하기, 내가 찍은 사진을 친구와 함께 소셜 네트워크 사이트에 업로드하기, 청소년 사진동아리 가입하기, 동아리 혹은 친구와 함께 청소년 사진공모전 참여하기, 친구와 핸드폰 배경화면사진 공유하기, 교지 또는 학급 홈페이지 제작하는 스태프로 참여하기, 잡지사진 수업 듣기, 친구와 함께 사진 웹사이트 만들기
과학	과학 클럽 들어가기, 과학 캠프 참여하기, 친구와 함께 과학박물관 가기, 과학 수업 듣기

주고받는 대화를 하기 위한 규칙

- 정보 교환하기
- 스스로의 질문에 대답하기
- 공통의 관심사를 찾기
- 대화를 서로 나누기
- 처음에는 너무 개인적이 되지 않도록 하기
- 열린 질문을 하기
- 이어 가는 질문하기
- 대화를 독차지하지 않기
- 진행자가 되지 않기
- 반복하지 않기
- 친구의 말에 경청하기
- 놀리거나 비판하지 않기
- 진지하게 하기
- 목소리 크기를 잘 조절하기
- 적절한 신체적 경계 가지기
- 눈을 맞추기

과제

1. **친구를 사귈 수 있는 곳**
   a. 부모들은 청소년 자녀의 흥미에 기반하여 적어도 1개의 새로운 과외 활동을 알아보고 조사해야 한다(이 단계는 자녀와 함께하지 않는다.).
2. 부모들은 그들의 자녀와 **정보 교환**하기와 **주고받는 대화**를 연습하여 본다.
   a. 자녀와 함께 **주고받는 대화**를 하기 위한 규칙을 점검하는 것으로 시작한다.
   b. **공통의 관심사를 찾는다.**
3. **집단 구성원과의 통화**
   a. 전화하기 전에
      i. 회기를 마치고 치료실을 떠나기 전에, 자녀들의 대화기술 연습을 위해 집단의 다른 구성원에게 전화할 수 있도록 약속을 정한다.
      ii. 전화를 하기 위한 날짜와 시간을 정한다.
      iii. 전화를 하는 동안 부모가 어디에 있을 것인지, 그리고 만약에 지침에 따라 잘 따라

가지 못할 때 부모의 역할에 대해서 협의한다.

b. 전화하는 동안에
   i. 청소년은 전화 통화를 통해 **정보**를 **교환**하고, **주고받는 대화**를 해야 한다.
   ii. 다음 시간에 와서 발표할 수 있는, **공통의 관심사**를 찾는다.

c. 전화하고 난 뒤에
   i. 부모와 자녀는 전화 통화에 대해 의견을 나누고, 알아낸 **공통의 관심사**가 무엇인지 이야기한다.

청소년 치료자 가이드 – 2회기 : 대화기술 Ⅱ – 주고받는 대화

청소년 회기 가이드 라인

이번 강의는 주고받는 대화를 하는 규칙에 중점을 두고 있다. 이번 회기는 청소년들이 치료에 열심히 참여하게 하고, 치료에 대해 양가적인 청소년들이 있다면 이들을 설득하는 데 매우 중요한 시점이다. 이번 회기에는 여러 가지 역할극이 포함되어 있는데, 이는 청소년들이 직접 참여하고 즐길 수 있는 많은 기회를 제공하게 될 것이다. 청소년들을 치료에 참여시키는 가장 좋은 방법은 그들로 하여금 스스로 수업의 규칙을 만들도록 하는 것이다. 질문을 통해서 스스로 답을 찾도록 하는 '소크라테스식 문답법'과, 부적절한 대화법의 예를 보여 주는 일련의 역할극을 조합하여 사용한다. 나쁜 예(즉, 하지 말아야 할 행동)를 보여 주는 이 방법은 치료자에게는 납득이 안 될 수도 있지만 청소년에게는 사회적 예절의 규칙을 만들도록 격려하고, 치료자가 그들에게 가르치고 있는 내용을 더 신뢰하게 만드는 데 매우 효과적이라고 알려져 있다. 부적절한 역할극은 다음과 같이 말하는 것으로 시작될 수 있다. 잘 보고 내가 무엇을 **잘못하고** 있는지 말해 보세요. 역할극 마무리에는 다음과 같은 질문을 한다. 이 대화에서 내가 어떤 것을 **잘못 하였을까요?** 시연할 때는 되도록 명확하고 과장되게 함으로써 청소년들이 재미를 느끼고 쉽게 답을 생각해 낼 수 있게 해야 한다. 바람직한 사회적 행동을 보여 주는 **적절한 역할극** 또한 프로그램의 성공에 매우 중요한데, 이는 실제로 청소년들이 따라 해야 할 기술들을 시연해 보여 주기 때문이다. **적절한 역할극**은 주로 학습시간의 마지막에 시연하며 다음과 같은 질문을 한 뒤 진행한다. 이것을 보고 내가 무엇을 **잘 하고 있는지** 말해 보세요. 그리고 후에 다음과 같은 질문을 이어서 한다. 이 대화에서 내가 어떤 것을 **잘한** 것일까요?

부적절한 역할극에서 나타낸 사회적 오류들은 청소년들에게 상당히 명백해야 하며 어느 정도 과장되어야 한다. 이는 교육적 가치와 오락적 가치를 모두 고려하는 것이다. 그러나 더 나이가 든 청소년의 그룹에서는 치료자가 자신들을 너무 어리게 본다고 생각할 수 있기 때문에 덜 과장되게 시연해야 할 수도 있다. 부적절한 역할극은 종종 매우 유머러스하며, 청소년들이 그룹에 열심히 참여하게 만드는 촉매제가 되기도 한다. 어떤 청소년들은 부적절한 역할극을 기회로 삼아 우스꽝스럽게 행동하거나 농담을 하려고 하기도 한다. 하지만 치료자가 그룹을 통제 불능 상태로 만들지 않으려면, 역할극에서 무엇이 잘못되었는가에 대한 청소년들의 의견을 듣는 동안에는 진지함을 유지하는 것이 중요하다. 만약에 청소년들이 왜 그것이 부적절한가에 대해서 논의하는 것에 참여하기보다는 역할극에 대해서 부적절한 언급을 하거나, 농담을 하거나, '그룹의 코미디언'이 되려고 한다면, 치료자는 그 의견이 왜 부적절한지 그룹 전체에 일반적인 질문을 던져서 그룹의 반응을 듣도록 한다. 예를 들어, 만약에 한 청소년이 특정 역할극에서 치료자가 보조 치료자와 논쟁을 하기보다는 "남의 일에 참견하지 말아라."라고 말했어야 했기 때문에 잘못된 것이라고 답한다면, 일반적으로 그룹에게 이렇게 말하는 것이 바람직하다. 다른 사람에게 "남의 일에 신경 쓰지 마."라고 말하는 것이 왜 좋지 않은 생각일까요? 청소년의 부적절한 행동을 다루는 이와 같은 방법은 이런 상황을 희석시키는 데 훨씬 더 효과적이며, 다른 청소년들이 부적절한 행동을 따라 할 가능성을 줄여 준다. 청소년을 당황하게 만드는 것이 목적이 아니기 때문에, 치료자가 진지하고 존중하는 태도를 유지하는 것이 중요하며, 다만 행동이 덜 강화되도록 적당한 정도의 또래 압력을 제공한다. 한번 이러한 상황이 벌어지고 난 뒤에는 바로 적절한 주제로 넘어가는 것이 중요하다.

주고받는 대화를 위한 규칙 중 어떤 것은 역할극 시연을 하지 않는다. 이런 경우에는 규칙을 설명하는 것으로 시작하고 바로 이어서 다음과 같이 질문하는 것이 도움이 된다. 왜 (특정 규칙을 언급) 이렇게 하는 것이 중요할까요? 이런 질문은 청소년들이 규칙에 대한 근거를 만들도록 요구하기 때문에, 규칙을 생성하는 데 매우 효과적인 방법이며, 이를 통해 청소년들은 배우고 있는 내용을 더욱 신뢰할 수 있다. 청소년들은 자신과 그룹 구성원이 스스로 아이디어를 만들어 내고 있다고 생각하게 되면 당신이 가르치는 것을 더 사실이라고 믿게 된다.

마지막으로, 대부분의 사람들은 다양한 학습 방식을 가지고 있기 때문에 각 강의에서 여러 가지 형태의 재료들을 제시하는 것이 도움이 될 수 있다. 그것은 단지 언어적 지시와 행동 시연뿐 아니라 칠판에 buzzword(**둥근 고딕체로 강조되어 있음**)를 적는 것도 포함한다. 청소년들이 회기 전반에 걸쳐 참고할 수 있도록 칠판에 그 강의의 핵심 요소를 적게 되면, 특정 기술의 규칙과 단계들의 개요를 한 눈에 파악할 수 있어서 크게 도움이 된다. buzzword들은 행동 시연 활동 중에 청소년들이 시각적으로 볼 수 있는 곳에 있어야 하며, 회기의 마지막까지 지우지 않는다.

규칙 점검

NOTE : 청소년이 규칙을 따르는 데 많은 어려움이 있을 경우에만 회기 규칙을 다시 검토한다.

1. 다른 그룹 구성원의 말을 경청하기(다른 사람이 이야기할 때 말하지 않기)
2. 지시 따르기
3. 손을 들기(하고 싶은 말이 있을 때)
4. 존중하기(놀리거나 다른 사람을 비웃지 않기)
5. 만지지 않기(때리기, 차기, 밀기, 안기 등 하지 않기)

과제 점검

- 성공적으로 과제를 완료한 것부터 시작한다. 시간이 된다면, 왜 다른 사람은 과제를 완료

하지 못했는지 이유를 질문할 수 있으며 다가오는 주에 어떻게 이것을 할 수 있을지에 대해 문제해결을 시도해 볼 수 있다.

- 과제를 점검하는 동안에는 반드시 buzzword를 사용한다(예 : **정보 교환**과 **공통의 관심사**).
- 그룹 내 전화하기가 이번 회기의 가장 중요한 과제이므로, 과제 점검 시간 대부분을 여기에 할애한다.

NOTE : 한 과제당 1점이 아니라, 과제의 **부분 요소**마다 점수를 준다.

1. 부모와 함께 **정보 교환**을 연습하기
   a. 치료자 : 이번 주 과제 중 하나는 부모님과 함께 정보를 교환하는 연습을 하는 것이었습니다. 이번 주에 부모님 중 한 분과 정보 교환을 연습한 사람은 손을 들어 보세요.
      i. 과제를 완료한 청소년들에게 먼저 이야기해 보도록 시키는 것으로 시작한다.
      ii. 질문
         1. 누구와 함께(엄마, 아빠, 그 외) 정보 교환을 연습했나요?
         2. 무엇에 대해 이야기를 나누었나요?
         3. 정보를 교환했나요?
         4. 공통의 관심사를 찾았나요?
   a. 만약에 그들이 **공통의 관심사**를 알아냈다면, 다음과 같이 질문한다. 만약에 여러분이 부모님과 함께 시간을 보내게 된다면 그 정보를 어떻게 이용할 수 있을까요?
   b. 시간이 된다면, 과제를 완성하지 못한 청소년들을 확인하고 이번 주 중에 어떻게 끝마칠 수 있을지 해결법을 논의한다.
2. **집단 구성원과의 통화**
   a. 치료자 : 이번 주의 다른 과제는 정보를 교환하고 공통의 관심사를 찾는 것을 연습하기 위해 집단 안의 누군가와 전화 통화를 하는 것이었습니다. 집단 구성원과 전화 통화를 한 사람은 손을 들어 보세요.
      i. 전화 통화를 완료한 청소년들에게 먼저 이야기해 보도록 시키는 것으로 시작한다.
      ii. 질문
         1. 누구와 이야기를 나누었나요?
         2. 누가 누구에게 전화를 했나요?
         3. 정보를 교환했나요?
         4. 공통의 관심사를 찾았나요?
            a. 만약에 그들이 공통의 관심사를 알아냈다면, 다음과 같이 질문한다. 만약에 여러분들이 만나서 시간을 함께 보내게 된다면 그 정보를 어떻게 이용할 수 있을까요?
         5. "전화하기는 어땠나요?"와 같은 일반적인 질문은 피한다.

iii. 전화하기에 참여한 또 다른 사람이 있다면 바로 다음에 설명하도록 한다. 단, 동시에 발표하게 하지는 않는다.
   1. 다른 사람이 한 실수에 대해 이야기하는 것을 허용하지 않는다.
iv. 발생 가능한 문제에 대해 해결법을 의논한다.
v. 시간이 된다면, 과제를 완성하지 못한 청소년들을 확인하고 이번 주에는 어떻게 과제를 완수할 수 있을지 해결법을 논의한다.

토론을 위한 질문

- 다음과 같이 말하는 것으로 시작한다. 오늘 우리는 대화기술에 대한 논의를 이어나갈 것입니다. 특히 어떻게 다른 사람과 주고받는 대화를 할 수 있는지에 이야기를 나눌 것입니다. 주고받는 대화를 위한 규칙에 들어가기에 앞서, 청소년들이 이야기하기 좋아하는 주제들은 무엇이 있는지 자유롭게 이야기해 보는 것이 좋을 것 같습니다.
- 질문하기 : 청소년들은 무엇에 대해 이야기를 하나요?
- 청소년들에게 일반적인 대화 주제에 대해 집단이 브레인스토밍하게 한다.
- 청소년들이 스스로 생각해 내지 못한다면 아래의 주제들을 제시해 준다.

청소년/소녀들의 일반적인 대화 주제

학교 친구들/또는 학교에서 있었던 일들	갖고 있는 고민들 : 학교, 선생님, 교장선생님, 부모, 가족, 친구 등과 겪는 어려움
좋아하는 이성 친구와 이야기하는 방법, 데이트	자전거, 오토바이, 자동차
친구들과의 모임, 만남, 함께 어울리기	영화, TV, 연예인 이야기
주말 활동, 주말에 있었던 일	학교 스포츠 팀, 동아리
관람했던 스포츠 경기	옷, 패션
음악, 가수, 밴드	화장, 헤어스타일
컴퓨터게임/비디오게임	만화책, 애니메이션, 미술, 예술

교육 : 주고받는 대화를 위한 규칙

- 설명 : 이제 우리는 **어떤 것에 대해** 이야기할지에 대한 아이디어를 가지게 되었습니다. 다음으로는 친구들에게 **어떻게** 말해야 하는지 알아야 합니다. 만약에 당신이 처음으로 누군가를 알아가게 되었다면 서로 대화를 나누는 것이 중요합니다. 우리는 이것을 주고받는 대화를 통해서 할 수 있습니다.
- **주고받는 대화**를 하기 위한 규칙을 제시한다.

1. **정보 교환하기**(지난 회기의 내용 복습)

a. 치료자 : 주고받는 대화를 하기 위한 규칙 중 하나는 정보를 교환하는 것입니다. 대화 중에 정보를 교환하는 것이 왜 중요할까요?
   i. 대답 : 그렇게 함으로써 서로에 대해 알게 된다.
b. 질문 : 정보 교환하기의 가장 중요한 목적은 무엇일까요?
   i. 대답 : **공통의 관심사**를 찾는 것
c. 질문 : 공통의 관심사를 찾는 것은 왜 중요할까요?
   i. 대답 : 함께 이야기할 것이나 함께할 수 있는 것이 무엇인지 알 수 있기 때문이다.

2. **스스로의 질문에 대답하기**(지난 회기의 내용 복습)
   a. 치료자 : 주고받는 대화를 하기 위한 또 다른 규칙은 스스로의 질문에 대답하는 것입니다. 스스로의 질문에 대답하는 것이 왜 중요할까요?
      i. 대답 : 왜냐하면 때때로 사람들은 당신에 대해 되물어 보는 법을 잘 모를 수 있기 때문이다. 또한 **당신 자신과 관련된 것들을 공유하는 것**이 중요하기 때문이다.
3. **대화를 서로 나누기**(지난 회기의 내용 복습)
   a. 치료자 : 주고받는 대화를 하기 위한 다른 규칙은 대화를 서로 나누는 것입니다. 대화를 서로 나누는 것이 왜 중요할까요?
      i. 대답 : 그렇게 함으로써 모두가 이야기를 할 수 있는 동등한 기회를 가지게 되고 모두에게 즐겁기 때문이다.
4. **처음에는 너무 개인적이 되지 않도록 하기**(지난 회기의 내용 복습)
   a. 치료자 : 주고받는 대화를 하기 위한 다른 규칙 중 하나는 처음에는 너무 개인적이 되지 않는 것입니다. 누군가를 처음 알아갈 때 너무 개인적이 되는 것은 왜 좋지 않은 생각일까요?
      i. 대답 : 그렇게 하면 다른 사람의 기분을 불편하게 할 수 있으며, 상대방의 당신의 유머를 이해하지 못하는 경우 당신이 자신들을 놀린다고 생각할 수 있기 때문이다.
5. **열린 질문을 하기**
   a. 설명 : 주고받는 대화를 하기 위한 또 다른 규칙은 열린 질문을 하는 것입니다. 열린 질문은 상대방의 대답이 더 다양하게 할 수 있고 더 많은 대화를 이끌어 내는 질문입니다. 닫힌 질문은 짧은 대답만을 요구하는 것입니다. 이것은 여러분이 닫힌 질문을 하면 안 된다는 뜻은 아닙니다. 하지만 닫힌 질문과 열린 질문 모두를 사용해서 대화를 다양하게 하려고 노력하는 것이 좋습니다. 그래야 상대방을 인터뷰하는 것처럼 느끼지 않게 할 수 있습니다.
      i. 열린 질문 : "어떤 종류의 영화를 좋아하세요?"
      ii. 대답 : "나는 ~같은 액션 영화를 좋아해요."
   b. 상대방이 짧은 반응(예 : 예/아니오)을 하게 되는 **닫힌 질문**만 하지 않는다.
      i. 닫힌 질문 : "당신이 제일 좋아하는 영화는 무엇입니까?"

ii. 대답 : "반지의 제왕."

iii. 질문 : 닫힌 질문만 하는 것은 왜 좋지 않은 생각일까요?

1. 대답 : 왜냐하면 닫힌 질문만으로는 대화가 계속 진행되지 않기 때문이다.

iv. 질문 : 열린 질문을 사용하려고 노력하는 것이 왜 좋은 생각일까요?

1. 대답 : 더 다양한 반응을 이끌어 낼 수 있고 대화를 계속 진행되게 하기 때문이다.

c. 각각의 청소년들이 돌아가면서, 닫힌 질문에 살을 붙여서 열린 질문을 만들어 내 보도록 한다.

i. 예 : 만약에 닫힌 질문이 "당신이 제일 좋아하는 영화는 무엇입니까?"라면 열린 질문은 무엇일까요?

1. 대답 : "당신은 어떤 종류의 영화를 좋아합니까?"

ii. 예 : 만약에 닫힌 질문이 "당신이 제일 좋아하는 TV 프로그램은 무엇입니까?"라면 열린 질문은 무엇일까요?

1. 대답 : "당신은 어떤 종류의 TV 프로그램을 좋아하나요?"

iii. 예 : 만약에 닫힌 질문이 "당신이 가장 좋아하는 가수는 누구입니까?"라면 열린 질문은 무엇일까요?

1. 대답 : "당신은 어떤 종류의 음악을 좋아하나요?"

6. **이어 가는 질문하기**

a. 설명 : 주고받는 대화를 하기 위한 다른 규칙은 이어 가는 질문을 하는 것입니다. 이어 가는 질문은 대화가 계속 진행되도록 하기 위해 특정한 주제에 대해 질문하는 것입니다. 예를 들어, 만약에 누군가에게 어떤 종류의 영화를 좋아하는지 질문하였고 그 사람이 당신에게 코미디를 좋아한다고 말하였다면, 좋은 이어가는 질문은 "최근에 좋은 코미디 영화를 본 것이 있나요?" 혹은 "_______(코미디 배우의 이름)의 새로운 영화를 보러 갈 계획인가요?"라고 할 수 있습니다.

b. 돌아가면서 각각의 청소년들이 다음의 대화 주제에 대해 3개의 이어가는 질문을 하도록 한다.

i. 당신은 어떤 종류의 TV 프로그램을 좋아하나요?

ii. 당신은 어떤 종류의 영화를 좋아하나요?

iii. 당신은 어떤 종류의 음악을 좋아하나요?

iv. 당신은 어떤 종류의 책을 좋아하나요?

v. 당신은 어떤 종류의 음식을 좋아하나요?

vi. 당신은 어떤 운동을 좋아하나요?

vii. 당신은 어떤 게임을 좋아하나요?

viii. 당신은 어떤 비디오게임을 좋아하나요?

ix. 당신은 주말에 어떤 것들을 하기를 좋아하나요?

x. 당신은 어떤 수업들을 듣나요?

7. **대화를 독차지하지 않기**

a. 청소년 집단 치료자가 **대화**를 **독차지**하는 역할을 맡아서 보조 치료자와 함께 **부적절한** 역할극을 한다.

i. "잘 보고 내가 무엇을 잘못하고 있는지 이야기해 주세요."라고 말하며 시작한다.

ii. 부적절한 역할극의 예 :

청소년 집단 치료자 : "안녕 ○○야! 어떻게 지냈니?"

보조 치료자 : "특별한 일은 없었어. 그냥 학교 다니고 애들이랑 어울려 지내고. 너는 어때?"

청소년 집단 치료자 : "음, 나는 정말 즐거운 주말을 보냈어. 나는 부모님과 함께 영화관에 가서 ________(배우 이름)이 나오는 새로운 영화를 봤어."

보조 치료자 : "아, 그게 괜찮다고 들은 것…."

청소년 집단 치료자 : (끼어들며) "맞아 좋았어. 그리고 우리는 내가 제일 좋아하는 음식점에 밥을 먹으러 갔는데, 나 혼자 피자 한 판을 다 먹었어. 그리고 다음 날 사촌 동생이랑 같이 백화점에 갔다가 진짜 멋진 오락실에 가서 하루 종일 게임을 했어."

보조 치료자 : "아, 너 게임 좋아하는구나."

청소년 집단 치료자 : (끼어들며) "그래 맞아. 그리고 우리는 집에 와서 영화를 보느라고 정말 늦게까지 잠을 자지 않아서 난 오늘 너무 피곤해. 난 과학시간에 졸게 될 것 같아."

보조 치료자 : (지루해 보인다.)

청소년 집단 치료자 : "그리고 내일 역사 시험이 있는데 아직 공부 시작도 못했어. 그래서 또 다시 늦게까지 못 잘 것 같아."

보조 치료자 : (주변을 둘러본다. 지루해 보인다.)

iii. 이렇게 말하며 끝낸다. 자, 여기까지입니다. 이 대화에서 내가 무엇을 **잘못**했지요?

1. 대답 : 치료자가 **대화를 독차지했다.**

b. 설명 : 주고받는 대화의 한 가지 규칙은 대화를 독차지하지 말라는 것입니다.

i. 대화를 혼자만 독점하지 않는다.

ii. 자기 스스로에 대해 자랑하거나 떠벌리지 않는다.

iii. 상대방의 말을 중간에 끊지 않도록 노력한다.

iv. 상대방이 이야기할 수 있도록 한다.

v. 상대방이 무엇을 좋아하는지 물어본다.

8. **진행자가 되지 않기**
   a. 청소년 집단 치료자가 **진행자가 되는** 역할을 맡아서 보조 치료자와 함께 **부적절한** 역할극을 한다.
      i. "잘 보고 내가 무엇을 **잘못하고** 있는지 이야기해 주세요."라고 말하며 시작한다.
      ii. 부적절한 역할극의 예 :

         청소년 집단 치료자 : "안녕 ○○야! 잘 지냈니?"

         보조 치료자 : "잘 지냈어. 너는 어때?"

         청소년 집단 치료자 : "좋아. 참, 넌 어떤 종류의 영화를 좋아하니?"

         보조 치료자 : "나는 액션 모험 영화랑 코미디 영화를 좋아해. 너는?"

         청소년 집단 치료자 : "응, 네가 가장 좋아하는 영화는?"

         보조 치료자 : "내가 제일 좋아하는 영화는 _______(최근의 영화 이름)인 것 같아. 네가 가장 좋아하는 영화는?"

         청소년 집단 치료자 : "응, 그거 좋았어. TV 프로그램은 어때? 넌 어떤 종류의 TV 프로그램을 보니?"

         보조 치료자 : "나는 시트콤을 좋아해. 너는?"

         청소년 집단 치료자 : "음, 그럼 네가 가장 좋아하는 TV 프로그램은?"

         보조 치료자 : "나는 _______(최근의 시트콤 이름)을 제일 좋아하는 것 같아."(지루해 보인다.)

         청소년 집단 치료자 : "근데 넌 어떤 종류의 음악을 좋아하니?"

         보조 치료자 : "나는 _______(음악 장르)을 제일 좋아해."(주변을 둘러본다. 지루해 보인다.)
      iii. 이렇게 말하며 끝낸다. 자, 여기까지입니다. 이 대화에서 내가 무엇을 **잘못**했지요?
         1. 대답 : 치료자가 진행자가 되어 인터뷰를 하고 있었다.
      iv. 설명 : 주고받는 대화를 위한 하나의 규칙은 진행자가 되지 말라는 것입니다.
         1. 질문 후에 바로 또 질문을 하지 않는다.
         2. 다른 사람에게 질문을 한 후에는 당신 자신에 대한 것을 이야기한다.
         3. 당신이 하는 모든 질문과 말들은 주제와 관련된 것이어야 한다.

9. **반복하지 않기**
   a. 치료자 : 주고받는 대화를 하기 위한 다른 규칙은 반복하지 말아야 하는 것입니다. 이것은 똑같은 것을 반복해서 말하지 말하는 것입니다. 같은 것일 계속 반복해서 말하는 것의 문제는 무엇일까요?
      i. 대답 : 다른 사람이 지루해할 것이다.

b. 질문 : 당신이 다른 사람과 공통의 관심사를 발견했다는 것이, 그것에 대해서만 이야기해야 한다는 것을 의미할까요?

i. 대답 : 아니다. 다양한 것에 대해 이야기할 수 있다.

c. 다음을 설명한다.

i. 반복하지 않는다.

ii. 몇 가지 다른 주제에 대해 이야기하도록 노력한다.

10. 친구의 말에 경청하기

a. 질문 : 주고받는 대화를 하기 위한 또 다른 규칙은 경청과 관련되어 있습니다. 만약에 당신이 친구에게 질문을 한다면, 대답을 들어야 한다고 생각하나요?

i. 대답 : 네.

b. 질문 : 대답을 잘 듣지 않는 것은 무엇이 문제인가요?

i. 대답 : 당신의 친구는 자신이 무슨 말을 하는지에 대해서 당신이 관심이 없다고 생각할 것이다.

c. 다음을 설명한다.

i. 만약에 질문을 한다면 대답을 귀 기울여 듣는다.

1. 당신이 한 번 질문을 하였다면, 그 대답을 들어야 한다.

2. 똑같은 질문을 반복하지 않도록 한다.

3. 경청한다는 것은 당신이 친구에게 관심이 있다는 것을 나타낸다.

11. 놀리거나 비판하지 않기

a. 질문 : 주고받는 대화를 하기 위한 다음 규칙은 이야기하는 사람을 놀리거나 비판하지 않는 것입니다. 다른 사람을 비판하거나 놀리는 것은 무엇이 문제인가요?

i. 대답 : 상대방의 기분을 상하게 한다.

b. 질문 : 만약에 당신이 친구들을 비판한다면 그들이 당신의 친구가 되고 싶을까요?

i. 대답 : 아니오. 당신을 피할 것이다.

c. 질문 : 놀리거나 다른 사람을 웃음거리로 만드는 것은 무엇이 잘못된 것인가요?

i. 대답 : 상대방의 기분을 상하게 한다.

d. 질문 : 만약에 당신이 다른 사람을 놀리거나 웃음거리로 만든다면 그들이 당신의 친구가 되고 싶어 할까요?

i. 대답 : 아마도 그렇지 않을 것이다.

e. 다음을 설명한다.

i. 다른 사람을 웃음거리로 만들거나 비판하지 않아야 한다.

1. 당신이 재미있다고 생각하는 것일지라도, 이는 다른 사람의 기분을 상하게 할

수 있다.

2. 이것은 당신이 **처음으로** 누군가를 알아가게 되는 과정에서, 그 사람이 당신의 유머 감각을 아직 잘 모를 때에 특히 해당된다.
3. 특히 남자아이들은 서로를 놀리는 것을 좋아한다. 하지만 이것은 친구를 만들고 유지하는 데 있어 매우 위험한 행동이다.

12. 다른 누군가를 처음으로 알아갈 때에는 **진지하게 하기**
   a. 치료자 : 주고받는 대화를 하기 위한 다른 규칙은, 당신이 **처음으로** 누군가를 알아갈 때에는 진지해야 한다는 것입니다. 당신이 누군가를 **처음으로** 알아가는 과정에서 우습게 행동하는 것은 무엇이 문제일까요?
      i. 대답 : 그들은 당신이 이상하다고 생각할 것이며 당신의 유머를 이해하지 못할 것이다. 그들은 당신이 그들을 놀린다고 생각할 것이다.
   b. 다음을 설명한다.
      i. 처음 누군가를 알아가기 시작할 때에는 우습게 행동하지 않는다.
         1. 당신이 다른 사람을 불편하게 만들 수 있다.
         2. 상대방은 당신의 유머 감각을 이해하지 못할 수도 있고, 당신이 자신을 놀린다고 생각할 수도 있다.
      ii. '추잡한' 농담을 하거나 욕을 하거나, 무례하게 행동하지 않는다.
         1. 다른 사람이 당신을 싫어하게 만들기 쉽다.

13. **목소리 크기를 잘 조절하기**
   a. 청소년 집단 치료자가 너무 조용하게 말하는 역할을 맡아서 보조 치료자와 함께 **부적절한 역할극**을 한다.
      i. "잘 보고 내가 무엇을 **잘못하고** 있는지 이야기해 주세요."라고 말하며 시작한다.
      ii. 부적절한 역할극의 예 :

청소년 집단 치료자 : (속삭이며) "안녕 ○○야! 잘 지냈니?"

보조 치료자 : (들으려고 애쓰며) "뭐라고?"

청소년 집단 치료자 : (속삭이며) "잘 지냈냐고?"

보조 치료자 : (혼란스러워 보임) "어, 잘 지내. 너는?"

청소년 집단 치료자 : (속삭이며) "그 동안 뭐하고 지냈어?"

보조 치료자 : (들으려고 애쓰며) "뭐라고?"

청소년 집단 치료자 : (속삭이며) "그 동안 뭐하고 지냈냐고?"

보조 치료자 : (주변을 둘러본다. 지루해 보인다.) "아, 별일 없었어."

      iii. 이렇게 말하며 끝낸다. 자, 여기까지입니다. 이 대화에서 내가 무엇을 **잘못**했지요?

1. 대답 : 치료자가 너무 작은 소리로 이야기하였다.

b. 다음을 설명한다.

i. 너무 조용하게 말하면 상대방이 알아듣기가 어렵다.

ii. 만약에 당신의 말을 잘 알아듣지 못한다면, 그 사람은 앞으로 당신과 이야기하는 것을 피할 것이다.

c. 청소년 집단 치료자가 너무 크게 말하는 역할을 맡아서 보조 치료자와 함께 또 다른 부적절한 역할극을 한다.

i. "잘 보고 내가 무엇을 **잘못하고** 있는지 이야기해 주세요."라고 말하며 시작한다.

ii. 부적절한 역할극의 예 :

청소년 집단 치료자 : (매우 크게 말하며) "안녕 ○○야! 잘 지냈니?"

보조 치료자 : (깜짝 놀라서 뒤로 물러나며) "어. 잘 지내고 있어."

청소년 집단 치료자 : (매우 크게 말하며) "그 동안 뭐하고 지냈어?"

보조 치료자 : (짜증이 난 듯 멀리 떨어지며) "별일 없었어."

청소년 집단 치료자 : (매우 크게 말하며) "그럼 주말에는 뭐 했어?"

보조 치료자 : (주변을 둘러보고 피하려고 하며) "별거 없었어."

iii. 이렇게 말하며 끝낸다. 자, 여기까지입니다. 이 대화에서 내가 무엇을 **잘못**했지요?

1. 대답 : 치료자가 너무 큰 소리로 이야기하였다.

iv. 다음을 설명한다.

1. 너무 큰 소리로 이야기하지 않는다. 그렇게 하면 사람들이 짜증이 나거나 신경이 거슬릴 수 있다.
2. 만약에 그 사람이 짜증이 나거나 신경이 거슬렸다면, 앞으로 당신과 이야기하는 것을 피하게 될 것이다.

14. 적절한 신체적 경계 가지기

a. 청소년 집단 치료자가 보조 치료자에게 너무 가까이 서 있는 역할을 맡아서, 보조 치료자와 함께 부적절한 역할극을 시연한다.

i. "잘 보고 내가 무엇을 잘못하고 있는지 이야기해 주세요."라고 말하며 시작한다.

ii. 부적절한 역할극의 예 :

청소년 집단 치료자 : (지나치게 가까이 서서) "안녕 ○○야! 잘 지냈니?"

보조 치료자 : (깜짝 놀라서 뒤로 물러나며) "어. 잘 지내고 있어."

청소년 집단 치료자 : (앞으로 한 발 더 다가서며) "그 동안 뭐하고 지냈어?"

보조 치료자 : (짜증이 난 듯 멀리 떨어지며) "별일 없었어."

청소년 집단 치료자 : (다시 한 번 앞으로 다가가며) "학교 다니는 건 어때?"

보조 치료자 : (주변을 둘러보고 피하려고 하며) "괜찮아."

iii. 이렇게 말하며 끝낸다. 자, 여기까지입니다. 이 대화에서 내가 무엇을 **잘못**했지요?

1. 대답 : 치료자가 너무 가까이에 서 있었다.

iv. 다음을 설명한다.

1. 다른 사람에게 너무 가까이 서는 것은 상대방을 불편하게 만들 수 있다.
2. 그 사람은 다시 당신과 이야기하고 싶어 하지 않을 수 있다.
3. 그 사람은 당신을 피할 수도 있다.
4. 일반적인 규칙은 팔 길이 정도 떨어져서 서는 것이다(하지만 직접 재지는 않는다!).

b. 청소년 집단 치료자가 너무 멀리 서 있는 역할을 맡아서, 보조 치료자와 함께 또 다른 부적절한 역할극을 한다.

i. "잘 보고 내가 무엇을 잘못하고 있는지 이야기해 주세요."라고 말하며 시작한다.

ii. 부적절한 역할극의 예 :

청소년 집단 치료자 : (방 반대쪽에 서서) "안녕 ○○야! 잘 지냈니?"

보조 치료자 : (들으려고 애쓰며 혼란스러운 듯이) "어. 안녕 ○○야."

청소년 집단 치료자 : (여전히 방 반대쪽에 서서) "잘 지냈어?"

보조 치료자 : (혼란스러워 보이며) "잘 지내."

청소년 집단 치료자 : (여전히 방 반대쪽에 서서) "그 동안 뭐하고 지냈어?"

보조 치료자 : (혼란스러운 듯 주변을 둘러보고 피하려고 하며) "별일 없었어."

iii. 이렇게 말하며 끝낸다. 자, 여기까지입니다. 이 대화에서 내가 무엇을 **잘못**했지요?

1. 대답 : 치료자가 너무 멀리 서 있었다.

iv. 다음을 설명한다.

1. 너무 멀리 서 있는 것은 대화를 어색하게 하며, 너무 공개적으로 대화하는 것처럼 느낄 수 있다.
2. 당신이 너무 멀리 서 있으면 상대방은 당신이 이상하게 대화하려 한다고 생각할 것이다.
3. 학교에서 복도 반대편에서 인사를 하는 것은 괜찮다. 그러나 그 상태에서 길게 대화하려고 하지는 말아야 한다.
4. 다시 한 번, 일반적인 규칙은 팔 길이 정도 떨어져서 서는 것이다.

15. **눈을 맞추기**

a. 치료자 : 주고받는 대화를 하기 위한 우리의 마지막 규칙은 적절한 눈맞춤을 해야 한다는 것입니다. 이것은 여러분이 다른 사람에게 말을 할 때 상대방을 바라봐야 한다는 의미입니다. 상대방에게

말을 할 때에 그 사람을 바라보는 것이 왜 중요할까요?

i. 대답 : 그렇게 해야 상대방이 당신이 자기에게 말하고 있다는 것을 알아낼 수 있으며, 당신이 그들에게 흥미를 가지고 있다는 것을 알 수 있을 것이다.

b. 다음을 설명한다.

i. 누군가를 **처음으로** 알아가기 시작할 때에는 더 많이 눈을 맞춘다.

1. 이것은 당신이 그들에게 관심이 있다는 것을 알려 준다.

ii. 소녀 : 다른 사람의 눈을 바라본다. 적절한 때에 미소를 보인다.

iii. 소년 : 너무 빤히 쳐다보지 않는다. 때때로 눈을 맞춘다.

iv. 소녀들이 일반적으로 소년들보다 더 눈을 자주 맞춘다. 하지만 다른 사람을 **처음으**로 알아가기 시작할 때에는 모든 사람이 더 많이 눈을 맞추어야 한다.

역할극

- 청소년 집단 치료자와 보조 치료자는 **주고받는 대화**의 모든 단계를 사용하여 **적절한** 역할극을 시연해 보여 준다.
- 이렇게 말하며 시작한다. 우리는 이제 주고받는 대화를 하기 위한 규칙들을 알고 있습니다. 잘 보고 우리가 어떤 것을 **잘** 하고 있는지 이야기해 주세요.
  - 적절한 역할극의 예 :

청소년 집단 치료자 : (팔 길이 정도 떨어져서 서서, 적절한 눈맞춤을 유지하며, 적절한 목소리 크기를 사용) "안녕 ○○야! 잘 지냈니?"

보조 치료자 : "응. 잘 지내고 있어. 너는 어때?"

청소년 집단 치료자 : "나도 잘 지내고 있어. 넌 요즘 뭐하고 지내니?"

보조 치료자 : "응. 특별한 것은 없어. 그냥 공부를 많이 하고 있어. 그런데 이번 주말에는 영화를 보러 갈 거야."

청소년 집단 치료자 : "그래. 그럼 뭐를 보러 갈 건데?"

보조 치료자 : "내 생각엔 _______(최근의 공상과학 영화 이름)을 보러 갈 것 같아. 넌 이번 주말에 뭐해?"

청소년 집단 치료자 : "나도 영화를 보러 갈 계획이었어. 근데 나는 이미 _______(최근의 공상과학 영화 이름)을 보았어."

보조 치료자 : "아. 그렇구나. 괜찮았어?"

청소년 집단 치료자 : "응, 매우 좋았어. 넌 공상과학 영화 좋아하니?"

보조 치료자 : "응. 내가 제일 좋아하는 종류야. 너는 어때?"

청소년 집단 치료자 : "나도 제일 좋아하는 거야."

보조 치료자 : "멋진데. 네가 제일 좋아하는 영화는 어떤 거야?"

– 이렇게 말하며 끝낸다. 자, 여기까지입니다. 이 대화에서 우리가 어떤 것을 **잘** 하였지요?

 • 대답 : 청소년 집단 치료자와 보조 치료자는 주고받는 대화를 위한 모든 규칙들을 잘 따랐다[청소년들이 역할극의 맥락 속에서 모든 규칙들을 확실히 복습하도록 한다.].

행동 연습

■ 치료자 : 우리는 이제 주고받는 대화를 하기 위한 규칙들을 알고 있습니다. 이제 각자 옆에 앉은 사람과 각각 연습해 보도록 할 것입니다. 대화의 목적은 공통의 관심사를 찾는 것임을 기억하세요.

■ 청소년들이 옆에 앉은 사람과 주고받는 대화를 연습하도록 한다.

– 청소년 집단 치료자는 짝을 짓는 것을 배정해 주어야 하며, 만약에 짝이 적절하지 않다면 청소년들의 자리를 옮겨 줄 수 있다.

– 만약에 짝이 맞지 않다면, 한 팀은 3명으로 만든다.

■ 청소년 집단 치료자와 보조 치료자는 필요하다면 연습이 잘 이루어지도록 돕거나 촉진해 준다.

– 도와주기의 예 : 서로의 학교 혹은 취미에 대해서 질문할 수 있어요. 제일 좋아하는 책, 영화, 혹은 텔레비전 프로그램에 대해 이야기해도 좋습니다. 상대방이 무엇을 하며 주말을 보내는지 알아봐도 좋겠어요.

– 만약에 어떠한 문제가 생겨난다면 청소년 집단 치료자와 보조 치료자는 이를 해결하도록 도와주어야 한다.

 • 도와주기의 예 : 처음에는 너무 가까이 다가가지 않는 것을 기억하세요. 대화를 함께 나누어야 합니다. 자기 스스로의 질문에 답을 해야 할 때도 있습니다. 진행자가 되지는 마세요. 대화를 독차지하지 않도록 하세요. 이어가는 질문을 하는 것을 기억하세요.

■ 이 활동에 2~3분 가량을 할애한다.

■ 그 후 "자. 이제 대화를 끝마칠 시간입니다. 많은 정보를 서로 잘 교환하는 것을 들었습니다. 이제 돌아가면서 여러분이 찾은 공통의 관심사를 이야기해 봅시다."라고 말하면서 청소년들이 공통의 관심사를 찾았는지 확인한다.

■ 청소년의 노력에 대해 칭찬한다.

과제

■ 다음과 같이 말하며 이번 주의 과제를 설명한다. 이번 주에 여러분이 주고받는 대화를 지속적으로 연습하도록 할 것입니다. 이번 주 여러분의 과제는,

- 부모와 주고받는 대화를 하는 것을 연습하고 공통의 관심사를 찾는 것입니다.
- 그룹의 다른 구성원과 그룹 내 전화 통화를 합니다.
  - 이는 적어도 5~10분 정도 지속되어야 합니다.
  - 그룹에서 보고하기 위한 공통의 관심사를 찾아야 합니다.

■ 청소년 집단 치료자와 보조 치료자는 일주일의 그룹 내 전화를 배정하고 추후에 참조하기 위해 이를 '부록 F : 집단 구성원들과의 전화 배정표'에 기입한다.

- 만약에 청소년들의 수가 짝이 맞지 않다면 누군가에게 '이중 의무'를 배정한다.
  - 이 사람은 두 번의 그룹 내 전화를 한다(한 번은 전화 거는 사람, 한 번은 받는 사람).
  - 이 사람은 추가적인 전화를 하는 것을 위해 추가적인 점수를 받는다.

청소년 활동 : 퀴즈쇼

NOTE : 규칙을 위해 '청소년 활동 가이드'를 참고한다.

■ 활동을 시작하기 전에 청소년들은 (아직 하지 않았다면) **퀴즈쇼** 대답 종이를 완성해야 한다.

- 시간을 절약하기 위해, 집단이 시작하기 전에 대기실에서 기다리는 동안 청소년들이 이 종이를 작성하게 하는 것이 크게 도움이 된다.

■ 청소년들은 **퀴즈쇼** 전에 **정보**를 **교환**하고 질문하는 연습해야 한다.

- 칠판 위에 주제들을 적고 청소년들을 2~3명씩 나눈다.
- 청소년들이 각각의 그룹 구성원당 2~3분 정도로 **정보를 교환**한 후에 다시 그룹으로 모여서 **퀴즈쇼**게임을 한다.

■ 청소년들은 **정보 교환** 활동에서 나온 질문에 정답을 맞춤으로써 점수를 얻기 위해 서로 경쟁한다.

- 가장 먼저 손을 든 청소년이 첫 번째로 맞출 기회를 얻는다.
- 그 청소년이 틀렸다면, 다른 사람이 대답할 기회를 얻는다(두 번째로 손을 든 사람).
- 청소년들은 하나의 질문당 한 번의 추측 기회만을 갖는다.
- 청소년들에게 힌트를 주지 않는다.

■ 게임 동안에 청소년들이 서로에게 박수를 쳐 주도록 격려한다.

■ 서로 다른 종류의 색을 활용하여 칠판에 점수를 기록한다.

■ 게임의 마지막에 가장 많은 점수를 얻은 사람이 **퀴즈쇼 승자**가 된다.

부모와 다시 만나기

- 청소년들에게 부모와 다시 만난다고 공지한다.
  - 청소년들은 각자의 부모 곁에 서 있거나 앉아 있도록 한다.
  - 다시 만나는 시간이 시작되기 전에, 조용히 하고 그룹에 완전히 집중하도록 한다.
- 치료자 : 오늘 우리는 주고받는 대화하기를 배웠습니다. 누가 주고받는 대화를 하기 위한 규칙들을 이야기해 보겠습니까? [청소년들이 모든 규칙을 이야기하도록 한다. 필요하다면 촉진해 줄 준비를 한다.]
  - 정보 교환하기
  - 스스로의 질문에 대답하기
  - 공통의 관심사를 찾기
  - 대화를 서로 나누기
  - 처음에는 너무 개인적이 되지 않도록 하기
  - 열린 질문을 하기
  - 이어 가는 질문하기
  - 대화를 독차지하지 않기
  - 진행자가 되지 않기
  - 반복하지 않기
  - 친구의 말에 경청하기
  - 놀리거나 비판하지 않기
  - 진지하게 하기
  - 목소리 크기를 잘 조절하기
  - 적절한 신체적 경계 가지기
  - 눈을 맞추기
- 치료자 : 이 그룹은 오늘 주고받는 대화를 연습하였고, 모두 매우 잘 해 주었습니다. 서로에게 큰 박수를 보내 줍시다. 그리고 정보 교환하기를 연습하기 위해 **퀴즈쇼**라고 불리는 게임을 하였습니다. 오늘의 **퀴즈쇼** 승자는 ________(이름)입니다. 그에게 큰 박수를 쳐 줍시다.
- 다음 주의 과제를 점검한다(아래를 참고).
  - 반드시 부모 앞에서 그룹 내 전화하기 과제를 읽는다.
  - 부모들에게 누가 누구에게 전화를 하는지 기록하도록 한다.
- 각각의 가족들이 개별적으로 분리되어서 전화 통화 도중에 부모들은 어디에 있을지 협의한다.

과제

1. 부모와 청소년들은 **주고받는 대화**를 하면서 **정보**를 **교환**한다.
   a. 부모들은 자녀들과 **주고받는 대화**를 하기 위한 규칙을 검토한다.
   b. **공통의 관심사를 찾는다.**
2. **집단 구성원과의 통화**
   a. 전화하기 전에
      i. 회기를 마치고 치료실을 떠나기 전에, 자녀들의 대화기술 연습을 위해 집단의 다른 구성원에게 전화할 수 있도록 약속을 정한다.
      ii. 전화를 하기 위한 날짜와 시간을 정한다.
      iii. 전화를 하는 동안 부모가 어디에 있을 것인지, 그리고 만약에 지침에 따라 잘 따라가지 못할 때 부모의 역할에 대해서 협의한다.
   b. 전화하는 동안에
      i. 청소년은 전화 통화를 통해 **정보**를 **교환**하고, **주고받는 대화**를 해야 한다.
      ii. 다음 시간에 와서 발표할 수 있는, **공통의 관심사**를 찾는다.
   c. 전화하고 난 뒤에
      i. 부모와 자녀는 전화 통화에 대해 의견을 나누고, 알아낸 **공통의 관심사**가 무엇인지 이야기한다.

점수 계산

매주 다음 점수를 기록한다.

- 각 청소년들이 얻은 점수를 계산한다. 청소년들이 있을 때에 점수를 계산하지 않는다.
- 그룹이 얻은 총 점수를 합산한다.
  - 각각의 혹은 그룹의 총 점수를 밝히지 않는다.
  - 청소년들 사이에서 얻은 점수를 비교하려는 시도를 막는다.
- 더 크고 멋진 졸업 파티를 하기 위해서 청소년들이 그룹으로서 노력해야 한다는 것을 상기시킨다.

청소년 활동 가이드 : 2회기

"퀴즈쇼"

필요한 자료

- 칠판과 분필/화이트보드와 보드마커
- 대답 종이
- 가위
- 펜

규칙

- 청소년들은 **정보**를 **교환**하는 게임에서 서로 경쟁할 것이다.
- 텔레비전 **퀴즈쇼**와 같이, 청소년들은 청소년 집단 치료자에게 질문을 듣고 대답을 한다.
  - 예 :
    - **청소년 집단 치료자** : " ________(이름)가 제일 좋아하는 스포츠는 무엇일까요?"
    - **청소년** : "야구입니다."
- 흥미와 협동을 증진하기 위해서 청소년 집단 치료자는 정답에 대해 점수를 줄 수 있다.
- **정보 교환** 활동을 하기 전에 대답 종이를 나누어 준다.
- 청소년들이 답을 채우고 청소년 집단 치료자에게 돌려주도록 한다.
  - 시간을 절약하기 위해, 청소년들이 그룹을 시작하기 전 로비에서 기다릴 때에 청소년들이 이를 완성하게 하는 것이 도움이 된다.
- 각각의 청소년이 모든 집단 구성원들과 **정보**를 **교환**할 때까지 2명 또는 3명이 짝을 지어 2~3분간(시간에 따라 조절 가능) **정보 교환**을 연습하게 한다.
- 청소년 집단 치료자가 **정보 교환**의 주제를 제안할 수 있으며 이것을 칠판에 적어둔다.
  - 이름
  - 사는 도시
  - 학교 이름
  - 가장 좋아하는 게임
  - 가장 좋아하는 운동
  - 가장 좋아하는 텔레비전 쇼
  - 가장 좋아하는 영화
  - 가장 좋아하는 주말 활동

- 가장 좋아하는 음식
- 가장 좋아하는 동물
- 가장 자신 있는 신체 부위
- 눈의 색깔(NOTE : 이것은 질문하지 않는다. 하지만 **정보 교환** 동안에 적절한 눈맞춤을 통해 알아낼 수 있다.) (**NOTE** : 한국 아이들에게는 적절하지 않습니다.)

■ 청소년들을 도울 수 있는 범주들을 칠판에 적는다.

- 내가 다니는 '학교'는
  - 대답 종이 : 학교 이름/학년
- 주말을 신나게 보내는 방법!
  - 대답 종이 : 가장 좋아하는 주말 활동
- 즐겁게 운동하기
  - 대답 종이 : 가장 좋아하는 운동
- 내가 제일 좋아하는 게임은
  - 대답 종이 : 가장 좋아하는 게임
- 영화, 영화, 영화!
  - 대답 종이 : 가장 좋아하는 영화
- 'TV' 쇼
  - 대답 종이 : 가장 좋아하는 TV 프로그램
- 즐거운 나의 '집'
  - 대답 종이 : 살고 있는 도시
- 세상엔 맛있는 게 너무 많아~
  - 대답 종이 : 가장 좋아하는 음식
- 동물원에 가면
  - 대답 종이 : 가장 좋아하는 동물
- 이게 나의 매력이야!
  - 대답 종이 : 가장 자신 있는 신체 부위
- 나의 눈 색깔은 (**NOTE** : 한국 아이들에게는 적절하지 않습니다.)
  - 대답 종이 : 눈의 색깔

■ 청소년들이 **정보**를 **교환**하고 있는 동안, 1명의 보조 치료자는

- 각 질문별로 대답 종이를 자른다(그어진 선에 따라 자르면 된다.).
- 질문 범주에 따라 대답 종이를 나누고 순서를 섞는다.

■ 청소년 집단 치료자와 보조 치료자는 필요한 경우에 청소년들이 퀴즈쇼의 주제에 맞는

적당한 질문을 하도록 유도해 준다.

- 청소년들이 **정보 교환**하기를 끝냈다면, 그룹으로 다시 모여서 **퀴즈쇼**를 시작한다.
  - 가장 높은 점수를 받은 청소년이 범주를 선택하게 한다.
  - 만약에 질문 전에 손을 든다면 질문을 할 수 없다고 알린다.
  - 처음으로 손을 든 사람이 처음으로 맞출 수 있다.
  - 만약에 틀린 대답을 말했다면, 두 번째로 손을 든 사람이 대답을 할 기회를 얻는다(계속 이렇게 진행).
  - 1명의 청소년은 질문 하나당 한 번의 대답 기회만 갖는다.
  - 청소년들에게 힌트를 주지 않는다.
- 청소년들은 이제 막 서로를 알게 되었기 때문에, 항목을 읽는 동안 치료자가 이 항목이 누구와 연관되어 있는지 (이름을 말하면서) 손으로 가리켜 주어야 할 수도 있다.
- 만약에 청소년이 대답을 하는 데 너무 오랜 시간이 걸린다면 시간제한을 둘 수 있다.
- 청소년들이 잘못된 형식으로 대답을 하여도 고쳐 주지 않는다.
  - 가장 중요한 것은 청소년들이 **정보 교환**을 통해 알게 된 정보들을 기억한다는 것이다.
- 답을 맞힌 청소년은 점수를 얻고 다음 범주를 고를 수 있다.
- 만약에 아무도 답을 맞히지 못하였다면, 방금 전 질문에서 지칭되었던 사람이 범주를 고른다.
- 게임을 하는 동안 서로에게 박수를 쳐 주도록 격려한다.
- 맞는 대답에 대해 점수를 준다.
- 다른 색깔의 보드마커를 사용하여 칠판에 점수를 기록한다.
- 게임의 마지막에 가장 많은 점수를 가진 사람이 **퀴즈쇼 승자**가 된다.
- **다음 두 회기를 위해 대답 종이를 보관한다.**

| "퀴즈쇼" 대답 종이 |

내가 다니는 '학교'는 __________의 학교 이름/학년 (이름) ____________________ (다니고 있는 학교 이름/학년)	**주말을 신나게 보내는 방법!** __________가 가장 좋아하는 주말 활동 (이름) ____________________ (가장 좋아하는 주말 활동)
즐겁게 운동하기 __________가 가장 좋아하는 운동은 (이름) ____________________ (가장 좋아하는 운동)	**내가 제일 좋아하는 게임은** __________가 가장 좋아하는 게임은 (이름) ____________________ (가장 좋아하는 게임 이름)
영화, 영화, 영화! __________가 가장 좋아하는 영화 (이름) ____________________ (가장 좋아하는 영화)	**'TV' 쇼!** __________가 가장 좋아하는 TV 프로그램 (이름) ____________________ (가장 좋아하는 TV프로그램)
즐거운 나의 '집' __________가 살고 있는 곳 (이름) ____________________ (살고 있는 지역 이름)	**세상엔 맛있는 게 너무 많아~** __________가 가장 좋아하는 음식 (이름) ____________________ (좋아하는 음식 이름)
동물원에 가면 __________가 가장 좋아하는 동물 (이름) ____________________ (가장 좋아하는 동물 이름)	**이게 나의 매력이야!** __________가 가장 자신 있는 신체 부위 (이름) ____________________ (가장 자신 있는 신체 부위)

3회기

05

대화기술 Ⅲ – 전자통신

부모 치료자 가이드

부모 회기 가이드 라인

최근 조사에서 첨단 정보 기술(인터넷, 휴대 전화, 휴대용 뮤직플레이어 등)은 청소년의 문화에 필수적인 부분이라고 이야기하고 있다(Thurlow & McKay, 2003). 통화 또는 문자 메시지를 포함한 전화 역시 여전히 청소년들 사이에서 주요한 의사소통 수단이다. 청소년의 70%가 이메일을 사용하고 메신저, 쪽지 등으로 친구와 연락한다. 온라인 게임, 인터넷, 소셜 네트워킹 사이트, 음악 다운로드는 청소년들 사이에 점점 더 인기를 얻어 가고 있다. 이번 청소년 회기와 부모 회기의 일부는 어떻게 전자통신의 형태를 효과적으로 다루냐는 것에 초점을 맞추게 된다.

과제 검토에서는 부모가 과외 활동을 찾는 것에 주된 초점을 두어야 한다. 절박한 부모들은 축구 선수가 청소년들에게 축구를 가르치면서 특별한 도움을 요하는 청소년들도 받아들여 주는 멘토십 프로그램이라든가 소그룹 과외 같은 방과 후 활동(즉, 주된 목적이 사회화가 아니라 학업을 보충하는 곳)과 같은 지름길을 찾으려고 시도할 것이다. 우리의 목적은 부모로 하여금 청소년들이 친구를 찾는 것을 도와주게 하는 것이지 멘토나 교사를 찾는 것이 아니기 때문에 이런 것들은 과외 활동으로 적합하지 않다. 그보다는 청소년들에게 '잘 어울리는' 장소를 찾는 것에 초점을 두어야 한다. 자녀들의 '무리' 혹은 '또래 집단'을 목록화한 회기 유인물은 종종 부모들을 놀라게 한다. 대부분의 부모들은 이런 '무리'에 대해 생각해 보지 않았을 것이나,

글상자 5.1
과제 순응도를 높이는 집단 치료자의 기술 익히기

1. 과제를 점검하는 동안 성공한 것을 먼저 이야기하게 하고, 그 외의 것을 발표하려는 부모들은 방향을 재설정해 준다.
2. 다음 번의 과제를 어떻게 수행할 것인가에 대해 명확하게 한다. 예를 들어, "*계속해서 과외 활동을 찾아 보도록 하십시오.*"라고 이야기하지 말고, "과외 활동을 찾기 위해 이번 주에는 무엇을 해 보시겠습니까?"라고 물어본다. 집단에게 아이디어를 제공하지 말고, 각 부모들이 돌아가면서 구체적인 계획을 이야기함으로써 의견을 내 놓게 한다.
3. 부모에게 "**당신이 예상하는 어려움이 무엇입니까?**"라고 묻는다. 부모가 시도해 볼 만한 전략을 치료자가 제시해 주기 어렵다면, "**이럴 때 어떻게 하면 효과가 있을지 누가 이야기해 주실 수 있겠습니까?**"라고 그룹에게 개방하는 질문을 던질 수 있다. 만약 집단에서 몇 가지의 좋은 제안을 내 놓는다면, 그중 가장 좋은 제안을 골라 부모가 처음으로 시도해 보도록 제안한다.
4. 일반적인 토론은 피한다. 각 부모의 자녀와 구체적으로 관련되어 있는 주제, 그리고 과제와 관련 있는 주제를 토론하는 데 초점을 맞춘다.

이러한 잠재적인 또래 집단에 대해 잘 생각해 보는 것은 그들의 자녀가 어디에 가장 잘 어울릴 수 있는지 알아내는 데 필수적인 과정이다. 부모 집단 치료자가 부모들이 과제를 좀 더 잘 수행해 올 수 있도록 돕는 데 사용할 수 있는 기술들을 〈글상자 5.1〉에 기록하였다.

과제 점검

1. 부모들은 자녀들과 **정보 교환** 및 **주고받는 대화**를 연습한다.
   a. 자녀들과 **정보 교환**하기를 연습한 부모들은 손을 들게 한다.
   b. **정보**를 **교환**하면서 새로이 발견된 **공통의 관심사**에 대해 부모가 확인한다.
   c. 발생 가능한 문제에 대해 해결법을 의논한다.
2. **집단 구성원과의 통화**
   a. 청소년으로 하여금 통화 중에 **정보**를 **교환**하도록 유도한다.
   b. **정보**를 **교환**하면서 새로이 발견된 **공통의 관심사**에 대해 부모가 확인한다.
   c. 발생 가능한 문제에 대해 해결법을 의논한다.
      i. 여기에서 있을 수 있는 일반적인 문제는 청소년들이 너무 긴 대화를 하는 것이다. 한 예로, 집단 내 두 청소년들 사이에 대화가 90분 동안 지속된 끝에 결국 서로에게 지루해지게 됨으로써 대화가 즐겁지 않게 끝나게 된 경우가 있다. 사회성의 문제가 있는 청소년은 대부분 방금 만난 사람과 그렇게 길게 대화를 할 수 없다. 전화 통화는 평균적으로 10~15분 정도 지속되는 것이 좋다.

3. **친구를 사귈 수 있는 곳**
   a. 늘 그렇듯이, 성공적으로 완수한 과제를 검토하는 것으로 시작하며(즉, 자녀를 위한 과외 활동을 찾아 낸 부모), 주제를 벗어난 이야기를 하는 부모들을 다시 집중시킨다. 보통 주제 외의 이야기를 하려는 사람들은 과제를 완수하지 못한 것으로부터 주의를 다른 데로 돌리려고 하는 것이다. 이런 전략은 때때로 그들의 자녀가 프로그램을 얼마나 잘 하고 있는지에 대해 이야기하는 것으로 나타나기도 한다. 그 외에 자녀가 얼마나 아팠는지, 학교 숙제가 얼마나 많았는지 등의 이야기가 주제 흐리기 전략으로 사용된다.
   b. 만약에 청소년들이 자기 혼자서 새로운 활동을 시도하는 것을 불편해한다면, 새로운 활동에 본격적으로 함께 참여하는 것이 아니면서 청소년과 보조를 맞추어 나갈 수 있는 방법은 없을지 생각해 보도록 돕는다(그러나 자녀와 조율이 끝날 때까지 이런 방식으로 시작하지는 않도록 한다.).
   c. 어떤 부모들은 자녀가 어디에도 흥미가 없고 "항상 혼자만 있으려고 한다."고 할 것이다. 부모에게 자녀들이 아직 준비가 안 된 것임을 설명하고, 다음과 같은 질문을 덧붙인다. "만약에 자녀가 준비가 되었다면, 무엇을 하는 것을 좋아할까요?"
   d. 아직 1개 이상의 새로운 과외 활동을 찾아내지 못한 부모들은, 유인물을 검토한 후에 자녀의 흥미를 바탕으로 어떤 활동을 찾아낼 수 있을지 기다려 본다. 부모 유인물은 이런 작업을 하는 데 종종 도움이 된다.

교육 : 적절한 친구를 선택하기/전자통신

- 부모용 유인물을 나눠 준다.
- 설명 : 오늘 우리는 적절한 친구를 선택하는 것에 대해 이야기하고 있습니다. 청소년은 때때로 적절한 친구를 고르는 일에 도움을 필요로 합니다. 친구를 사귀는 것은 **선택**입니다. 모든 사람과 친구가 될 필요는 없습니다. 당신은 자녀가 적절한 친구를 **선택**할 수 있게 도와주어야 합니다. 이를 위해서는 먼저 당신의 자녀가 학교에서 평판이 어떤지, 어디에 적절하게 어울릴지 이야기해 볼 필요가 있습니다. 모든 학교에는 서로 다른 아이들의 집단 또는 무리가 있습니다. 어떤 집단이 있을까요?
- 부모들이 돌아가면서 나눠 준 유인물을 읽도록 하고 아이들의 서로 다른 집단에 대해 브레인스토밍할 수 있도록 한다.
- **굵게** 표시된 부분은 부모용 유인물에서 그대로 가져 온 것이다.
- 청소년들이 어떤 집단에 속해 있는지를 무엇으로 알 수 있는지 이야기하게 한다.
  – 옷, 머리, 외모
  – 관심사

| 각각의 청소년 집단 또는 무리 |

취미 집단	마니아 집단	
만화 그리기 모임	컴퓨터게임	인디음악, 독립영화
유투브 동영상 만들기, UCC 만들기 모임	만화/애니메이션	IT제품 튜닝(예 : 핸드폰, 컴퓨터 등)
종교모임(청소년부)	팬클럽	수학(예 : 수식 증명하기)
종이접기 모임	프라모델 조립	무선 모형자동차 모임
개그 동아리	피규어	생물(예 : 곤충, 환경 생태계 등)
성가대	로봇	일본문화
리폼 DIY 모임(예 : 재활용품 리폼, 개인소품 리폼 등)	판타지 소설 모임(예 : 판타지 소설 독서, 창작 등)	**비공식적인 무리**
다이어리 꾸미기 소모임(예 : 꾸미는 방법 공유, 사용물품 리뷰 등)	코스프레 모임	~와 아이들/~의 무리
홈베이킹 모임	힙합음악	'일진' 등과 같은 비행집단

- 누구와 함께 시간을 보내는지
- 방과 후 활동

■ 설명 : 몇몇의 아이들은 잘 맞지 않는 집단과 어울리려고 노력합니다. 이것은 다른 또래들에게 거절당하는 결과를 가져올 수 있습니다. 부모로서 청소년들이 어떠한 집단에 속하길 원하며, 이 집단이 자녀에게 가장 잘 맞는지 심사숙고해 보아야 합니다. 만약 자녀가 잘못된 무리와 어울리려고 시도한다면, 자녀들이 잘 받아들여질 수 있는 집단을 찾도록 돕기 위해서 이것을 아는 것이 중요합니다.

■ 돌아가면서 부모들이 다음을 알아내도록 한다.
- 자녀가 어떤 집단과 **어울리려고 노력한다**고 생각하는지
- 자녀가 어울리기에 **가장 적합한** 집단이 어디라고 생각하는지
- 만약 부모가 확신이 없다면, 이것이 이번 주의 과제였음을 상기시킨다.

■ 자녀가 가장 행복하게 어울릴 수 있는 집단이 어떤 것인지 부모가 이해하게 되는 것이 중요하다. ASD를 가진 청소년들에서 생각해 보아야 할 중요한 고민 중에 하나는 그들이 주류의 또래들 사이에 어울릴 수 있는가, 아니면 다른 ASD를 가진 청소년들과 어울리는 것이 가장 행복하고 잘 받아들여지는가 하는 것이다. 또한 청소년이 현재 학교에서 부정적인 평판을 갖고 있는지를 고려하는 것도 중요하다. 만약에 그렇다면, 평판을 바꿀 수 있게 되거나 더 호의적으로 받아들여질 수 있는 집단을 찾을 때까지 새로운 친구를 만날 수 있는 곳으로 학교는 제외해 두는 것이 더 낫다.

■ 설명 : 다음 주 당신의 자녀는 학교에서의 서로 다른 집단 또는 무리에 대해 알고 적절한 친구를 고르는 방법을 배울 것입니다. 이번 주에는 적절한 전자통신 사용법을 배울 것입니다. 여기에는 전화 걸기, 이메일 보내기, 문자메시지 보내기, 메신저, 인터넷 사용하기가 포함됩니다. 전자통신은 청소년들 사이에서 매우 보편적인 의사소통 수단이기 때문에, 이런 수단을 이용해서 대화를 나눌 때의 규칙들을 배울 필요가 있습니다.

■ 부모들이 돌아가면서 부모용 유인물을 읽도록 한다.

■ **굵게** 표시된 부분은 부모용 유인물에서 그대로 가져 온 것이다.

전화 걸기 시작과 끝내는 규칙

■ **대화 시작하기**

– **통화하고 싶은 사람의 이름을 말한다.**

• 예 : "여보세요! ○○와 통화할 수 있을까요?"

– **자신이 누구인지 말한다.**

• 예 : "안녕 ○○야. 나 ○○이야."

– **통화하려는 사람이 전화 통화가 가능한지 묻는다.**

– **왜 전화했는지에 관해 머리말을 이야기한다.**

• **머리말**이란 전화를 한 이유이다.

■ 예 : "그냥 잘 지내는지 궁금해서 전화했어."

■ 예 : "오늘 숙제가 무엇인지 물어보려고 전화했어."

■ **대화 끝내기**

– **대화가 좀 길게 멈출 때를 기다린다(예 : 주제가 바뀌는 시점).**

• 어떤 부모들은 자녀가 또래 앞에서 얼마나 잘 할 수 있는지에 대해서만 몰두해 있을 수 있다. 몇몇 부모들은 자녀가 대화의 끝에 정지되는 시간을 해석하거나 받아들이지 못할 것이라고 잘못 생각할 수도 있다. 다음과 같이 말함으로써 부모를 격려한다. "이제 자녀가 그것을 할 수 있는지 한 번 지켜봅시다. 만약 자녀가 그것을 잘 하지 못한다면 당신이 어떻게 개입할지 대비할 수 있는 계획을 세워 봅시다."

– **왜 전화를 끊는지에 관한 꼬리말을 이야기한다.**

• **꼬리말**이란 전화를 마치게 되는 이유이다.

■ 예 : "나 밥 먹으러 가야 해."

■ 예 : "이제 숙제 하러 가야겠다."

• **부모는 꼬리말을 제공해 주는 것을 도와줄 수 있다.**

– **"전화 통화해서 좋았다/반가웠다."라고 말한다.**

- **"나중에 다시 이야기하자." 또는 "다음에 보자."고 한다.**
- **"안녕." 또는 "잘 있어."라고 말한다.**

| 머리말/꼬리말의 예 |

전화를 건 이유	전화를 끊는 이유
"그냥 잘 지내는지 궁금해서 전화했어."	"나 이제 가야 해."
"그냥 별일 없는지 해서 전화했어."	"너 가 봐야 하지 않니?"
"숙제가 뭔지 물어보려고 전화했어."	"숙제하러 가야 할 것 같아."
"너와 얘기를 안 한 지 오래 됐네."	"지금 저녁 먹으러 가야 해." 또는 "엄마가 저녁 먹으래."
"뭐하고 지내는지 궁금해서 했어."	"엄마가 전화 써야 된대."

음성 사서함에 메시지를 남기는 규칙

- **이름을 이야기한다.**
  - "안녕 나 ○○야."
- **누구에게 전화를 했는지 말한다.**
  - "나는 ○○에게 전화를 했어."
- **언제 전화했는지 말한다.**
  - "지금은 목요일 저녁 6시야."
- **왜 전화했는지 말한다.**
  - "잘 지내는지 궁금해서 전화했어."
- **전화번호를 남긴다.**
  - "메시지 받으면 XXX-XXXX로 전화해 주기 바라."
- **"안녕." 또는 "잘 있어."라고 말한다.**
  - "곧 다시 얘기하자. 안녕."
- 부모들이 자녀들과 함께 전화 걸기의 시작과 끝, 그리고 음성사서함에 메시지를 남기는 연습을 하도록 요청한다.
  - 반드시 **머리말/꼬리말**을 사용하는 것이 중요하다.
  - 이러한 연습은 전화를 걸기 직전에 하면 도움이 많이 된다.
- 부모는 자녀들이 전화의 시작과 끝을 맺고 메시지를 남기는 것에서 잘 안 되는 부분이 무엇인지 확인하도록 한다.
- 다른 부모들과 협력하여 문제점에 대한 해결법을 생각해 본다.

전화 걸기, 문자메시지, 쪽지/메신저, 이메일 보내는 규칙

- ■ **잘 알지 못하는 사람에게 문자메시지, 메신저, 쪽지 등, 이메일을 보낼 때에는 머리말/꼬리말을 사용한다.**
  - – **가까운 친구와 연락할 때에는 머리말/꼬리말을 사용하지 않아도 된다.**
  - – **누군가와 처음 연락을 할 때 머리말/꼬리말을 사용하는 것이 가장 좋다**
    - • 예 :
      - ■ "너의 미니홈페이지/페이스북/블로그, 카페를 찾아 보고 싶어."
      - ■ "어떻게 지내는지 궁금해서 전화/메일했어."
      - ■ "주말에 무엇을 할 것인지 물어 보려고 전화했어."
      - ■ "게임하러 갈 건지 물어 보고 싶었어."
- ■ **엉뚱한 전화/연락을 피한다.**
  - – **전화번호나 이메일, 아이디를 직접 알려 주지 않은 사람에게 연락하지 않는다.**
  - – **전화번호나 이메일, 아이디 등을 알려 준다는 것은 연락해도 좋다고 허락한다는 의미이다.**
    - • 학교 안내 책자, 온라인 안내 책자에서 연락처를 찾을 수 있다고 해서 연락해도 좋다는 허락을 받은 것이 아니다.
  - – **연락하기 전에 미리 상대방의 정보를 주도록 요청해야 한다.**
  - – **이런 방법으로 그 사람에게 연락해도 좋다는 허락을 얻게 되는 것이다.**
    - • 예 :
      - ■ "우리 한 번 만나서 같이 놀러 가고 싶어. 전화번호 좀 알려 줄 수 있어?"
      - ■ "미니홈페이지/페이스북/블로그, 카페 개설했니? 거기 방문해 봤으면 좋겠어."
        (상대방이 어떻게 생각하는지 알아내기 위해 반응에 주의를 기울인다.)
- ■ **이미 실제로 알고 있는 사람에게만 미니홈페이지/페이스북/블로그, 카페 등 소셜 네트워크 사이트에 '일촌신청/친구추가/이웃추가 요청'을 해야 한다.**
  - • '일촌신청/친구추가/이웃추가'는 어떤 사람을 홈페이지 접속 리스트에 추가하는 것을 의미한다.
  - • '일촌신청/친구추가/이웃추가'하기 전에 우선 오프라인에서 그 사람을 알아야 한다.
- ■ **딱 두 번 규칙을 사용하라.**
  - • **상대방의 대답이 없을 때, 2개 이상의 메시지를 연달아 보내지 않는다.**
    - ■ 이것은 다른 사람들을 짜증나게 할 수도 있고, 당신을 거절하게 만들 수 있다.
  - • 딱 두 번 규칙의 예외 : **미니홈페이지/페이스북/블로그, 카페 등의 소셜 네트워킹으로 '일촌신청/친구추가/이웃추가 요청'을 할 때 상대방은 '수락'이나 '무시'를 선택하게**

된다.

- **상대방이 당신의 첫 번째 요청을 무시했다면 또 다시 요청하지 않는다.**
- 이미 알고 있으면서 당신에게 관심이 있을 만한 친구들 중에 '미니홈페이지 일촌/페이스북 친구/블로그, 카페 이웃'이 될 **다른 사람을 찾는다.**

■ 너무 개인적이 되지 않도록 한다.

– 전자통신에서 너무 사적인 이야기를 하는 것을 피해야 한다(아무리 잘 알고 있는 사람이라도 마찬가지이다.).

– 많은 사람들이 이런 형태의 의사소통 내용을 볼 수 있다(특히 인터넷의 소셜 네트워크 사이트).

– 너무 사적인 이야기를 한다면 다른 사람들이 당황스러워할 수도 있다.

인터넷 사용 규칙

■ 많은 청소년들이 사회적인 상호작용을 위해 인터넷을 사용한다는 것을 설명한다.

– 미니홈페이지

– 블로그, 카페

– 트위터

– 페이스북

– 미투데이

■ **청소년들은 새로운 친구를 만들기 위한 목적으로 인터넷을 이용해서는 안 된다.**

– **자신의 개인정보를 온라인상의 모르는 사람에게 알려 주지 말아야 한다.**

– **인터넷에서 알게 된 낯선 사람을 절대로 만나서는 안 된다.**

– **낯선 사람이 미니홈페이지/페이스북/블로그, 카페 등 소셜 네트워킹으로 요청한 친구 초대를 받아들여서는 안 된다.**

– **부모들은 모르는 사람이 자녀의 계정에 접근하지 못하도록** 미니홈페이지/페이스북/블로그, **카페 등 소셜 네트워킹 사이트의 개인 정보 설정하는 것을 도와주어야 한다.**

■ 인터넷은 원래 알고 있던 **친구와 친해지게 하는 데 가장 좋은 수단이다.**

– **인터넷은 정보를 교환하거나 모임을 계획하는 데 사용할 수 있다.**

■ **부모들은 자녀의 책임감과 안정성을 기르기 위해 자녀들의 소셜 네트워킹 페이지를 주의 깊게 살펴봐야 한다.**

– **이것은 부모가 어떤 친구들이 적절한지를 대략적으로 파악하는 데 도움을 줄 것이다.**

■ 사이버 괴롭힘을 하지 말아야 한다.

– **남을 웃음거리로 만들지 않는다.**

– 자녀에게 누군가가 사이버 괴롭힘을 행사한다면, 자녀를 보호해 줄 수 있는 다른 친구를 갖는 것이 도움이 된다.
– 사이버 괴롭힘이 벌어지면서 신체적인 위협이 가해지고 있다면, 자녀로 하여금 이를 어른에게 알리게 해야 한다.
  - 부모가 학교 관계자를 만나야 할 수도 있다.
  - 부모는 웹 마스터와 연락해야 할 경우도 있다.

과제

부모 집단 치료자는 과제를 알려 주고, 부모들에게 있을 수 있는 어려운 점들을 논의한다.

1. 친구를 사귈 수 있는 곳(이 단계는 자녀와 함께하지 않는다.)
   a. 부모들은 청소년 자녀의 흥미에 기반하여 적어도 1개의 새로운 과외 활동을 알아보고 조사해야 한다.
   b. 부모는 다음과 같은 것들을 파악해 본다.
      i. 자녀가 어떤 집단에 참여를 시도해 보는 것이 좋다고 생각하는가?
      ii. 자녀가 어떤 집단에 가장 알맞다고 생각하는가?
2. 부모와 자녀가 머리말/꼬리말을 하면서 전화하는 법을 연습한다.
   a. 머리말/꼬리말을 사용을 포함하여, 전화 걸기의 규칙들을 점검한다.
   b. 정보를 주고받고, 공통의 관심을 찾아낸다.
3. 집단 구성원과의 통화
   a. 전화하기 전에
      i. 회기를 마치고 치료실을 떠나기 전에, 자녀들의 대화기술 연습을 위해 집단의 다른 구성원에게 전화할 수 있도록 약속을 정한다.
      ii. 전화를 하기 위한 날짜와 시간을 정한다.
      iii. 전화를 하는 동안 부모가 어디에 있을 것인지, 부모가 어떤 역할을 할 것인지 협의한다.
      iv. 부모와 자녀가 전화를 시작하고 끝내는 연습을 해야 할 수도 있다.
   b. 전화하는 동안에
      i. 청소년은 전화 통화를 통해 정보를 교환할 수 있어야 한다.
      ii. 다음 시간에 와서 발표할 수 있는, 공통의 관심사를 찾는다.
      iii. 머리말/꼬리말 사용을 포함해서, 전화를 시작하고 끝내는 규칙을 따른다.
   c. 전화하고 난 뒤에

i. 부모와 자녀가 전화 통화에서 이야기한 것을 확인한다.

1. **공통의 관심사**
2. **머리말/꼬리말**
3. 전화를 어떻게 시작했고, 어떻게 끝났는지

ii. 부모는 발생할 수 있는 문제에 대해 자녀가 해결책을 찾도록 돕는다.

4. 개인의 물건을 가져오기

a. **집단 구성원과 함께 공유할 수 있는, 가장 좋아하는 물건을 가져온다(예 : CD, 잡지, 게임, 책, 그림).** 집단의 치료자는 부모와 함께 이를 준비할 수 있도록 중재한다.

b. **집단 내의 다른 청소년과 1 : 1로 정보를 교환할 수 있도록 준비해 온다.**

부모용 유인물 3 : 대화기술 Ⅲ – 전자통신

| 각각의 청소년 집단 또는 무리 |

취미 집단	마니아 집단	
만화 그리기 모임	컴퓨터게임	인디음악, 독립영화
유튜브 동영상 만들기, UCC 만들기 모임	만화/애니메이션	IT제품 튜닝(예 : 핸드폰, 컴퓨터 등)
종교모임(청소년부)	팬클럽	수학(예 : 수식 증명하기)
종이접기 모임	프라모델 조립	무선 모형자동차 모임
개그 동아리	피규어	생물(예 : 곤충, 환경 생태계 등)
성가대	로봇	일본문화
리폼 DIY 모임(예 : 재활용품 리폼, 개인소품 리폼 등)	판타지 소설 모임(예 : 판타지 소설 독서, 창작 등)	**비공식적인 무리**
다이어리 꾸미기 소모임(예 : 꾸미는 방법 공유, 사용물품 리뷰 등)	코스프레 모임	~와 아이들/~의 무리
홈베이킹 모임	힙합음악	'일진' 등과 같은 비행집단

전화 걸기 시작과 끝내는 규칙

- 대화 시작하기
  - 통화하고 싶은 사람의 이름을 말한다.
  - 자신이 누구인지 말한다.
  - 통화하려는 사람이 전화 통화가 가능한지 묻는다.
  - 왜 전화했는지에 관해 **머리말**을 이야기한다.
- 대화 끝내기
  - 대화가 좀 길게 멈출 때를 기다린다(예 : 주제가 바뀌는 시점).
  - 왜 전화를 끊는지에 관한 **꼬리말**을 이야기한다.
    - 부모는 **꼬리말**을 제공하는 것을 도와줄 수 있다.
  - "전화 통화해서 좋았다/반가웠다"라고 말한다.
  - "나중에 다시 이야기하자." 또는 "다음에 보자."고 한다.
  - "안녕." 또는 "잘 있어."라고 말한다.

| 머리말/꼬리말의 예 |

전화를 건 이유	전화를 끊는 이유
"그냥 잘 지내는지 궁금해서 전화했어."	"나 이제 가야 해."
"그냥 별일 없는지 해서 전화했어."	"너 가 봐야 하지 않니?"
"숙제가 뭔지 물어보려고 전화했어."	"숙제하러 가야 할 것 같아."
"너와 얘기를 안 한 지 오래 됐네."	"지금 저녁 먹으러 가야 해." 또는 "엄마가 저녁 먹으래."
"뭐하고 지내는지 궁금해서 했어."	"엄마가 전화 써야 된대."

음성 사서함에 메시지를 남기는 규칙

- 이름을 이야기한다.
- 누구에게 전화를 했는지 말한다.
- 언제 전화했는지 말한다.
- **왜 전화했는지** 말한다.
- 전화번호를 남긴다.
- "안녕." 또는 "잘 있어."라고 말한다.

전화 걸기, 문자메시지, 쪽지/메신저, 이메일 보내는 규칙

- 잘 알지 못하는 사람에게 문자메시지, 메신저, 쪽지, 이메일을 보낼 때에는 **머리말/꼬리말**을 사용한다.
  - 가까운 친구와 연락할 때에는 **머리말/꼬리말**을 사용하지 않아도 된다.
  - 누군가와 처음 연락을 할 때 **머리말/꼬리말**을 사용하는 것이 가장 좋다.
- **엉뚱한 전화/연락**을 피한다.
  - 전화번호나 이메일, 아이디를 직접 알려 주지 않은 사람에게 연락하지 않는다.
  - 전화번호나 이메일, 아이디 등을 알려 준다는 것은 연락해도 좋다고 허락한다는 의미이다.
  - 연락하기 전에 미리 상대방의 정보를 주도록 요청해야 한다.
    - 이런 방법으로 그 사람에게 연락해도 좋다는 허락을 얻게 되는 것이다.
  - 이미 실제로 알고 있는 사람에게만 미니홈페이지/페이스북/블로그, 카페 등 소셜 네트워크 사이트에 '일촌신청/친구추가/이웃추가 요청'을 해야 한다.
- **딱 두 번 규칙**을 사용한다.
  - 상대방의 대답이 없을 때, 2개 이상의 메시지를 연달아 보내지 않는다.

– **딱 두 번 규칙**의 예외 : 미니홈페이지/페이스북/블로그, 카페 등의 소셜 네트워킹으로 '일촌신청/친구추가/이웃추가 요청'을 할 때 상대방은 수락이나 무시를 선택하게 된다.
  - 상대방이 당신의 첫 번째 요청을 무시했다면 또 다시 요청하지 않는다.

■ 너무 개인적이 되지 않도록 한다.

인터넷 사용 규칙

■ 청소년들은 **새로운** 친구를 만들기 위한 목적으로 인터넷을 이용해서는 **안 된다.**
– 자신의 개인정보를 온라인상의 모르는 사람에게 알려 주지 말아야 한다.
– 인터넷에서 알게 된 낯선 사람을 절대로 만나서는 안 된다.
– 낯선 사람이 미니홈페이지/페이스북/블로그, 카페 등 소셜 네트워킹으로 요청한 친구 초대를 받아들여서는 안 된다.
– 부모들은 모르는 사람이 자녀의 계정에 접근하지 못하도록 미니홈페이지/페이스북/블로그, 카페 등 소셜 네트워킹의 개인 정보 설정하는 것을 도와주어야 한다.

■ 인터넷은 **원래** 알고 있던 친구와 친해지게 하는 데 가장 좋은 수단이다.
– 인터넷은 **정보**를 **교환**하거나 **모임**을 계획하는 데 사용할 수 있다.

■ 부모들은 자녀의 책임감과 안정성을 기르기 위해 자녀들의 소셜 네트워킹 페이지를 주의 깊게 살펴봐야 한다.
– 이것은 부모가 어떤 친구들이 적절한지를 대략적으로 파악하는 데 도움을 줄 것이다.

■ **사이버 괴롭힘**을 하지 말아야 한다.
– 남을 웃음거리로 만들지 않는다.
– 자녀에게 누군가가 **사이버 괴롭힘**을 행사한다면, 자녀를 보호해 줄 수 있는 다른 친구를 갖는 것이 도움이 된다.
– **사이버 괴롭힘**이 벌어지면서 신체적인 위협이 가해지고 있다면, 자녀로 하여금 이를 어른에게 알리게 해야 한다.
  - 부모가 학교 관계자를 만나야 할 수도 있다.
  - 부모가 웹 마스터와 연락해야 할 경우도 있다.

과제

1. **친구를 사귈 수 있는 곳**(이 단계는 자녀와 함께하지 않는다.)
   a. 부모들은 청소년 자녀의 흥미에 기반하여 적어도 1개의 새로운 과외 활동을 알아보고 조사해야 한다.
   b. 부모는 다음과 같은 것들을 파악해 본다.

i. 자녀가 어떤 집단에 참여를 시도해 보는 것이 좋다고 생각하는가?

ii. 자녀가 어떤 집단에 가장 알맞다고 생각하는가?

2. 부모와 자녀가 **머리말/꼬리말**을 하면서 전화하는 법을 연습한다.

a. **머리말/꼬리말**을 사용을 포함하여, 전화 걸기의 규칙들을 점검한다.

b. **정보를 주고받고, 공통의 관심을 찾아낸다.**

3. **집단 구성원과의 통화**

a. 청소년은 전화 통화를 통해 **정보**를 **교환**해야 한다.

b. 다음 시간에 그룹에 돌아와서 보고할 **공통의 관심사를 찾는다.**

c. **머리말/꼬리말** 사용을 포함해서, 전화를 시작하고 끝내는 규칙을 따른다.

4. **개인의 물건을 가져오기**

a. 집단 구성원과 함께 공유할 수 있는, 가장 좋아하는 물건을 가져온다(예 : CD, 잡지, 게임, 책, 그림).

b. 집단 내의 다른 청소년과 1 : 1로 **정보를 교환**할 수 있도록 준비해 온다.

청소년 치료자 가이드 - 3회기 : 대화기술 Ⅲ - 전자통신

청소년 회기 가이드 라인

한 세대에서 다음 세대로 이어짐에 따라, 청소년들은 점점 어린 나이에 좀 더 정교하게 전자통신을 활용한 의사소통법을 배우는 것으로 보인다. 이 회기의 목표는 청소년들이 또래들과 이런 전자통신을 활용한 의사소통을 좀 더 적절히 하도록 돕는 것이다. 어떤 청소년들에게는 학습의 첫머리에 나오는 전화 사용의 규칙 정도는 이미 알고 있는 내용일 것이다. 이럴 때 좀 더 정교한 형태의 전자통신을 다루는 부분에 이를 때까지 그들의 관심을 유지하는 것이 치료자의 과제이다. 역할 연기의 실연은 이런 경우에 도움이 될 것이다. 아니면, 몇몇 청소년들은 그 내용들을 잘 알고 있겠지만 한두 단계는 잊어버리기가 매우 쉽다고 이야기해 주는 것이 도움이 된다. 청소년들이 대화에서 하나의 단계를 놓쳤을 때 그것이 대화에 어떤 영향을 줄 것인지 생각해 보게 하는 것도 좋다. 예를 들어, 이렇게 말할 수 있다. 여러분이 누군가에게 전화를 걸었을 때, 자기가 누구인지 이야기해야 하는 것이 당연하지요. 그런데 누가 여러분에게 전화를 해 놓고 누구인지를 밝히지 않아서, 여러분은 전화 한 사람이 누구인지 잘 몰랐던 적이 있었지요? 이와 같이, 너무 당연해 보이지만 사람들은 자주 그걸 잊어버린답니다!

인터넷상의 안전에 대한 강의에서, 온라인에서 새로운 친구를 만들면 안 된다는 점에 대해 한두 명의 집단 구성원이 반론을 제기하는 일이 흔히 벌어진다. 페이스북이나 미니홈페이지, 블로그 같은 웹 사이트가 점점 많은 인기를 얻어 감에 따라 청소년들은 친구뿐 아니라 낯선 사람들과 소통하는 데 이런 사이트들을 이용한다. 친구들과 온라인에서 소통하는 것은 매우 적절하지만 낯선 사람과 알게 되는 것은 청소년들에게 위험할 수 있다. 이전 회기에서 이야기한 대로, 이러한 주제를 다루는 가장 좋은 방법은 집단에게 직접 물어보는 것이다. 새로운 친구를 인터넷에서 사귀는 것은 무엇이 문제입니까? 다른 청소년들은 즉시 이것이 위험하다고 이야기할 것이며, 온라인에서 어린아이들을 희생양으로 삼는 범죄자들의 이야기를 하기도 할 것이다. 이런 관점이 충분히 자리 잡히고 나면, 인터넷이 청소년들에게 현재의 우정을 좀 더 강하게 해 주고, 이미 알고 있는 사람들과 친구가 되는 데 큰 도움을 준다는 사실을 상기시켜 준다.

몇 년 전만 해도 사이버 괴롭힘은 비교적 새로운 사건, 현상이었으나 현재는 이미 널리 퍼져 있는 상태이다. 그 결과 그룹의 어떤 청소년들은 이미 온라인상에서 위협을 받는 상황을 경험했을 수 있다. 이러한 경우 이 주제를 상당히 감정적으로 받아들일 수 있다. 치료자는 청소년들이 이러한 경험을 공개하였을 때 야기할 수 있는 부정적인 영향을 최소화하기 위해 구체적으로 어떻게 괴롭힘을 당했는지에 대해서는 이야기하지 않게 하는 것이 좋다. 그 대신 사이버 괴롭힘을 다루는 방법에 대해 초점을 맞춘다. 다음과 같이 말함으로써 청소년들의 개인적인 경험에 대한 이야기의 방향을 전환할 수 있다. 우리는 계속해서 우리 또는 아는 사람들이 어떻게 사이버 괴롭힘을 당했는지에 대한 이야기를 해 나갈 수도 있겠지요. 하지만 그 대신에 나는 지금 우리가 이러한 괴롭힘을 다시 당할 가능성을 최소화하기 위해 앞으로 무엇을 할 수 있을지에 초점을 맞추었으면 합니다. 사이버 괴롭힘을 다루는 전략에 집중함으로써, 이러한 개인적인 이야기를 공개하는 데서 오는 부정적인 영향을 최소화할 수 있을 것이다. 만약에 청소년이 이 주제에 대하여 심하게 영향을 받는 모습을 보인다면, 치료자는 회기가 끝난 다음 그 청소년과 부모님과 따로 만나 추가적인 전략(부모가 개입하기, 학교에 알리기 등)에 대해 논의하는 것이 좋다.

규칙 점검

NOTE : 청소년이 규칙을 따르는 데 많은 어려움이 있을 경우에만 회기 규칙을 다시 검토한다.

1. 다른 그룹 구성원의 말을 경청하기(다른 사람이 이야기할 때 말하지 않기)
2. 지시 따르기
3. 손을 들기(하고 싶은 말이 있을 때)
4. 존중하기(놀리거나 다른 사람을 비웃지 않기)
5. 만지지 않기(때리기, 차기, 밀기, 안기 등 하지 않기)

과제 점검

NOTE : 한 과제당 1점이 아니라, 과제의 **부분 요소**마다 점수를 준다.

1. 부모와 함께 **정보 교환**을 연습하기
   a. 치료자 : 이번 주 과제 중 하나는 부모님과 함께 정보를 교환하는 연습을 하는 것이었습니다. 이번 주에 부모님 중 한 분과 정보 교환을 연습한 사람은 손을 들어 보세요.
      i. 과제를 완료한 청소년들에게 먼저 이야기해 보도록 시키는 것으로 시작한다.
      ii. 질문
         1. 누구와 함께(엄마, 아빠, 그 외) 정보 교환을 연습했나요?
         2. 정보를 교환했나요?
         3. 공통의 관심사를 찾았나요?
            a. 만약에 그들이 공통의 관심사를 알아냈다면, 다음과 같이 질문한다. 만약에 여러분이 부모님과 함께 시간을 보내게 된다면 그 정보를 어떻게 이용할 수 있을까요?
   b. 시간이 된다면, 과제를 완성하지 못한 청소년들을 확인하고 이번 주 중에 어떻게 끝마칠 수 있을지 해결법을 논의한다.
2. **집단 구성원과의 통화**
   a. 치료자 : 이번 주의 다른 과제는 정보를 교환하고 공통의 관심사를 찾는 것을 연습하기 위해 그룹

안에 누군가와 전화 통화를 하는 것이었습니다. 집단 구성원과 전화 통화를 한 사람은 손을 들어 보세요.

i. 전화하기를 완료한 청소년들에게 먼저 이야기해 보도록 시키는 것으로 시작한다.
ii. 질문
   1. 누구와 이야기를 나누었나요?
   2. 누가 누구에게 전화를 했나요?
   3. 정보를 교환했나요?
   4. 공통의 관심사를 찾았나요?
      a. 만약에 그들이 공통의 관심사를 알아냈다면, 다음과 같이 질문한다. 만약에 여러분들이 만나서 시간을 함께 보내게 된다면 그 정보를 어떻게 이용할 수 있을까요?
iii. "전화하기는 어땠나요?"와 같은 일반적인 질문은 피한다.

b. 전화하기에 참여한 또 다른 사람이 있다면 바로 다음에 설명하도록 한다. 단, 동시에 발표하게 하지는 않는다.
   i. 다른 사람이 한 실수에 대해 이야기하는 것은 허용하지 않는다.
c. 발생 가능한 문제에 대해 해결법을 의논한다.
d. 시간이 된다면, 과제를 완성하지 못한 청소년들을 확인하고 이번 주에는 어떻게 과제를 완수할 수 있을지 해결법을 논의한다.

교육 : 전자통신을 이용한 의사소통

설명 : 오늘 우리는 전자통신에 대하여 이야기를 나눌 것입니다. 여기에는 전화, 이메일 발송, 문자 보내기, 메신저, 쪽지, 그리고 인터넷 사용과 같은 것을 포함합니다. 전자통신은 청소년들에게 매우 대중적인 의사소통방법이므로 우리는 친구들과 함께 이것을 사용할 때에 어떠한 규칙이 필요한지를 알아야 할 필요가 있습니다.

전화 걸기와 끊기의 규칙

치료자 : 여러분에게 가장 대중적인 의사소통 방법 중 하나가 전화입니다. 하지만 이러한 대화에서는 가끔 어떻게 시작하고 끝내야 하는지를 아는 것이 어렵습니다. 전화를 걸어 시작하고 끝을 내는 데는 몇 가지 구체적인 단계가 있습니다.

1. 전화 걸기 시작
   a. 치료자와 보조 치료자는 올바르지 않은 전화 걸기 시작의 예가 들어 있는 **부적절한** 역할극을 보여 준다.

i. 이렇게 말하며 시작한다. 잘 보고 내가 무엇을 **잘못하고** 있는지 이야기해 주세요.

ii. 부적절한 역할극의 예 :

청소년 집단 치료자 : (전화기를 귀에 댄 척하며) "따르릉, 따르릉."

보조 치료자 : (전화기를 드는 척하며) "여보세요."

청소년 집단 치료자 : "야, 뭐 하고 있어?"

보조 치료자 : (어리둥절한 목소리로) "음…… TV 보고 있어."

청소년 집단 치료자 : "그래? 뭐 보는데?"

보조 치료자 : (어리둥절한 목소리로) "그냥, 리얼리티 쇼."

청소년 집단 치료자 : "나도 그거 좋아하는데."

보조 치료자 : (짜증난 목소리로) "그렇구나."

청소년 집단 치료자 : 그래, 이번 주말에 뭐 할 거야?"

보조 치료자 : (짜증난 목소리로) "음… 나 이만 가 봐야 해."

iii. 이렇게 말하며 끝낸다. 자, 여기까지입니다. 이 대화에서 내가 무엇을 잘못했지요?

1. 대답 : 치료자가 자신의 이름을 밝히지 않았고, 누구와 통화하려고 하는지 이야기하지 않았고, 통화할 수 있는지 묻지 않았고, 무엇 때문에 전화를 했는지 머리말을 이야기하지 않았다.

b. 전화 걸기의 적절한 규칙을 제시한다.

i. 전화할 사람의 이름을 말하며 바꿔 주길 부탁한다.

1. 예 : "여보세요. ○○ 좀 바꿔 주실 수 있으신가요?"

ii. 당신이 누구인지 이야기한다.

1. 예 : "안녕 ○○아, 나는 XX야."

iii. 전화하는 사람이 지금 통화가 가능한 상황인지 묻는다.

1. 예 : "지금 이야기할 수 있어?"

iv. 전화한 이유에 대해 **머리말**을 이야기한다.

1. 예 :

a. "어떻게 지내는지 궁금해서 전화했어."

b. "숙제가 무엇인지 물어 보려고 전화했어."

2. 다른 **머리말**의 예들을 이야기해 보도록 한다('머리말' 예시를 참조).

c. 보조 치료자와 치료자는 전화 걸기 시작의 **올바른** 예를 보여 주는 역할극을 시연한다.

i. 이렇게 말하며 시작한다. 우리는 이제 전화를 시작할 때의 규칙들을 알게 되었어요. 지금부터 잘 보고 내가 무엇을 잘 했는지 이야기해 보세요.

ii. 적절한 역할극의 예 :

청소년 집단 치료자 : (전화기를 귀에 댄 척하며) "따르릉 따르릉."

보조 치료자 : (전화기 드는 척하며) "여보세요."

청소년 집단 치료자 : "안녕하세요. ○○와 통화 가능할까요?"

보조 치료자 : "내가 ○○인데."

청소년 집단 치료자 : "안녕 ○○아, 나 XX야."

보조 치료자 : "아. 안녕 XX야."

청소년 집단 치료자 : "지금 이야기 가능해?"

보조 치료자 : "응, 괜찮아."

청소년 집단 치료자 : "잘 지내고 있는지 궁금해서 전화했어."

보조 치료자 : "아, 그래! 난 잘 지내. 넌 요즘 어때?"

청소년 집단 치료자 : "나도 잘 지내. 요즘 학교 다니는 것은 어떠니?"

보조 치료자 : "뭐 괜찮아. 이번 주말에 학교 밴드의 공연이 있어."

청소년 집단 치료자 : "와, 멋진데. 너도 거기 가니?"

보조 치료자 : "생각 중이야."

iii. 이렇게 말하며 끝낸다. 자, 여기까지입니다. 이 대화에서 우리가 어떤 것을 **잘** 하였지요?

1. 대답 : 자신의 이름을 이야기하였고, 통화하고 싶은 사람을 바꿔 달라고 요구하였고, 지금 이야기할 수 있는지 물어보았고, 전화한 이유에 대해 머리말을 사용하였다.

2. 전화 끊기

a. 치료자와 보조 치료자는 전화 끊기의 부적절한 예를 보여 주는 역할극을 한다.

i. 이렇게 말하며 시작한다. 방금 우리는, 어떻게 전화를 걸고 시작하는지를 알아보았습니다. 지금부터는 어떻게 전화를 마무리할지에 대해 이야기해 봅시다. 다음을 보고, 내가 무엇을 **잘못했는지** 이야기해 주세요.

ii. 부적절한 역할극의 예 :

청소년 집단 치료자 : (이어서) "누가 학교 밴드 공연에 가는데?"

보조 치료자 : "정확히 모르겠어. 난 아직 내가 갈지 안 갈지 결정을 하지 않았어. 난 밴드부 아이들과 별로 친하지는 않은데 음악은 좋아해."

청소년 집단 치료자 : "나도 마찬가지야. 어떤 종류의 음악을 좋아해?"

보조 치료자 : "모든 종류의 음악을 좋아해. 넌 어때?"

청소년 집단 치료자 : "나도, 좋아. 안녕."

iii. 이렇게 말하며 끝낸다 : 자 여기까지입니다. 이 전화 통화에서 내가 무엇을 **잘못했을까요**?

1. 대답 : 치료자가 전화하는 동안 잠시 이야기가 멈추기를 기다리지 못했고, 전화

를 끊는 이유를 말하지 않았고, "전화해서 좋았다.", "또 다시 전화하겠다.", "잘 지내."와 같은 인사를 하지 않았다.

b. 전화를 끊을 때의 규칙들을 제시한다.
   i. 대화가 좀 길게 멈출 때를 기다린다(예 : 주제가 바뀌는 시점).
   ii. 왜 전화를 끊는지에 관한 **꼬리말**을 이야기한다.
      1. "지금 저녁 먹으러 가야 해."
      2. "숙제 하러 가야 해."
      3. 다른 **꼬리말**의 예들을 이야기해 보도록 한다('꼬리말' 예시를 참조).
   iii. "전화 통화해서 좋았다."고 말한다.
   iv. "나중에 다시 이야기하자." 또는 "다음에 보자."고 한다.
   v. "안녕." 또는 "잘 있어."라고 말한다.

| 머리말/꼬리말 예시 |

전화를 건 이유	전화를 끊는 이유
"그냥 잘 지내는지 궁금해서 전화했어."	"나 이제 가야 해."
"그냥 별일 없는지 해서 전화했어."	"너 가 봐야 하지 않니?"
"숙제가 뭔지 물어보려고 전화했어."	"숙제하러 가야 할 것 같아."
"너와 얘기를 안 한 지 오래 됐네."	"지금 저녁 먹으러 가야 해." 또는 "엄마가 저녁 먹으래."
"뭐하고 지내는지 궁금해서 했어."	"엄마가 전화 써야 된대."

c. 청소년 집단 치료자와 보조 치료자는 **올바른 예**를 보여 주는 역할극을 시연한다.
   i. 이렇게 말하며 시작한다. 방금 우리는 좋은 전화 끊기의 규칙에 대해 알아보았습니다. 지금부터 **잘** 보고 내가 무엇을 잘 했는지 이야기해 주세요.
   ii. 적절한 역할극의 예 :

      청소년 집단 치료자 : (이야기 계속 진행) "그래서, 누가 밴드 공연에 간대?"

      보조 치료자 : "나도 잘 몰라. 난 아직 갈지 안 갈지 결정을 안 했어. 난 밴드부 아이들과 별로 친하지는 않은데 음악은 좋아해."

      청소년 집단 치료자 : "정말? 나도 그래. 어떤 종류의 음악을 좋아해?"

      보조 치료자 : "거의 모든 음악을 좋아해. 넌 어때?"

      청소년 집단 치료자 : "음… 나도 그래 (잠시 정적) 아, 우리 엄마가 전화기 써야 된대. 그래서 지금 끊어야 할 것 같아."

보조 치료자 : "그래 알겠어."

청소년 집단 치료자 : "전화 통화 즐거웠어."

보조 치료자 : "나도 통화 즐거웠어. 전화해 줘서 고마워."

청소년 집단 치료자 : "나중에 또 전화할게."

보조 치료자 : "좋아."

청소년 집단 치료자 : "잘 지내."

보조 치료자 : "너도."

청소년 집단 치료자 : "그럼, 안녕~"

보조 치료자 : "응 안녕."

iii. 이렇게 말하며 끝낸다. 자, 여기까지입니다. 이 전화 통화에서 내가 무엇을 잘했을까요?

1. 대답 : 잠시 동안 대화가 끊겼을 때를 잘 기다렸고, 전화를 끊을 때 **꼬리말**을 이야기하였고, 전화 통화해서 좋았다고 이야기하였으며, 나중에 또 전화하겠다고 했고, 끊을 때 인사를 잘 하였다.

3. 음성 사서함에 메시지 남기기

a. 청소년 집단 치료자와 보조 치료자는 **부적절하게** 음성메시지를 남기는 역할극을 보여준다.

i. 이렇게 말하며 시작한다. 지금까지는 어떻게 전화를 시작하고 끊는지 알아보았습니다. 하지만 가끔 우리가 전화를 했는데 친구들이 받지 못할 때가 있고, 이때는 음성 메시지를 남기게 됩니다. 지금부터 하는 것을 보고 내가 무엇을 **잘못했는지** 이야기해 보세요.

ii. 부적절한 역할극의 예 :

청소년 집단 치료자 : (전화기를 귀에 댄 척하며) "따르릉 따르릉."

보조 치료자 : (음성전화 메시지) "안녕하세요? 저는 ○○입니다. 지금은 전화를 받을 수 없으니 메시지를 남겨 주세요. 삑."

청소년 집단 치료자 : "음…… 나야. 왜 전화 안 받아? 난 아무것도 안하고 심심하게 그냥 있어. 전화 줘."

iii. 이렇게 말하며 끝낸다. 자, 이번 음성메시지에서 내가 어떤 점을 잘못 했을까요?

1. 대답 : 치료자는 누구에게 전화했는지, 누가 전화했는지, 언제, 왜 전화했는지를 알리지 않았고, 전화번호를 남기지 않았으며, 끊으면서 인사도 하지 않았다.

b. 음성메시지를 남길 때의 바른 규칙을 제시한다.

i. 이름을 이야기한다.

1. "안녕, 나 ○○야."

ii. 누구에게 전화했는지 말한다.

1. "○○에게 전화했어."

iii. 언제 전화했는지 말한다.

1. "지금 화요일 저녁 6시경이야."

iv. 왜 전화했는지 **머리말**을 이야기한다.

1. "요즘 어떻게 지내는지 물어보려 전화했어."

v. 전화번호를 남긴다.

1. "XXX-XXXX로 전화 줘."

vi. "안녕." 또는 "잘 있어."라고 말한다.

1. "또 전화할게. 안녕."

c. 치료자와 보조 치료자는 음성메시지를 남길 때의 **적절한** 예시를 보여 주는 역할극을 시연한다.

i. 이렇게 말하며 시작한다. 방금 우리는 음성메시지를 남기는 단계들을 알아 보았습니다. 지금부터는 잘 보고, 내가 어떤 점을 잘 했는지를 이야기해 주세요.

ii. 적절한 역할극의 예 :

청소년 집단 치료자 : (전화기를 귀에 댄 척하며) "따르릉 따르릉."

보조 치료자 : (음성사서함 목소리) "안녕하세요? 저는 ○○입니다. 지금은 전화를 받을 수 없으니 메시지를 남겨 주세요. 삑."

청소년 치료자 : "안녕. 나 XX야. ○○한테 전화했어. 지금 화요일 저녁 6시야. 요즘 어떻게 지내는지 궁금해서 전화했어. XXX-XXXX로 전화 부탁해. 곧 다시 전화할게. 안녕."

iii. 이렇게 말하며 끝낸다. 여기까지입니다. 음성메시지를 남기는 것에서 내가 어떤 점을 잘 했나요?

1. 대답 : 치료자는 내가 누군지, 누구한테 전화했는지를 이야기했고, 전화한 시간, 전화를 한 이유를 말하였다. 전화번호를 남겼고 마무리 인사를 하였다.

전화 걸기, 문자메시지, 쪽지/메신저, 이메일 보내는 규칙

설명 : 지금까지 우리는 전화를 할 때의 규칙들에 대해 알아 보았습니다. 문자메시지, 메신저 그리고 이메일에도 중요한 규칙들이 있고, 우리는 그것을 알아야 합니다. 몇 개의 규칙들을 아주 비슷해서 외우기 쉬울 거예요.

1. 잘 알지 못하는 사람에게 문자 메시지, 메신저, 쪽지, 이메일을 보낼 때에는 **머리말/꼬리말**을 사용한다.

a. 치료자 : 우선, 전화와 같이, 문자메시지나 메신저, 쪽지, 메일을 보낼 때 잘 모르는 사람에게는 머리말/꼬리말을 사용해야 합니다. 왜 우리가 모르는 사람들에게 이러한 머리말/꼬리말을 사용하는 것이 중요할까요?
   i. 대답 : 왜냐하면, 그들은 왜 당신이 그에게 연락을 하는지 궁금해할 것이기 때문이다.
b. 질문 : 자신과 친한 사람과 문자메시지를 보내거나, 메신저, 쪽지, 이메일을 보낼 때에도 항상 머리말/꼬리말을 사용해야 할까요?
   i. 대답 : 아니다. 하지만 친한 친구에게 머리말/꼬리말을 사용해도 문제가 되지는 않을 것이다.
c. 청소년들이 예들을 들어 보도록 한다.
   i. 예 :
      1. "너의 미니홈페이지/페이스북/블로그, 카페를 찾아 보고 싶어."
      2. "어떻게 지내는지 궁금해서 전화/메일했어."
      3. "주말에 무엇을 할 것인지 물어 보려고 전화했어."
      4. "게임하러 갈 건지 물어 보고 싶었어."

2. **엉뚱한 전화/연락**을 피한다.
   a. 치료자 : 문자메시지, 메신저, 쪽지, 이메일을 사용할 때의 또 다른 규칙은 잘 알지 못하는 사람에게 엉뚱한 연락을 피하는 것입니다. 엉뚱한 전화/연락은 어떤 것일까요?
      i. 대답 : 엉뚱한 전화/연락(연락)은 전화번호나 이메일을 알려 주지 않았는데 연락을 하는 것을 말한다.
         1. 전화번호, 이메일 주소, 또는 온라인상의 아이디를 알려 주는 것은 연락을 해도 된다는 것을 의미한다.
   b. 학교 전화번호부 혹은 온라인 전화번호부에서 상대방의 연락처를 알 수 있다고 해서 그 사람에게 전화하는 것을 허용하는 것은 아니다.
      i. 이것은 미니홈페이지/페이스북/블로그, 카페 등 또 다른 소셜 네트워크에 어떤 누군가를 초대하는 것도 마찬가지이다.
         1. 누군가를 알고 싶고, 그들과 친구가 되고 싶을 때는 우선 그에게 그의 동의를 구하는 것이 가장 좋은 방법이다.
         2. 질문 : 만약 상대방에게 동의를 구하지도 않고 엉뚱한 전화/연락을 한다면 그 사람은 당신을 어떻게 생각할까요?
            a. 대답 : 그들은 아마 널 엉뚱하고 이상한 '스토커'라 생각할지도 모른다.
         3. 질문 : 그들이 당신과 친구가 되길 원할까요?

a. 대답 : 아마도 아닐 것이다.

4. 치료자 : 엉뚱한 전화/연락을 하는 대신 연락을 하기 전에 그 사람의 연락처를 받을 수 있는지 우선 물어 보아야 합니다. 이것은 연락을 해도 된다고 허락을 얻는 것이다. 누군가의 전화번호를 알고 싶다면, "가끔 만나서 놀았으면 좋겠는데, 네 전화번호를 가르쳐 줄 수 있어?"라고 이야기합니다. 페이스북에 친구추가를 하고 싶으면, "페이스북 있니? 네 페이스북을 찾아 보고 싶어."라고 이야기합니다. 이때 상대방이 어떻게 생각하는지, 역시 관심이 있는지 알아내기 위해 반응에 주의를 기울여야 합니다.

3. **딱 두 번 규칙**을 사용한다.
   a. 설명 : 전화와 마찬가지로, 우리는 종종 문자메시지, 메신저, 쪽지, 또는 이메일을 보내면 답장을 받지 못하는 경우가 있습니다. 상대방에게 메시지를 남겼을 때 답장이 없으면 몇 번까지 계속해서 음성메시지를 남긴 다음 그만 두어야 할까요?
      i. 대답 : 두 번
   b. 문제에 대한 질문 : 그것보다 많은 메시지를 남기는 것은 왜 잘못된 걸까요?
      i. 대답 : 상대방이 바쁜 것일 수도 있고, 통화를 원하지 않는 것일 수도 있다.
   c. 문제에 대한 질문 : 상대방에게 문자메시지나 메신저, 쪽지를 남길 때 답장이 없으면 연속으로 몇 번 정도 보낸 다음에 그만 두어야 할까요?
      i. 대답 : 두 번
   d. 문제에 대한 질문 : 그것보다 많은 메시지를 보내는 것은 무엇이 잘못된 걸까요?
      i. 대답 : 상대방은 바쁠 수도 있고, 당신과의 대화를 원하지 않을 수도 있고, 메시지가 성가시거나 화가 난 것일 수도 있다.
   e. 문제에 대한 질문 : 상대방에게 이메일을 보내고 답장이 없으면 몇 번 정도나 연속해서 보낸 뒤 그만 두어야 할까요?
      i. 대답 : 두 번
   f. 문제에 대한 질문 : 그것보다 더 여러 번 이메일을 보내는 것은 무엇이 잘못일까요?
      i. 대답 : 그 사람은 점차 화가 날 수도 있고, 당신이 이상하다고 생각할 것이다. 당신과 친구가 되고 싶지 않을 가능성이 많다. 어쩌면 당신은 '스토커'라는 나쁜 평판을 얻게 될지도 모른다.
   g. 설명 : 딱 두 번 규칙에 예외가 있습니다. 그것은 우리가 미니홈페이지/페이스북/블로그, 카페 또는 다른 인터넷 사이트에서 누군가에게 친구요청을 할 때입니다. 친구요청을 했을 때 상대방은 그것을 받아들일 것인가 혹은 무시할 것인가라는 2개의 선택이 있습니다. 만약 요청을 받아들이지 않는다면, 우리는 어떻게 해야 할까요?
      i. 대답 : 이미 알고 있으면서 당신에게 관심이 있을 만한 친구들 중에 '미니홈페이지

일촌/페이스북 친구/블로그, 카페 이웃'이 될 **다른 사람을 찾는다.** 같은 사람에게 두 번 시도하지 않는다.

4. **너무 개인적이 되지 않도록 한다.**
   a. 치료자 : 전자통신을 이용한 의사소통에서 중요한 또 한 가지는 너무 개인적인 이야기를 하지 않는 것입니다. 잘 알고 있는 사람이라도 너무 개인적인 이야기는 하지 말아야 합니다. 이메일, 문자 메시지, 메신저, 쪽지 혹은 페이스북 등에서 너무 개인적인 이야기를 하지 말아야 하는 이유는 무엇일까요?
      i. 대답 : 많은 사람들이 이런 형태의 의사소통 내용을 볼 수 있다(특히 인터넷의 소셜 네트워크 사이트). 너무 사적인 이야기를 한다면 다른 사람들이 당황스러워할 수도 있다. 다른 사람들에게 알리고 싶지 않은 이야기를 이런 사이트에서 하면 안 된다.

인터넷 사용 규칙

설명 : 인터넷은 청소년들이 또래를 사귀는 데 매우 보편적인 수단입니다. 또 많은 청소년들이 미니홈페이지, 블로그, 카페, 트위터, 페이스북과 같은 소셜 네트워크 서비스를 이용하고 있습니다. 다른 어떠한 의사소통이나 대화와 마찬가지로, 온라인에서도 안전하게 대화하기 위한 몇 가지 규칙이 있습니다.

1. 청소년들은 **새로운** 친구들을 만들기 위한 목적으로 인터넷을 사용해서는 **안 된다.**
   a. 질문 : 왜 청소년들이 인터넷에서 새로운 친구를 만드는 것이 좋지 않을까요?
      i. 대답 : 왜냐하면 위험하기 때문입니다. 상대방이 나쁜 사람(범죄자)일 수도 있습니다.
   b. 추가 설명
      i. 자신의 개인정보를 온라인상의 모르는 사람에게 알려 주지 말아야 한다.
      ii. 인터넷에서 알게 된 낯선 사람을 절대로 만나서는 안 된다.
      iii. 낯선 사람이 미니홈페이지/페이스북/블로그, 카페 등 소셜 네트워킹으로 요청한 친구 초대를 받아들여서는 안 된다.
      iv. 미니홈페이지/페이스북/블로그, 카페 등 소셜 네트워킹의 개인정보 보안모드를 이용하여 친구가 아닌 사람들이 자신의 계정에 접근하지 못하도록 한다.
2. 인터넷은 **원래 알고 있던** 친구와 친해지게 하는 데 가장 좋은 수단이다.
   a. 질문 : 기존에 알던 사람들과 우정을 인터넷에서 발전시키는 것은 좋은 생각인가?
      i. 그렇다.
   b. 질문 : 한 동안 연락을 하지 못했던 친구들과 인터넷에서 다시 연락을 하는 것이 괜찮을까?

i. 그렇다.

c. 설명 : 인터넷은 우리가 이미 알고 있는 친구들과 정보를 교환하고 모임 계획을 세우는 데 매우 좋은 방법이지만 새로운 친구를 사귀는 데에는 사용하면 안 됩니다.

3. **사이버 괴롭힘** 피하기

a. 질문 : 사이버 괴롭힘을 들어 본 적 있나요, 누가 사이버 괴롭힘에 대해 말해 줄 수 있나요?

i. 대답 : 인터넷에서 누군가를 놀리거나, 괴롭히거나, 위협하는 것이다.

b. 질문 : 사이버 괴롭힘의 문제는 무엇일까요?

i. 대답 : 그것은 나쁜 행동이다. 사람의 마음을 상하게 하고, 평판을 나쁘게 한다. 모르는 사람들이 그 사람과 친구가 되고 싶지 않을 것이다.

c. 설명 : 인터넷이나 또는 다른 상황에서도 누군가를 놀리거나 비웃거나 괴롭히는 것은 절대 허용되어서는 안 된다. 만약 누군가 사이버 괴롭힘을 한다면, 당신을 지켜 줄 수 있는 친구가 있는 것이 큰 도움이 됩니다. 왜 그것이 도움이 될까요?

i. 대답 : 누군가를 자주 괴롭히는 사람들은 방어력이 약한 사람들을 자주 희생자로 고른다. 당신을 든든히 지지해 줄 수 있는 친구를 가지게 되면 사이버 괴롭힘으로부터 당신을 보호할 수 있을 것이다.

d. 치료자 : 만약 누군가 당신에게 사이버 괴롭힘을 행하고 신체적인 위협을 가한다면 어른들에게 알려야 합니다. 부모가 학교의 도움을 청하게 될 수도 있고, 웹 마스터와 연락하게 될 수도 있다.

행동 연습

■ 전화로 **주고받는 대화** 연습을 하게 한다.

■ 전화 걸기 시작과 끝맺음에 관한 확실한 규칙을 확실히 따르도록 한다.

■ 2~3분 동안 연습하도록 한다.

■ 전화 거는 사람과 받는 사람을 정해 준다.

– 거는 사람이 전화를 시작한다.

– 받는 사람이 전화를 끝낸다(치료자가 도움을 준다.).

■ 연습한 결과를 이야기해 본다.

– 전화 건 사람이 어떻게 전화의 대화를 시작했는지 확인한다.

• 전화를 걸 때의 **머리말**을 확인한다.

– 서로 **정보**를 **교환**했는지 묻는다.

– **공통의 관심사**가 있었는지 묻는다.

– 어떻게 대화를 끝냈는지 확인한다.

• 전화 끝낼 때의 **꼬리말**을 확인한다.

과제

- **다음과 같이 말하며 그 주의 과제를 설명한다.** 이번 주에 여러분이 주고받는 대화와 전화 거는 방법에 대하여 지속적으로 연습하도록 할 것입니다. 이번 주 여러분의 과제는
  - 부모님과 전화 걸고, 끊는 방법, 주고받는 대화를 연습하고 공통의 관심사를 찾습니다.
  - 집단 구성원과 통화합니다.
    - 5~10분 통화를 실시합니다.
    - 전화 시작과 끝의 단계를 사용합니다.
    - 집단에서 발표하기 위한 정보를 교류하고 공통의 관심사를 찾아야 합니다.
  - 정보 교환을 위해 개별적인 물건을 가져옵니다(CD, 잡지, 게임기, 책, 그림 등).
- 청소년 집단 치료자와 보조 치료자는 일주일의 그룹 내 전화를 배정하고 추후에 참조하기 위해 이를 '부록 F : 집단 구성원들과의 전화 배정표'에 기입한다.
  - 만약에 청소년들의 수가 짝이 맞지 않다면 누군가에게 '이중 의무'를 배정한다.
    - 이 사람은 두 번의 그룹 내 전화를 한다(한 번은 전화 거는 사람, 한 번은 받는 사람).
    - 이 사람은 추가적인 전화를 하는 것을 위해 추가적인 점수를 받는다.

청소년 활동 : 퀴즈쇼

NOTE : 규칙을 위해 '청소년 활동 가이드'를 참고한다.

- 활동을 시작하기 전에 청소년들은 (아직 하지 않았다면) **퀴즈쇼** 대답 종이를 완성해야 한다.
  - 시간을 절약하기 위해, 집단이 시작하기 전에 대기실에서 기다리는 동안 청소년들이 이 종이를 작성하게 하는 것이 크게 도움이 된다.
- 청소년들은 **퀴즈쇼** 전에 **정보**를 **교환**하고 질문하는 연습해야 한다.
  - 칠판 위에 주제들을 적고 청소년들을 2~3명씩 나눈다.
  - 청소년들이 각각의 그룹 구성원당 2~3분 정도로 **정보를 교환**한 후에 다시 그룹으로 모여서 **퀴즈쇼**게임을 한다.
- 청소년들은 **정보 교환** 활동에서 나온 질문에 정답을 맞춤으로써 점수를 얻기 위해 서로 경쟁한다.
  - 가장 먼저 손을 든 청소년이 첫 번째로 맞출 기회를 얻는다.
  - 그 청소년이 틀렸다면, 다른 사람이 대답할 기회를 얻는다(두 번째로 손을 든 사람).
  - 청소년들은 하나의 질문당 한 번의 추측 기회만을 갖는다.

- 청소년들에게 힌트를 주지 않는다.

■ 게임 동안에 청소년들이 서로에게 박수를 쳐 주도록 격려한다.

■ 서로 다른 종류의 색을 활용하여 칠판에 점수를 기록한다.

■ 게임의 마지막에 가장 많은 점수를 얻은 사람이 **퀴즈쇼 승자**가 된다.

부모와 다시 만나기

■ 청소년들에게 부모와 다시 만난다고 공지한다.
- 청소년들은 각자의 부모 곁에 서 있거나 앉아 있도록 한다.
- 다시 만나는 시간이 시작되기 전에, 조용히 하고 그룹에 완전히 집중하도록 한다.

■ 치료자 : 우리가 오늘 배운 것 중에 하나는 전화로 대화하는 것입니다. 전화 대화를 시작할 때 어떻게 해야 하는지 누가 말해 볼 수 있나요? [청소년들이 모든 규칙을 이야기하도록 한다. 필요하다면 촉진해 줄 준비를 한다.]
- 통화하고 싶은 사람의 이름을 말한다.
- 자신이 누구인지 말한다.
- 통화하려는 사람이 전화 통화가 가능한지 묻는다.
- 왜 전화했는지에 관해 **머리말**을 이야기한다.
  - 청소년들이 좋은 머리말의 예를 들어 보게 한다.

■ 질문 : 전화를 끊을 때는 어떤 순서로 해야 할까요?
- 대화가 좀 길게 멈출 때를 기다린다(예 : 주제가 바뀌는 시점).
- 왜 전화를 끊는지에 관한 꼬리말을 이야기한다.
  - 청소년들이 좋은 꼬리말의 예를 들어 보게 한다.
- "전화 통화해서 좋았다."라고 말한다.
- "나중에 다시 이야기하자." 또는 "다음에 보자."고 한다.
- "안녕." 또는 "잘 있어."라고 말한다.

■ 질문 : 음성메시지를 남길 때는 어떤 순서로 해야 할까요?
- 이름을 이야기한다.
- 누구에게 전화를 했는지 말한다.
- 언제 전화했는지 말한다.
- **왜 전화했는지** 말한다.
- 전화번호를 남긴다.
- "안녕." 또는 "잘 있어."라고 말한다.

■ 질문 : 전화를 하거나, 이메일을 보내거나, 문자메시지를 남기거나, 메신저, 쪽지를 보내거나, 소셜 네

트워킹 사이트의 규칙에는 어떤 것들이 있을까요?

– **딱 두 번 규칙을 사용한다.**

– **엉뚱한 전화/연락은 피한다.**

– **머리말/꼬리말을 사용한다.**

– **너무 개인적인 이야기는 하지 않는다.**

■ 인터넷을 사용하는 규칙을 설명한다.

– 인터넷에서 새로운 친구를 만들려고 하지 않는다.

– **원래 알고 있는 친구**와 좀 더 가까워지기 위해 사용해야 한다.

– **사이버 괴롭힘**을 피한다.

• 만약 온라인상에서 누군가가 위협을 하면 어른에게 도움을 청해야 한다.

■ 치료자 : 오늘 전화 거는 연습과 주고받는 대화 연습을 매우 잘 했습니다. 큰 박수를 보내 주세요.

■ 다음 주의 과제를 점검한다.

– 반드시 부모 앞에서 그룹 내 전화하기 과제를 읽는다.

– 부모들에게 누가 누구에게 전화를 하는지 기록하도록 한다.

■ 각각의 가족들이 개별적으로 분리되어서 다음을 협의한다.

– 전화 통화 도중에 부모들은 어디에 있을지

– 다음 주에 자신의 물건 중 어떤 것을 가지고 올 것인지

과제

1. **친구를 사귈 수 있는 곳**[부모와 다시 만나기 동안에 이 과제에 대해 알리지 말 것] (부모는 이것에는 자녀를 관여시키지 않는다.)
   a. 부모들은 청소년 자녀의 흥미에 기반하여 적어도 1개의 새로운 과외 활동을 알아보고 조사해야 한다.
   b. 부모는 다음과 같은 것들을 파악해 본다.
      i. 자녀가 어떤 집단에 참여를 **시도**해 보는 것이 좋다고 생각하는가?
      ii. 자녀가 어떤 집단에 가장 알맞다고 생각하는가?
2. 부모와 자녀가 **머리말/꼬리말**을 하면서 전화하는 법을 연습한다.
   a. **머리말/꼬리말**을 사용을 포함하여, 전화 걸기의 규칙들을 점검한다.
   b. **정보를 주고받고, 공통의 관심을 찾아낸다.**
3. **집단 구성원과의 통화**
   a. 전화하기 전에
      i. 회기를 마치고 치료실을 떠나기 전에, 자녀들의 대화기술 연습을 위해 집단의 다

른 구성원에게 전화할 수 있도록 약속을 정한다.

ii. 전화를 하기 위한 날짜와 시간을 정한다.

iii. 전화를 하는 동안 부모가 어디에 있을 것인지, 부모가 어떤 역할을 할 것인지 협의한다.

b. 전화하는 동안에

i. 청소년은 전화 통화를 통해 **정보**를 **교환**할 수 있어야 한다.

ii. 다음 시간에 와서 발표할 수 있는, **공통의 관심사를 찾는다.**

iii. **머리말/꼬리말** 사용을 포함해서, 전화를 시작하고 끝내는 규칙을 따른다.

c. 전화하고 난 뒤에

i. 부모와 자녀가 전화 통화에서 이야기한 것을 확인한다.

1. **공통의 관심사**
2. **머리말/꼬리말**
3. 전화를 어떻게 시작했고, 어떻게 끝났는지

ii. 부모는 발생할 수 있는 문제에 대해 자녀가 해결책을 찾도록 돕는다.

4. **개인의 물건을 가져오기**

a. 집단 구성원과 함께 공유할 수 있는, 가장 좋아하는 물건을 가져온다(예 : CD, 잡지, 게임, 책, 그림). 집단의 치료자는 부모와 함께 이를 준비할 수 있도록 중재한다.

b. 집단 내의 다른 청소년과 1 : 1로 **정보**를 **교환**할 수 있도록 준비해 온다.

점수 계산

매주 다음 점수를 기록한다.

- 각 청소년들이 얻은 점수를 계산한다. 청소년들이 있을 때에 점수를 계산하지 않는다.
- 그룹이 얻은 총 점수를 합산한다.
  - 각각의 혹은 그룹의 총 점수를 밝히지 않는다.
  - 청소년들 사이에서 얻은 점수를 비교하려는 시도를 막는다.
- 더 크고 멋진 졸업 파티를 하기 위해서 청소년들이 그룹으로서 노력해야 한다는 것을 상기시킨다.

청소년 활동 가이드 : 3회기

"퀴즈쇼"

필요한 자료

- 칠판과 분필/화이트보드와 보드마커
- 대답 종이
- 가위
- 펜

규칙

- 청소년들은 **정보**를 **교환**하는 게임에서 서로 경쟁할 것이다.
- 텔레비전 **퀴즈쇼**와 같이, 청소년들은 청소년 집단 치료자에게 질문을 듣고 대답을 한다.
  - 예 :
    - **청소년 집단 치료자** : " ________(이름)가 제일 좋아하는 스포츠는 무엇일까요?"
    - **청소년** : "야구입니다."
- 흥미와 협동을 증진하기 위해서 청소년 집단 치료자는 정답에 대해 점수를 줄 수 있다.
- **정보 교환** 활동을 하기 전에 대답 종이를 나누어 준다.
- 청소년들이 답을 채우고 청소년 집단 치료자에게 돌려주도록 한다.
  - 시간을 절약하기 위해, 청소년들이 그룹을 시작하기 전 로비에서 기다릴 때에 청소년들이 이를 완성하게 하는 것이 도움이 된다.
- 각각의 청소년이 모든 집단 구성원들과 **정보**를 **교환**할 때까지 2명 또는 3명이 짝을 지어 2~3분간(시간에 따라 조절 가능) **정보 교환**을 연습하게 한다.
- 청소년 집단 치료자가 **정보 교환**의 주제를 제안할 수 있으며 이것을 칠판에 적어둔다.
  - 이름
  - 사는 도시
  - 학교 이름
  - 가장 좋아하는 게임
  - 가장 좋아하는 운동
  - 가장 좋아하는 텔레비전 쇼
  - 가장 좋아하는 영화
  - 가장 좋아하는 주말 활동

- 가장 좋아하는 음식
- 가장 좋아하는 동물
- 가장 자신 있는 신체 부위
- 눈의 색깔(NOTE : 이것은 질문하지 않는다. 하지만 **정보 교환** 동안에 적절한 눈맞춤을 통해 알아낼 수 있다.) (**NOTE** : 한국 아이들에게는 적절하지 않습니다.)

■ 청소년들을 도울 수 있는 범주들을 칠판에 적는다.

- 내가 다니는 '학교'는
  - 대답 종이 : 학교 이름/학년
- 주말을 신나게 보내는 방법!
  - 대답 종이 : 가장 좋아하는 주말 활동
- 즐겁게 운동하기
  - 대답 종이 : 가장 좋아하는 운동
- 내가 제일 좋아하는 게임은
  - 대답 종이 : 가장 좋아하는 게임
- 영화, 영화, 영화!
  - 대답 종이 : 가장 좋아하는 영화
- 'TV' 쇼
  - 대답 종이 : 가장 좋아하는 TV 프로그램
- 즐거운 나의 '집'
  - 대답 종이 : 살고 있는 도시
- 세상엔 맛있는 게 너무 많아~
  - 대답 종이 : 가장 좋아하는 음식
- 동물원에 가면
  - 대답 종이 : 가장 좋아하는 동물
- 이게 나의 매력이야!
  - 대답 종이 : 가장 자신 있는 신체 부위
- 나의 눈 색깔은 (**NOTE** : 한국 아이들에게는 적절하지 않습니다.)
  - 대답 종이 : 눈의 색깔

■ 청소년들이 **정보**를 **교환**하고 있는 동안, 1명의 보조 치료자는

- 각 질문별로 대답 종이를 자른다(그어진 선에 따라 자르면 된다.).
- 질문 범주에 따라 대답 종이를 나누고 순서를 섞는다.

■ 청소년 집단 치료자와 보조 치료자는 필요한 경우에 청소년들이 퀴즈쇼의 주제에 맞는

적당한 질문을 하도록 유도해 준다.

- 청소년들이 **정보 교환**하기를 끝냈다면, 그룹으로 다시 모여서 **퀴즈쇼**를 시작한다.
  - 가장 높은 점수를 받은 청소년이 범주를 선택하게 한다.
  - 만약에 질문 전에 손을 든다면 질문을 할 수 없다고 알린다.
  - 처음으로 손을 든 사람이 처음으로 맞출 수 있다.
  - 만약에 틀린 대답을 말했다면, 두 번째로 손을 든 사람이 대답을 할 기회를 얻는다(계속 이렇게 진행).
  - 1명의 청소년은 질문 하나당 한 번의 대답 기회만 갖는다.
  - 청소년들에게 힌트를 주지 않는다.
- 청소년들은 이제 막 서로를 알게 되었기 때문에, 항목을 읽는 동안 치료자가 이 항목이 누구와 연관되어 있는지 (이름을 말하면서) 손으로 가리켜 주어야 할 수도 있다.
- 만약에 청소년이 대답을 하는 데 너무 오랜 시간이 걸린다면 시간제한을 둘 수 있다.
- 청소년들이 잘못된 형식으로 대답을 하여도 고쳐 주지 않는다.
  - 가장 중요한 것은 청소년들이 **정보 교환**을 통해 알게 된 정보들을 기억한다는 것이다.
- 답을 맞힌 청소년은 점수를 얻고 다음 범주를 고를 수 있다.
- 만약에 아무도 답을 맞히지 못하였다면, 방금 전 질문에서 지칭되었던 사람이 범주를 고른다.
- 게임을 하는 동안 서로에게 박수를 쳐 주도록 격려한다.
- 맞는 대답에 대해 점수를 준다.
- 다른 색깔의 보드마커를 사용하여 칠판에 점수를 기록한다.
- 게임의 마지막에 가장 많은 점수를 가진 사람이 **퀴즈쇼 승자**가 된다.
- **다음 두 회기를 위해 대답 종이를 보관한다.**

| "퀴즈쇼" 대답 종이 |

<table>
<tr>
<td>내가 다니는 '학교'는
__________의 학교 이름/학년
(이름)

____
(다니고 있는 학교 이름/학년)</td>
<td>주말을 신나게 보내는 방법!
__________가 가장 좋아하는 주말 활동
(이름)

____
(가장 좋아하는 주말 활동)</td>
</tr>
<tr>
<td>즐겁게 운동하기
__________가 가장 좋아하는 운동은
(이름)

____
(가장 좋아하는 운동)</td>
<td>내가 제일 좋아하는 게임은
__________가 가장 좋아하는 게임은
(이름)

____
(가장 좋아하는 게임 이름)</td>
</tr>
<tr>
<td>영화, 영화, 영화!
__________가 가장 좋아하는 영화
(이름)

____
(가장 좋아하는 영화)</td>
<td>'TV' 쇼!
__________가 가장 좋아하는 TV 프로그램
(이름)

____
(가장 좋아하는 TV프로그램)</td>
</tr>
<tr>
<td>즐거운 나의 '집'
__________가 살고 있는 곳
(이름)

____
(살고 있는 지역 이름)</td>
<td>세상엔 맛있는 게 너무 많아~
__________가 가장 좋아하는 음식
(이름)

____
(좋아하는 음식 이름)</td>
</tr>
<tr>
<td>동물원에 가면
__________가 가장 좋아하는 동물
(이름)

____
(가장 좋아하는 동물 이름)</td>
<td>이게 나의 매력이야!
__________가 가장 자신 있는 신체 부위
(이름)

____
(가장 자신 있는 신체 부위)</td>
</tr>
</table>

4회기

06 적절한 친구 선택하기

부모 치료자 가이드

부모 회기 가이드 라인

과제의 주요 초점은 학업 외 활동 찾기를 지속하는 것에 있다. 이미 새로운 친구를 사귈 수 있는 활동에 참여하고 있는 청소년에게는 이 과제가 별로 어렵지 않을 수도 있다. 이 과제는 새로운 친구를 사귈 수 있는 활동을 하고 있지 않은 청소년을 위한 것이므로, 어떤 부모는 다소 저항을 보일 수도 있다. 어떤 부모는 너무 어려운 것에 도전하고 싶지 않기 때문에 너무 쉬운 활동을 제시할 수 있다. 또 어떤 부모는 자녀가 참여하고는 있지만 더 친밀한 교우관계를 만들 수 있는 이득은 별로 없는 활동을 가지고 올 수도 있다. 청소년이 그 모임에 가는 것은 좋아하지만, 모임의 구성원 어느 누구에게도 전화번호를 물어볼 생각을 하지 않는 것이 그 예이다. 단지 자녀가 모임에 가는 것을 좋아한다고 해서 이 과제의 기준에 적합함을 의미하지는 않는다. 청소년들은 PEERS® 과제를 완수하기 위해 고무되어 있기 때문에, 지금이야말로 새로운 친구를 사귈 수 있는 활동을 찾기 좋은 때이다. 치료자는 부모와의 의견 공유를 통해, 어떤 경우에 학업 외 활동이 생산적이지 않은지를 판단하는 것을 돕고, 더 나은 대안을 찾을 수 있도록 동기를 부여해야 한다. 학업 외 활동에 대한 토론 후에는 토론할 때 나온 좋은 아이디어를 모두 기록한다. 치료자는 각 부모에게 다음 주까지 후속 조치로 무엇을 할 것인지 발표하도록 요청한다.

이번 회기의 또 다른 초점은, 청소년으로 하여금 새로운 학업 외 활동에 참여하는 과정을 시작하도록 하는 것이다. 많은 청소년들은 이를 꺼려할 수도 있다. 만약 부모가 이 과정을 적절하게 도울 수 있다면, 이 과정은 훨씬 쉬워질 수 있다. 만약 청소년이 실제로 도움이 되는 학업 외 활동에 이미 참여하고 있고, 부모가 보기에 이것이 좋은 친구를 사귈 수 있는 기회라고 생각한다면, 새로운 활동을 또 찾을 필요는 없다.

집단 구성원이 아닌 사람에게 전화 걸기는 이 회기에서 처음으로 배정되는 과제이다. 새로 배운 기술을 시도해 보도록 이제 막 훈련이 된 청소년들에게, 이것은 역시 새로운 경험일 것이다. 청소년들은 집단 밖에서 전화할 사람을 찾는 데 약간의 불안과 저항을 보일 수도 있다. 부모는 이 전화에 적절한 상대를 선택하는 데 도움을 줄 수 있고, 청소년 집단의 치료자 역시 전화가 이루어지는 것을 조정하는 데 도움을 줄 수 있다. 부모와 청소년은 회기를 마치고 떠나기 전에 전화를 걸 수 있는 사람을 적어도 1명 이상 찾도록 한다.

과제 점검

1. 부모와 자녀가 **머리말/꼬리말**을 사용하면서 전화하는 법을 연습한다.
   a. **머리말/꼬리말** 사용을 포함하여 전화 걸기의 규칙을 점검했는지 확인한다.
   b. 자녀와 함께 **정보 교환**하기를 연습했는지 확인한다.
   c. **정보 교환**하기를 통해 발견한 **공통의 관심사**를 확인한다.
   d. 대화 중 발생하는 문제를 중재한다.
2. **집단 구성원과의 통화**
   a. 전화 통화에서 청소년들이 **정보 교환**하기를 했는지 확인한다.
   b. 부모가 다음과 같은 것들을 파악했는지 점검한다.
      i. 전화 통화에서 **정보 교환**을 통해 발견한 **공통의 관심사**
      ii. 전화 통화에서 자녀들이 사용한 **머리말/꼬리말**
      iii. 자녀가 전화를 어떻게 시작하고 끝맺었는지.
3. **친구를 사귈 수 있는 곳**
   a. 부모들은 청소년 자녀의 흥미에 기반하여 적어도 1개의 새로운 과외 활동을 알아보고 조사해야 한다.
   b. 부모는 다음과 같은 것들을 파악해 본다.
      i. 자녀가 어떤 집단에 참여를 시도해 보는 것이 좋다고 생각하는가?
      ii. 자녀가 어떤 집단에 가장 알맞다고 생각하는가?
4. **개인의 물건을 가져오기**
   a. 집단 구성원과 함께 공유하기 위해 청소년이 가져온, 가장 좋아하는 물건을 확인한다(예 : CD, 잡지, 게임, 책, 사진, 그림).

b. 적절한 물건을 가져왔을 때만 점수를 준다.

교육 : 친구를 사귈 수 있는 곳

- 부모용 유인물을 나눠 준다.
- 치료자 : 오늘 우리는 적절한 친구를 선택하는 것에 대한 토론을 계속할 것입니다. 청소년들은 가끔 적절한 친구를 선택하는 데 도움을 필요로 한다는 것을 기억해야 합니다. 부모님은 자녀가 좋은 친구를 선택하도록 도와주어야 합니다. 지난 주 우리는 학교에서 자녀의 평판과, 자녀들이 적절하게 어울릴 수 있는 곳에 대해 이야기를 나누었습니다. 이번 주에는 또래 집단 혹은 동아리에 속하는 것의 중요성과, 청소년 자녀가 적절한 또래 집단 안에서 우정을 발전시키기 위해 부모가 도울 수 있는 방법에 대해 이야기 나눠 보겠습니다.

동아리 혹은 또래 집단의 중요성

- 동아리 혹은 또래 집단을 형성하는 것은 개별적인 놀림/괴롭힘으로부터 자녀를 보호해 준다.
  - 괴롭히는 아이들이 집단에 속해 있는 청소년을 골라 개별적으로 괴롭힐 가능성은 높지 않다.
  - 청소년들은 집단에 속해 있을 때 더 강해 보이고, 보호받고 있는 것처럼 보인다.
- 집단에 속해 있는 청소년이 놀림/괴롭힘을 경험할 때
  - 다른 집단 구성원들로부터 정서적 지지를 느낀다.
  - 다른 집단 구성원들과 유대감을 형성한다.
  - 집단 안의 결속력을 경험한다.
- 집단 간의 경쟁은 보편적이며 당연한 일이다.
  - 청소년은 집단 간의 경쟁을 통해 결속력을 형성한다.
    - 예 : 운동선수들은 컴퓨터광들을 싫어하고, 컴퓨터광들은 운동선수들을 싫어할 수 있다.
      - 각 집단은 다른 집단에 대한 불만을 표현할 수도 있다.
      - 집단 구성원은 이러한 경험을 통해 결속력을 형성해 나간다.
- 청소년 자녀가 집단에 받아들여졌는지 확인할 수 방법에 대해 토의한다.
  - 집단 내의 다른 청소년들이
    - 전화번호, 이메일 주소, 대화명을 알려 준다.
    - 이야기를 나누기 위해 전화하거나, 이메일이나 문자를 보낸다.
    - 어떤 일/활동에 자녀를 초대한다.

- 어떤 일/활동을 하자고 하는 자녀의 초대를 받아들인다.
- 미니홈페이지, 페이스북, 블로그/카페에 자녀를 친구, 이웃 또는 일촌으로 추가한다.
- 어떤 일/활동을 같이 하기 위해 자녀를 찾는다.

■ 청소년 자녀가 집단에 받아들여지지 않았다는 것을 알 수 있는 방법을 토의한다.

– 집단 내의 다른 청소년들이
  - 자녀를 비웃거나 조롱한다.
  - 전화번호, 이메일 주소, 대화명을 알려 주지 않는다.
  - 전화하지 않는다.
  - 자녀가 건 전화를 받지 않는다.
  - 어떤 일/활동을 하자고 하는 자녀의 초대를 받아들이지 않는다.
  - 어떤 일/활동을 하자는 자녀의 초대를 미룬다(즉, "그래, 나중에 하자."라고 말하지만, 결코 약속하지 않는다.).
  - 미니홈페이지, 페이스북, 블로그/카페에서 자녀의 '일촌신청/친구추가/이웃추가' 요청을 수락하지 않는다.
  - 어떤 일/활동을 같이 하자고 자녀를 초대하지 않는다.

■ 돌아가면서 자녀들이 속하려고 시도한 집단에 받아들여진 것처럼 보이는지, 거부된 것처럼 보이는지 생각해 보도록 한다.

– 부모에게 자녀가 받아들여지고 있는지 혹은 거부당하고 있는지 알려 줄 수 있는 예를 들어 보게 한다.

– 만약 자녀가 거부당하고 있는 것 같다면, 부모로 하여금 자녀가 받아들여질 수 있는 다른 집단을 찾도록 한다.

■ 설명 : 부모로서 자녀를 도울 수 있는 한 가지 방법은 친구를 사귈 수 있는 원천을 찾아 주는 것입니다. 친구를 사귈 수 있는 가장 좋은 곳은 학업 외 활동, 동아리 혹은 운동인데, 이것은 집단 구성원 모두가 일종의 집단적이고 공통된 관심사를 공유하고 있을 것으로 생각되기 때문입니다. 일단 자녀가 친구를 사귈 수 있는 곳을 찾도록 도와주셨다면, 그다음은 자녀가 어떤 친구가 적절한 친구인지 결정할 수 있도록 도와주셔야 합니다.

■ 부모님들이 돌아가면서 부모용 유인물을 읽도록 한다.

■ **굵게** 표시된 부분은 부모용 유인물에서 그대로 가져 온 것이다.

친구를 사귈 수 있는 곳

■ **자녀가 학교에서 다른 청소년들과 친구가 될 수 있도록 격려한다.**

– **등·하교 시간**

— **쉬는 시간**

— **점심 시간**

■ **자녀가 학교에서 다른 청소년들과 어울릴 수 있는 취미를 개발하거나 함께할 수 있는 특별한 흥밋거리를 찾을 수 있도록 돕는다(학교에 문의하거나, 학교 홈페이지에서 교내 동아리의 리스트를 수집한다.).**

방송/연극	댄스
방송반	힙합댄스, 비보이, 브레이크댄스
연극반, 뮤지컬반	무용단
음악	댄스 스포츠
밴드부/그룹사운드	영화
사물놀이/풍물놀이	영화감상반
합창단	영화 만들기
악기연주반(하모니카, 통기타 등)	독서/글쓰기
기악반/관악부/오케스트라	독서반(독서토론)
운동	학생기자단, 학교신문 기자단
축구단	문학반
농구단	영어칼럼독해
야구단	도서반(도서실 관리 및 운영)
볼링	한문글씨반
응원단, 치어리더	과학/수학
유도부	과학발명반
골프반	모형항공기
등산/산악트래킹 반	과학영상반
요가반	천체관측
헬스	수학탐구반
워킹	역사/사회/문화
마라톤	지리탐구반
탁구부	역사탐방부
배드민턴부	철학부
청소년 단체	영미문화반
RCY	중국문화체험
보이스카우트, 걸스카우트	예술
누리단, 한별단	미술반
환경/봉사단체	사진반
환경봉사부, 인터랙트	기타
녹색소년단, 그린스카우트	제과제빵
컴퓨터	마술
컴퓨터 프로그래밍	창업동아리
영상미디어	창작동아리

- **자녀가 지역사회에서 취미와 여가 활동을 하도록 도와준다. 이것은 학교에서 자녀의 평판이 좋지 않은 경우에 특히 중요하다.**
  - **YMCA/YWCA**
  - **스포츠 수업(수영, 헬스 등)**
  - **생활체육(농구, 태권도, 검도, 요가 등)**
  - **댄스**
  - **밴드**
  - **전통예절**
  - **지역사회 동아리**
  - **프라모델**
  - **교회/성당/절/기타 종교**
    - **청소년부**
    - **합창단(성가대)/찬불단**
    - **성경 공부, 주일 학교 등**
  - **청소년 독서 동아리(공공도서관)**
  - **청소년 기자단**
- **자녀가 다른 청소년들과 함께 있을 수 있는 장소로 데려간다(그 장소가 비행청소년들의 활동이 없는 곳인지 사전에 확인한다.).**
  - **청소년 수련관**
  - **청소년 문화의 집**
  - **종합운동장/지역 공원**
  - **지역 수영장**
  - **사설 체육관**
  - **스포츠 클럽**
  - **공공도서관(10대 활동이 있는 시간)**
- 규칙적으로 다른 청소년들을 접할 수 있는 활동에 참여하는 것이 중요하다는 것을 설명한다.
  - 청소년들이 한 번에 **하나 혹은 2개의 학업 외 활동**에 가입하기를 권장한다.
  - 한 활동이 끝나면 다른 활동을 시작한다.
- 이번 주에는 자녀의 흥미에 근거하여 자녀와 학업 외 활동들에 대해 이야기를 나누고 결정하는 것을 시작하도록 상기시킨다.
  - 자녀를 이러한 활동에 등록시키기 시작해야 한다.

– 어떤 부모는 자녀에게 의무적으로 하도록 해야 할 수도 있고, 어떤 부모는 강하게 제안하는 정도로 충분할 수도 있다.
– 자녀에게 새로운 활동을 설명할 때, "활동에 참여하고 싶니?"라고 묻기보다 "어떤 활동에 참여하고 싶니?"라고 묻는다.
  - 다양한 선택의 범위를 제공한다.
  - 활동에 참여해야 한다는 것 자체는 협상할 수 없다.

■ 어떤 활동에 가입할지 선택하는 것은 협상할 수 있다.

과제

■ 설명 : 오늘 청소들은 부모님이 지난주에 하셨던 것처럼 학교의 다양한 동아리 혹은 또래 집단에 대해 이야기를 나누었을 것입니다. 자녀는 학교에서 어울리기 위해 노력해 볼 만한 집단과 실제로 가장 잘 어울릴 수 있는 집단에 대해 생각해 볼 것입니다. 이번 주에 부모님이 하셔야 할 일 중 하나는 자녀와 이에 관련된 대화를 지속하고, 자녀가 친구 만들기에 적합한 집단을 선택할 수 있도록 도와주시는 일입니다. 자녀가 이번 주에 해야 할 일은, 이렇게 생각해 낸 집단의 한 사람을 선택하여 정보 교환하기를 연습해 보는 것입니다. 부모님은 이번 주에 자녀들과 가능한 학업 외 활동들에 대해 토론하고, 자녀가 어떤 활동에 가입할 것인지 결정해야 합니다.

■ 부모 집단 치료자는 과제를 알려 주고, 부모들에게 있을 수 있는 어려운 점들을 논의한다.

1. **친구를 사귈 수 있는 곳**
   a. **자녀가 기존에 참여하지 않았던 새로운 집단을 찾고, 그 집단에 속한 한 사람과 정보를 교환하도록 돕는다.**
      i. **공통의 관심사를 찾는다.**
      ii. **자녀가 적절한 집단을 생각해 낼 수 있도록 돕는다.**
   b. **부모는 자녀의 흥미에 근거하여 학업 외 활동들에 대해 의논하고 결정한 뒤 이 활동에 참여하기 시작하도록 돕는다.**
      i. **바람직한 학업 외 활동은?**
         1. **매주 혹은 한 달에 두 번 이상 만난다.**
         2. **집단 내 다른 청소년들의 연령대와 자녀의 사회적 연령이 맞는다.**
         3. **자녀가 다른 청소년들과 자연스럽게 상호작용할 수 있는 자유 시간이 있어야 한다.**
         4. **앞으로 2주 안에 실제 활동이 시작된다.**
         5. **부모가 자녀가 집단에 참여하도록 도울 수 있다.**
2. 집단 구성원과의 통화
   a. **전화하기 전에**

i. 회기를 마치고 치료실을 떠나기 전에, 자녀들의 대화기술 연습을 위해 집단의 다른 구성원에게 전화할 수 있도록 약속을 정한다.
ii. 전화를 하기 위한 날짜와 시간을 정한다.
iii. 전화를 하는 동안 부모가 어디에 있을 것인지, 부모가 어떤 역할을 할 것인지 협의한다.
iv. 부모와 자녀가 전화를 시작하고 끝내는 연습을 해야 할 수도 있다.

b. 전화하는 동안에
i. 청소년은 전화 통화를 통해 정보를 교환할 수 있어야 한다.
ii. 다음 시간에 와서 발표할 수 있는, 공통의 관심사를 찾는다.
iii. 머리말/꼬리말 사용을 포함해서, 전화를 시작하고 끝내는 규칙을 따른다.

c. 전화하고 난 뒤에
i. 부모와 자녀가 전화 통화에서 이야기한 것을 확인한다.
1. 공통의 관심사
2. 머리말/꼬리말
3. 전화를 어떻게 시작했고, 어떻게 끝났는지
ii. 부모는 발생할 수 있는 문제에 대해 자녀가 해결책을 찾도록 돕는다.

3. 집단 구성원이 아닌 사람과의 통화
a. 전화하기 전에
i. 부모들은 자녀의 대화기술 연습을 위해 집단 구성원이 아닌 사람에게 전화할 수 있도록 약속을 정한다.
ii. 자녀가 편안하게 대화할 수 있는 사람을 선택한다.
iii. 전화를 하는 동안 부모가 어디에 있을 것인지 협의한다.

b. 전화하는 동안에
i. 청소년은 전화 통화를 통해 정보를 교환할 수 있어야 한다.
ii. 다음 시간에 와서 발표할 수 있는, 공통의 관심사를 찾는다.
iii. 주고받는 대화의 규칙을 따른다.
iv. 머리말/꼬리말 사용을 포함해서, 전화를 시작하고 끝내는 규칙을 따른다.

c. 전화하고 난 뒤에
i. 부모와 자녀는 전화 통화에 대해 의견을 나누고 공통의 관심사를 확인해야 한다.
ii. 부모는 발생할 수 있는 문제에 대해 자녀가 해결책을 찾도록 돕는다.

4. 개인의 물건을 가져오기
a. 집단 구성원과 함께 공유할 수 있는, 가장 좋아하는 물건을 가져온다(예 : CD, 잡지, 게임, 책, 그림).

b. **집단 내의 다른 청소년과 1 : 1로 정보를 교환할 수 있도록 준비해 온다.**

- 각 부모는 돌아가면서 이번 주에 **정보 교환**하기 연습을 위해 자녀가 집단 구성원 이외에 전화할 수 있는 사람이 있는지 확인한다.
  - 자녀가 편안하게 말할 수 있는 사람을 선택한다.
  - 처음에는, 친한 친구 혹은 같은 나이대의 친척을 선택할 수 있다.
  - 가장 중요한 것은 자녀가 직접 전화를 하는 것이다.
  - 결과적으로는 자녀의 또래 집단이 확장될 수 있어야 하며, 자녀가 잠재적인 새 친구들의 전화번호를 알기 시작하게 되어야 한다.
- 부모가 돌아가면서 다른 집단원들과 공유하기 위해 자녀가 가져올 수 있는 개인 물건을 찾아보도록 한다.

부모용 유인물 4 : 적절한 친구 선택하기

친구를 사귈 수 있는 곳

- 자녀가 학교에서 다른 청소년들과 친구가 될 수 있도록 격려한다.
  - 등·하교 시간
  - 쉬는 시간
  - 점심 시간
- 자녀가 학교에서 다른 청소년들과 어울릴 수 있는 취미를 개발하거나 함께할 수 있는 특별한 흥밋거리를 찾을 수 있도록 돕는다(학교에 문의하거나, 학교 홈페이지에서 교내 동아리의 리스트를 수집한다.).

방송/연극	댄스
방송반	힙합댄스, 비보이, 브레이크댄스
연극반, 뮤지컬반	무용단
음악	댄스 스포츠
밴드부/그룹사운드	영화
사물놀이/풍물놀이	영화감상반
합창단	영화 만들기
악기연주반(하모니카, 통기타 등)	독서/글쓰기
기악반/관악부/오케스트라	독서반(독서토론)
운동	학생기자단, 학교신문 기자단
축구단	문학반
농구단	영어칼럼독해
야구단	도서반(도서실 관리 및 운영)
볼링	한문글씨반
응원단, 치어리더	과학/수학
유도부	과학발명반
골프반	모형항공기
등산/산악트래킹 반	과학영상반
요가반	천체관측
헬스	수학탐구반
워킹	역사/사회/문화
마라톤	지리탐구반
탁구부	역사탐방부
배드민턴부	철학부
청소년 단체	영미문화반

RCY	중국문화체험
보이스카우트, 걸스카우트	예술
누리단, 한별단	미술반
환경/봉사단체	사진반
환경봉사부, 인터랙트	기타
녹색소년단, 그린스카우트	제과제빵
컴퓨터	마술
컴퓨터 프로그래밍	창업동아리
영상미디어	창작동아리

■ 자녀가, 지역사회에서 취미와 여가 활동을 하도록 도와준다. 이것은 학교에서 자녀의 평판이 좋지 않은 경우에 특히 중요하다.

– YMCA/YWCA
– 스포츠 수업(수영, 헬스 등)
– 생활체육(농구, 태권도, 검도, 요가 등)
– 댄스
– 밴드
– 전통예절
– 지역사회 동아리
– 프라모델
– 교회/성당/절/기타 종교
  • 청소년부
  • 합창단(성가대)/찬불단
  • 성경 공부, 주일 학교 등
– 청소년 독서 동아리(공공도서관)
– 청소년 기자단

■ 자녀가 다른 청소년들과 함께 있을 수 있는 장소로 데려간다(그 장소가 비행청소년들의 활동이 없는 곳인지 사전에 확인한다).

– 청소년 수련관
– 청소년 문화의 집
– 종합운동장/지역 공원
– 지역 수영장
– 사설 체육관

- 스포츠 클럽
- 공공도서관(10대 활동이 있는 시간)

과제

1. **친구를 사귈 수 있는 곳**
   a. 자녀가 기존에 참여하지 않았던 새로운 집단을 찾고, 그 집단에 속한 한 사람과 **정보를 교환**하도록 돕는다.
      i. **공통의 관심사**를 찾는다.
      ii. 자녀가 적절한 집단을 생각해 낼 수 있도록 돕는다.
   b. 부모는 자녀의 흥미에 근거하여 학업 외 활동들에 대해 의논하고 결정한 뒤 이 활동에 참여하기 시작하도록 돕는다.
      i. 바람직한 학업 외 활동은?
         1. 매주 혹은 한 달에 두 번 이상 만난다.
         2. 집단 내 다른 청소년들의 연령대와 자녀의 사회적 연령이 맞는다.
         3. 자녀가 다른 청소년들과 자연스럽게 상호작용할 수 있는 자유 시간이 있어야 한다.
         4. 앞으로 2주 안에 실제 활동이 시작된다.
         5. 부모가 자녀가 집단에 참여하도록 도울 수 있다.
2. **집단 구성원과의 통화**
   a. 전화하기 전에
      i. 회기를 마치고 치료실을 떠나기 전에, 자녀들의 대화기술 연습을 위해 집단의 다른 구성원에게 전화할 수 있도록 약속을 정한다.
      ii. 전화를 하기 위한 날짜와 시간을 정한다.
      iii. 전화를 하는 동안 부모가 어디에 있을 것인지, 부모가 어떤 역할을 할 것인지 협의한다.
      iv. 부모와 자녀가 전화를 시작하고 끝내는 연습을 해야 할 수도 있다.
   b. 전화하는 동안에
      i. 청소년은 전화 통화를 통해 **정보를 교환**할 수 있어야 한다.
      ii. 다음 시간에 와서 발표할 수 있는, **공통의 관심사를 찾는다.**
      iii. **머리말/꼬리말** 사용을 포함해서, 전화를 시작하고 끝내는 규칙을 따른다.
   c. 전화하고 난 뒤에
      i. 부모와 자녀가 전화 통화에서 이야기한 것을 확인한다.

1. **공통의 관심사**
2. **머리말/꼬리말**
3. 전화를 어떻게 시작했고, 어떻게 끝났는지

ii. 부모는 발생할 수 있는 문제에 대해 자녀가 해결책을 찾도록 돕는다.

3. **집단 구성원이 아닌 사람과의 통화**
   a. 전화하기 전에
      i. 부모들은 자녀의 대화기술 연습을 위해 집단 구성원이 아닌 사람에게 전화할 수 있도록 약속을 정한다.
      ii. 자녀가 **편안하게** 대화할 수 있는 사람을 선택한다.
      iii. 전화를 하는 동안 부모가 어디에 있을 것인지 협의한다.
   b. 전화하는 동안에
      i. 청소년은 전화 통화를 통해 **정보**를 **교환**할 수 있어야 한다.
      ii. 다음 시간에 와서 발표할 수 있는, **공통의 관심사를 찾는다.**
      iii. **주고받는 대화**의 규칙을 따른다.
      iv. **머리말/꼬리말** 사용을 포함해서, 전화를 시작하고 끝내는 규칙을 따른다.
   c. 전화하고 난 뒤에
      i. 부모와 자녀는 전화 통화에 대해 의견을 나누고 **공통의 관심사**를 확인해야 한다.
      ii. 부모는 발생할 수 있는 문제에 대해 자녀가 해결책을 찾도록 돕는다.
4. **개인의 물건을 가져오기**
   a. 집단 구성원과 함께 공유할 수 있는, 가장 좋아하는 물건을 가져온다(예 : CD, 잡지, 게임, 책, 그림).
   b. 집단 내의 다른 청소년과 1 : 1로 **정보**를 **교환**할 수 있도록 준비해 온다.

청소년 치료자 가이드-4회기 : 적절한 친구 선택하기

청소년 회기 가이드 라인

청소년들은 자신이 또래 집단의 다층식 시스템 안에 속해 있다고 생각한다. 가장 낮은 단계는 또래 집단(clique)으로 알려져 있는 가장 친한 친구와의 관계이고, 2명에서 6명 정도로 이루어진다. 가장 높은 단계는 학교 내 집단(school peer group)이고, 보통 같은 학년의 모두 다른 학생들로 구성된다. 이 단계는 초등학령기에도 나타난다(Frankel & Myatt, 2003). 중학생이 되면 중간 단계인 동아리(crowd)가 처음 나타나게 되고, 이것은 10대 청소년의 사회적 세계를 정의하는 데 매우 중요하다(Hartup, 1993). 동아리(crowd) 혹은 또래 집단(clique)(두 단어는 교체 가능하다.)에 속하는 것은 청소년의 평판과 학교 내 지위에 큰 영향을 미친다. 집단 간 경쟁은 흔히 있는 일이며, 이는 소속감과 집단 구성원 사이의 집단 내 결속력을 촉진시킨다. 적절한 집단과 동일시하는 것은 놀림과 괴롭힘으로부터 청소년을 보호해 준다. 집단과의 동일시는, 청소년들이 흥미와 관심사를 가지고 있는 친구들을 사귈 수 있는 곳을 의미하므로, 새로운 우정을 증진시키는 데 유용하다.

사회기술훈련에 의뢰된 많은 청소년들은 특징적으로 집단 동일시의 문제를 갖고 있다. 일반적으로 그러한 청소년들은 집단과 동일시하는 것에 실패하고, 사회적으로 고립되거나 부적절한 집단에서 친구 만들기를 반복적으로 시도한다. 사회적으로 고립된 청소년들은 종종 또래와 사회적 관계망에서 완전히 철수하거나(외톨이, 혼자 지내기 좋아하는 사람) 주변인이 되거나 혹은 더 부적절한 또래 관계를 갖게 된다(한 집단에서 다른 곳으로 옮겨 다니는 청소년).

이번 회기의 교육 내용은 청소년들이 집단의 기능과 사회적 의미를 이해할 수 있도록 도움으로써, 그들이 적절한 친구를 찾을 수 있도록 돕는 것이다. 청소년들은 단지 어떤 활동을 좋아하는 것만으로는 충분하지 않다는 것을 배우게 된다. 운동을 잘 하는 아이들이나 컴퓨터 마니아와 같은 집단에 받아들여지기 위해서는, 최소한 스포츠나 컴퓨터 과학 등 해당되는 영역에서 최소한의 숙달된 능력을 가지고 있어야 한다.

치료에 참여하는 대다수의 청소년들은 이런 집단에 대한 이야기는 들어봤지만 그 기능에 대해서는 많이 생각해 보지 않았을 것이기 때문에, 이 문제에 대한 전문가로서 치료자에게 기대를 갖게 될 것이다. 그러므로, 청소년 집단의 치료자는 교육 전에 다양한 집단에 대해 명확하게 이해하는 것이 중요하다.

몇몇 청소년은 자신이 인기 있는 친구들이나 운동을 잘 하는 친구들과 잘 어울린다고 사실과 다르게 말할 수도 있다. 이번 회기의 가장 중요한 부분은 청소년 집단의 치료자가 부적절한 집단에 어울리려고 시도하는 청소년을 부드럽게 설득하고, 대신 그 청소년의 흥미에 근거하여 더 적절한 집단을 찾도록 하는 것이다. 회기의 내용은 청소년이 수용 혹은 거절을 나타내는 신체 언어 및 행동을 구분하도록 해 주는 것이다. 이 내용을 배움으로써 청소년이 예전에 거절을 받았다는 사실을 인정하게 된다면, 치료자는 그 청소년이 좀 더 적절한 집단을 찾도록 도와주는 방향으로 나아가야 한다.

어떤 청소년은 학교 내에서 동아리를 선택할 여지가 없을 정도로 나쁜 평판을 가진 상태에서 치료에 들어왔을 수도 있다. 이런 경우에는 친구를 사귀게 될 가능성이 있는, 학교 밖의 학업 외 활동을 찾는 것이 반드시 필요하다. 부모는 이 과정에서 매우 중요한 역할을 하게 될 것이다.

규칙 점검

NOTE : 청소년이 규칙을 따르는 데 많은 어려움이 있을 경우에만 회기 규칙을 다시 검토한다.

1. 다른 그룹 구성원의 말을 경청하기(다른 사람이 이야기할 때 말하지 않기)
2. 지시 따르기
3. 손을 들기(하고 싶은 말이 있을 때)
4. 존중하기(놀리거나 다른 사람을 비웃지 않기)
5. 만지지 않기(때리기, 차기, 밀기, 안기 등 하지 않기)

과제 점검

NOTE : 한 과제당 1점이 아니라, 과제의 **부분 요소**마다 점수를 준다.

1. **개인의 물건을 가져오기**
   a. 집단 구성원과 함께 공유하기 위해 청소년이 가져온, 가장 좋아하는 물건을 확인한다(예 : CD, 잡지, 게임, 책, 사진).
   b. 적절한 물건을 가지고 왔을 때만 점수를 준다.
   c. 산만해지는 것을 막기 위해, 보조 치료자는 활동이 끝날 때까지 물건들을 멀리 두도록 한다.
2. 부모님과 함께 **머리말/꼬리말**을 사용하여 전화하는 것을 연습한다.
   a. 치료자 : 지난주 숙제 중 한 가지는 부모님과 머리말/꼬리말을 사용하여 전화하기를 연습해 보는 것이었습니다. 이번 주에 부모님 중 한 분과 전화하기를 연습해 본 사람이 있다면 손들어 보세요.
      i. 과제를 완료한 청소년들에게 먼저 이야기해 보도록 시키는 것으로 시작한다.
      ii. 질문
         1. 누구와 함께(엄마, 아빠, 그 외) 정보 교환을 연습했나요?
         2. 전화를 어떻게 시작했나요?

a. 전화를 걸 때 머리말을 사용했나요?
3. 정보 교환하기를 했나요?
4. 공통된 관심사를 찾았나요?
a. 공통된 관심사를 찾았다면 질문한다. 만약에 여러분이 부모님과 함께 시간을 보내게 된다면 그 정보를 어떻게 이용할 수 있을까요?
5. 전화 통화를 어떻게 마무리 지었나요?
a. 전화를 끊을 때 꼬리말을 사용했나요?

3. 집단 구성원과의 통화
a. 치료자 : 이번 주 또 하나의 과제는 집단 구성원과 전화 시작하기와 끊기를 연습해 보는 것이었습니다. 집단 구성원과 통화하기를 한 사람은 손들어 보세요.
i. 전화하기를 완료한 청소년들에게 먼저 이야기해 보도록 시키는 것으로 시작한다.
ii. 질문
1. 누구와 이야기를 나누었나요?
2. 누가 누구에게 전화를 했나요?
3. 대화를 어떻게 시작했나요?
a. 전화 걸 때 머리말을 사용했나요?
4. 정보를 교환했나요?
5. 공통의 관심사를 찾았나요?
a. 만약에 그들이 공통의 관심사를 알아 냈다면, 다음과 같이 질문한다. 만약에 여러분들이 만나서 시간을 함께 보내게 된다면 그 정보를 어떻게 이용할 수 있을까요?
6. 대화는 어떻게 끝냈나요?
a. 전화를 끊을 때 꼬리말을 사용했나요?
iii. "전화하기는 어땠나요?"와 같은 일반적인 질문은 피한다.
b. 전화하기에 참여한 또 다른 사람이 있다면 바로 다음에 설명하도록 한다. 단, 동시에 발표하게 하지는 않는다.
i. 다른 사람이 한 실수에 대해 이야기하는 것은 허용하지 않는다.
c. 발생 가능한 문제에 대해 해결법을 의논한다.
i. 청소년이 잘못된 대답을 할 경우, 질문한다. 다음에는 어떻게 다르게 말할 수 있을까요? 혹은 전화를 끊을 때 어떻게 했으면 좋았을까요?
d. 과제를 완성하지 못한 청소년들을 확인하고 이번 주에는 어떻게 과제를 완수할 수 있을지 해결법을 논의한다.

교육 : 적절한 친구 선택하기

- **설명** : 오늘 우리는 적절한 친구 선택하기에 대해 이야기 나눠 볼 것입니다. 친구를 사귀는 것은 **선택**이기 때문에, 우리가 친구를 현명하게 **선택**하는 것이 중요합니다. 친구를 선택할 때는 좋은 선택과 나쁜 선택이 있습니다.
- **친구 선택하기의 좋은 예를 설명한다.** 다음과 같은 사람을 선택하는 것이 좋을까요?
  - 당신에게 우호적이고 친절한 사람?
  - 당신에게 관심을 보이는 사람?
  - 당신과 관심사가 같은 사람?
  - 당신과 비슷한 나이대의 사람?
  - 당신을 곤란하게 하지 않을 사람?
- **각 항목에 대해 다음과 같이 질문한다.** 그것은 왜 좋은 예인가요?
- **친구 선택하기의 나쁜 예를 설명한다.**
  - 당신을 이용하는 사람?
  - 당신을 조롱하는 사람?
  - 당신보다 훨씬 인기가 많지만, 당신에게 친절하지 않은 사람들과 어울리는 사람?
  - 당신보다 훨씬 똑똑하지만, 당신과 공통점을 많이 가지고 있지 않은 사람?
  - 나쁜 평판을 가지고 있고, 당신을 곤란하게 만들 가능성이 많은 사람?
- **각 항목에 대해 다음과 같이 질문한다.** 그것은 왜 나쁜 예인가요?

다양한 집단 찾아보기

- **설명** : 친구를 선택하기 위한 몇 가지 지침에 대해 이야기를 나눠 봤으므로, 이번에는 여러분의 평판에 대해서, 그리고 학교에서 어떤 집단에 적절하게 어울릴 수 있을지 이야기해 보겠습니다. 모든 학교에는 다양한 아이들의 '집단(groups)'이나 '동아리(crowds)'가 있습니다. 이러한 집단 안에는 또 또래 집단(clique) 혹은 친한 친구끼리의 작은 그룹이 있습니다. 다른 사람들과 친밀한 우정을 발전시키기 위해서는, 여러분이 잘 어울릴 수 있는 집단을 찾는 것이 도움이 될 것입니다. 그럼 학교에는 어떤 집단이나 동아리가 있을까요?
- **청소년들로 하여금 돌아가면서 다양한 집단에 대해 생각나는 것들을 이야기해 보도록 한다.**

취미 집단	마니아 집단	
만화 그리기 모임	컴퓨터게임	인디음악, 독립영화
유투브 동영상 만들기, UCC 만들기 모임	만화/애니메이션	IT제품 튜닝(예 : 핸드폰, 컴퓨터 등)
종교모임(청소년부)	팬클럽	수학(예 : 수식 증명하기)
종이접기 모임	프라모델 조립	무선 모형자동차 모임
개그 동아리	피규어	생물(예 : 곤충, 환경 생태계 등)
성가대	로봇	일본문화
리폼 DIY 모임(예 : 재활용품 리폼, 개인소품 리폼 등)	판타지 소설 모임(예 : 판타지 소설 독서, 창작 등)	**비공식적인 무리**
다이어리 꾸미기 소모임(예 : 꾸미는 방법 공유, 사용물품 리뷰 등)	코스프레 모임	~와 아이들/~의 무리
홈베이킹 모임	힙합음악	'일진' 등과 같은 비행집단

- 청소년들이 다양한 형태의 취미 집단을 찾아내기 시작하면, 다음의 정보들을 설명해 주는 것이 필요하다.
  - '~광, 또는 마니아'란 단어는 특정 분야에서 흥미와 우수한 기술을 가지고 있는 사람을 지칭한다.
    - 예 :
      - 컴퓨터 마니아는 컴퓨터에 흥미가 있고, 컴퓨터를 매우 잘한다.
      - 비디오게임 마니아는 비디오게임을 즐기며 비디오게임을 매우 잘한다.
      - 록음악 광은 악기 연주를 좋아하며 학교 밴드에서 연주한다.
      - 과학 마니아는 과학을 좋아하며, 이 분야에서 재능이 있다. 과학 동아리에 자주 속한다.
      - 수학 마니아는 수학을 좋아하며 이 분야에서 특출한 능력을 가지고 있다.
      - 만화책 마니아는 만화책에 흥미가 있으며 이 분야에 대해 특출한 지식을 가지고 있다.
  - '~광, 또는 마니아'가 되기 위해서는 단순히 특정한 활동을 즐기는 것만으로는 충분하지 않다. 잘해야 하고, 그것에 대해 많이 알아야 한다.
    - 예를 들면, 진짜 컴퓨터광 또는 마니아가 되기 위해서는 컴퓨터를 무척 좋아해야 할 뿐만 아니라, 컴퓨터 사용에 능숙해야 한다.
  - 광이나 마니아가 되는 것은 멋진 일이다. 왜냐하면 이것은 어떤 일을 정말 잘한다는

것을 의미하기 때문이다.

- 예를 들어, 우리는 종종 "마니아는 특별히 열정적인 사람들이다."라는 칭찬을 하기도 한다.

■ [**NOTE** : 치료자는 광, 마니아가 되는 것에 대해 설득력 있는 설명을 해야 한다. 왜냐하면 집단의 많은 청소년들은 이들 광, 마니아들과 잘 어울릴 가능성이 높기 때문이다. 만약 청소년 집단의 치료자가 광, 마니아가 되는 것을 정상적인 것으로 만들고 심지어 여기에 속하기를 격려한다면, 대부분은 아닐지라도 많은 청소년들은 이러한 집단들과 스스로를 동일시하게 될 것이다.]

동아리 혹은 또래 집단의 중요성

소크라테스식 변증법의 설명을 사용하지 말고 다음의 내용을 설명한다.

■ 동아리 혹은 또래 집단을 형성하는 것은 개별적인 놀림/괴롭힘으로부터 청소년을 보호해 준다.
- 괴롭히는 아이들은 집단에 속해 있는 청소년을 골라 개별적으로 괴롭힐 가능성은 높지 않다.
- 청소년들은 집단에 속해 있을 때 더 강해 보이고, 보호받고 있는 것처럼 보인다.

■ 집단에 속해 있는 청소년이 놀림/괴롭힘을 경험할 때
- 다른 그 집단 구성원들로부터 정서적 지지를 느낀다.
- 다른 집단 구성원들과 유대감을 형성한다.
- 집단 안의 결속력을 경험한다.

■ 집단 간의 경쟁은 보편적이며 당연한 일이다.
- 청소년은 집단 간의 경쟁을 통해 결속력을 형성한다.
  - 예 : 운동선수들은 컴퓨터광들을 싫어하고, 컴퓨터광들은 운동선수들을 싫어할 수 있다.
    - ■ 각 집단은 다른 집단에 대한 불만을 표현할 수도 있다.
  - 집단 구성원은 이러한 경험을 통해 결속력을 형성해 나간다.

자기와 어울리는 집단 찾기

■ 청소년이 어떤 집단에 속해 있는지 여부를 어떻게 알 수 있는지 토의한다.
- **치료자** : 학교에는 다양한 집단과 동아리가 있습니다. 여러분은 여러분, 혹은 친구가 어떤 집단에 속해 있는지를 어떻게 알 수 있을까요?

- 대답
  - 옷, 머리, 외모
  - 흥미, 관심사-또래 집단은 보통 **공통의 관심사**에 따라 만들어진다.
  - 어울려 다니는 친구들/누구와 시간을 보내는지
  - 방과 후 활동

■ 청소년이 집단에 받아들여졌는지 어떻게 알 수 있는지 토의한다.
- 질문 : 여러분이 집단에 **받아들여졌는지** 어떻게 알 수 있을까요?
- 대답
  - 집단의 다른 청소년들이
    - 전화번호, 이메일 주소, 대화명을 알려 준다.
    - 이야기를 나누기 위해 전화하거나, 이메일이나 문자를 보낸다.
    - 어떤 일/활동에 당신을 초대한다.
    - 어떤 일/활동을 하자고 하는 당신의 초대를 받아들인다.
    - 미니홈페이지/페이스북/블로그, 카페에 당신을 친구, 이웃 또는 일촌으로 추가한다.
    - 어떤 일/활동을 함께하기 위해 당신을 찾는다.

■ 청소년들이 집단에 **받아들여지지 않았다는** 것을 어떻게 알 수 있는지 이야기해 보도록 한다.
- 질문 : 집단이 여러분을 받아들이지 않았다는 것을 어떻게 알 수 있을까요?
- 대답
  - 집단의 다른 청소년들이
    - 당신을 비웃거나 조롱한다.
    - 전화번호, 이메일 주소, 대화명을 알려 주지 않는다.
    - 전화하지 않는다.
    - 당신이 건 전화를 받지 않는다.
    - 어떤 일/활동을 하자고 하는 당신의 초대를 받아들이지 않는다.
    - 어떤 일/활동을 하자는 당신의 초대를 미룬다(즉, "그래, 나중에 하자."라고 말하지만, 결코 약속하지는 않는다.).
    - 미니홈페이지/페이스북/블로그, 카페에서 당신의 '일촌신청/친구추가/이웃추가' 요청을 수락하지 않는다.
    - 어떤 일/활동을 같이 하자고 당신을 초대하지 않는다.

■ 청소년들이 이러한 집단, 동아리가 어디에서 주로 시간을 보내는지 알아보도록 한다.
- 질문 : 학교에서 이런 집단이나 동아리는 어떻게 찾을 수 있을까요?

- 대답
  - 컴퓨터 마니아는 컴퓨터실에서 주로 시간을 보낸다.
  - 게임 마니아는 비디오게임을 하고 게임 T-셔츠를 자주 입는다.
  - 책 보기 좋아하는 아이들은 도서관에서 주로 시간을 보내고 책 읽고 있는 모습을 쉽게 발견할 수 있다.
  - 미술 마니아는 미술실에서 주로 시간을 보내고 미술 수업을 듣는다.
  - 록음악 광은 밴드에서 연주하고 악기를 들고 다닌다.
  - 스포츠 마니아는 스포츠를 즐겨하고 운동복과 좋아하는 팀의 마크가 부착된 자켓을 자주 입는다.

■ 청소년들이 자신에게 가장 잘 어울리는 집단 혹은 동아리를 2~3개 찾아보도록 한다.

- 치료자 : 우리는 지난 몇 주 동안 여러분이 좋아하는 일에 대한 정보를 교환하는 데 많은 시간을 할애했습니다. 여러분의 흥미를 바탕으로, 여러분과 가장 잘 어울리는 집단이 무엇인지 생각해 보세요. 이제 우리는 돌아가면서, 모두가 각자의 흥미에 따라 자신에게 잘 어울리는 집단을 2~3개 생각해 보도록 하겠습니다.
  - 청소년에게 예전에 이런 동아리 혹은 또래 집단과 함께하려고 노력한 적이 있었는지 질문한다.
    - ■ 만약 그렇다면, 그 청소년이 집단에 받아들여졌다고 생각하는지 질문한다.

■ 만약 청소년이 받아들여졌다고 말한다면, 청소년에게 자신이 받아들여졌는지 여부를 어떻게 알았는지 예를 들어 설명하도록 한다.

■ 치료자는 그 청소년이 집단에 받아들여졌는지 혹은 거부되었는지 평가한다.

■ 거부된 것으로 판단되는 청소년에게는 그 청소년이 잘 어울릴 수 있는 새 집단을 찾도록 피드백을 제공한다.

- 반사회적 집단('일진')을 선택한 청소년에게는 반론을 제기한다.
  - 예 : 자신에게 어울리는 집단으로 '일진'를 찾은 청소년에게 "일진에 가입하기를 선택하는 것은 어떤 문제가 있을까요?"라고 질문함으로써 집단 구성원 모두와 이 문제를 공유한다.
- 청소년들이 '한 집단에서 다른 곳으로 옮겨 다니는 청소년' 혹은 진정한 집단이라고 할 수 없는 '나 혼자의 집단'을 선택하지 않도록 한다.
- 전체 모임 동안 부모님에게 보여 주기 위해 청소년들이 찾아낸 집단을 적도록 한다.
- 만약 집단에 받아들여지지 않는다면, 청소년에게 어떻게 할 것인지 질문한다.
  - 대답 : 당신을 받아들이는 새로운 집단을 찾는다.

과제

- 한 주 동안의 과제를 간단하게 설명한다. 우리는 이번 주에도 다른 청소년들과 전화를 걸어서 이야기를 나누는 것을 통해 대화하는 기술을 계속해서 연습할 것입니다. 이번 주 과제는
  - 다음 주까지 여러분과 잘 어울릴 것 같은 집단에 속한 사람 1명과 정보 교환하기를 연습합니다.
    - 프로그램 시간에 와서 발표할 수 있는 공통된 관심사를 찾습니다.
  - 자신의 흥미에 근거한 학업 외 활동에 등록하고 활동을 시작합니다.
    - 부모님이 청소년에게 집단 목록을 주실 것입니다. 어떤 집단을 선택할지 부모님과 의논합니다.
  - 또 다른 집단 구성원과의 통화를 연습합니다.
    - 최소한 5~10분 동안 통화해야 합니다.
    - 전화를 시작하고 끝내는 각 단계(머리말/꼬리말)를 사용합니다.
    - 프로그램 시간에 발표할 수 있도록 정보를 교환하고 공통된 관심사를 찾아야 합니다.
  - PEERS® 집단에 속하지 않은 사람, 즉 집단 구성원이 아닌 사람과의 통화를 연습합니다.
    - 최소한 5~10분 동안 통화해야 합니다.
    - 편안하게 정보를 교환할 수 있는 친구를 선택합니다.
    - 프로그램 시간에 발표할 수 있도록 공통된 관심사를 찾습니다.
  - 다음 주에 정보 교환하기 활동을 위해 개인 물건을 가지고 옵니다(예 : CD, 잡지, 게임, 책, 그림, 사진).
- 청소년 집단 치료자와 보조 치료자는 일주일의 그룹 내 전화를 배정하고 추후에 참조하기 위해 이를 '부록 F : 집단 구성원들과의 전화 배정표'에 기입한다.
  - 만약에 청소년들의 수가 짝이 맞지 않다면 누군가에게 '이중 의무'를 배정한다.
    - 이 사람은 두 번의 그룹 내 전화를 한다(한 번은 전화 거는 사람, 한 번은 받는 사람).
    - 이 사람은 추가적인 전화를 하는 것을 위해 추가적인 점수를 받는다.

청소년 활동 – 정보 교환하기 : 개인 물건

NOTE : '청소년 활동 가이드' 규칙을 참고한다.

- 청소년들은 2인 1조를 이루어 각자의 개인 물건에 대해 **정보**를 **교환**한다.
- 공유할 물건을 가지고 오지 않은 청소년을 위해 잡지들을 준비해 놓는다.
- 가능하다면 여자는 여자끼리, 남자는 남자끼리 짝을 이루도록 한다.
- 청소년들의 짝이 맞지 않으면 3인 1조를 만든다.
- 청소년들은 **정보 교환**하기에 대해 점수를 받는다.

■ 만약 개인 물건을 가져 오지 않았더라도, 질문을 하면서 **정보 교환**하기에 참여하도록 한다.

부모와 다시 만나기

■ 청소년들에게 부모와 다시 만난다고 공지한다.
- 청소년들은 각자의 부모 곁에 서 있거나 앉아 있도록 한다.
- 다시 만나는 시간이 시작되기 전에, 조용히 하고 그룹에 완전히 집중하도록 한다.

■ 치료자 : 오늘 우리는 적절한 친구를 선택하는 것에 대해 이야기를 나누었습니다. 우리는 학교에 있는 다양한 집단 혹은 동아리에 대해서, 그리고 청소년들이 어떤 집단에 잘 어울릴 수 있을지에 대해서도 이야기 나눴습니다. 우리는 돌아가면서 각자 자신의 흥미에 근거하여, 자신과 잘 어울릴 것 같은 2~3개의 집단을 찾아보았습니다. 이제 돌아가면서 각자가 찾은 집단들에 대해 부모님과 이야기를 나누어 봅시다. 부모님은 청소년들이 선택한 집단, 내용을 메모해 주셔야 합니다.
- 청소년들에게 자신이 선택한 집단, 동아리를 제시하도록 한다.
- 보조 치료자는 청소년들이 잊을 경우를 대비하여 이 회기에 나온 적절한 집단에 대해 기록해 둔다.

■ 치료자 : 청소년들은 오늘 개인 물건을 가지고 정보 교환을 연습했고, 모두 잘 해냈습니다. 박수 쳐 주세요.

■ 다음 주까지의 과제를 확인한다.
- 부모님 앞에서 집단 구성원과의 통화 과제를 읽는다.
- 부모들에게 누가 누구에게 전화하는지 기록하도록 한다.

■ 각각의 가족들이 개별적으로 분리되어서 다음을 협의한다.
- 어떤 또래 그룹과 정보 교환하기를 시도할 것인지.
- 어떤 학업 외 활동에 가입할 것인지.
- 청소년이 집단 외의 어떤 사람과 전화 통화를 할 것인지.
- 다음 주 개인 물건으로 무엇을 가지고 올 것인지.

과제

1. **친구를 사귈 수 있는 곳**
   a. 자녀가 기존에 참여하지 않았던 새로운 집단을 찾고, 그 집단에 속한 한 사람과 **정보를 교환**하도록 돕는다.
      i. **공통의 관심사**를 찾는다.
      ii. 자녀가 적절한 집단을 생각해 낼 수 있도록 돕는다.

b. 부모는 자녀의 흥미에 근거하여 학업 외 활동들에 대해 의논하고 결정한 뒤 이 활동에 참여하기 시작하도록 돕는다.
   i. 바람직한 학업 외 활동은?
      1. 매주 혹은 한 달에 두 번 이상 만난다.
      2. 집단 내 다른 청소년들의 연령대와 자녀의 사회적 연령이 맞는다.
      3. 자녀가 다른 청소년들과 자연스럽게 상호작용할 수 있는 자유 시간이 있어야 한다.
      4. 앞으로 2주 안에 실제 활동이 시작된다.
      5. 부모가 자녀가 집단에 참여하도록 도울 수 있다.

2. **집단 구성원과의 통화**
   a. 전화하기 전에
      i. 회기를 마치고 치료실을 떠나기 전에, 자녀들의 대화기술 연습을 위해 집단의 다른 구성원에게 전화할 수 있도록 약속을 정한다.
      ii. 전화를 하기 위한 날짜와 시간을 정한다.
      iii. 전화를 하는 동안 부모가 어디에 있을 것인지, 부모가 어떤 역할을 할 것인지 협의한다.
      iv. 부모와 자녀가 전화를 시작하고 끝내는 연습을 해야 할 수도 있다.
   b. 전화하는 동안에
      i. 청소년은 전화 통화를 통해 **정보**를 **교환**할 수 있어야 한다.
      ii. 다음 시간에 와서 발표할 수 있는, **공통의 관심사를 찾는다.**
      iii. **머리말/꼬리말** 사용을 포함해서, 전화를 시작하고 끝내는 규칙을 따른다.
   c. 전화하고 난 뒤에
      i. 부모와 자녀가 전화 통화에서 이야기한 것을 확인한다.
         1. **공통의 관심사**
         2. **머리말/꼬리말**
         3. 전화를 어떻게 시작했고, 어떻게 끝났는지
      ii. 부모는 발생할 수 있는 문제에 대해 자녀가 해결책을 찾도록 돕는다.

3. **집단 구성원이 아닌 사람과의 통화**
   a. 전화하기 전에
      i. 부모들은 자녀의 대화기술 연습을 위해 집단 구성원이 아닌 사람에게 전화할 수 있도록 약속을 정한다.
      ii. 자녀가 편안하게 대화할 수 있는 사람을 선택한다.

iii. 전화를 하는 동안 부모가 어디에 있을 것인지 협의한다.

b. 전화하는 동안에

i. 청소년은 전화 통화를 통해 **정보**를 **교환**할 수 있어야 한다.

ii. 다음 시간에 와서 발표할 수 있는, **공통의 관심사를 찾는다.**

iii. **주고받는 대화**의 규칙을 따른다.

iv. **머리말/꼬리말** 사용을 포함해서, 전화를 시작하고 끝내는 규칙을 따른다.

c. 전화하고 난 뒤에

i. 부모와 자녀는 전화 통화에 대해 의견을 나누고 **공통의 관심사**를 확인해야 한다.

ii. 부모는 발생할 수 있는 문제에 대해 자녀가 해결책을 찾도록 돕는다.

4. **개인의 물건을 가져오기**

a. 집단 구성원과 함께 공유할 수 있는, 가장 좋아하는 물건을 가져온다(예 : CD, 잡지, 게임, 책, 그림).

b. 집단 내의 다른 청소년과 1 : 1로 **정보**를 **교환**할 수 있도록 준비해 온다.

점수 계산

매주 다음 점수를 기록한다.

- 각 청소년들이 얻은 점수를 계산한다. 청소년들이 있을 때에 점수를 계산하지 않는다.
- 그룹이 얻은 총 점수를 합산한다.
  - 각각의 혹은 그룹의 총 점수를 밝히지 않는다.
  - 청소년들 사이에서 얻은 점수를 비교하려는 시도를 막는다.
- 더 크고 멋진 졸업 파티를 하기 위해서 청소년들이 그룹으로서 노력해야 한다는 것을 상기시킨다.

청소년 활동 가이드 : 4회기

"정보 교환 : 개인 물건"

필요한 자료

- 청소년이 개인의 물건을 가져온다.
- 음악을 듣기 위한 CD 플레이어와 헤드폰(선택사항)
- 청소년이 개인 물건을 가지고 오는 것을 잊어버릴 것에 대비하여, 함께 볼 수 있는 잡지

를 준비해 둔다.
- 컴퓨터 잡지
- 애니메이션 잡지
- 청소년 잡지
- 스포츠 잡지

규칙

- 둘씩 짝짓는다.
- 개인 물건에 대해 **정보 교환**하기를 연습한다.
- **정보 교환**을 통해 **공통된 관심사**를 확인하도록 독려한다.
- 적절한 시점에 질문하도록 촉진한다.
- 5분마다 청소년끼리 짝을 바꾼다.
  - 가능하다면 여자는 여자끼리, 남자는 남자끼리 짝짓는다.
  - 여자 혹은 남자의 수가 맞지 않을 때는 3인이 짝을 이루도록 한다.
- **정보 교환**하기에 대해 점수를 준다.
- 회기의 마지막 5분 동안은 정보 교환한 내용을 총 정리한다.
  - 청소년들이 돌아가면서 **정보 교환**을 통해 대화한 상대로부터 들은 내용을 기억해 내도록 한다.
  - **공통된 관심사**를 확인한다.
- 정확하게 정보를 회상했을 때만 포인트를 준다.

5회기

07 유머의 적절한 활용

부모 치료자 가이드

부모 회기 가이드 라인

이번 주 교육의 초점은 유머에 대한 것이다. 유머는 아마도 ASD를 가진 많은 사람들에게 있어 매우 두드러지고 분명한 사회성의 결점 가운데 하나일 것이다. ASD를 가진 청소년들은 종종 농담의 핵심 대목이 무엇인지 잘 이해하지 못하는 문제를 가지고 있다(Emerich, Creaghead, Grether, Murray, & Grasha, 2003). Van Bourgondien과 Mesibov는 고기능자폐증을 가진 어른들의 16% 정도는 10대 수준의 농담을 할 수 있지만, 대체로 취학 전 아동 수준의 농담을 말하는 경향이 있다고 보고하고 있다. 이런 문제점에도 불구하고, ASD를 가진 많은 청소년들은 농담하기를 즐긴다. 농담의 적절한 사용을 이 치료에 포함한 이유는 이런 특성들과 더불어 농담을 한 뒤 타인의 반응에 둔감하기 때문이기도 하다.

이번 회기의 내용은 부모 조력형 프로그램의 이점을 강조해서 보여 준다. 유머에 대한 일반적인 유인물을 자녀들에게 주는 것은 효과적이지 않을 가능성이 많다. 부모들이 이 내용을 잘 알게 되면, 자녀가 '부적절한 유머'를 하는 구체적인 예들을 마주치게 될 것이고, 이를 '가르쳐 줄 수 있는 기회'로 삼아 자녀가 쉽게 이해할 수 있게 구체적인 방식으로 개입할 수 있게 될 것이다. 유인물은 부모들과 청소년에게, 청소년의 유머를 판단할 수 있는 공통의 개념을 제공한다. 청소년 회기에서는 청소년이 부모님의 피드백을 사려 깊게 잘 받아들이도록 교육할 것이다.

집단 구성원이 아닌 사람들과의 통화에 대한 보고는 과제 점검에서 중요한 부분이 된다. 청소년과 부모가 전화 상대와 친구 관계를 형성하게 될 가능성을 잘못 판단했을 가능성이 있기 때문이다. 두 번의 통화시도에 대해 응답하지 않는 것, 무례함, 관심을 보이지 않는 것은 모두 친구를 잘못 골랐다는 표시이다. 부모님과 청소년 그룹 치료자는 청소년이 보다 도움이 되는 교우관계로 옮겨갈 수 있도록 이를 세심하게 잘 지적해 내야 한다.

과제 점검

- 집단 구성원과의 통화 및 개인의 물건 가져 오기 과제는 이전 회기보다 **짧게** 점검한다.
- 친구를 사귀는 곳과 집단 구성원이 아닌 사람과의 통화에 과제 점검 시간의 **대부분**을 할애한다.

1. **친구를 사귈 수 있는 곳**
   a. 부모들이 자녀의 흥미에 기반해서 자녀들과 결정한 과외 활동들이 무엇인지 이야기하도록 한다.
      i. 부모님들이 이 활동에 자녀를 등록했는지 확인한다.
   b. 청소년들이 새로운 집단의 청소년들과 **정보 교환**하기를 연습했는지 확인한다.
      i. 그들이 어떤 집단과 **정보**를 **교환**했는지 확인한다.
      ii. 그들이 **공통의 관심사**를 찾았는지 확인한다.
2. **집단 구성원이 아닌 사람과의 통화**
   a. 청소년이 전화 통화에서 **정보**를 **교환**했는지 확인한다.
   b. 부모가 다음과 같은 것들을 이야기하게 한다.
      i. 전화 통화에서 **정보 교환**을 통해 발견한 **공통의 관심사**
      ii. 전화 통화에서 자녀가 사용한 **머리말/꼬리말**
      iii. 자녀가 전화를 어떻게 시작하고 끝맺었는지.
   c. 발생 가능한 문제에 대해 해결법을 의논한다.
      i. 만약 부모님들이 숙제의 어려움을 호소한다면, 다음과 같이 질문한다. 비슷한 문제를 가졌던 분들이 있나요? 그것을 어떻게 해결했나요?
      ii. 치료자가 그 문제를 다루는 법을 조언하기 전에, 우선 다른 부모님들이 의견을 주도록 한다.
3. **집단 구성원과의 통화**
   a. 전화 통화에서 청소년들이 **정보 교환**하기를 했는지 확인한다.
   b. 부모가 다음과 같은 것들을 파악했는지 점검한다.
      i. 전화 통화에서 **정보 교환**을 통해 발견한 **공통의 관심사**

ii. 전화 통화에서 자녀들이 사용한 **머리말/꼬리말**

iii. 자녀가 전화를 어떻게 시작하고 끝맺었는지.

4. **개인의 물건을 가져오기**

a. 집단 구성원과 함께 공유하기 위해 청소년이 가져온, 가장 좋아하는 물건을 확인한다 (예 : CD, 잡지, 게임, 책, 사진, 그림).

b. 적절한 물건을 가져왔을 때만 점수를 준다.

교육 : 유머의 적절한 사용

- 부모용 유인물을 나눠 준다.
- 치료자 : 오늘 자녀들은 적절한 유머를 사용하는 규칙들에 대해 배우게 될 것입니다. 유머는 사람들이 서로 의사소통하는 중요한 방식입니다. 문제는 때때로 자녀들이 유머를 적절하게 사용하지 못해서 사람들을 밀어내 버리고 만다는 것입니다. 친구들을 만들고 유지하려고 할 때 유머를 사용하는 방법에 대한 규칙을 이해하는 것은 중요합니다. 앞으로 몇 주에 걸쳐, 자녀들이 자신의 유머에 대한 다른 사람들의 반응('피드백')에 주의를 기울일 수 있게 도와 주셔야 합니다. 만약 자녀들이 어리석은 유머를 하거나 아무도 재미있다고 생각하지 않는 농담을 던지는 경향이 있다고 생각한다면, 이것을 자녀의 유머에 대해 반응을 보여 주는 기회로 활용하는 것이 특히 중요합니다.
- 부모들이 돌아가면서 부모용 유인물을 읽도록 한다.
- **굵게** 표시된 부분은 부모용 유인물에서 그대로 가져 온 것이다.

유머 사용에 대한 규칙들

- 누군가를 처음 알게 되었을 때에는 진지하게 대해야 한다.
  - **다른 사람들은 당신의 유머감각을 이해하지 못할지 모른다.**
    - **그들을 놀리고 있다고 생각할지도 모른다.**
    - **당신이 이상하다고 생각할 수도 있다.**
  - 일단 당신이 그들을 더 잘 알게 되면 좀 덜 진지해지는 것도 좋다.
- 같은 유머를 반복하지 않는다.
  - **절대로 같은 사람 앞에서 같은 유머를 두 번 이상 하지 않는다.**
  - **사람들이 이미 들은 적 있는 유머를 반복하지 않는다.**
    - 집단 내의 사람들 대다수가 그 농담을 들은 적이 없을지라도 하지 않는다.
      - 예외가 있다면, 그 농담을 들은 적이 있는 누군가가 당신에게 그것을 말해달라고 부탁했을 때이다.
    - **들었던 적이 있는 유머는 재미가 없기 때문이다.**

■ 그것은 농담을 하는 사람이 다른 말할 거리가 없는 것처럼 보이게 한다.

■ 나이에 맞는 유머를 한다.

– **어린아이 같은 유머는 하지 않는다.**

- 식상한 '인사 받기' 유머나, 어린아이 같은 말장난 개그 등의 농담
- 유치한 유머

■ '인신공격성 유머'를 하지 않는다.

– **다른 사람을 희생양으로 삼는 유머는 하지 않는다.**

- 다른 사람의 기분을 상하게 할지 모르기 때문이다.
- 당신이 지각없는 것처럼 보이게 할 수 있다.
- 사람들은 당신과 친구가 되려 하지 않을 것이다.

– **종교, 장애인, 남녀, 외모, 인종에 대한 유머는 하지 않는다.**

- 많은 사람들은 이러한 농담들이 불쾌하다고 여긴다(비록 그들이 농담의 대상이 된 집단에 속하지 않는다 할지라도).
  ■ 당신이 이야기하고 있는 농담의 대상이 되는 사람은 불쾌하지 않다고 할지라도 그걸 옆에서 듣고 있는 이가 화가 날 수도 있다.
  ■ 불쾌한 농담을 하는 것은 나쁜 평판을 얻는 빠른 길이며 사람들은 당신의 친구가 되려 하지 않게 될 것이다.

■ 이해할 수 없는 '자기들만의 유머'를 하지 않는다.

– 자기들만의 유머란 **몇몇 사람들만 이해할 수 있거나, 앞뒤 맥락을 다 설명해야만 이해가 가능하거나, 특정 집단의 친구들만 공감할 수 있는 유머를 말한다.**

– **이해하지 못하는 사람들에게 앞뒤 맥락을 다 설명할 생각이 없다면** 자기들만의 유머를 **하지 않는다.**

- 설명을 해야 하는 농담들은 일반적으로 듣는 사람에게 재미가 없다는 점을 기억한다.

■ '지저분한 유머'는 하지 않는다.

– 지저분한 유머는 **일반적으로 성(性)과 관련되어 있는 경우가 많다.**

- 그런 유머들은 10대들의 나이에 적절하지 않다.

– 지저분한 유머들은 **종종 다른 사람들을 불편하게 하고, 그 유머를 하는 청소년에게 나쁜 평판을 안겨 주기 쉽다.**

■ 유머를 하기에 적절한 때인지 살핀다.

– 적절한 때 : 파티나 모임

– 부적절한 때 : 수업 중, 선생님께서 말씀하실 때, 이동시간(바쁠 때)

- 유머에 대한 반응에 주의를 기울인다.
  - 만약 개그맨(=유머를 말하는 사람)이 되려고 한다면, 다른 사람이 당신을 재미있다고 생각하는지 주의를 기울여야 한다.
    - 재미있다고 생각하지 않는 표시
      - 웃지 않는다.
      - 예의상 웃어 준다.
    - 예의상 웃는다는 것은 실제로 재미있지 않은데 상대에게 공손하게 대하기 위해 웃는 것이다.
  - 웃어야 할지 말아야 할지 혼란스러워하는 것 같다.
  - 유머를 하는 사람이나 또는 유머 자체에 대해 불쾌한 표시를 한다(예 : 눈을 굴린다든가 비꼬는 말을 한다.).
  - 나가 버린다.
  - 당신을 비웃는다.
  - 비웃는 것인지 아니면 함께 웃는 것인지 알아차리는 것이 중요하다.
    - 이를 위해서는 다른 사람이 어떤 반응을 보이는지 살펴야 한다.
      - 단순히 사람들이 웃는지 안 웃는지를 보는 것만으로는 충분히 알 수 없다.

유머에 대한 반응

비웃는 것	함께 웃는 것
웃으면서 눈을 굴린다	가장 재미있는 대목에서 웃으며 미소 짓는다.
다른 사람을 쳐다본 다음 웃는다.	유머 혹은 유머감각을 칭찬한다.
유머가 끝나기 전에 웃는다.	"그거 재미있는데."라고 말하며 웃는다.
웃기 전에 오랜 정적이 있다.	"그 이야기 기억해 두어야겠다."라고 말한다.
"너 재미있네."라고 비꼬듯이 말하며 눈을 굴린다.	"너 재미있다."라고 말하며 미소 짓는다.

- 누군가가 비웃고 있다는 가장 분명한 표시
  - 눈을 굴린다.
  - 비꼬는 투로 말한다.
- 모든 이가 개그맨이 될 필요는 없다는 것을 기억한다.
  - 방청객(=유머를 받아들이는 사람)이 될 수도 있다.
    - 친구들을 웃게 만드는 것보다 친구들과 함께 웃을 수 있는 것이 더 중요하다.

        - 개그맨이 되는 것은 매우 힘들다.
            - 아주 적은 사람들만이 좋은 개그맨이 될 수 있다.
            - 대부분의 사람들은 방청객이 되는 것에 더 재능이 있다.
    - 방청객도 농담을 던질 수 있지만, 자주 그리고 적극적으로 웃기려고 하지는 않는다.

유머에 대한 반응으로 무엇을 할 것인가?

- 만약 사람들이 유머에 대해 비웃는 반응을 보인다면
    - 보다 진지해진다.
    - 개그맨이 되려고 하지 않는다.
    - 방청객이 되려고 노력한다.
- 만약 사람들이 유머에 대한 반응으로 함께 웃는다면
    - 처음으로 어떤 사람과 알게 되었을 때는 좀 더 진지해진다.
    - 유머를 반복하지 않는다.
    - 나이에 맞는 유머만을 한다.
    - 인신공격성 유머를 하지 않는다.
    - 사람들이 이해할 수 없는 자기들만의 유머를 하지 않는다.
    - 지저분한 유머를 하지 않는다.
    - 유머를 던지기에 적절한 때인지를 생각해 본다.
    - 유머에 대한 반응에 주의를 기울인다.

과제

부모 집단 치료자는 과제를 알려 주고, 부모들에게 있을 수 있는 어려운 점들을 논의한다.

1. 유머에 대한 반응
    a. 유머에 대한 반응에 주의를 기울인다.
        i. 청소년들은 사람들이 비웃는 것인지, 함께 웃는 것인지 혹은 전혀 웃지 않는지를 알아차릴 수 있어야 한다.
        ii. 청소년은 부모님과 유머에 대한 반응을 함께 이야기한다.
            1. 청소년과 부모가 함께, 청소년이 개그맨이 되는데 더 소질이 있는지, 방청객이 되는 것이 더 좋을지 판단한다.
2. 친구를 사귈 수 있는 곳
    a. 청소년이 기존에 참여하지 않았던 새로운 집단을 찾아서, 그 집단에 속한 사람과 정보를

교환한다.

i. 공통의 관심사를 찾는다.

ii. 부모님들은 자녀가 적절한 집단들을 생각해 내는 것을 도와야 한다.

b. 부모님들은 자녀들의 관심사에 기초하여 학업 외 활동들을 함께 이야기하고 결정해서 활동들에 등록시키기 시작해야 한다(아직 등록하지 않았다면).

3. 집단 구성원과의 통화
   a. 전화하기 전에
      i. 회기를 마치고 치료실을 떠나기 전에, 자녀들의 대화기술 연습을 위해 집단의 다른 구성원에게 전화할 수 있도록 약속을 정한다.
      ii. 전화를 하기 위한 날짜와 시간을 정한다.
      iii. 전화를 하는 동안 부모가 어디에 있을 것인지, 부모가 어떤 역할을 할 것인지 협의한다.
      iv. 부모와 자녀가 전화를 시작하고 끝내는 연습을 해야 할 수도 있다.
   b. 전화하는 동안에
      i. 청소년은 전화 통화를 통해 정보를 교환할 수 있어야 한다.
      ii. 다음 시간에 와서 발표할 수 있는, 공통의 관심사를 찾는다.
      iii. 머리말/꼬리말 사용을 포함해서, 전화를 시작하고 끝내는 규칙을 따른다.
   c. 전화하고 난 뒤에
      i. 부모와 자녀가 전화 통화에서 이야기한 것을 확인한다.
         1. 공통의 관심사
         2. 머리말/꼬리말
         3. 전화를 어떻게 시작했고, 어떻게 끝났는지
      ii. 부모는 발생할 수 있는 문제에 대해 자녀가 해결책을 찾도록 돕는다.
4. 집단 구성원이 아닌 사람과의 통화
   a. 전화하기 전에
      i. 부모들은 자녀의 대화기술 연습을 위해 집단 구성원이 아닌 사람에게 전화할 수 있도록 약속을 정한다.
      ii. 자녀가 편안하게 대화할 수 있는 사람을 선택한다.
      iii. 전화를 하는 동안 부모가 어디에 있을 것인지 협의한다.
   b. 전화하는 동안에
      i. 청소년은 전화 통화를 통해 정보를 교환할 수 있어야 한다.
      ii. 다음 시간에 와서 발표할 수 있는, 공통의 관심사를 찾는다.
      iii. 주고받는 대화의 규칙을 따른다.

iv. 머리말/꼬리말 사용을 포함해서, 전화를 시작하고 끝내는 규칙을 따른다.

c. 전화하고 난 뒤에

i. 부모와 자녀는 전화 통화에 대해 의견을 나누고 공통의 관심사를 확인해야 한다.

ii. 부모는 발생할 수 있는 문제에 대해 자녀가 해결책을 찾도록 돕는다.

5. 개인의 물건을 가져오기

a. 집단 구성원과 함께 공유할 수 있는, 가장 좋아하는 물건을 가져온다(예 : CD, 잡지, 게임, 책, 그림).

b. 집단 내의 다른 청소년과 1 : 1로 정보를 교환할 수 있도록 준비해 온다.

부모용 유인물 5 : 유머의 적절한 활용

유머 사용에 대한 규칙들

- **누군가를 처음 알게 되었을 때에는 진지하게 대해야 한다.**
  - 다른 사람들은 당신의 유머감각을 이해하지 못할지 모른다.
    - 그들을 놀리고 있다고 생각할지 모른다.
    - 당신이 이상하다고 생각할 수도 있다.
- **같은 유머를 반복하지 않는다.**
  - 절대로 같은 사람 앞에서 같은 유머를 두 번 이상 하지 않는다.
  - 사람들이 이미 들은 적 있는 유머를 반복하지 않는다.
    - 들었던 적이 있는 유머는 재미가 없기 때문이다.
- **나이에 맞는** 유머를 한다.
  - 어린아이 같은 유머는 하지 않는다.
- **'인신공격성 유머'를 하지 않는다.**
  - 다른 사람을 희생양으로 삼는 유머는 하지 않는다.
  - 종교, 장애인, 남녀, 외모, 인종에 대한 유머는 하지 않는다.
- **이해할 수 없는 '자기들만의 유머'를 하지 않는다.**
  - **자기들만의 유머**란 몇몇 사람들만 이해할 수 있거나, 앞뒤 맥락을 다 설명해야만 이해가 가능하거나, 특정 집단의 친구들만 공감할 수 있는 유머를 말한다.
  - 이해하지 못하는 사람들에게 앞뒤 맥락을 다 설명할 생각이 없다면 **자기들만의 유머**를 하지 않는다.
- **'지저분한 유머'는 하지 않는다.**
  - **지저분한 유머**는 일반적으로 성(性)과 관련되어 있는 경우가 많다.
  - **지저분한 유머**들은 종종 다른 사람들을 불편하게 하고, 그 유머를 하는 청소년에게 나쁜 평판을 안겨 주기 쉽다.
- **유머를 하기에 적절한 때인지 살핀다.**
- **유머에 대한 반응에 주의를 기울인다.**
  - 만약 **개그맨**이 되려고 한다면, 다른 사람이 당신을 재미있다고 생각하는지 주의를 기울여야 한다.
    - 재미있다고 생각하지 않는 표시
      - 웃지 않는다.
      - **예의상 웃어 준다.**

- 예의상 웃는다는 것은 실제로 재미있지 않은데 상대에게 공손하게 대하기 위해 웃는 것이다.
  - ■ 웃어야 할지 말아야 할지 혼란스러워하는 것 같다.
  - ■ 유머를 하는 사람이나 또는 유머 자체에 대해 불쾌한 표시를 한다(예 : 눈을 굴린다든지 비꼬는 말을 한다.).
  - ■ 나가 버린다.
  - ■ 당신을 비웃는다.

– 비웃는 것인지 아니면 함께 웃는 것인지 알아차리는 것이 중요하다.
- 이를 위해서는 다른 사람이 어떤 반응을 보이는지 살펴야 한다.
  - ■ 단순히 사람들이 웃는지 안 웃는지를 보는 것만으로는 충분히 알 수 없다.

유머에 대한 반응

비웃는 것	함께 웃는 것
웃으면서 눈을 굴린다	가장 재미있는 대목에서 웃으며 미소 짓는다.
다른 사람을 쳐다본 다음 웃는다.	유머 혹은 유머감각을 칭찬한다.
유머가 끝나기 전에 웃는다.	"그거 재미있는데."라고 말하며 웃는다.
웃기 전에 오랜 정적이 있다.	"그 이야기 기억해 두어야겠다."라고 말한다.
"너 재미있네."라고 비꼬듯이 말하며 눈을 굴린다.	"너 재미있다."라고 말하며 미소 짓는다.

- ■ 모든 이가 **개그맨**(=유머를 말하는 사람)이 될 필요는 없다는 것을 기억한다.
  - – **방청객**(=유머를 받아들이는 사람)이 될 수도 있다.
    - 친구들을 웃게 만드는 것보다 친구들과 **함께** 웃을 수 있는 것이 더 중요하다.
    - **개그맨**이 되는 것은 매우 힘들다.
      - ■ 아주 적은 사람들만이 좋은 **개그맨**이 될 수 있다.
      - ■ 대부분의 사람들은 **방청객**이 되는 것에 더 재능이 있다.
- ■ **방청객**도 농담을 던질 수 있지만 자주 그리고 적극적으로 웃기려고 하지는 않는다.

유머에 대한 반응으로 무엇을 할 것인가?

- ■ 만약 사람들이 **유머에 대해 비웃는 반응**을 보인다면
  - – **보다 진지해진다.**
  - – **개그맨**이 되려고 하지 않는다.

– 방청객이 되려고 노력한다.

■ 만약 사람들이 유머에 대한 반응으로 함께 웃는다면
- 처음으로 어떤 사람과 알게 되었을 때는 좀 더 진지해진다.
- 유머를 반복하지 않는다.
- 나이에 맞는 유머만을 한다.
- 인신공격성 유머를 하지 않는다.
- 사람들이 이해할 수 없는 자기들만의 유머를 하지 않는다.
- 지저분한 유머를 하지 않는다.
- 유머를 던지기에 적절한 때인지를 생각해 본다.
- 유머에 대한 반응에 주의를 기울인다.

과제

1. 유머에 대한 반응
   a. 유머에 대한 반응에 주의를 기울인다.
      i. 청소년들은 사람들이 비웃는 것인지, 함께 웃는 것인지 혹은 전혀 웃지 않는지를 알아차릴 수 있어야 한다.
      ii. 청소년은 부모님과 유머에 대한 반응을 함께 이야기한다.
         1. 청소년과 부모가 함께, 청소년이 개그맨이 되는데 더 소질이 있는지, 방청객이 되는 것이 더 좋을지 판단한다.
2. 친구를 사귈 수 있는 곳
   a. 청소년이 기존에 참여하지 않았던 새로운 집단을 찾아서, 그 집단에 속한 사람과 정보를 교환한다.
   b. 부모님들은 자녀들의 관심사에 기초하여 학업 외 활동들을 함께 이야기하고 결정해서 활동들에 등록시키기 시작해야 한다.
3. 집단 구성원과의 통화
   a. 전화하기 전에
      i. 회기를 마치고 치료실을 떠나기 전에, 자녀들의 대화기술 연습을 위해 집단의 다른 구성원에게 전화할 수 있도록 약속을 정한다.
      ii. 전화를 하기 위한 날짜와 시간을 정한다.
      iii. 전화를 하는 동안 부모가 어디에 있을 것인지, 부모가 어떤 역할을 할 것인지 협의한다.
      iv. 부모와 자녀가 전화를 시작하고 끝내는 연습을 해야 할 수도 있다.

b. 전화하는 동안에
  i. 청소년은 전화 통화를 통해 **정보**를 **교환**할 수 있어야 한다.
  ii. 다음 시간에 와서 발표할 수 있는, **공통의 관심사를 찾는다.**
  iii. **머리말/꼬리말** 사용을 포함해서, 전화를 시작하고 끝내는 규칙을 따른다.
c. 전화하고 난 뒤에
  i. 부모와 자녀가 전화 통화에서 이야기한 것을 확인한다.
    1. **공통의 관심사**
    2. **머리말/꼬리말**
    3. 전화를 어떻게 시작했고, 어떻게 끝났는지
  ii. 부모는 발생할 수 있는 문제에 대해 자녀가 해결책을 찾도록 돕는다.

4. **집단 구성원이 아닌 사람과의 통화**
  a. 전화하기 전에
    i. 부모들은 자녀의 대화기술 연습을 위해 집단 구성원이 아닌 사람에게 전화할 수 있도록 약속을 정한다.
    ii. 자녀가 편안하게 대화할 수 있는 사람을 선택한다.
    iii. 전화를 하는 동안 부모가 어디에 있을 것인지 협의한다.
  b. 전화하는 동안에
    i. 청소년은 전화 통화를 통해 **정보**를 **교환**할 수 있어야 한다.
    ii. 다음 시간에 와서 발표할 수 있는, **공통의 관심사를 찾는다.**
    iii. **주고받는 대화**의 규칙을 따른다.
    iv. **머리말/꼬리말** 사용을 포함해서, 전화를 시작하고 끝내는 규칙을 따른다.
  c. 전화하고 난 뒤에
    i. 부모와 자녀는 전화 통화에 대해 의견을 나누고 **공통의 관심사**를 확인해야 한다.
    ii. 부모는 발생할 수 있는 문제에 대해 자녀가 해결책을 찾도록 돕는다.

5. **개인의 물건을 가져오기**
  a. 집단 구성원과 함께 공유할 수 있는, 가장 좋아하는 물건을 가져온다(예 : CD, 잡지, 게임, 책, 그림).
  b. 집단 내의 다른 청소년과 1 : 1로 **정보**를 **교환**할 수 있도록 준비해 온다.

청소년 치료자 가이드－5회기 : 유머의 적절한 활용

청소년 회기 가이드 라인

집단의 일부 청소년들에게 있어서, 적절하게 유머를 구사하는 것에 대해 배우는 것은 교우관계를 발전시키는 데 매우 중요한 일이 된다. 유치하거나 미숙한 유머를 구사하거나 남들이 이해하지 못하는 농담을 자주 하는 ASD 청소년이라면 특히 더 그렇다. 사회적인 관계에서 거절당하는 많은 청소년들은 종종 그들의 유머에 대해 받는 부정적인 반응을 잘 인식하지 못한다. 이것은 또 다른 거절을 가져 오고, 결국 또래 사이에서 나쁜 평판으로 이어질 수도 있다. 부적절한 유머를 자주 사용하는 청소년들은 종종 또래에게 낯설거나 이상하게 비춰지며, 이것은 단순한 거절에서 그치지 않고, 놀림이나 괴롭히기로 이어질 수 있다. 따라서, 특히 이렇게 거부된 경험을 한 청소년들로 구성된 집단이라면 유머에 대한 반응에 대해 주의를 기울이고 유머를 적절히 사용하는 것에 대해 배우는 것이 매우 필수적이다. 일부 청소년들이 이 핵심 기술을 발달시키지 못하는 것은 PEERS® 프로그램의 성공과 실패를 가르기도 한다. 다시 말해서, PEERS® 교육과정에서의 다른 모든 기술을 성공적으로 익힌다 할지라도 만약 그들이 계속해서 부적절한 유머를 구사할 경우, 계속 또래로부터 거부당하는 경험을 하게 될 것이다.

청소년 집단 치료자에게 가장 어려운 점은 아마 "난 너희와 달라!" 신드롬의 증상의 출현일 것이다. 일부 청소년들은 거듭된 사회적 관계의 실패에도 불구하고 '개그맨(=유머를 말하는 사람)'으로서의 정체성을 고집한다. 이 청소년들은 이러한 역할이 또래 집단에서 더 높은 사회적 위치를 갖는다고 생각하기 때문에 본인들이 개그맨이라고 주장한다. 이들은 '방청객(=유머를 받아들이는 사람)'의 위치가 그들을 더 열등하게 만든다는 잘못된 믿음 때문에 스스로를 방청객으로 간주하는 것을 꺼려한다. 이러한 문제점은 두 가지 방법으로 완화시킬 수 있다. 첫째, 방청객 역할을 하는 사람들은 사회에 많은 도움을 주는 사람들이며 (치료자와 보조 치료자를 포함하여) 대다수의 사람들이 여기 해당된다고 가르쳐 주고, 이를 정상적인 것으로 만드는 것이다. 아울러 성공적인 개그맨이 될 수 있는 사람은 매우 드물다는 것도 알려 준다. 이것은 청소년들이 '체면을 세울 수 있게' 도와줄 것이다. 둘째, 과제의 일부분을 유머에 대한 반응에 주목하는 것에 할애한다. 이는 유머를 말하는 것에 대한 잘못된 생각을 극복할 좋은 기회를 충분히 제공해 줄 것이다. 또한 부모는 또래들로부터 받는 유머에 대한 반응을 알려 주고, 교육에 적절한 시점을 찾아 부모 자신의 반응을 보여 줌으로써 필수적인 역할을 담당하게 될 것이다.

규칙 점검

NOTE : 청소년이 규칙을 따르는 데 많은 어려움이 있을 경우에만 회기 규칙을 다시 검토한다.

1. 다른 그룹 구성원의 말을 경청하기(다른 사람이 이야기할 때 말하지 않기)
2. 지시 따르기
3. 손을 들기(하고 싶은 말이 있을 때)
4. 존중하기(놀리거나 다른 사람을 비웃지 않기)
5. 만지지 않기(때리기, 차기, 밀기, 안기 등 하지 않기)

과제 점검

NOTE : 한 과제당 1점이 아니라, 과제의 부분 요소마다 점수를 준다.

1. **개인의 물건을 가져오기**
   a. 집단 구성원과 공유하기 위해 청소년이 가져온, 좋아하는 물건을 확인한다(예 : CD, 잡지, 게임, 책, 사진).
   b. 적절한 물건을 가지고 왔을 때만 점수를 준다.
   c. 산만해지는 것을 막기 위해, 보조 치료자는 활동이 끝날 때까지 물건들을 멀리 두도록 한다.
2. **친구를 사귈 수 있는 곳**
   a. 청소년들이 새로운 집단의 청소년들과 **정보 교환**하기를 연습했는지 확인한다.
      i. **치료자** : 지난주에 우리는 학교 내에 있는 다양한 집단 또는 동아리에 대해 이야기를 나누었고, 여러분과 가장 잘 어울리는 곳이 어디일지에 대해서도 이야기했습니다. 이번 주 여러분의 과제 중 하나는 이들 집단의 청소년 중 1명과 정보를 교환하는 것이었습니다. 여러분이 적절한 집단의 사람과 정보를 교환하였다면 손을 드세요.
         1. 질문
            a. 어느 집단과 잘 어울린다고 생각했나요?
            b. 그 집단의 누군가와 정보를 교환했나요?
            c. 어느 집단을 선택하였나요?
            d. 공통의 관심사를 찾았나요?
      ii. **치료자** : 다른 과제는 부모님과 함께 공통의 관심사를 갖는 다른 친구들을 만날 수 있는 학업 외 활동을 알아보고, 등록하여 참여하는 것이었습니다. 학업 외 활동을 찾은 사람은 손을 들어 보세요.
         1. 질문
            a. 어떤 학업 외 활동을 선택하였나요?
            b. 활동에 등록하였나요?

c. 집단 내에 비슷한 나이 또래의 다른 청소년들이 있나요?
d. 새로운 친구를 사귀기에 좋은 곳으로 보이나요?

3. **집단 구성원이 아닌 사람과의 통화**
   a. 치료자 : 이번 주 다른 과제는 PEERS® 집단 구성원이 아닌 다른 누군가와 전화 통화로 정보를 교환하는 것이었습니다. 집단 구성원이 아닌 사람과 전화 통화를 하였다면 손을 드세요.
      i. 전화하기를 완수한 청소년부터 호명한다.
      ii. 질문
         1. 누구와 이야기했나요?
         2. 대화는 어떻게 시작했나요?
         3. 정보를 교환했나요?
         4. 공통의 관심사를 찾았나요?
            a. 만약에 그들이 공통의 관심사를 알아냈다면, 다음과 같이 질문한다. 만약에 여러분들이 만나서 시간을 함께 보내게 되면 그 정보를 어떻게 이용할 수 있을까요?
         5. 대화를 어떻게 끝냈나요?
      iii. "전화하기는 어땠나요?"와 같은 일반적인 질문은 피한다.
   b. 발생 가능한 문제에 대해 해결법을 의논한다.
      i. 청소년이 잘못된 대답을 할 경우, 질문한다. 다음에는 어떻게 다르게 말할 수 있을까요? 혹은 전화를 끊을 때 어떻게 했으면 좋았을까요?
   c. 시간이 있다면, 과제를 완성하지 못한 청소년들을 확인하고 이번 주에는 어떻게 과제를 완수할 수 있을지 해결법을 논의한다.
4. **집단 구성원과의 통화**
   a. 치료자 : 이번 주 여러분의 마지막 과제는 집단의 다른 구성원과 전화 통화로 정보를 교환하는 것입니다. 전화를 하였다면 손을 드세요.
      i. 전화하기를 완수한 청소년부터 호명한다.
      ii. 질문
         1. 누구와 이야기를 나누었나요?
         2. 누가 누구에게 전화를 했나요?
         3. 정보를 교환했나요?
         4. 공통의 관심사를 찾았나요?
            a. 만약에 그들이 공통의 관심사를 알아냈다면, 다음과 같이 질문한다. 만약에 여러분들이 만나서 시간을 함께 보내게 된다면 그 정보를 어떻게 이용할 수 있을까요?
      iii. "전화하기는 어땠나요?"와 같은 일반적인 질문은 피한다.

iv. 전화하기에 참여한 또 다른 사람이 있다면 바로 다음에 설명하도록 한다. 단, 동시에 발표하게 하지는 않는다.

1. 다른 사람이 한 실수에 대해 이야기하는 것은 허용하지 않는다.

b. 발생 가능한 문제에 대해 해결법을 의논한다.

i. 청소년이 잘못된 대답을 할 경우, 질문한다. 다음에는 어떻게 다르게 말할 수 있을까요? 혹은 전화를 끊을 때 어떻게 했으면 좋았을까요?

c. 과제를 완성하지 못한 청소년들을 확인하고 이번 주에는 어떻게 과제를 완수할 수 있을지 해결법을 논의한다.

교육 : 유머 사용에 대한 규칙들

설명 : 오늘 우리는 유머의 적절한 사용에 관해 이야기할 예정입니다. 유머는 서로 의사소통을 하는 중요한 방법 중에 하나입니다. 하지만 문제는 때때로 사람들이 적절하게 유머를 사용하지 않고, 결국 사람들로부터 멀어지게 된다는 것입니다. 그래서 친구를 사귀고 유지하고자 할 때, 유머를 사용하는 것에 대한 규칙을 이해하는 것이 중요합니다.

- **누군가를 처음 알게 되었을 때에는 진지하게 대해야 한다.**
  - 치료자 : 유머를 적절하게 사용하는 첫 번째 규칙은, 누군가를 **처음** 알게 되었을 때에는 진지하게 대해야 한다는 것입니다. 우리가 누군가를 **처음** 알게 되었을 진지하게 대해야 하는 이유는 무엇일까요?
    - 대답 : 상대가 당신의 유머감각을 이해하지 못할 수 있다.
      - 그들을 놀리고 있다고 생각할지도 모른다.
      - 당신이 이상하다고 생각할 수 있다.
  - 질문 : 누군가를 잘 알게 되었다면, 덜 진지해지는 것은 괜찮을까요?
    - 대답 : 예.
- **같은 유머를 반복하지 않는다.**
  - 절대로 같은 사람 앞에서 같은 유머를 두 번 이상 하지 않는다.
  - 사람들이 이미 들은 적 있는 유머를 반복하지 않는다.
  - 치료자 : 유머를 적절히 사용하는 다른 규칙은 이미 그것을 들었던 사람에게 그 유머를 반복하지 않는 것입니다. 우리는 왜 같은 유머를 반복하지 않아야 할까요?
    - 대답 : 들었던 적이 있는 유머는 재미가 없기 때문이다.
    - 이것은 집단 안에 있는 사람들 대부분이 그 농담을 못 들었다 해도 마찬가지이다.
      - 농담을 이미 들었던 사람이 그 농담을 다시 해 보라고 요청할 경우는 예외이다.

- ■ 이렇게 하면 **개그맨**에게 다른 소재가 없는 것처럼 보이게 한다.

■ **나이에 맞는** 유머를 한다.

- 어린아이 같은 유머는 하지 않는다.
  - 식상한 '인사 받기' 유머나, 어린아이 같은 말장난 개그 등의 농담
  - 유치한 유머
- 치료자 : 나이에 맞는 유머를 하는 것은 중요합니다. 이는 청소년은 어린아이 같은 인사 받기 농담 또는 정말 유치한 유머를 하지 말아야 한다는 것을 의미합니다. 왜 나이에 맞는 유머를 해야 할까요?
  - 대답 : 친구들은 어린아이 같은 농담을 재미있다고 생각하지 않을 것이기 때문이다.

■ **'인신공격성 유머'를 하지 않는다.**

- 다른 사람을 희생양으로 삼는 유머는 하지 않는다.
- 치료자 : 유머의 적절한 사용에 관한 다른 규칙은 인신공격성 유머를 하지 않는 것입니다. 이것은 다른 사람을 놀리는 농담입니다. 인신공격성 유머를 하였을 때 어떤 문제가 있을까요?
  - 대답 : 다른 사람의 감정을 상하게 할 것이다.
- 종교, 장애인, 남녀, 외모, 인종에 대한 유머는 하지 않는다.
  - 치료자 : 이것은 예를 들면, 다른 사람의 종교, 장애, 남녀, 외모, 인종을 놀리는 농담을 포함합니다. 왜 다른 사람의 종교, 장애, 남녀, 외모, 인종을 놀리는 인신공격성 농담을 하지 말아야 할까요?
    - ■ 대답 : 그런 농담을 하면 많은 사람들이 공격을 받았다고 생각한다(실제 농담의 대상이 되는 집단이 아닐지라도 마찬가지이다.). 당신을 이상하게 생각할 것이다. 사람들이 당신과 친구가 되기를 원하지 않을 것이다.
      - 당신의 농담을 직접 들은 사람이 공격받았다고 느끼지는 않을지라도, 그 농담을 우연히 들은 어떤 사람은 불쾌할 수 있다.
- **인신공격성 농담**을 하는 것은 나쁜 평판을 얻고 사람들이 당신의 친구가 되지 못하게 하는, 가장 확실하고 빠른 방법이다.

■ **이해할 수 없는 '자기들만의 유머'를 하지 않는다.**

- 치료자 : 유머를 적절하게 사용하기 위한 또 다른 규칙은 이해할 수 없는 '자기들만의 유머'를 하지 않는 것입니다. 자기들만의 유머는 오직 몇몇 사람만이 이해할 수 있는 유머입니다. 이는 앞뒤의 상황을 다 알아야만 알아들을 수 있는 것이며, 특정한 사람들 사이에서만 공유되는 것입니다. 그 유머의 뜻을 모르는 사람에게 자기들만의 농담을 하는 것은 무슨 문제가 있을까요?
  - 대답 : 유머의 뜻을 모르는 사람들은 소외받는 느낌을 받을 것이다.
- 설명 : 자기들만의 농담을 하게 되면, 맥락을 이해하지 못하는 사람들에게는 그 유머가 무슨 뜻인지 설명을 해 주어야 합니다. 그러나 설명해야만 하는 농담은 대체로 듣는 이에게 재미가 없다는

것을 기억하세요.

- **'지저분한 유머'는 하지 않는다.**
  - 치료자 : 유머에 대한 또 다른 중요한 규칙은 지저분한 농담을 하지 않는 것입니다. 지저분한 농담은 성이나 다른 사람의 신체 일부 또는 신체 기능에 대한 것이며, 이것은 청소년에게 적합하지 않습니다. 지저분한 유머의 문제점은 무엇일까요?
    - 대답 : **지저분한 유머**는 다른 사람을 불편하게 하고 당신의 평판을 나쁘게 할 수 있다.
- **유머를 하기에 적절한 때인지 살핀다.**
  - 치료자 : 유머를 하기에 적절한 시기인지 부적절한 시기인지 고려하는 것 또한 중요합니다. 왜 농담할 때 시기에 대해 생각하는 것이 중요할까요?
    - 대답 : 부적절한 시기에 말하면, 농담이 재미없기 때문이다.
      - 적절한 시기 : 파티, 모임
      - 부적절한 시기 : 수업 도중 선생님이 말하고 있을 때, 빨리 이동해야 할 때(즉, 사람들이 바쁠 때)
- **유머에 대한 반응에 주의를 기울인다.**
  - 만약 **개그맨**이 되려고 한다면, 다른 사람이 당신을 재미있다고 생각하는지 주의를 기울여야 한다.
  - 치료자 : 유머를 하는 것은 실제로 매우 어려우며, 대부분의 사람들은 시도조차 하지 않습니다. 그러나 여러분이 유머를 한다면, 유머에 대한 반응에 주의를 기울일 필요가 있습니다. 유머에 대한 반응은 어떤 사람이 여러분이 농담을 한 뒤에 다른 사람이 보여 주는 반응입니다. 왜 유머에 대한 반응에 주의를 기울이는 것이 중요할까요?
    - 대답 : 만약 사람들이 재미있다고 생각하지 않는다면, 당신은 유머를 구사하지 않는 것이 낫기 때문이다. 당신이 유머를 하는 데 아무도 당신이 재미있다고 생각하지 않는다면, 결국 당신은 사람들로부터 멀어지게 될 것이다. 그들은 당신이 이상하거나 낯설다고 생각할지도 모르고, 당신의 친구가 되고 싶어 하지 않을 것이다.
  - 치료자 : 여러분의 농담에 대한 반응에 주의를 기울일 때 당신이 알아차려야 할 것 중 하나는 다른 사람이 당신이 재미있다고 생각하는가 하는 것입니다.
  - 재미있다고 생각하지 않는 표시
    - 웃지 않는다.
    - 예의상 웃어 준다.
      - **예의상 웃는다는 것은 실제로 재미있지 않은데 상대에게 공손하게 대하기 위해 웃는 것이다.**

- **웃어야 할지 말아야 할지 혼란스러워하는 것 같다.**
- **유머를 하는 사람이나 또는 유머 자체에 불쾌한 표시를 한다(예 : 눈을 굴린다든지 비꼬는 말을 한다.).**
- **나가 버린다.**
- **당신을** 비웃는다.

– 치료자 : 유머에 대한 반응에 주목하는 가장 좋은 방법 중 하나는 여러분을 비웃는지 여러분과 함께 웃는지를 알아차리는 것입니다. 이를 위해서, 여러분은 다른 사람의 반응을 잘 보아야 합니다. 단지 그들이 웃는지 안 웃는지 소리를 듣는 것만으로는 여러분이 반응을 알아차리기에 충분하지 않습니다.

■ 질문 : 누군가 비웃는지 아니면 함께 웃는 것인지 어떻게 알 수 있을까요? (아래 표 참고)

비웃는 것	함께 웃는 것
웃으면서 눈을 굴린다	가장 재미있는 대목에서 웃으며 미소 짓는다.
다른 사람을 쳐다본 다음 웃는다.	유머 혹은 유머감각을 칭찬한다.
유머가 끝나기 전에 웃는다.	"그거 재미있는데."라고 말하며 웃는다.
웃기 전에 오랜 정적이 있다.	"그 이야기 기억해 두어야겠다."라고 말한다.
"너 재미있네."라고 비꼬듯이 말하며 눈을 굴린다.	"너 재미있다."라고 말하며 미소 짓는다.

■ 누군가가 **비웃고 있다**는 가장 분명한 표시

– 눈을 굴린다.

– 비꼬는 투로 말한다.

■ 치료자 : **모든 사람이 개그맨이 될 필요는 없다는 것을 기억하세요. 여러분은 방청객이 될 수도 있습니다. 무엇보다도, 여러분이 친구를 웃게 하는 것보다 친구와 함께 웃을 수 있는 것이 더욱 중요합니다.**

– **개그맨**이 되는 것은 매우 힘들다.

- 아주 적은 사람들만이 좋은 **개그맨**이 될 수 있다.
- 대부분의 사람들은 **방청객**이 되는 것에 더 재능이 있다.

– **방청객**도 농담을 던질 수 있지만, 자주 그리고 적극적으로 웃기려고 하지는 않는다.

– [치료자 자신도 역시 **방청객**이라는 사실을 알려 주면서, 매우 적은 사람만이 성공적인 **개그맨**이며 대부분의 청소년들은 좀 더 성공적인 **방청객**이 될 수 있다고 설명해 주는 것이 도움이 된다. 또한 **방청객**이 되는 것도 친구들과 함께 웃고 즐기는 역할을 하는 것이기 때문에 똑같이 즐거운 일이라는 점을 이야기해 준다.]

- 치료자 : 어떤 사람은 유머를 별로 편안해 하지 않으며, 농담하는 사람들과 어울리지 않고 싶어 합니다. 이런 사람들은 개그맨도 방청객도 아닙니다. 그러나 사람들은 때때로 유머를 하고 싶어 합니다. 이럴 때에도 우리는 예의 있게 행동해야 하고, 적절할 때 예의상 웃어 주기라도 하는 것이 좋다는 것을 기억해야만 합니다. 왜 예의상 웃어 주는 것이 중요할까요?
  - 대답 : 그것이 예의에 맞는 것이고, 다른 사람을 당황스럽게 만들면 안 되기 때문이다.
- 치료자 : 만약 여러분이 유머가 편안하지 않은 사람이라면, 교우관계는 선택이라는 것을 기억하세요. 불편하다면 개그맨과 꼭 친구를 해야만 하는 것은 아닙니다.

유머에 대한 반응으로 무엇을 할 것인가?

다음을 설명한다.

- 만약 사람들이 **유머에 대해 비웃는 반응**을 보인다면
  - **보다 진지해진다.**
  - **개그맨**이 되려고 하지 않는다.
  - **방청객**이 되려고 노력한다.
- 만약 사람들이 **유머에 대한 반응으로 함께 웃는다면**
  - **유머를 반복하지 않는다.**
  - **나이에 맞는 유머만을 한다.**
  - **인신공격성 유머를 하지 않는다.**
  - **사람들이 이해할 수 없는 자기들만의 유머를 하지 않는다.**
  - **유머를 던지기에 적절한 때인지를 생각해 본다.**
  - **유머에 대한 반응에 주의를 기울인다.**
- 돌아가면서 스스로를 **개그맨**이라고 하는 게 나을지 **방청객**이라고 하는 게 나을지 이야기해 보게 한다.
  - 스스로를 **방청객**이라고 하는 청소년들을 칭찬한다.
  - **개그맨**이라고 생각하는 청소년들에게는 그 근거가 무엇인지를 물어 본다. 즉, 자신이 경험한 유머에 대한 반응을 묘사해 보고, 이것이 비웃은 것이 아니라 함께 웃는 것이었다는 자세한 근거를 이야기하도록 한다.
    - **개그맨**이 되는 것은 매우 어려우며, **유머에 대한 반응**에 세심한 주의를 기울여야 함을 상기시킨다.
    - 부모가 역시 유머에 대한 반응을 해 주게 될 것이라는 사실을 알려 준다.
- 다음 주에 **유머에 대한 반응**을 보고하고 함께 살펴보게 될 것이라는 것을 알려 준다.

행동 연습

- 돌아가면서 청소년들이 유머에 대한 반응에 주목하기를 연습하게 한다.
  - 치료자 : 이제 우리는 유머에 대한 반응에 주목하기를 연습할 것입니다. 유머에 대한 반응에 주목하는 방법 중에 가장 중요한 것은 다른 사람의 반응을 **주의 깊게 잘 보는** 것임을 기억하세요. 그 사람들이 웃는지 안 웃는지를 듣는 것만으로는 충분하지 않습니다. 왜냐하면 그들은 눈을 굴리고 있거나 얼굴을 찌푸리고 있을 수도 있기 때문입니다.
  - 두 가지 다른 상황에서 각 청소년이 같은 인사 받기 농담을 치료자에게 하도록 한다.
    - 치료자 : 우리는 돌아가면서 서로에게 같은 인사 받기 농담을 두 번씩 할 것입니다. 이 농담은 진짜로 재미가 있기 때문에 하는 것은 아닙니다. 이것은 여러분의 나이에 적절하지 못한 유머의 좋은 예입니다. 우리가 이 유머를 사용하는 이유는, 이것이 단순하기 때문에 여러분이 유머에 대한 반응에 주목할 수 있는 충분한 시간을 줄 수 있기 때문입니다.
    - 모든 청소년은 같은 농담을 사용하도록 한다. 그렇게 하지 않으면 집단은 통제하기 어려워질 것임을 기억한다.
- 예 :

  청소년 : (아래 쪽을 가리키며) "어? 여기 땅에 돈 떨어졌다."

  청소년 집단 치료자 : (고개를 숙이고 아래를 쳐다보며 돈을 찾는 듯이) "응? 어디?"

  청소년 : "인사 잘 하신다~"

    - 연습하는 청소년은 나머지 집단 구성원들이 보고 있는 동안, 치료자에게 이 농담을 시연하게 한다.
      - 모든 청소년이 농담에 대한 치료자의 반응을 주의 깊게 잘 보도록 독려한다.
    - 치료자는 연습 전체에 걸쳐 **비웃는 것**(예 : 웃기는 하지만, 바로 눈을 굴리거나 얼굴을 찌푸림)과 **함께 웃는 것**(예 : 웃으며 미소 짓기)을 무작위로 번갈아 가며 반응한다.
    - 연습의 첫 번째 단계에서 청소년이 눈을 감은 채로 농담을 하고, 유머에 대한 반응에 주목하게 한다.
      - 농담이 끝나고 치료자가 반응을 한 다음, 청소년이 **유머에 대한 반응**을 해석해 보게 한다.
        - 치료자 : 자, 이제 눈을 뜨세요. 내가 비웃었다고 생각하는지, 함께 웃었다고 생각하는지 말해 주세요.
      - 청소년이 답을 추측하게 하고, (눈을 뜨고 있었던) 나머지 청소년들도 **유머에 대한 반응**을 해석해 보게 한다.
      - 치료자는 청소년들에게 대답이 맞았는지 틀렸는지 말해 준다.

- 두 번째 단계에서는 앞에 나온 청소년이 눈을 뜨고 치료자를 보는 상태에서 농담을 하고, **유머에 대한 반응**에 주목하게 한다.
  - ■ 농담이 끝나면 치료자는 반응을 해 주고, 청소년에게 **유머에 대한 반응**을 해석하게 한다.
    - 치료자 : 자, 이제 내가 비웃었다고 생각하는지, 함께 웃었다고 생각하는지 말해 주세요.
  - ■ 청소년이 답을 추측하게 하고, (눈을 뜨고 있었던) 나머지 청소년들도 **유머에 대한 반응**을 해석해 보게 한다.
  - ■ 치료자는 청소년들에게 대답이 맞았는지 틀렸는지 말해 준다.
  - ■ 그다음으로 연습했던 청소년에게 **유머에 대한 반응**을 해석하는 데 어떤 방법이 더 쉬웠었는지 물어 본다.
  - ■ 질문 : 유머에 대한 반응을 알아차리기에, 눈을 뜬 것 감은 것 중에 어떤 쪽이 더 쉬웠나요?
    - 대답 : 눈을 뜬 것이 더 쉬웠다.
- 이 연습에서 청소년들은 눈을 감았을 때 **유머에 대한 반응**을 해석하기가 더 어려울 것이다.
  - ■ 일부 청소년들은 농담을 하려고 하거나 반항을 하려고 할 것이다. 즉, 눈을 감은 상태가 더 쉽다고 말할 것이다.
  - ■ 청소년과의 논쟁에 말려들지 말아야 한다. 그 대신 집단에게 이 문제를 던지는 것이 좋다. 무엇이라고 생각하나요? 일반적으로 눈을 뜨거나 감는 것 중 무엇이 유머에 대한 반응을 알아차리기에 더 쉬울까요?
  - ■ 집단은 대부분 "눈을 뜬 상태가 더 쉽다."고 말할 것이며, 이는 충분한 또래의 압력으로 작용하여, 반항하려는 청소년을 포기시키게 될 것이다.

– 이 연습의 목적은 눈맞춤을 하고 다른 사람의 반응을 잘 보는 것이 필요하다는 것을 청소년들에게 보여 주기 위한 것이다.
  - 다른 사람의 반응을 주의 깊게 잘 보지 않으면, **유머에 대한 반응**을 놓칠 수 있다.

과제

■ 한 주 동안의 과제를 간단하게 설명한다. 우리는 이번 주에도 다른 청소년들과 전화를 걸어서 이야기를 나누는 것을 통해 대화하는 기술을 계속해서 연습할 것입니다. 이번 주 과제는

– 다음 주까지 여러분과 잘 어울릴 것 같은 집단에 속한 사람 1명과 **정보 교환**하기를 연습합니다.
  - 프로그램 시간에 와서 발표할 수 있는 **공통된 관심사를 찾습니다.**

– 자신의 흥미에 근거한 학업 외 활동에 등록하고 활동을 시작합니다.
  - 부모님이 청소년에게 집단 목록을 주실 것입니다. 어떤 집단을 선택할지 부모님과 의논합니다.

- 또 다른 집단 구성원과의 통화를 연습합니다.
  - 최소한 5~10분 동안 통화해야 합니다.
  - 전화를 시작하고 끝내는 각 단계(머리말/꼬리말)를 사용합니다.
  - 프로그램 시간에 발표할 수 있도록 정보를 교환하고 공통된 관심사를 찾아야 합니다.
- PEERS® 집단에 속하지 않은 사람, 즉 집단 구성원이 아닌 사람과의 통화를 연습합니다.
  - 최소한 5~10분 동안 통화해야 합니다.
  - 편안하게 정보를 교환할 수 있는 친구를 선택합니다.
  - 프로그램 시간에 발표할 수 있도록 공통된 관심사를 찾습니다.
- 다음 주에 정보 교환하기 활동을 위해 개인 물건을 가지고 옵니다(예 : CD, 잡지, 게임, 책, 그림, 사진).
- 이번 주 농담을 하였다면, 유머에 대한 반응을 살핍니다.
  - 사람들이 비웃었는지, 함께 웃었는지 알아차립니다.
  - 자신이 개그맨에 가까운지, 방청객에 가까운지 결정합니다.

■ 청소년 집단 치료자와 보조 치료자는 일주일의 그룹 내 전화를 배정하고 추후에 참조하기 위해 이를 '부록 F : 집단 구성원들과의 전화 배정표'에 기입한다.
- 만약에 청소년들의 수가 짝이 맞지 않다면 누군가에게 '이중 의무'를 배정한다.
  - 이 사람은 두 번의 그룹 내 전화를 한다(한 번은 전화 거는 사람, 한 번은 받는 사람).
  - 이 사람은 추가적인 전화를 하는 것을 위해 추가적인 점수를 받는다.

청소년 활동 – 정보 교환하기 : 개인 물건

NOTE : '청소년 활동 가이드' 규칙을 참고한다.

■ 청소년들은 2인 1조를 이루어 각자의 개인 물건에 대해 **정보**를 **교환**한다.

■ 공유할 물건을 가지고 오지 않은 청소년을 위해 잡지들을 준비해 놓는다.

■ 가능하다면 여자는 여자끼리, 남자는 남자끼리 짝을 이루도록 한다.

■ 청소년들의 짝이 맞지 않으면 3인 1조를 만든다.

■ 청소년들은 **정보 교환**하기에 대해 점수를 받는다.

■ 만약 개인 물건을 가져 오지 않았더라도, 질문을 하면서 **정보 교환**하기에 참여하도록 한다.

부모와 다시 만나기

- 청소년들에게 부모와 다시 만난다고 공지한다.
  - 청소년들은 각자의 부모 곁에 서 있거나 앉아 있도록 한다.
  - 다시 만나는 시간이 시작되기 전에, 조용히 하고 그룹에 완전히 집중하도록 한다.
- 치료자 : 오늘 우리는 대화에서 유머를 적절히 사용하는 기술에 대해 이야기하였고, 유머에 대한 반응에 주의를 기울이는 것을 공부했습니다. 누가 적절한 유머의 사용에 필요한 규칙들을 말해 줄 수 있나요? [청소년들이 모든 규칙을 이야기하도록 한다. 필요하다면 촉진해 줄 준비를 한다.]
  - **누군가를 처음 알게 되었을 때에는 진지하게 대해야 한다.**
  - **같은 유머를 반복하지 않는다.**
  - **나이에 맞는 유머를 한다.**
  - **인신공격성 유머를 하지 않는다.**
  - **이해할 수 없는 자기들만의 유머를 하지 않는다.**
  - **지저분한 유머는 하지 않는다.**
  - **유머를 하기에 적절한 때인지 살핀다.**
  - **유머에 대한 반응에 주의를 기울인다.**
    - 비웃는 것인지 아니면 함께 웃는 것인지를 알아차리는 것이 중요하다.
  - 모든 이가 **개그맨**이 될 필요는 없다는 것을 기억한다.
    - **방청객**이 될 수도 있다.
    - 치료자 : 청소년들은 오늘 개인 물건을 가지고 정보 교환을 연습했고, 모두 잘 해냈습니다. 박수 쳐 주세요.
- 다음 주까지의 과제를 확인한다(아래를 보세요.).
  - 부모님 앞에서 집단 구성원과의 통화 과제를 읽는다.
  - 부모들에게 누가 누구에게 전화하는지 기록하도록 한다.
- 각각의 가족들이 개별적으로 분리되어서 다음을 협의한다.
  - 어떤 또래 그룹과 정보 교환하기를 시도할 것인지.
  - 어떤 학업 외 활동에 가입할 것인지.
  - 청소년이 집단 외의 어떤 사람과 전화 통화를 할 것인지.
  - 다음 주 개인 물건으로 무엇을 가지고 올 것인지.

과제

1. **유머에 대한 반응**
   a. **유머에 대한 반응**에 주의를 기울인다.
      i. 청소년들은 사람들이 **비웃는 것인지, 함께 웃는 것인지** 혹은 전혀 웃지 않는지를 알아차릴 수 있어야 한다.
      ii. 청소년들은 부모님과 **유머에 대한 반응**을 함께 이야기한다.
         1. 청소년과 부모가 함께, 청소년이 **개그맨**이 되는 데 더 소질이 있는지, **방청객**이 되는 것이 더 좋을지 판단한다.
2. **친구를 사귈 수 있는 곳**
   a. 청소년이 기존에 참여하지 않았던 새로운 집단을 찾아서, 그 집단에 속한 사람과 **정보를 교환**한다.
   b. 부모들은 자녀들의 관심사에 기초하여 학업 외 활동들을 함께 이야기하고 결정해서 활동들에 등록시키기 시작해야 한다.
3. **집단 구성원과의 통화**
   a. 전화하기 전에
      i. 회기를 마치고 치료실을 떠나기 전에, 자녀들의 대화기술 연습을 위해 집단의 다른 구성원에게 전화할 수 있도록 약속을 정한다.
      ii. 전화를 하기 위한 날짜와 시간을 정한다.
      iii. 전화를 하는 동안 부모가 어디에 있을 것인지, 부모가 어떤 역할을 할 것인지 협의한다.
      iv. 부모와 자녀가 전화를 시작하고 끝내는 연습을 해야 할 수도 있다.
   b. 전화하는 동안에
      i. 청소년은 전화 통화를 통해 **정보**를 **교환**할 수 있어야 한다.
      ii. 다음 시간에 와서 발표할 수 있는, **공통의 관심사를 찾는다.**
      iii. **머리말/꼬리말** 사용을 포함해서, 전화를 시작하고 끝내는 규칙을 따른다.
   c. 전화하고 난 뒤에
      i. 부모와 자녀가 전화 통화에서 이야기한 것을 확인한다.
         1. **공통의 관심사**
         2. **머리말/꼬리말**
         3. 전화를 어떻게 시작했고, 어떻게 끝났는지
      ii. 부모는 발생할 수 있는 문제에 대해 자녀가 해결책을 찾도록 돕는다.
4. **집단 구성원이 아닌 사람과의 통화**

a. 전화하기 전에
   i. 부모들은 자녀의 대화기술 연습을 위해 집단 구성원이 아닌 사람에게 전화할 수 있도록 약속을 정한다.
   ii. 자녀가 편안하게 대화할 수 있는 사람을 선택한다.
   iii. 전화를 하는 동안 부모가 어디에 있을 것인지 협의한다.
b. 전화하는 동안에
   i. 청소년은 전화 통화를 통해 **정보**를 **교환**할 수 있어야 한다.
   ii. 다음 시간에 와서 발표할 수 있는, **공통의 관심사를 찾는다.**
   iii. **주고받는 대화**의 규칙을 따른다.
   iv. **머리말/꼬리말** 사용을 포함해서, 전화를 시작하고 끝내는 규칙을 따른다.
c. 전화하고 난 뒤에
   i. 부모와 자녀는 전화 통화에 대해 의견을 나누고 **공통의 관심사**를 확인해야 한다.
   ii. 부모는 발생할 수 있는 문제에 대해 자녀가 해결책을 찾도록 돕는다.

5. **개인의 물건을 가져오기**
   a. 집단 구성원과 함께 공유할 수 있는, 가장 좋아하는 물건을 가져온다(예 : CD, 잡지, 게임, 책, 그림).
   b. 집단 내의 다른 청소년과 1 : 1로 **정보**를 **교환**할 수 있도록 준비해 온다.

점수 계산

매주 다음 점수를 기록한다.

- 각 청소년들이 얻은 점수를 계산한다. 청소년들이 있을 때에 점수를 계산하지 않는다.
- 그룹이 얻은 총 점수를 합산한다.
  – 각각의 혹은 그룹의 총 점수를 밝히지 않는다.
  – 청소년들 사이에서 얻은 점수를 비교하려는 시도를 막는다.
- 더 크고 멋진 졸업 파티를 하기 위해서 청소년들이 그룹으로서 노력해야 한다는 것을 상기시킨다.

청소년 활동 가이드 : 5회기

"정보 교환 : 개인 물건"

필요한 자료

- 청소년이 개인의 물건을 가져온다.
- 음악을 듣기 위한 CD 플레이어와 헤드폰(선택사항)
- 청소년이 개인 물건을 가지고 오는 것을 잊어버릴 것에 대비하여, 함께 볼 수 있는 잡지를 준비해 둔다.
  - 컴퓨터 잡지
  - 애니메이션 잡지
  - 청소년 잡지
  - 스포츠 잡지

규칙

- 둘씩 짝짓는다.
- 개인 물건에 대해 **정보 교환**하기를 연습한다.
- **정보 교환**을 통해 **공통된 관심사**를 확인하도록 독려한다.
- 적절한 시점에 질문하도록 촉진한다.
- 5분마다 청소년끼리 짝을 바꾼다.
  - 가능하다면 여자는 여자끼리, 남자는 남자끼리 짝짓는다.
  - 여자 혹은 남자의 수가 맞지 않을 때는 3인이 짝을 이루도록 한다.
- **정보 교환**하기에 대해 점수를 준다.
- 회기의 마지막 5분 동안은 정보 교환한 내용을 총 정리한다.
  - 청소년들이 돌아가면서 **정보 교환**을 통해 대화한 상대로부터 들은 내용을 기억해 내도록 한다.
  - **공통된 관심사**를 확인한다.
- 정확하게 정보를 회상했을 때만 포인트를 준다.

6회기

08

또래 관계에 들어가기 I – 대화에 들어가기

부모 치료자 가이드

부모 회기 가이드 라인

청소년들이 어떻게 친구들을 사귀고, 그 관계를 유지하는가에 대해서 알려진 사항 중 많은 부분은 비교적 어린아이들을 대상으로 연구된 결과에서 비롯된 것이다(Frankel & Mayatt, 2003). 그리고 우리는 이제까지 발견된 결과들을 청소년들에게 성공적으로 접목시켜 왔다. 추론에 의하면, 대화를 나누고 있는 청소년들의 그룹에 성공적으로 끼어드는 과정은, 대화 중인 사람들로부터 긍정적인 반응이 돌아올 때까지 귀를 기울이며 기다리는 방법과 같이 위험도가 낮은 전략부터 시작한다(Dodge, Schlundt, Schocken, & Delugach 1983; Garvey, 1984). 반면 성공적이지 못한 끼어들기 전략에는 정보를 캐묻는다거나 이견을 제기함으로써 진행 중인 대화를 중단시키는 것 등이 있다(Coie & Kupersmidt, 1983).

이 회기는 청소년이 자신에게 가장 적절한 '무리'의 사람들의 대화에 끼어들도록 하는 것에 초점을 맞춘다. 청소년과 부모가 참여하고자 하는 그룹을 고르도록 돕는 것은 성공적인 우정 관계를 구축할 가능성을 높이는 데 도움을 주지만, 좀 더 직접적으로는 대화에 성공적으로 끼어들 수 있는 가능성을 더 높게 해 준다. 청소년들은 보통 부모의 시야에서 벗어날 때에 대화를 시작하는 경우가 잦기 때문에, 이 회기에서 가장 중요한 작업은 청소년 집단 내에서 이루어질 것이다. 부모들은 청소년이 대화에 참여하기에 가장 좋은 무리를 권해 주고, 어디서 이런 무리를 찾을 수 있는지 제안해 주는 일에 주의를 집중해야 한다. 집단 외의 사람들과 전화하기의 결과가 좋지 않았다면, 자녀가 부정적인 평가를 받고 있거나 적절하지 않은(즉, 청소년을 받아들이려 하지 않는) 무리에 어울리려고 노력하고 있을 가능성이 있다. 부모 집단과 청소년 집단의 치료자는 언제든지 부모와 청소년 모두에게 이런 점들을 지적해 주고, 다른 집단을 선택해 보도록 도와주어야 한다.

과제 점검

- 부모들이 새로운 학업 외 활동에 참여했다고 보고하지 않는다면, 아래 과제에는 좀 더 짧은 시간만 할애한다.
  - 친구를 사귈 수 있는 곳
  - 집단 구성원과의 통화
  - 개인의 물건
- 대부분의 과제 검토 시간을 집단 구성원이 아닌 사람과의 통화와 유머에 대한 반응을 점검하는 데 사용한다.

1. **집단 구성원이 아닌 사람과의 통화**
   a. 청소년이 전화 통화에서 **정보**를 **교환**했는지 확인한다.
   b. 부모로부터 다음을 확인한다.
      i. 전화 통화에서 **정보 교환**을 통해 발견한 **공통의 관심사**
      ii. 전화 통화에서 자녀가 사용한 **머리말/꼬리말**
      iii. 자녀가 전화를 어떻게 시작하고 끝맺었는지.
2. **유머에 대한 반응**
   a. 부모가 다음을 이야기하게 한다.
      i. 청소년이 가족 또는 친구와 **유머에 대한 반응**을 해석하는 것을 연습했는가?
      ii. **사람들이 비웃는 것인지, 함께 웃는 것인지** 혹은 전혀 웃지 않는지를 자녀가 알아차렸는가?
      iii. 자녀는 자신이 **개그맨**에 가까운지, **방청객**에 가까운지 결정했는가?
3. **친구를 사귈 수 있는 곳**
   a. 부모들이 자녀의 흥미에 기반해서 자녀들과 결정한 학업 외 활동들이 무엇인지 이야기하도록 한다.
      i. 부모님들이 이 활동에 자녀를 등록했는지 확인한다.
   b. 청소년들이 새로운 집단의 청소년들과 **정보**를 **교환**하였는지를 확인한다.
      i. 그들이 어떤 집단과 **정보**를 **교환**했는지 확인한다.
      ii. 그들이 **공통의 관심사**를 찾았는지 확인한다.

4. **집단 구성원과의 통화**
   a. 매우 간략하게 점검한다. 각각의 부모가 두 문장 정도로 요점만 말하게 한다.
   b. 부모로부터 다음을 확인한다.
      i. 전화를 했는지
      ii. 전화 통화에서 **정보 교환**을 통해 발견한 **공통의 관심사**
   c. 발생 가능한 문제에 대해 해결법을 의논한다.
      i. 만약 부모님들이 숙제의 어려움을 호소한다면, 다음과 같이 질문한다. 비슷한 문제를 가졌던 분들이 있나요? 그것을 어떻게 해결했나요?
      ii. 치료자가 그 문제를 다루는 법을 조언하기 전에, 우선 다른 부모님들이 의견을 주도록 한다.
5. **개인의 물건을 가져오기**
   a. 집단 구성원과 함께 공유하기 위해 청소년이 가져온, 가장 좋아하는 물건을 확인한다(예 : CD, 잡지, 게임, 책, 사진, 그림).
   b. 적절한 물건을 가져왔을 때만 점수를 준다.

교육 : 또래 관계에 들어가기

- 부모용 유인물을 나누어 준다.
- 설명 : 여러분의 자녀들은 정보를 교환하는 연습을 매우 많이 해 왔고, 자신에게 잘 맞을 것 같은 집단을 하나 이상 알아냈습니다. 따라서 이제는 더 친해지고 싶은 다른 청소년들과의 대화에 어떻게 참여해야 하는지를 가르치기 시작하려고 합니다. 이런 형태로 또래 관계에 들어가는 것을, '대화에 끼어들기'라고 칭할 것입니다. 왜냐하면 이것은 자녀들이 다른 청소년들의 대화에 '자연스럽게 끼어 들어 가는' 과정이기 때문입니다. 여기에 자녀들이 앞으로 배워야 할 내용들이 있습니다.
- 부모들이 돌아가면서 부모용 유인물을 읽도록 한다.
- **굵게** 표시된 부분은 부모용 유인물에서 그대로 가져 온 것이다.

대화에 끼어들기 위한 단계

1. 지켜보기/귀 기울여 듣기
   a. **대화에 참여하기 전에 지켜보고 귀 기울여 들어 본다.**
      i. **대화에 참여하기 전에, 먼저 무엇에 대해 이야기를 나누고 있는지 알아야 한다.**
      ii. **진행되고 있는 대화와 관련된 이야기를 할 수 있는지 알아야 한다.**
      iii. **대화의 내용도 모른 채, 대화에 뛰어들게 되면 방해만 될 뿐이다.**
   b. **대화를 나누는 사람들 중 아는 친구가 1명 있는지 찾아본다.**

i. 아는 사람이 1명이라도 있으면 대화에 참여하기가 더 쉽다.
ii. 사람들이 당신을 대화에 받아들여 줄 가능성이 더 많다.

c. 대화에 참여할지 결정하기 위해, 이야기를 나누고 있는 사람들에게 조금 더 가까이(단, 너무 가깝지는 않게) 다가가 그들의 행동이나 대화 내용을 들어 본다.

d. 호의적인 태도로 대화를 나누고 있는지 들어 본다.
i. 서로 간에 호의적인 태도로 대화를 하고 있지 않다면, 다른 집단을 찾아 보아야 한다.

e. 너무 어려운 주제로 이야기하고 있는 것은 아닌지 살펴 들어 본다(예 : 지나치게 복잡한 주제).

f. 대화 중에 자신과 공통의 관심사가 있는지 찾아본다.

g. 집단 안의 사람들에게 관심을 표현한다.
i. 적절할 때 살짝 웃거나 미소 짓는다.
ii. 동감할 때 고개를 끄덕인다.

h. 주기적으로 눈맞춤을 한다.
i. 단, 빤히 쳐다보면 안 된다. 자신들을 엿듣는다고 생각할 수도 있기 때문이다.

2. 기다리기
a. 다음 세 경우 중 하나가 생길 때까지 기다린다.
i. 대화가 짧게 멈추거나 끊어지는 순간
ii. 대화가 끊이지 않을 경우에는, 크게 방해한다는 느낌을 주지 않을 적절한 때를 기다린다(예 : 주제가 바뀌는 시점).
iii. 당신을 받아들인다는 표시를 보여 주기를 기다린다(예 : 사람들이 당신을 쳐다보고 미소를 보일 때).

3. 참여하기
a. 대화에 참여해야 할 이유가 있어야 한다(예 : 생각을 이야기하거나 질문하기 등으로 대화에 기여).
b. 조금 더 가까이 다가간다(팔 하나 길이 만큼). 단, 너무 가까이 가지는 않는다.
c. 이야기를 하거나, 질문을 하거나, 대화와 관련 있는 소재를 가져온다.
d. 지나치게 개인적인 대화는 피한다.
e. 집단의 사람들로부터 얼마나 받아들여지고 있는지 평가한다.
i. 사람들이 당신과 눈을 맞추고 있는지?
ii. 사람들이 당신에게 직접 말을 건네고 있는지?
iii. 사람들이 당신을 향해 서 있는가?(예 : 사람들이 원을 열어준다.)
f. 시선의 전환을 사용한다(혹시 거절당했을 때 보호해 주는 역할을 한다.).

i. **너무 빤히 쳐다보지 않는다.**

ii. **가끔씩 사람들을 쳐다보고, 그 외의 시간에는 다른 곳을 본다.**

g. **대화를 독차지하지 않는다. 처음에 이야기를 시작할 때보다 더 많이 들어야 한다.**

h. **사람들이 못 본 척하거나 대화에 끼어주고 싶어 하지 않으면 조용히 다른 곳으로 간다.**

■ 부모들이 돌아가면서 각자의 자녀가 적절한 무리와 대화에 끼어들고자 할 때 발생할지도 모르는 문제점들을 확인해 보도록 한다.

– 치료자 : 이제까지 대화에 적절하게 끼어드는 방법에 대해 알아보았습니다. 이 중에서 자녀가 어려움을 겪을 것 같은 것 같은 단계가 있나요?

■ 집단의 도움을 받아 이러한 문제점들에 대한 해결책을 생각해 본다.

– 일반적으로 부모들은 자녀들이 시도한 다음과 같은 방식들에 대해 논의함으로써 자녀가 대화에 끼어드는 과정을 도울 수 있다.

- 최근에 **대화에 끼어들 수 있는** 기회가 있었는지 물어본다.
- 어떤 상호작용이 일어났는지 하나하나 차례로 묘사해 보게 한다.
- 잘 한 부분에 대해 칭찬을 해 준다.
- 다르게 행동할 수 있었던 점에 대해서는 **제안을 해 준다.**
  - ■ 제안을 할 때는 "~게 했더라면 어땠을까?"라는 말을 사용하는 것이 좋다.
  - ■ 예 : "다음에 대화에 끼어들 때는, 참여하기 전에 말이 끊길 때까지 잠깐 기다려 보는 건 어떨까?"
- 자녀가 잘못한 것을 공공연하게 지적하지 않는다.
  - ■ 이런 말은 자녀를 낙담시키거나 부끄럽게 만들 수 있다.
    - 예 : "너는 잘못된 방법으로 대화에 **끼어들었어!**"

– "또 달리 제안하실 사항이 있으신 분 계신가요?"라고 질문을 함으로써 부모들이 대화에 **끼어들기** 과정에서 발생할 수 있는 문제점들에 대처할 수 있는 다른 방안을 제의하도록 한다.

과제

부모 집단 치료자는 과제를 알려 주고, 부모들에게 있을 수 있는 어려운 점들을 논의한다.

1. **단지 조금만 아는 최소 2명 이상의 친구들과 대화에 끼어들기를 연습한다.**

a. **대화에 끼어들기 전에**

i. **받아들여질 만한 가능성이 높은 곳(즉, 위험 요소가 적은 장소), 나쁜 평판을 받고 있지 않는 곳을 찾는다.**

ii. 대화에 끼어들기 연습을 하기 전에 부모와 자녀가 각 단계를 미리 해 볼 수도 있다.

b. 대화 끼어들기를 하는 동안에

i. 대화에 끼어들기의 각 단계에 따른다.

c. 대화에 끼어들기를 한 후에

i. 부모님과 자녀가 함께 어떻게 대화에 끼어들었는지에 대해 이야기한다.

ii. 부모는 발생할 수 있는 문제에 대해 자녀가 해결책을 찾도록 돕는다.

d. 특별히 사회적 상황에서 불안해하거나 이 과제를 하고 싶어 하지 않은 청소년들에게는, 또래 관계에 들어가는 첫 번째 단계(지켜보기/귀 기울여 듣기)만 연습하면서 집단에 대한 친밀감과 관심을 갖게 하는 것이 도움될 수 있다. 이후의 회기들에서, 청소년이 점점 편안함을 느끼게 되면 추가적인 단계를 연습해 볼 수 있다.

2. 집단 구성원과의 통화(부모들에게 이번이 마지막 집단 내 전화 과제라는 것을 공지할 것)

a. 전화하기 전에

i. 회기를 마치고 치료실을 떠나기 전에, 자녀들의 대화기술 연습을 위해 집단의 다른 구성원에게 전화할 수 있도록 약속을 정한다.

ii. 전화를 하기 위한 날짜와 시간을 정한다.

iii. 전화를 하는 동안 부모가 어디에 있을 것인지, 부모가 어떤 역할을 할 것인지 협의한다.

iv. 부모와 자녀가 전화를 시작하고 끝내는 연습을 해야 할 수도 있다.

b. 전화하는 동안에

i. 청소년은 전화 통화를 통해 정보를 교환할 수 있어야 한다.

ii. 다음 시간에 와서 발표할 수 있는, 공통의 관심사를 찾는다.

iii. 머리말/꼬리말 사용을 포함해서, 전화를 시작하고 끝내는 규칙을 따른다.

c. 전화하고 난 뒤에

i. 부모와 자녀가 전화 통화에서 이야기한 것을 확인한다.

1. 공통의 관심사
2. 머리말/꼬리말
3. 전화를 어떻게 시작했고, 어떻게 끝났는지

ii. 부모는 발생할 수 있는 문제에 대해 자녀가 해결책을 찾도록 돕는다.

3. 집단 구성원이 아닌 사람과의 통화

a. 전화하기 전에

i. 부모들은 자녀의 대화기술 연습을 위해 집단 구성원이 아닌 사람에게 전화할 수 있도록 약속을 정한다.

ii. 자녀가 편안하게 대화할 수 있는 사람을 선택한다.

   iii. 전화를 하는 동안 부모가 어디에 있을 것인지 협의한다.
  b. 전화하는 동안에
   i. 청소년은 전화 통화를 통해 정보를 교환할 수 있어야 한다.
   ii. 다음 시간에 와서 발표할 수 있는, 공통의 관심사를 찾는다.
   iii. 주고받는 대화의 규칙을 따른다.
   iv. 머리말/꼬리말 사용을 포함해서, 전화를 시작하고 끝내는 규칙을 따른다.
  c. 전화하고 난 뒤에
   i. 부모와 자녀는 전화 통화에 대해 의견을 나누고 공통의 관심사를 확인해야 한다.
   ii. 부모는 발생할 수 있는 문제에 대해 자녀가 해결책을 찾도록 돕는다.

4. 유머에 대한 반응
  a. 청소년들은 가족 및 친구들과 자신의 유머에 대해 받은 반응하기를 공유한다.
  b. 유머에 대한 반응에 주의를 기울인다.
   i. 사람들이 비웃는 것인지, 함께 웃는지 혹은 전혀 웃지 않는지를 알아차릴 수 있어야 한다.
   ii. 부모님과 유머에 대한 반응을 함께 이야기해 본다.
    1. 자녀와 부모가 함께, 자녀가 개그맨이 되는 데 더 소질이 있는지, 방청객이 되는 것이 좋을지 판단한다.

5. 개인의 물건을 가져오기
  a. 집단 구성원과 함께 공유할 수 있는, 가장 좋아하는 물건을 가져온다(예 : CD, 잡지, 게임, 책, 그림).
  b. 집단 내의 다른 청소년과 1 : 1로 정보를 교환할 수 있도록 준비해 온다.

부모용 유인물 6 : 또래 관계에 들어가기 I – 대화에 들어가기

대화에 끼어들기 단계

1. **지켜보기/귀 기울여 듣기**
   a. 대화에 참여하기 전에 지켜보고 귀 기울여 들어 본다.
      i. 대화에 참여하기 전에, 먼저 무엇에 대해 이야기를 나누고 있는지 알아야 한다.
      ii. 진행되고 있는 대화와 관련된 이야기를 할 수 있는지 알아야 한다.
      iii. 대화의 내용도 모른 채, 대화에 뛰어들게 되면 방해만 될 뿐이다.
   b. 대화를 나누는 사람들 중 아는 친구가 1명 있는지 찾아본다.
      i. 아는 사람이 1명이라도 있으면 대화에 참여하기가 더 쉽다.
      ii. 사람들이 당신을 대화에 받아들여 줄 가능성이 더 많다.
   c. 대화에 참여할지 결정하기 위해, 이야기를 나누고 있는 사람들에게 조금 더 가까이(단, 너무 가깝지는 않게) 다가가 그들의 행동이나 대화 내용을 들어 본다.
   d. 호의적인 태도로 대화를 나누고 있는지 들어 본다.
      i. 서로 간에 호의적인 태도로 대화를 하고 있지 않다면, 다른 집단을 찾아 보아야 한다.
   e. 너무 어려운 주제로 이야기하고 있는 것은 아닌지 살펴 들어 본다(예 : 지나치게 복잡한 주제).
   f. 대화 중에 자신과 **공통의 관심사**가 있는지 찾아본다.
   g. 집단 안의 사람들에게 관심을 표현한다.
      i. 적절할 때 살짝 웃거나 미소 짓는다.
      ii. 동감할 때 고개를 끄덕인다.
   h. 주기적으로 눈맞춤을 한다.
      i. 단, 빤히 쳐다보면 안 된다. 자신들을 엿듣는다고 생각할 수도 있기 때문이다.
2. **기다리기**
   a. 다음 세 경우 중 하나가 생길 때까지 기다린다.
      i. 대화가 짧게 멈추거나 끊어지는 순간
      ii. 대화가 끊이지 않을 경우에는, 크게 방해한다는 느낌을 주지 않을 적절한 때를 기다린다(예 : 주제가 바뀌는 시점).
      iii. 당신을 받아들인다는 표시를 보여 주기를 기다린다(예 : 사람들이 당신을 쳐다보고 미소를 보일 때).
3. **참여하기**

a. 대화에 참여해야 할 이유가 있어야 한다(예 : 생각을 이야기하거나 질문하기 등으로 대화에 기여).
b. 조금 더 가까이 다가간다(팔 하나 길이 만큼). 단, 너무 가까이 가지는 않는다.
c. 이야기를 하거나, 질문을 하거나, 대화와 관련 있는 소재를 가져온다.
d. **지나치게 개인적인 대화는 피한다.**
e. 집단의 사람들로부터 얼마나 받아들여지고 있는지 평가한다.
   i. 사람들이 당신과 눈을 맞추고 있는지?
   ii. 사람들이 당신에게 직접 말을 건네고 있는지?
   iii. 사람들이 당신을 향해 서 있는가?(예 : 사람들이 원을 열어 준다.)
f. 시선의 전환을 사용한다(혹시 거절당했을 때 보호해 주는 역할을 한다.).
   i. 너무 빤히 쳐다보지 않는다.
   ii. 가끔씩 사람들을 쳐다보고, 그 외의 시간에는 다른 곳을 본다.
g. **대화를 독차지하지 않는다.** 처음에 이야기를 시작할 때보다 더 많이 들어야 한다.
h. 사람들이 못 본 척하거나 대화에 끼어주고 싶어 하지 않으면 조용히 **다른 곳으로 간다.**

과제

1. 단지 조금만 아는 최소 2명 이상의 친구들과 **대화에 끼어들기**를 연습한다.
   a. **대화에 끼어들기** 전에
      i. 받아들여질 만한 가능성이 높은 곳(즉, 위험 요소가 적은 장소), 나쁜 평판을 받고 있지 않는 곳을 찾는다.
      ii. **대화에 끼어들기** 연습을 하기 전에 부모와 자녀가 각 단계를 미리 해 볼 수도 있다.
   b. **대화에 끼어들기**를 하는 동안에
      i. **대화에 끼어들기**의 각 단계에 따른다.
   c. **대화에 끼어들기**를 한 후에
      i. 부모님과 자녀가 함께 어떻게 **대화에 끼어들었는지** 대해 이야기한다.
      ii. 부모는 발생할 수 있는 문제에 대해 자녀가 해결책을 찾도록 돕는다.
2. **집단 구성원과의 통화**
   a. 전화하기 전에
      i. 회기를 마치고 치료실을 떠나기 전에, 자녀들의 대화기술 연습을 위해 집단의 다른 구성원에게 전화할 수 있도록 약속을 정한다.
      ii. 전화를 하기 위한 날짜와 시간을 정한다.
      iii. 전화를 하는 동안 부모가 어디에 있을 것인지, 부모가 어떤 역할을 할 것인지 협의한다.

iv. 부모와 자녀가 전화를 시작하고 끝내는 연습을 해야 할 수도 있다.

b. 전화하는 동안에

i. 청소년은 전화 통화를 통해 **정보**를 **교환**할 수 있어야 한다.

ii. 다음 시간에 와서 발표할 수 있는, **공통의 관심사를 찾는다.**

iii. **머리말/꼬리말** 사용을 포함해서, 전화를 시작하고 끝내는 규칙을 따른다.

c. 전화하고 난 뒤에

i. 부모와 자녀가 전화 통화에서 이야기한 것을 확인한다.

1. **공통의 관심사**

2. **머리말/꼬리말**

3. 전화를 어떻게 시작했고, 어떻게 끝났는지

ii. 부모는 발생할 수 있는 문제에 대해 자녀가 해결책을 찾도록 돕는다.

3. 집단 구성원이 아닌 사람과의 통화

a. **전화하기 전에**

i. **부모들은 자녀의 대화기술 연습을 위해 집단 구성원이 아닌 사람에게 전화할 수 있도록 약속을 정한다.**

ii. **자녀가 편안하게 대화할 수 있는 사람을 선택한다.**

iii. **전화를 하는 동안 부모가 어디에 있을 것인지 협의한다.**

b. **전화하는 동안에**

i. **청소년은 전화 통화를 통해 정보를 교환할 수 있어야 한다.**

ii. **다음 시간에 와서 발표할 수 있는,** 공통의 관심사를 찾는다.

iii. **주고받는** 대화의 **규칙을 따른다.**

iv. 머리말/꼬리말 **사용을 포함해서, 전화를 시작하고 끝내는 규칙을 따른다.**

c. **전화하고 난 뒤에**

i. **부모와 자녀는 전화 통화에 대해 의견을 나누고** 공통의 관심사를 **확인해야 한다.**

ii. **부모는 발생할 수 있는 문제에 대해 자녀가 해결책을 찾도록 돕는다.**

4. 유머에 대한 반응

a. 청소년들은 가족 및 친구들과 자신의 **유머에 대해 받은 반응**하기를 공유한다.

b. **유머에 대한 반응**에 주의를 기울인다.

i. 사람들이 **비웃는 것인지, 함께 웃는지** 혹은 전혀 웃지 않는지를 알아차릴 수 있어야 한다.

ii. 부모님과 **유머에 대한 반응**을 함께 이야기해 본다.

1. 자녀와 부모가 함께, 자녀가 **개그맨**이 되는 데 더 소질이 있는지, **방청객**이 되는 것이 좋을지 판단한다.

5. **개인의 물건을 가져오기**
   a. 집단 구성원과 함께 공유할 수 있는, 가장 좋아하는 물건을 가져온다(예 : CD, 잡지, 게임, 책, 그림).
   b. 집단 내의 다른 청소년과 1 : 1로 **정보**를 **교환**할 수 있도록 준비해 온다.

청소년 치료자 가이드 – 6회기 : 또래 관계에 들어가기 I – 대화에 들어가기

청소년 회기 가이드 라인

이 회기는 청소년들이 새로운 친구들에게 접근하는 데 필요한 기술을 배우는, 매우 중요한 회기이다. 이제까지 청소년들은 대화의 기술을 배우고, 적절한 친구를 찾는 법에 대해 배워왔다. 따라서 이 단계에서 청소년들은 새로운 친구들을 사귀는 데 전제조건이 되는 기술들을 알고 있어야 한다.

청소년들은 또래 관계에 들어가기의 기초적인 단계들, 즉 친구들의 대화에 끼어드는 기술을 습득해 나갈 것이다. 또래 관계에 들어가기를 가르칠 때는, 이 복잡한 사회적 행동을 별개의 단계들로 나누는 것이 도움이 된다. 즉, 다음과 같이 대화에 끼어들기의 중요한 3단계를 배우는 것이 훨씬 이해가 빠를 수 있다. 지켜보기/귀 기울여 듣기, 기다리기, 참여하기이다.

또래 관계에 들어가기 기술의 성공 여부는 대화에 끼어들고자 하는 집단 또는 무리를 적절히 선택하는 데에 달려 있다. 이 단계는 실제로 청소년들이 가장 흔하게 하는 실수이기도 하기 때문에, 절대 과소평가되어서는 안 된다. 만약 청소년이 자신을 거절할 가능성이 높은 또래들(즉, 그 청소년이 나쁜 평판을 듣고 있는, 잘못 선택된 무리)과 대화에 끼어들기로 결정했다면, 이는 청소년으로 하여금 좌절감을 느끼게 하고, 사회적인 불안과 회피행동만을 강화시킬 뿐이다. 치료자와 부모는 청소년들이 어떤 무리 또는 집단과 대화를 나누려고 계획할지를 알아보도록 하는 데 있어 매우 구체적인 지침을 줄 필요가 있다. 만약 청소년이 그 집단에 받아들여질 가능성이 매우 적다면, 청소년으로 하여금 당분간 그들을 거절할 가능성이 적은 무리나 집단을 선택하도록 권해 주는 것이 좋다.

규칙 점검

NOTE : 청소년이 규칙을 따르는 데 많은 어려움이 있을 경우에만 회기 규칙을 다시 검토한다.

- 청소년이 집단의 규칙을 이야기하게 한다.
- 집단의 규칙을 기억하고 있는 청소년에게 포인트를 준다.
  1. 다른 그룹 구성원의 말을 경청하기(다른 사람이 이야기할 때 말하지 않기)
  2. 지시 따르기
  3. 손을 들기(하고 싶은 말이 있을 때)
  4. 존중하기(놀리거나 다른 사람을 비웃지 않기)
  5. 만지지 않기(때리기, 차기, 밀기, 안기 등 하지 않기)

과제 점검

NOTE : 한 과제당 1점이 아니라, 과제의 **부분 요소**마다 점수를 준다.

1. **개인의 물건을 가져오기**
   a. 집단 구성원과 공유하기 위해 청소년이 가져온, 가장 좋아하는 물건을 확인한다(예 : CD, 잡지, 게임, 책, 사진).
   b. 적절한 물건을 가져왔을 때만 점수를 준다.
   c. 산만해지는 것을 막기 위해, 보조 치료자는 활동이 끝날 때까지 물건들을 멀리 두도록 한다.
2. **유머에 대한 반응**
   a. 치료자 : 지난 주에 우리는 유머를 적절하게 사용하는 방법에 대해서 이야기를 나누었습니다. 이번 주에 주어졌던 과제들 중 하나는 유머에 대한 반응에 주의를 기울이는 것이었습니다. 유머에 대한 반응에 주의를 기울여 보았던 사람은 손을 드세요.
      i. 다음과 같은 짧은 질문들을 한다.
         1. 이번 주에 유머를 하려고 시도해 보았나요?(이것은 과제는 아님)
         2. 유머를 했다면, 그럴 때 사람들이 여러분의 유머를 비웃었나요, 아니면 함께 웃었나요?
         3. 왜 그렇게 생각했나요?
         4. 당신은 주로 개그맨이라고 생각하나요, 방청객이라고 생각하나요?
            a. 스스로를 **방청객**이라고 하는 청소년들을 칭찬한다.
            b. **개그맨**이라고 생각하는 청소년들에게는 그 근거가 무엇인지를 물어본다. 즉, 자신이 경험한 **유머에 대한 반응**을 묘사해 보고, 이것이 비웃은 것이 아니라 함께 웃는 것이었다는 자세한 근거를 이야기하도록 한다.
      ii. **개그맨**이 되는 것은 매우 어려우며, **유머에 대한 반응**에 세심한 주의를 기울여야 함을 상기시킨다.
3. **집단 구성원이 아닌 사람과의 통화**
   a. 치료자 : 이번 주 다른 과제는 PEERS® 집단 구성원이 아닌 다른 누군가와 전화 통화로 정보를 교환하는 것이었습니다. 집단 구성원이 아닌 사람과 전화 통화를 하였다면 손을 드세요.
      i. 전화 걸기를 완수한 청소년부터 호명한다.
      ii. 질문
         1. 누구와 이야기했나요?
         2. 대화는 어떻게 시작했나요?
         3. 정보를 교환했나요?

4. 공통의 관심사를 찾았나요?
    a. 만약에 그들이 공통의 관심사를 알아냈다면, 다음과 같이 질문한다. 만약에 여러분이 만나서 시간을 함께 보내게 되면 그 정보를 어떻게 이용할 수 있을까요?
5. 대화는 어떻게 끝냈나요?

iii. "전화하기는 어땠나요?"와 같은 일반적인 질문은 피한다.

b. 발생 가능한 문제에 대해 해결법을 의논한다.
  i. 부적절한 응답을 하였다면, 다음과 같이 질문한다. 다음에 어떻게 다르게 말할 수 있을까요? 혹은 전화를 끊을 때 어떻게 했으면 좋았을까요?

c. 시간이 있다면, 지난주 과제를 수행하지 못한 청소년들을 체크하고, 이번 주에는 어떻게 과제를 완수할 수 있을지 해결법을 논의한다.

4. **집단 구성원과의 통화**

a. 치료자 : 이번 주 여러분의 또 다른 과제는 집단의 다른 구성원과 전화 통화로 정보를 교환하는 것입니다. 전화를 하였다면 손을 드세요.
  i. 전화 걸기를 완수한 청소년부터 호명한다.
  ii. 질문
    1. 누구와 이야기했나요?
    2. 누가 누구에게 전화했나요?
    3. 정보를 교환했나요?
    4. 공통의 관심사를 찾았나요?
      a. 만약에 그들이 **공통의 관심사**를 알아냈다면, 다음과 같이 질문한다. 만약에 여러분들 둘이 만나서 시간을 함께 보내게 된다면 그 정보를 어떻게 이용할 수 있을까요?
  iii. "전화하기는 어땠나요?"와 같은 일반적인 질문은 피한다.
  iv. 다른 사람이 한 실수에 대해 이야기하는 것은 수용하지 않는다.
  v. 전화하기에 참여한 또 다른 사람이 있다면 바로 다음에 설명하도록 한다. 단, 동시에 발표하게 하지는 않는다.

b. 발생 가능한 문제에 대해 해결법을 의논한다.
  i. 청소년이 잘못된 대답을 할 경우, 다음과 같이 질문한다. 다음에는 어떻게 다르게 말할 수 있을까요? 혹은 전화를 끊을 때 어떻게 했으면 좋았을까요?

5. **친구를 사귈 수 있는 곳**

a. 치료자 : 지난 2주 동안 우리는 학교 내에 있는 다양한 집단 또는 동아리에 대해 이야기를 나누었고, 여러분과 가장 잘 어울리는 곳이 어디일지에 대해서도 이야기했습니다. 이번 주 여러분의 과제

중 하나는 이들 집단의 청소년 중 1명과 정보를 교환하는 것이었습니다. 여러분이 적절한 집단의 사람과 정보를 교환하였다면 손을 드세요.

i. 질문
1. 어느 집단과 잘 어울리나요?
2. 그 집단의 누군가와 정보를 교환했나요?
3. 어느 집단을 선택하였나요?
4. 공통의 관심사를 찾았나요?

b. 치료자 : 다른 과제는 부모님과 함께 공통의 관심사를 갖는 다른 친구들을 만날 수 있는 학업 외 활동을 알아보고, 등록하여 참여하는 것이었습니다. 학업 외 활동을 찾은 사람은 손을 들어 보세요.

i. 질문
1. 어느 학업 외 활동을 선택하였나요?
2. 활동에 등록하였나요?
3. 집단 내에 비슷한 나이 또래의 다른 청소년들이 있나요?
4. 새로운 친구를 사귀기에 좋은 곳으로 보이나요?

교육 : 대화에 끼어들기

친구를 사귀기에 적당한 시간과 장소

- 설명 : 2주 전에 우리는 학교 안의 다양한 또래 집단 혹은 동아리, 무리 등에 대해 이야기를 나누었고, 여러분이 어느 집단과 가장 잘 어울릴 것 같은지에 대해 생각해 보았습니다. 우리가 어느 집단에 가장 잘 어울릴 수 있을지 알게 되었으므로, 이제는 언제 그리고 어디서 새로운 친구를 만들 것인지 생각해 봐야 합니다. 친구를 사귀기에 좋은 시간, 나쁜 시간이 있고, 좋은 장소와 나쁜 장소가 있습니다.
- 청소년들이 돌아가면서 친구를 사귀기에 적절한 시간과 장소를 생각해 보도록 한다.
  - 질문 : 친구를 사귀기에 좋은 시간과 장소는 무엇이라고 생각하나요?(다음 표를 참조할 것)
  - 몇 가지 제안을 하고, 필요한 경우 문제해결을 논의한다.
- 청소년들이 친구를 사귀기에 적절하지 않은 시간과 장소를 생각해 보도록 한다.
  - 질문 : 친구를 사귀기에 적절치 않은 시간과 장소는 무엇이라고 생각하나요?(다음 표를 참조할 것)
- 몇 가지 제안을 하고, 필요한 경우 문제해결을 논의한다.

친구를 사귀기에 적절한 시간과 장소	친구를 사귀기에 적절하지 않은 시간과 장소
수업 시작 전과 수업 끝난 후	방과 후에 남아서 벌을 받는 중
수업 사이의 쉬는 시간	교무실, 교장실
점심시간	경찰서
방과후 활동	싸움을 구경하려고 사람들이 모여 있을 때
통학 버스	수업 도중에 선생님이 말씀하실 때
운동 시간/스포츠 팀	화장실
레크리에이션 센터	스포츠 경기 도중(사람들이 경기에 집중하고 있을 때)
수영장	자습 시간
공공 도서관 활동	조용히 해야 할 때
서로가 잘 아는 친구들을 통해서	예배, 미사, 법회 시간 등 종교활동 중에
청소년 단체	길거리
동아리	
보이 스카우트/걸 스카우트	
YMCA/YWCA	

좋은 친구를 선택하기

- 설명 : 지금까지 새로운 친구들을 사귀기에 적절한 시간과 장소에 대해 알아 보았습니다. 이제는 친구로 삼기에 알맞은 사람들은 누구인지, 그 사람들을 어디에서 찾을 수 있는지에 대해 생각해 봅시다. 우리는 전에 여러분들이 가장 잘 어울릴 수 있을 것 같은 집단들에 대해 이야기를 나누었습니다. 이제 돌아가면서, 각자가 어떤 집단이 자신과 잘 어울릴 것 같은지, 그리고 그 집단 안에 있는 사람들을 어떻게 찾을 수 있을지 이야기해 봅시다.
- 돌아가면서 청소년들이 다음을 확인하게 한다.
  - 가장 잘 어울릴 수 있다고 여겨지는 집단
  - 잘 어울릴 수 있다고 여겨지는 그 집단의 구성원을 어디에서 찾을 수 있을지
    - 예 : 컴퓨터 마니아는 학교의 컴퓨터실에서 찾을 수 있다.
  - 잘 어울릴 수 있다고 여겨지는 집단의 구성원인지를 알아낼 수 있는 방법
    - 예 : 게임 마니아들은 비디오게임을 하고 있거나, 게임 그림이 그려진 티셔츠를 입고 있을 것이다.
- 몇 가지 제안을 하고, 필요한 경우 문제해결을 논의한다.

대화에 끼어들기 단계

- **설명** : 우리는 자신과 잘 맞을 것 같은 청소년을 어디에서 찾아야 할지를 알아 보았습니다. 이제 이런 청소년들과 어떻게 더 친해질 수 있을지에 대해 알아야 하겠습니다. 우리가 새로운 친구를 만날 수 있는 한 가지 방법은 더 친해지고자 하는 사람과 대화를 나누는 것입니다. 이것을 '대화에 끼어들기'라고 합니다. 왜냐하면 우리가 대화에 참여하고 싶을 때는, 이미 대화를 나누고 있는 사람들을 거의 방해하지 않는 상태에서 천천히 그리고 자연스럽게 참여해야 하기 때문입니다. 일단 대화에 끼어들었으면, 정보를 교환하고 공통의 관심사를 찾기 시작하면 됩니다.
- 이미 잘 알고 있는 친구들의 대화에 들어가는 것이 아니라는 것을 확실히 알려 준다.
  - 이미 친한 친구들이라면 그냥 다가가서 인사를 하면 된다.
  - 여기서 이야기하는 것은 청소년들이 좀 더 친해지고 싶은(즉, 아직 별로 친하지 않은) 또래 집단과의 대화에 끼어 드는 데 필요한 단계이다.
  - 이 단계들은 그 안에 아는 사람이 적어도 1명 이상 있거나, 구성원들을 조금 아는 집단과의 대화에 끼어 들어가게 될 때 주로 사용할 수 있다.
    - 예외 : 청소년이 방학 중 활동에서 낯선 또래들을 만나게 되었거나, 아무도 서로를 모르는 모임에 갔다면 역시 이 단계들을 적용해 볼 수 있다.
- 대화에 끼어들기 단계들을 설명해 준다.

1. **지켜보기/귀 기울여 듣기**
   - a. 대화에 참여하기 전에 잠시 사람들을 지켜보고 대화를 귀 기울여 들어 본다.
     - i. **치료자** : 대화에 끼어드는 첫 번째 단계는 지켜보고 귀 기울여 들어 보는 것입니다. 무엇을 지켜보고 들어 본다고 생각하나요?
       1. 대답 : 대화에 참여 하기 전에, 사람들이 무엇에 관해 이야기하고 있는지 알 필요가 있다. 대화에 참여해서 무엇인가를 이야기할 수 있을지를 알아야 하기 때문이다. 사람들이 어떤 내용의 이야기를 주고받는지 모르는 상태에서 대화에 끼어들게 되면 방해만 될 뿐이다.
   - b. 대화를 나누고 있는 사람들 중에 아는 친구가 1명 있는지 살펴본다.
     - i. **치료자** : 또한 아는 사람이 적어도 1명 이상 있는지도 살펴보고 확인해 보아야 합니다. 왜 이 단계가 중요할까요?
       1. 대답 : 아는 사람이 적어도 1명 있다면, 대화에 참여하기가 훨씬 쉬울 것이다. 그러면 사람들이 당신을 받아들여 줄 가능성이 더 높아진다.
   - c. 대화에 참여할지 결정하기 위해, 좀 더 가까이 다가가 사람들의 행동/대화를 지켜본다.
     - i. **치료자** : 귀 기울여 들어 보고, 지켜보기 위해서는 조금 더 가까이 다가가서 사람들이 무슨 이야기를 하는지 들어 보아야 할 수도 있습니다. 하지만 너무 가까이 다가가지는 않아야 하는

것이 중요합니다. 대화에 참여하기 전에 집단에 너무 가까이 다가가는 것은 왜 좋지 않은 생각일까요?

1. 대답 : 왜냐하면 여러분이 자신들의 이야기를 엿듣는다고 생각할 수도 있기 때문이다. (사실 엿듣고 있는 것이 맞다.) 당신을 이상한 사람이라고 여길 수도 있다. 그러면 당신을 별로 대화에 받아들이고 싶지 않아 할 수도 있다.

d. 서로가 호의적인 태도로 대화를 나누고 있는지 잘 들어 본다.

i. 치료자 : 또한 서로가 호의적인 태도로 대화를 나누고 있는지도 들어 보아야 합니다. 이것이 왜 중요할까요?

1. 대답 : 서로에게 호의적이지 않다면, 여러분에게도 호의적으로 대해 주지 않을 가능성이 많다.

ii. 설명 : 서로를 놀리고 있거나 상대방을 비웃고 있다면, 그 사람들과는 대화하지 말아야 합니다. 대신에 다른 집단을 찾아봅니다.

e. 이해할 수 없을 정도로 너무 어려운 주제에 대해 이야기를 나누고 있는 것은 아닌지 귀 기울여 들어 본다(예 : 지나치게 복잡한 주제).

i. 치료자 : 여러분이 이해할 수 없는 주제로 대화를 나누고 있지는 않은지 잘 들어 보아야 합니다. 이것이 왜 중요할까요?

1. 대답 : 사람들이 이야기하고 있는 것들을 이해하지 못하면, 당신이 (무슨 말인가를 함으로써) 대화에 기여할 수 없기 때문이다. 당신은 질문을 하느라고 대화를 지연시키게 될 것이다. 이렇게 되면 대화의 자연스러운 흐름에 방해가 될 수 있다.

f. 대화로부터 **공통의 관심사를 찾는다.**

i. 치료자 : 가장 적절하게 참여할 수 있는 대화는 여러분과 똑같은 공통의 관심사에 대한 대화입니다. 공통의 관심사가 있는 대화에 참여하는 것은 어떤 좋은 점이 있을까요?

1. 대답 : 여러분이 잘 알고 있고, 또 좋아하는 것에 대해 대화를 나누기가 훨씬 더 쉽기 때문이다. 새로운 친구를 사귀려고 한다면, 공통점이 있는 사람들과 사귀는 것이 더 좋다. 친구 관계는 공통의 관심사에 기반을 두고 있는 것이기 때문이다.

g. 집단에게 관심을 표현한다.

i. 치료자 : 대화를 지켜보고 귀 기울여 들어 보는 도중에 사람들이 여러분의 존재를 알아차린다면, 여러분이 그 사람들이 이야기하고 있는 것에 관심이 있다는 것을 보여 주는 것이 좋습니다. 적절한 때에 웃거나, 살짝 미소를 짓거나, 의견에 동의를 한다는 표시로 고개를 끄덕여 주세요. 관심이 있다는 것을 보여 주는 것이 왜 좋을까요?

1. 대답 : 사람들이 대화하고 있는 내용에 관심이 있다는 것을 보여 주고, 동의한다는 것을 표현해 주면, 사람들이 당신을 대화에 받아 들여 줄 가능성이 더 높아진다.

h. 주기적으로 눈맞춤을 한다.

i. 치료자 : 집단의 사람들과 때때로 눈을 맞추는 것도 좋은 방법입니다. 하지만 **빤히** 쳐다보지는 **말아야 합니다!** 여러분이 자신들의 이야기를 엿듣고 있다고 여길 수도 있고, 그렇게 되면 여러분을 대화 받아 들여 줄 가능성이 낮아집니다. 대신에, 이따금씩 집단을 쳐다보아야 합니다. 주기적으로 눈을 맞추는 것이 좋은 방법인 이유는 무엇일까요?

1. 대답 : 집단의 사람들과 사람들이 하고 있는 대화에 관심이 있다는 것을 보여 주는 방법이기 때문이다.

2. 기다리기

a. 치료자 : 조금 아는 사람들과의 대화에 끼어드는 두 번째 단계는 기다리기입니다. 무엇을 기다린다는 말일까요?

i. 대답 : 다음 세 가지 중의 하나를 기다리는 것이다.

1. 대화가 짧게 멈추거나 끊어지는 순간
2. 대화가 끊이지 않을 경우에는, 크게 방해한다는 느낌을 주지 않을 적절한 때를 기다린다(예 : 주제가 바뀌는 시점).
3. 당신을 받아들인다는 표시를 보여 주기를 기다린다(예 : 사람들이 당신을 쳐다보고 미소를 보일 때).

b. 질문 : 대화가 완전하게 멈추는 순간이 있을까요?

i. 대답 : 아주 드물다.

c. 치료자 : 대화를 크게 방해하지 않도록 노력하기만 하면 됩니다. 가장 적절한 시점은 누군가가 말하기를 끝냈을 때입니다. 집단의 사람들이 그 전에 당신의 존재를 눈치 챘고 당신에게 관심이 있다면, 이것 또한 당신이 대화에 참여하기에 좋은 시점입니다.

3. 참여하기

a. 치료자 : 조금 아는 사람들과의 대화에 끼어드는 마지막 단계는 실제로 대화에 참여하는 것입니다.

b. 대화에 참여해야 할 이유가 있어야 한다(예 : 생각을 이야기하거나 질문하기 등으로 대화에 기여).

i. 치료자 : 하지만 대화에 참여해야 하는 이유가 분명히 있어야 한다는 것이 중요합니다. 대화에서 당신이 아무 것도 할 수 없다면 거기 참여하려고 시도하지 않는 것이 좋습니다. 대화에 기여하는 것이 왜 중요할까요?

1. 대답 : 대화 참여를 더 쉽게 만든다. 대화에 아무 기여도 할 수 없다면 진행되고

있는 대화를 방해하거나 지연시킬 뿐이다.

c. 조금 더 가까이 다가간다(팔 하나 길이 만큼). 단, **너무 가까이 가지는 않는다.**

i. 치료자 : 대화에 참여하기 직전에, 좀 더 가까이 다가가는 것이 중요합니다. 대체로 팔 하나 길이 정도의 거리면 적당합니다. 그러나 너무 가까이 다가가서는 안 됩니다. 너무 가까이 가는 것은 왜 좋지 않은 생각일까요?

1. 대답 : 개인적인 공간을 침범할 수 있기 때문이다. 사람들이 당신을 이상하게 여길 수 있다.

ii. 팔 하나 길이를 시연해 보여 준다.

iii. 대화에 참여하기 전에 팔로 거리를 재지 않도록 상기시킨다(유머를 섞어서 이야기해 줄 수도 있다.).

d. **이야기를 하거나, 질문을 하거나,** 대화와 관련 있는 소재를 제시한다. 단, **주제를 벗어나지 않는다.**

i. 치료자 : 다음 단계는 사람들이 말하고 있는 것에 대해 추가로 이야기를 하거나, 질문을 함으로써 그 사람들이 이야기하는 것에 대해 알고 있음을 보여 주는 것입니다. 또는 대화와 관련 있는 다른 소재들을 가져올 수도 있습니다. 중요한 것은 주제를 벗어나지 않는 것입니다! 주제를 벗어나지 않는 것은 왜 중요할까요?

1. 대답 : 그렇지 않으면 대화를 방해할 수도 있고, 화제가 바뀌게 될 수도 있기 때문이다. 그러면 사람들이 당신을 대화에 받아들이고 싶어 하지 않을 수도 있다.

e. **지나치게 개인적인 대화는 피한다.**

i. 치료자 : 일단 대화에 참여하고 나서는 지나치게 사적인 대화는 피해야 합니다. 이유가 무엇이라고 생각하나요?

1. 대답 : 지나치게 사적인 화제는 다른 사람을 불편하게 만들 수 있기 때문에, 당신과 이야기하고 싶지 않을 수도 있다.

f. **대화를 독차지하지 않는다.**

i. 치료자 : 일단 대화에 참여하면, 대화를 독점하지 않는 것이 중요합니다. 이것은 처음에 대화에 참여했을 때는 조금 말하고, 많이 귀 기울여 들으라는 뜻입니다. 다시 말하면 우리는 그 사람들의 대화에 방문객이 되는 것입니다. 대화를 독점하는 것은 왜 좋지 않은 생각일까요?

1. 대답 : 대화의 흐름을 끊어 놓을 수 있기 때문이다. 원래 사람들이 이야기하고 있던 것을 이어가는 것이 아니라 당신 자신에 대한 대화로 만들게 되기 때문이다.

NOTE : **시선 전환** 기술은, 이것을 완전히 익힐 수 있다고 생각되는 고기능의 청소년에게만 가르친다. 일부의 청소년들이 이를 배우게 되면, 시선을 불안하게 이리저리 움직이거나 어색해 보일 수 있다.

g. **시선**의 **전환**을 사용한다(혹시 거절당했을 때 보호해 주는 역할을 한다.).

  i. [**시선**의 **전환**은 집단에 대한 관심은 유지하면서, 동시에 집단의 대화에 전적으로 주의를 집중하지 않음으로써 거절당할 경우에 대비하여 당신을 보호하는 방법이다. **시선**의 **전환**은 대화에 참여하고자 시도를 하였으나 완전하게 받아들여지지 않는 경우 자연스럽게 사용할 수 있는 기법이다. 또래 관계에 들어가고자 하는 사람은 주기적으로 집단과 눈을 맞추지만, 또한 자연스럽게 집단 밖의 먼 곳을 쳐다봄으로써 주의를 분배하고, 집단의 구성원이나 자기 스스로를 불편하게 만들지 않을 수 있다.]

  ii. 치료자 : 대화에 끼어들려는 시도가 거부될 수도 있는 상황에서 여러분 자신을 보호할 수 있는 한 가지 방법은 시선 전환이라고 부르는 기법을 사용하는 것입니다. 이것은 우리가 이야기를 나누고 있는 상대방을 때때로 쳐다보지만, 그 사람들에게 전적으로 주의를 집중하지 않는 것입니다. 대신에 때때로 방을 둘러보면서, 사람들에게 완전히 집중하고 있지 않다는 것을 보여 주는 것입니다.

  iii. **시선**의 **전환**을 시연해 보여 준다.

    1. 너무 빤히 쳐다보지 않는다.
    2. 가끔씩 사람들을 쳐다보고, 그 외의 시간에는 다른 곳을 본다.

  iv. '시선을 불안하게 이리저리 움직이는 것'을 시연해 보인다.

    1. 이것이 시선의 전환과 어떻게 다른지 보여 준다.
    2. [**시선 전환**의 어려운 점은, 눈맞춤을 피하거나 '불안하게 움직이는 것'처럼 보이지 않아야 한다는 것이다. 사회적으로 어색한 청소년에게는 이 기술이 훨씬 더 어려울 수 있다. 이런 경우에는 이 기술을 사용하지 않도록 한다.]

h. 집단 내 사람들에게 받아들여졌는지를 평가한다.

  i. 치료자 : 마지막으로, 우리는 집단의 대화에 받아들여졌는지 아닌지에 주의를 기울여야 합니다. 대화에 받아들여졌는지를 어떻게 알 수 있을까요?

    1. 대답

      a. 사람들이 당신과 눈을 맞추고 있다.
      b. 사람들이 당신에게 직접 말을 건네거나, 질문을 한다.
      c. 집단의 사람들이 당신을 향해 몸을 돌린다. 즉, **원을 열어 준다.**

        i. [사람들이 작은 그룹으로 대화를 나눌 때, 원을 만드는 경향이 있다. 당신이 대화에 받아들여진다면, 집단은 **원을 열어 줌**으로써 당신이 참여할 공간을 마련해 준다. 대화에 받아들여지지 않는 경우에는, 그룹은 **원을 닫거나** 당신에게 등을 돌림으로써 대화 밖으로 밀어 내게 된다.]

ii. 치료자 : 만약 집단이 당신을 무시하거나 원을 닫는다면, 당신은 이야기를 계속 하면서 그 사람들에게 억지로 대화를 하자고 해야 할까요?

1. 대답 : 아니오.

iii. 치료자 : 그럴 때는 조용히 다른 곳으로 자리를 옮겨야 합니다. 다른 집단과 다른 대화에 참여할 수 있도록 찾아보는 것이 좋습니다. 끼어들기를 포기하지 마세요.

역할극

- 청소년 집단 치료자와 2명의 보조 치료자는, 치료자가 **부적절하게 대화에 끼어들려고** 시도하는 **부적절한** 역할극을 연기해 보여 준다.
  - 이렇게 말하며 시작한다. 내가 대화에 끼어들려고 하는 짧은 역할극을 보여 드릴게요. 잘 보고, 내가 무엇을 잘못하고 있는지 이야기해 주세요.
  - 보조 치료자 2명이 대화하고 있는 상황에서, 지켜보거나 귀 기울여 듣지 않고, 무슨 이야기를 하는지 물어 보고, 완전히 화제를 바꾸어 버리면서 무례하게 대화에 끼어드는 것을 보여 준다.
  - NOTE : [보조 치료자가 1명뿐이라면, 집단 중에 가장 기능이 좋은 청소년 1명을 뽑아서 역할극을 돕도록 요청한다. 역할극을 하기 전에 반드시 청소년에게 치료자가 보여 주려는 것이 무엇인지 요약해서 알려 준다. 청소년 회기가 시작되기 전에 알려 주면 제일 좋다. 청소년들은 종종 연습에 참여하게 되는 것을 자랑스럽게 여긴다. 청소년을 참여시킬 때는, 대본을 제공해 주는 것보다는 보조 치료자와 자연스럽게 정보를 교환하도록 하는 것이 가장 좋다.]
- 부적절한 역할극의 예 :

청소년 집단 치료자 : (2명의 보조 치료자와 몇 걸음 떨어진 곳에 서 있다.)

보조 치료자 1 : "안녕, ○○야. 주말 어떻게 보냈어?"

보조 치료자 2 : "잘 보냈어. 넌?"

보조 치료자 1 : "나도 잘 지냈어. 뭐 했었어?"

보조 치료자 2 : "숙제를 좀 하다가, 영화 봤어."

보조 치료자 1 : "그래? 무슨 영화?"

보조 치료자 2 : "_______(코미디 배우 이름)가 출연한 영화를 2개 봤어. 이 사람 나오는 영화 본 적 있어?"

보조 치료자 1 : "물론이지. _______(코미디 배우 이름)가 출연한 영화를 내가 얼마나 좋아하는데! 진짜 웃기…."

청소년 집단 치료자 : (불쑥 걸어 들어 와서, 지나치게 가까이 선다.) "안녕, 얘들아. 무슨 얘기 중이야?"

보조 치료자 1 : (놀라면서) "주말에 뭐하고 지냈는지 이야기 중이었어. (원을 닫으면서 청소년 집단 치료자로부터 몸을 돌린다.) 어쨌든, 영화를 봤다고 했었지? 그래서⋯."

청소년 집단 치료자 : (말을 끊으면서) "난 진짜 멋진 주말을 보냈어. 새로 생긴 워터 파크에 다녀왔거든. 너희도 가봤어?"

보조 치료자 2 : (짜증스러운 표정으로) "어⋯ 아니. (원을 닫으면서 청소년 집단 치료자에게서 몸을 돌린다.) 아무튼 주말에 영화를 봤었고, 숙제를 조금 했어. 넌 무엇을 했니?"

보조 치료자 1 : "아, 난 친구들이랑 쇼핑하러 갔었는데⋯."

청소년 집단 치료자 : (말을 끊으면서) "그럼 너희도 워터 파크에 꼭 가 봐. 진짜 재미있거든!"

보조 치료자 1 & 보조 치료자 2 : (짜증스러운 표정으로 청소년 집단 치료자의 말을 무시한다.)

– 이렇게 말하며 끝낸다. 자, 여기까지입니다. 지금 대화에 끼어들기에서 내가 무엇을 **잘못**했지요?
  - 대답 : 치료자가 규칙을 따르지 않았다. 지켜보기/귀 기울여 듣기, 기다리기, 참여하기
– 질문 : 두 사람이 나와 대화를 나누고 싶어 하는 것처럼 보였나요?
  - 대답 : 아니오.
– 질문 : 그렇게 생각한 이유는 무엇인가요?
  - 대답 : 그들이 원을 닫았다. 말을 무시하였다. 짜증이 난 것처럼 보였다.
– 질문 : 사람들이 여러분과 이야기하고 싶어 하지 않는다는 것을 알게 되었을 때는 어떻게 해야 하나요?
  - 대답 : 억지로 대화하려고 하지 말고, 조용히 다른 곳으로 간다.

■ 다음으로 치료자는 2명의 보조 치료자(또는 1명의 보조 치료자와 1명의 청소년)와 함께, 치료자가 적절하게 **대화에 끼어드는** 것을 보여 주는 **적절한** 역할극을 보여 준다.

– 치료자 : 자, 다시 한 번 해 봅시다. 이번에는 내가 끼어들기의 단계들을 따라서 해 보겠습니다. 잘 보고 내가 무엇을 잘 했는지 이야기해 보세요.
– 대화에 **끼어들기** 단계에 따라 시연한다. 지켜보기/귀 기울여 듣기, 기다리기, 참여하기
– 적절한 역할극의 예 :

  청소년 집단 치료자 : (2명의 보조 치료자와 몇 걸음 떨어진 곳에 서 있다.)

  보조 치료자 1 : "안녕, ○○야. 주말 어떻게 보냈어?"

  보조 치료자 2 : "잘 보냈어. 넌?"

  보조 치료자 1 : "나도 잘 지냈어. 뭐 했었어?"

  보조 치료자 2 : "숙제를 좀 하다가, 영화 봤어."

보조 치료자 1 : "그래? 무슨 영화?"

보조 치료자 2 : _______(코미디 배우 이름)가 출연한 영화를 2개 봤어. 이 사람 나오는 영화 본 적 있어?"

보조 치료자 1 : "물론이지. _______(코미디 배우 이름)가 출연한 영화를 내가 얼마나 좋아하는데. 진짜 재미있어! 너 코미디 영화 좋아하니?"

청소년 집단 치료자 : (조금 가까이 다가오면서, 주기적으로 눈을 맞춘다.)

보조 치료자 2 : "나 코미디 영화 진짜 좋아해! 너는 어때?"

보조 치료자 1 : "물론 나도 좋아해. 내가 제일 좋아하는 종류가 코미디 영화야!"

보조 치료자 2 : "그럼 너 _______(최근에 나온 코미디 영화 이름)는 봤어?"

보조 치료자 1 : "응, 며칠 전에 봤어!"

보조 치료자 2 : "나도 봤어. 진짜 재미 있더라!"

청소년 집단 치료자 : (대화가 잠깐 멈추는 때를 기다려서) "아, 너희들도 _______(바로 위에 언급한 코미디 영화 이름) 봤구나?"

보조 치료자 1 & 보조 치료자 2 : (청소년 집단 리더를 쳐다보면서, 원을 열어 준다.) "응, 너도 봤어?"

청소년 집단 치료자 : "봤어. 진짜 웃겼어! 나는 _______(코미디 배우의 이름)이 나오는 영화를 진짜 좋아해!"

보조 치료자 2 : "나도야! 아무리 봐도 질리지 않아! (청소년 집단 치료자를 쳐다보면서) 어떤 영화를 제일 좋아해?"

– 이렇게 말하며 끝낸다. 자, 여기까지입니다. 지금 대화에 끼어들기에서 내가 무엇을 잘했지요?
  - 대답 : 치료자가 규칙을 잘 따랐다 지켜보기/귀 기울여 듣기, 기다리기, 참여하기
– 질문 : 두 사람이 나와 대화를 나누고 싶어 하는 것처럼 보였나요?
  - 대답 : 예.
– 질문 : 그렇게 생각한 이유는 무엇인가요?
  - 대답 : 그들이 원을 열어 주었다. 질문에 대답을 했다. 눈을 잘 맞추었다. 치료자에게 질문을 했다.

과제

■ 한 주 동안의 과제를 다음과 같이 간단하게 설명한다. 이번 주에 우리는 아주 친하지는 않지만 좀 더 친해지고 싶은 사람들과의 대화에 끼어드는 연습을 하려고 합니다. 가장 바람직한 것은 여러분이 잘 어울릴 것이라고 생각했던, 그 집단의 사람들과 연습하는 것입니다. 그리고 이번 주에도 전화를 이용해서 계속 대화기술을 연습할 것입니다. 그래서 이번 주 과제는

– 우리가 배웠던 단계들을 따라서 대화에 끼어들어 봅니다.
– 또 다른 집단 구성원과의 통화를 연습합니다.
  - 최소한 5~10분 동안 통화해야 합니다.
  - 전화를 시작하고 끝내는 각 단계(머리말/꼬리말)를 사용합니다.
  - 프로그램 시간에 발표할 수 있도록 정보를 교환하고 공통된 관심사를 찾아야 합니다.
– PEERS® 집단에 속하지 않은 사람, 즉 집단 구성원이 아닌 사람과의 통화를 연습합니다.
  - 최소한 5~10분 동안 통화해야 합니다.
  - 편안하게 정보를 교환할 수 있는 친구를 선택합니다.
  - 프로그램 시간에 발표할 수 있도록 공통된 관심사를 찾습니다.
– 다음 주에 정보 교환하기 활동을 위해 개인 물건을 가지고 옵니다(예 : CD, 잡지, 게임, 책, 그림, 사진).
– 이번 주에 농담을 하였다면, 유머에 대한 반응을 살핍니다.
  - 사람들이 비웃었는지, 함께 웃었는지 알아챕니다.
  - 자신이 개그맨에 가까운지, 방청객에 가까운지 결정합니다.

■ 청소년 집단 치료자와 보조 치료자는 일주일의 그룹 내 전화를 배정하고 추후에 참조하기 위해 이를 '부록 F : 집단 구성원들과의 전화 배정표'에 기입한다.
– 만약에 청소년들의 수가 짝이 맞지 않다면 누군가에게 '이중 의무'를 배정한다.
  - 이 사람은 두 번의 그룹 내 전화를 한다(한 번은 전화 거는 사람, 한 번은 받는 사람).
– 이 사람은 추가적인 전화를 하는 것에 대해 추가 점수를 받는다.

청소년 활동 : 대화에 끼어들기

NOTE : '청소년 활동 가이드' 규칙을 참고한다.

■ 청소년들을 작은 그룹으로 나누어서(2명 이하로는 하지 않는다.) 개인의 물건에 대한 **정보를 교환**한다.
■ 공유할 물건을 가지고 오지 않은 청소년을 위해 잡지들을 준비해 놓는다.
■ 가능하다면 여자는 여자끼리, 남자는 남자끼리 짝을 이루도록 한다.
■ 청소년들에게 개인 물건을 가지고 **정보를 교환**하는 동안에 **대화에 끼어들기**를 연습할 것이라고 알린다.
■ 각각의 청소년들이 집단의 다른 구성원들의 **대화에 끼어드는** 연습을 한다.
– 다른 집단 구성원들에게, 대화에 들어오려고 하는 사람을 받아들여야 한다고 말한다.

- **끼어들려고** 시도할 때 집단 구성원을 거절하지 않게 한다.

– 각 청소년들이 대화에 참여하려고 시도하기 전에 치료자나 보조 치료자와 함께 **끼어들기**의 단계들을 말로 이야기해 보도록 한다.

– **끼어들기** 시도를 한 뒤에는 치료자와 보조 치료자가 즉각적으로 수행에 대한 피드백을 준다.

- 맞게 잘 한 것에 대해서는 칭찬해 준다.
- 필요하다면, 규칙과 다르게 한 것에 대해서는 적절한 **제안을 해 준다.**
- **끼어들기** 시도를 부적절하게 했다면, 다시 한 번 해 보게 한다.
- **시선 전환**을 연습할 때 치료자는 집단 구성원들에게 '시선을 이리저리 움직이기'에 대해 특별한 지도를 해 주고, 수행에 대해 적절히 피드백한다.
  - ■ **시선 전환**은 일부 청소년들에게 특별히 어려울 수 있다. 이런 경우 **시선 전환**은 조금만 사용하고, 대신에 또래 관계에 들어가는 다른 세부 단계들에 더 집중하도록 하는 쪽이 더 낫다.

– 모든 청소년들이 회기가 진행되는 동안 적어도 한 번은 대화에 **끼어드는** 연습을 해야 한다.

– 대화 끼어들기 연습을 한 청소년들에게는 점수를 준다.

– 매 시도가 끝날 때마다 서로 박수를 쳐 주도록 한다.

– 연습을 거부하거나 하기를 꺼리는 청소년들은 심한 사회적 불안을 경험하고 있거나 심지어 공포에 의한 회피를 하고 있을 가능성이 많다.

- ASD를 가지고 있으면서 사회적 불안이 높은 청소년들은 종종 이 회기 전반에 걸쳐 심한 불안을 경험한다. 이런 경우, 또래 관계에 들어가는 첫 번째 단계(즉, 지켜보기/귀 기울여 듣기)만 연습하도록 하는 것이 도움이 된다.
- 이후의 회기에서 좀 더 편안하게 느끼게 되면 이후의 단계를 추가하도록 격려한다.

부모와 다시 만나기

■ 청소년들에게 부모와 다시 만난다고 공지한다.

– 청소년들은 각자의 부모 곁에 서 있거나 앉아 있도록 한다.

– 다시 만나는 시간이 시작되기 전에, 조용히 하고 그룹에 완전히 집중하도록 한다.

■ 치료자 : 오늘 우리는 대화에 끼어드는 방법을 공부했습니다. 누가 대화에 끼어드는 단계에 어떤 것이 있는지 말해 줄 수 있나요? [청소년들이 모든 규칙을 이야기하도록 한다. 필요하다면 촉진해 줄 준비를 한다.]

지켜보기/귀 기울여 듣기

- 대화에 참여하기 전에 지켜보고 귀 기울여 들어 본다.
- 대화를 나누는 사람들 중 아는 친구가 1명 있는지 찾아본다.
- 대화에 참여할지 결정하기 위해, 이야기를 나누고 있는 사람들에게 조금 더 가까이 다가가 그들의 행동이나 대화 내용을 들어 본다.
- 호의적인 태도로 대화를 나누고 있는지 들어 본다.
- 너무 어려운 주제로 이야기하고 있는 것은 아닌지 살펴 들어 본다(예 : 지나치게 복잡한 주제).
- 대화 중에 자신과 **공통의 관심사가 있는지 찾아본다.**
- 집단 안의 사람들에게 관심을 표현한다.
- 주기적으로 눈맞춤을 한다.

기다리기

- 대화에 참여할 적절한 때를 기다린다(예 : 대화가 짧게 멈추거나 끊어지는 순간).
- 대화가 끊이지 않을 경우에는 크게 방해한다는 느낌을 주지 않을 적절한 때를 기다린다.
- 당신을 받아들인다는 표시를 보여 주기를 기다린다.

참여하기

- 대화에 참여해야 할 이유가 있어야 한다(예 : 생각을 이야기하거나 질문하기 등으로 대화에 기여).
- 조금 더 가까이 다가간다.
- **이야기를 하거나, 질문을 하거나,** 대화와 관련 있는 소재를 가져온다.
- **지나치게 개인적인 대화는 피한다.**
- **대화를 독차지하지 않는다.** 처음에 이야기를 시작할 때보다 더 많이 들어야 한다.
- 시선의 전환을 사용한다(청소년에게 적절하다면).
- 집단의 사람들로부터 얼마나 받아들여지고 있는지 평가한다.
- 사람들이 못 본 척하거나 대화에 끼어주고 싶어 하지 않으면 조용히 **다른 곳으로 간다.**
- 치료자 : 오늘 우리는 대화에 끼어드는 단계들을 연습했고, 모두들 잘 해 냈습니다. 박수 쳐 주세요.
- 다음 주까지의 과제를 확인한다(아래를 보세요.).
  - 부모님 앞에서 집단 구성원과의 통화 과제를 읽는다.
  - 부모들에게 누가 누구에게 전화하는지 기록하도록 한다.
  - 집단 구성원과의 통화 과제는 이번이 마지막임을 알린다.

- 각각의 가족들이 개별적으로 분리되어서 다음을 협의한다.
  - 어디에서, 어떤 또래 그룹과 대화에 끼어들기를 시도해 볼 것인지.
  - 청소년이 집단 외의 어떤 사람과 전화 통화를 할 것인지.
  - 다음 주 개인 물건으로 무엇을 가지고 올 것인지.

과제

1. 단지 조금만 아는 최소 2명 이상의 친구들과 **대화에 끼어들기**를 연습한다.
   a. **대화에 끼어들기** 전에
      i. 받아들여질 만한 가능성이 높은 곳(즉, 위험 요소가 적은 장소), 나쁜 평판을 받고 있지 않는 곳을 찾는다.
      ii. **대화에 끼어들기** 연습을 하기 전에 부모와 자녀가 각 단계를 미리 해 볼 수도 있다.
   b. **대화에 끼어들기**를 하는 동안에
      i. **대화에 끼어들기**의 각 단계에 따른다.
   c. **대화에 끼어들기**를 한 후에
      i. 부모님과 자녀가 함께 어떻게 **대화에 끼어들었는지**에 대해 이야기한다.
      ii. 부모는 발생할 수 있는 문제에 대해 자녀가 해결책을 찾도록 돕는다.
   d. [특별히 사회적 상황에서 불안해하거나 이 과제를 하고 싶어 하지 않은 청소년들에게는, 또래 관계에 들어가는 첫 번째 단계(지켜보기/귀 기울여 듣기)만 연습하면서 집단에 대한 친밀감과 관심을 갖게 하는 것이 도움될 수 있다. 이후의 회기들에서, 청소년이 점점 편안함을 느끼게 되면 추가적인 단계를 연습해 볼 수 있다.]
2. **집단 구성원과의 통화**
   a. 전화하기 전에
      i. 회기를 마치고 치료실을 떠나기 전에, 자녀들의 대화기술 연습을 위해 집단의 다른 구성원에게 전화할 수 있도록 약속을 정한다.
      ii. 전화를 하기 위한 날짜와 시간을 정한다.
      iii. 전화를 하는 동안 부모가 어디에 있을 것인지, 부모가 어떤 역할을 할 것인지 협의한다.
      iv. 부모와 자녀가 전화를 시작하고 끝내는 연습을 해야 할 수도 있다.
   b. 전화하는 동안에
      i. 청소년은 전화 통화를 통해 **정보**를 **교환**할 수 있어야 한다.
      ii. 다음 시간에 와서 발표할 수 있는, **공통의 관심사를 찾는다.**
      iii. **머리말/꼬리말** 사용을 포함해서, 전화를 시작하고 끝내는 규칙을 따른다.

c. 전화하고 난 뒤에
  i. 부모와 자녀가 전화 통화에서 이야기한 것을 확인한다.
    1. **공통의 관심사**
    2. **머리말/꼬리말**
    3. 전화를 어떻게 시작했고, 어떻게 끝났는지
  ii. 부모는 발생할 수 있는 문제에 대해 자녀가 해결책을 찾도록 돕는다.

3. **집단 구성원이 아닌 사람과의 통화**
  a. 전화하기 전에
    i. 부모들은 자녀의 대화기술 연습을 위해 집단 구성원이 아닌 사람에게 전화할 수 있도록 약속을 정한다.
    ii. 자녀가 편안하게 대화할 수 있는 사람을 선택한다.
    iii. 전화를 하는 동안 부모가 어디에 있을 것인지 협의한다.
  b. 전화하는 동안에
    i. 청소년은 전화 통화를 통해 **정보**를 **교환**할 수 있어야 한다.
    ii. 다음 시간에 와서 발표할 수 있는, **공통의 관심사를 찾는다.**
    iii. **주고받는 대화**의 규칙을 따른다.
    iv. **머리말/꼬리말** 사용을 포함해서, 전화를 시작하고 끝내는 규칙을 따른다.
  c. 전화하고 난 뒤에
    i. 부모와 자녀는 전화 통화에 대해 의견을 나누고 **공통의 관심사**를 확인해야 한다.
    ii. 부모는 발생할 수 있는 문제에 대해 자녀가 해결책을 찾도록 돕는다.

4. **유머에 대한 반응**
  a. 청소년들은 가족 및 친구들과 자신의 **유머에 대해 받은 반응**하기를 공유한다.
  b. **유머에 대한 반응**에 주의를 기울인다.
    i. 사람들이 **비웃는 것인지, 함께 웃는지** 혹은 전혀 웃지 않는지를 알아차릴 수 있어야 한다.
    ii. 부모님과 **유머에 대한 반응**을 함께 이야기해 본다.
      1. 자녀와 부모가 함께, 자녀가 **개그맨**이 되는 데 더 소질이 있는지, **방청객**이 되는 것이 좋을지 판단한다.

5. **개인의 물건을 가져오기**
  a. 집단 구성원과 함께 공유할 수 있는, 가장 좋아하는 물건을 가져온다(예 : CD, 잡지, 게임, 책, 그림).
  b. 집단 내의 다른 청소년과 1 : 1로 **정보**를 **교환**할 수 있도록 준비해 온다.

점수 계산

매주 다음 점수를 기록한다.

- 각 청소년들이 얻은 점수를 계산한다. 청소년들이 있을 때에 점수를 계산하지 않는다.
- 그룹이 얻은 총 점수를 합산한다.
  - 각각의 혹은 그룹의 총 점수를 밝히지 않는다.
  - 청소년들 사이에서 얻은 점수를 비교하려는 시도를 막는다.
- 더 크고 멋진 졸업 파티를 하기 위해서 청소년들이 그룹으로서 노력해야 한다는 것을 상기시킨다.

청소년 활동 가이드 : 6회기

"대화에 끼어들기"

필요한 자료

- 청소년이 개인의 물건을 가져온다.
- 음악을 듣기 위한 CD 플레이어와 헤드폰(선택사항)
- 청소년이 개인 물건을 가지고 오는 것을 잊어버릴 것에 대비하여, 함께 볼 수 있는 잡지를 준비해 둔다.
  - 컴퓨터 잡지
  - 애니메이션 잡지
  - 청소년 잡지
  - 스포츠 잡지

규칙

- 청소년들을 작은 그룹으로 나눈다(그룹당 2명 이하로는 하지 않는다.).
  - 가능하다면 여자는 여자끼리, 남자는 남자끼리 짝짓는다.
- 돌아가면서 **대화에 끼어들기**를 하는 동안 청소년들이 개인의 물건에 대해 정보를 교환하도록 한다.
- **정보 교환**을 통해서 **공통의 관심사**를 찾도록 격려한다.
- 적절한 시점에 질문을 하도록 촉진한다.
- **대화에 끼어들기**를 연습할 청소년을 위해

– 치료자와 보조 치료자는 연습할 청소년을 집단에서 분리하여 **끼어들기**의 단계들을 확인하게 한다(필요하면 먼저 칠판을 보아야 할 수도 있다.).
– 그다음 이 단계들을 사용하여 개인의 물건에 대해 **정보**를 **교환**하고 있는 또래들의 **대화에 끼어드는** 것을 연습하게 한다.
– 다른 청소년들에게, 모든 사람을 대화에 받아들여야 함을 다시 상기시킨다.
– 특정 단계에 대해 다음과 같이 촉진해 주어야 할 수도 있다.
  - 끼어들기의 첫 단계가 무엇이었지요? 지금 저 사람들이 무엇에 대해 이야기하고 있는지 알고 있나요? 그 주제에 대해 아는 것이 있나요? 대화에서 이야기하거나 질문할 내용이 있다면 참여를 시도해 봐도 좋아요.
  - 끼어들기의 두 번째 단계가 무엇이지요? 무엇을 기다리고 있지요? (답 : 짧게 멈추는 것) 적당하게 멈추는 순간이 없다면, 너무 심하게 방해하지만 않게 노력하면서 계속 참여를 시도해 봐도 됩니다.
  - 끼어들기의 마지막 단계는 무엇이지요? 어떻게 참여하면 좋을까요? 다른 사람들이 이야기하고 있는 것에 대해 질문을 하거나 생각을 이야기할 수 있어요. 주제를 벗어나지 않아야 하는 것을 기억하세요.

- 청소년이 **끼어들기**에서 잘못된 시도를 했다면, '잠시 멈춤'을 하고 부드럽게 실수를 지적해 주고, 어떻게 하면 더 적절하게 **끼어들기**를 할 수 있을지 피드백을 주어 청소년이 배울 수 있는 기회로 만든다.
  – 청소년이 성공적으로 수행할 때까지 반복해서 연습해 보게 한다.
- 청소년이 성공적으로 **끼어들기**를 했다면, '잠시 멈춤'을 하고 다른 청소년들이 박수를 보내게 한다.
  – 치료자는 청소년이 **끼어들기**에서 수행한 단계들을 짧게 다시 알려 준다.
- 성공적으로 **끼어들기**를 한 뒤에는 다음 청소년을 순서대로 돌아간다(각자가 적어도 한 번씩 연습할 수 있게 한다.).
- **끼어들기**의 단계를 잘 따른 것에 대해 점수를 준다.

7회기

09 또래 관계에 들어가기 Ⅱ – 대화에서 빠져나오기

부모 치료자 가이드

부모 회기 가이드 라인

부모 집단 치료자는 우선 집단 구성원이 아닌 사람과의 통화를 점검한다. 왜냐하면 대화에 끼어들기 과제와는 달리 이 과제를 할 때는 부모가 참여할 수 있고 그 과정에서 어떠한 일이 일어났는지 보고해 줄 수 있기 때문이다. 언제나처럼 성공적으로 수행한 과제를 먼저 발표하도록 한다. 그다음으로 대화에 끼어들기 단계를 다시 잘 점검하면서, 이 과제가 잘 수행되었는지 검토한다. 우선 대화에 끼어들기를 성공적으로 수행한 청소년의 부모가 짧게 요약해서 보고한 뒤에 성공하지 못한 청소년의 부모를 도와준다.

이 회기의 교육은 청소년들이 대화에 끼어들기에 실패했을 때 빠져나오는 것을 도와준다. 때때로 ASD를 가진 청소년들은, 대화에 끼어들고자 시도했는데 거절에 의해 그것이 계획한 대로 되지 않았을 때 (또는 배운 대로 되지 않았을 때) 당황하게 된다. 이러한 상황은 어느 누구에게나 일어날 수 있지만 사회성이 서툰 청소년들(특히 ASD를 가진 청소년들)에게는 또래들이 기대한 것과 다른 반응을 하는 것이 혼란을 가중시킨다. 이 회기에서는 대화에 받아들여졌는지를 판단하기 위해 주의를 기울여야 하는 중요한 사회적 단서들을 청소년들에게 가르친다. 또한 그들이 대화에 성공적으로 끼어들지 못했을 때, 그 시도가 실패한 것에 대한 부정적인 영향을 최소화함으로써 스스로를 보호하는 방법을 가르쳐 준다. 유감스럽게도, 또래들과의 대화에서 빠져나오는 전략을 배우려면, 어떻게 대화에 끼어드는지를 먼저 익혀야 한다. 청소년들이 지켜보기나 귀 기울여 듣기 단계까지만 대화에 끼어들기를 시도했다면, 그 집단이 청소년을 받아들이려고 하지 않을 때 빠져나오기가 상대적으로 쉬울 수 있다. 대화에 이미 끼어들어 참여하기 시작한 다음에 거절당하는 경우에는 대화에서 빠져나오는 법이 복잡해진다.

대부분 또는 모든 청소년들이 과제의 일부로서 대화에 끼어들기를 경험했으리라 기대한다. 만약 청소년들이 이 과제의 지시를 잘 따랐다면, 청소년에게 수용적이면서 청소년의 시도를 받아들여 줄 가능성이 많은 그룹에 대해 대화에 끼어들기를 시도했을 것이고, 또래에서 빠져나오기 전략을 사용할 일은 별로 없었을 것이다.

과제 점검

1. **집단 구성원이 아닌 사람과의 통화**
   a. 청소년이 전화 통화에서 **정보**를 **교환**했는지 확인한다.
   b. 부모로부터 다음을 확인한다.
      i. 전화 통화에서 **정보 교환**을 통해 발견한 **공통의 관심사**
      ii. 전화 통화에서 자녀가 사용한 **머리말/꼬리말**
      iii. 자녀가 전화를 어떻게 시작하고 끝맺었는가.
   c. 발생 가능한 문제에 대해 해결법을 의논한다.
      i. 만약 부모님들이 숙제의 어려움을 호소한다면, 다음과 같이 질문한다. 비슷한 문제를 가졌던 분들이 있나요? 그것을 어떻게 해결했나요?
      ii. 치료자가 그 문제를 다루는 법을 조언하기 전에, 우선 다른 부모님들이 의견을 주도록 한다.
2. **대화에 끼어들기**
   a. 치료자 : 지난주에 우리는 단지 조금 아는 사람들의 대화에 끼어들기 위한 단계에 대해 이야기하였습니다. 여기에는 대화를 지켜보기/귀 기울여 듣기, 그다음 대화가 짧게 멈추는 것을 기다리기, 그다음 대화에 참여하여 주제에 대해 이야기하거나 질문하는 단계를 포함합니다. 이번 주 자녀들의 과제 중 하나는, 받아들여 줄 가능성이 집단에 대해 대화에 끼어드는 것을 연습하는 것입니다. 이번 주에 자녀가 대화에 끼어들기를 성공적으로 수행했다면, 손을 들어 주세요.
   b. 과제를 수행한 부모님부터 이야기하도록 한다.
   c. 부모로부터 다음을 확인한다.
      i. 청소년이 어디서 **끼어들기**를 했는지
      ii. 집단 중에 청소년과 친숙한 사람이 있었는지
      iii. 청소년이 **대화에 끼어들기**의 단계를 따랐는지
   d. 발생 가능한 문제에 대해 해결법을 의논한다.

3. **유머에 대한 반응**
   a. 부모가 다음을 이야기하게 한다.
      i. 청소년이 가족 또는 친구와 **유머에 대한 반응**을 해석하기는 것을 연습했는가?
      ii. **사람들이 비웃는 것인지, 함께 웃는 것인지** 혹은 전혀 웃지 않는지를 자녀가 알아차렸는가?
      iii. 자녀는 자신이 **개그맨**에 가까운지, **방청객**에 가까운지 결정했는가?
4. **집단 구성원과의 통화**
   a. 매우 간략하게 점검한다. 각각의 부모가 두 문장 정도로 요점만 말하게 한다.
   b. 부모로부터 다음을 확인한다.
      i. 전화를 했는지
      ii. 전화 통화에서 **정보 교환**을 통해 발견한 **공통의 관심사**
   c. 발생 가능한 문제에 대해 해결법을 의논한다.
5. **개인의 물건을 가져오기**
   a. 집단 구성원과 함께 공유하기 위해 청소년이 가져온, 가장 좋아하는 물건을 확인한다(예 : CD, 잡지, 게임, 책, 사진, 그림).
   b. 적절한 물건을 가져왔을 때만 점수를 준다.

교육 : 대화에서 빠져나오기

- 부모용 유인물을 나누어 준다.
- 치료자 : 지난 주에는 자녀들이 어떻게 대화에 끼어들기를 하는지 배웠고, 치료 동안에, 그리고 과제로 끼어들기의 단계들을 연습하였습니다. 오늘 자녀들은 어떻게 대화에서 빠져나오는지에 대해서 배울 것입니다. 대화에서 자연스럽게 빠져나오는 것은, 우리가 대화에 참여하는 것에 실패했을 경우에 필요한 것입니다. 자녀들은 오늘 회기에 대화에 끼어들고 빠져나오기를 연습하게 될 것입니다. 또한 대화에 끼어들 때 환영받지 못하는 것이 매우 흔한 일이고, 너무 개인적인 것으로 받아들이지 말아야 할 것을 배우게 됩니다. 자녀들은 사람들이 대화에 참여하려 할 때 사실은 대략 50% 정도가 실패를 경험한다는 것을 알게 될 것입니다. 자녀들이 끼어들기에 실패하게 될 때 이것을 다루는 것을 돕기 위하여, 자연스럽게 대화에서 빠져나오는 규칙을 부모님이 아는 것이 중요합니다. 자녀가 대화에 참여하려고 시도했을 때 실패하는 데는 다양한 이유가 있습니다. 부모님들은 자녀들과 이런 상호작용에 대해 이야기를 나누고, 왜 거절당하는지, 그리고 다음에는 어떻게 다른 방식으로 해 볼 것인지를 이해하도록 도울 수 있어야 합니다.
- 부모들이 돌아가면서 부모용 유인물을 읽도록 한다.
- **굵게** 표시된 부분은 부모용 유인물에서 그대로 가져 온 것이다.

거절당하는 이유	다음 번에 무엇을 해야 하나?
자기들끼리 사적인 대화를 하고 싶어 한다.	이후에 다시 시도해 본다.
어려운 수준의 이야기를 하고 있다.	다른 집단에 시도한다.
새 친구 만드는 것을 원하지 않는다.	다른 집단에 시도한다.
강하게 거부하거나 무시한다.	다른 집단에 시도한다.
그들만의 집단을 이루고 있다.	다른 집단에 시도한다.
그 사람들에게 당신의 평판이 좋지 않다.	너무 튀지 않게 행동하고, 시간이 한참 흐른 후 다시 시도한다.
당신이 대화에 참여하고 싶어 한다는 것을 친구들이 알아차리지 못했다.	규칙에 따라 다시 시도해 본다.
대화에 끼어들기 규칙 중 하나를 잘 지키지 못했다.	규칙에 따라 다시 시도해 본다.
너무 개인적인 이야기를 했다.	규칙에 따라서 다른 집단에 시도한다.

대화에서 빠져나오기

- 관심에 대한 표시를 확인하기
  - **당신과 대화를 나누고 싶지 않다는 징후가 있는지 살펴본다.**
    - 눈맞춤이 거의 없음
    - 집단 구성원들이 당신의 반대편으로 몸을 돌림(**원을 닫는 것**)
    - 눈을 굴림
    - 당신을 보고 한숨을 쉼
    - 집단의 어떤 사람도 당신에게 긍정적인 이야기를 하지 않음
    - 당신의 언급, 질문, 대화에 끼려는 시도 등을 무시함
    - 그룹으로부터 직접적 언어적 공격을 받음
    - 당신의 이야기를 비웃거나 웃음거리로 만듦
    - 당신을 향해 부적절하게 웃음
    - 그룹으로부터 신체적 공격을 받음
  - 만약 사람들이 당신과 이야기하는 것에 별로 흥미가 없어 보인다면 **조용히 다른 곳으로 간다**(다음의 단계들을 참고).
  - 대화에 참여하기 위한 시도의 절반(50%)은 성공하지 못한다는 것을 기억한다.
    - 사적인 감정이 있는 것으로 받아들이지 않는다.
    - 포기하지 말고 다음에 또 시도한다.
  - 이를 편안한 마음으로 받아들인다면, 친구들이 다음 번에는 당신을 대화에 참여하게

해 줄 것이다.

1. **침착함을 유지한다.**
2. **다른 곳을 본다.** 자연스럽게 눈맞춤을 멈춘다.
3. **돌아선다.** 자연스럽게, 천천히 몸을 돌린다.
4. **다른 곳으로 간다.** 자연스럽게, 조용히 다른 곳으로 간다.

만약 처음에 대화에 받아들여졌다가 중간에 배제될 것 같은 상황이라면

- **대화에서 빠져나올 때를 대비해 미리 짧은 꼬리말을 준비한다.**
  - **이것은 대화에서 세 번 이상의 주고 받는 상호 교환에 참여했을 경우에 사용한다.**
  - **이미 대화에 참여했고, 빠져나오는 것은 갑작스러운 일이 될 가능성이 많기 때문에, 이때는 짧은 꼬리말이 필요하다.**
  - 머리말/꼬리말은 매우 짧고 특별하지 않아야 한다.
    - **왜냐하면, 이런 경우에는 사람들이 더 이상 당신에게 관심이 없으며, 어디를 가든지 신경 쓰지 않을 것이기 때문이다.**
  - 꼬리말의 예
    - "음, 이제 나는 수업 들어가야겠다."
    - "음, 나는 갈게."
    - "난 가봐야 할 것 같아."
    - "잘들 있어."
    - "나중에들 보자."
- **이런 경우, 침착함을 유지해야 하지만,** 다른 곳을 보기, 돌아서기, 다른 곳으로 가기의 **그다음 단계를 따를 필요는 없다.**

과제

- 치료자 : 오늘의 과제 중 하나는, 적어도 한 사람을 어느 정도 알고 있으며, 나쁜 평판이 없는 집단에 대해 대화에 끼어들기를 연습하는 것입니다.
- 부모 집단 치료자는 과제를 알려 주고, 부모들에게 있을 수 있는 어려운 점들을 논의한다.

1. **최소 2명의 친구들과 대화에 끼어들기를 연습한다.**
   a. 대화에 끼어들기 전에
      i. **최소 1명은 아는 사람이 있는 집단을 선택하도록 노력한다.**
      ii. **받아들여질 만한 가능성이 높은 곳(즉, 위험 요소가 적은 장소), 나쁜 평판을 받고 있지**

않는 곳을 찾는다. 새로운 집단을 찾는 것이 필요할 수도 있다.

iii. 대화에 끼어들기 연습을 하기 전에 부모와 자녀가 각 단계를 미리 연습해 볼 수도 있다.

b. 대화에 끼어들기를 하는 동안에

i. 대화에 끼어들기의 각 단계를 따른다.

ii. 만약 받아들여지지 않았다면, 빠져나오기 단계를 따른다.

c. 대화에 끼어들기를 한 후에

i. 부모와 자녀가 함께, 대화에 어떻게 끼어들고 빠져나왔는지를 이야기한다(모두 다 했다면).

ii. 부모는 발생할 수 있는 문제에 대해 자녀가 해결책을 찾도록 돕는다.

2. 집단 구성원이 아닌 사람과의 통화

a. 전화하기 전에

i. 회기를 마치고 치료실을 떠나기 전에, 자녀들의 대화기술 연습을 위해 집단 구성원이 아닌 사람에게 전화할 수 있도록 약속을 정한다.

ii. 전화를 하는 동안 부모가 어디에 있을 것인지 협의한다.

b. 전화하는 동안에

i. 청소년은 전화 통화를 통해 정보를 교환할 수 있어야 한다.

ii. 다음 시간에 와서 발표할 수 있는, 공통의 관심사를 찾는다.

iii. 주고받는 대화의 규칙을 따른다.

iv. 머리말/꼬리말 사용을 포함해서 전화를 시작하고 끝내는 규칙을 따른다.

c. 전화하고 난 뒤에

i. 부모와 자녀는 전화 통화에 대해 의견을 나누고 공통의 관심사를 확인해야 한다.

ii. 부모는 발생할 수 있는 문제에 대해 자녀가 해결책을 찾도록 돕는다.

3. 실내게임을 가져오기

a. 집단 구성원과 함께할 수 있는 실내게임을 가져온다(나이에 적합한 보드게임, 카드게임 등).

i. 혼자 하는 게임은 가져오지 말 것

b. 다음의 물건은 가져오지 않는다.

i. 집단 구성원과 함께 쓰고 싶지 않은 것

ii. 파손 혹은 분실의 우려가 있는 것

■ 부모들로 하여금 돌아가면서 이번 주에 자녀들이 대화에 **끼어들기** 연습을 해 볼 수 있는, 받아들여질 가능성이 많은 장소가 어디인지 확인해 보도록 한다.

– 그들은 새로운 장소를 선택해야 할 수도 있다.

■ 특히 지난 주 **끼어들기** 과제에서 거절당한 청소년의 부모에게 특히 주의를 기울인다.

– 실패하게 된 이유에 대해서 논의해 본다.

– 어떻게 다른 방법으로 해 볼 수 있을지 논의한다.

- 대화에 참여시켜 줄 가능성이 많은 또래들을 집단 가운데서 선택한다.
- 자녀의 평판이 나쁘지 않은 장소를 선택한다.

부모용 유인물 7 : 또래 관계에 들어가기 Ⅱ－대화에서 빠져나오기

거절당하는 이유	다음 번에 무엇을 해야 하나?
자기들끼리 사적인 대화를 하고 싶어 한다.	이후에 다시 시도해 본다.
어려운 수준의 이야기를 하고 있다.	다른 집단에 시도한다.
새 친구 만드는 것을 원하지 않는다.	다른 집단에 시도한다.
강하게 거부하거나 무시한다.	다른 집단에 시도한다.
그들만의 집단을 이루고 있다.	다른 집단에 시도한다.
그 사람들에게 당신의 평판이 좋지 않다.	너무 튀지 않게 행동하고, 시간이 한참 흐른 후 다시 시도한다.
당신이 대화에 참여하고 싶어 한다는 것을 친구들이 알아차리지 못했다.	규칙에 따라 다시 시도해 본다.
대화에 끼어들기 규칙 중 하나를 잘 지키지 못했다.	규칙에 따라 다시 시도해 본다.
너무 개인적인 이야기를 했다.	규칙에 따라서 다른 집단에 시도한다.

대화에서 빠져나오기 규칙

- **관심에 대한 표시를 확인하기**
  - 당신과 대화하는 것을 흥미로워하지 않음을 나타내는 표시를 확인한다.
  - 만약 사람들이 당신과 이야기하는 것에 별로 흥미가 없어 보인다면 다음의 단계들을 참고한다.
  - 대화에 참여하기 위한 시도의 절반(50%)은 성공하지 못한다는 것을 기억한다.
    - 사적인 감정이 있는 것으로 받아들이지 않는다.
    - 포기하지 말고 다음에 또 시도한다.
  - 이를 편안한 마음으로 받아들인다면, 친구들이 다음 번에는 당신을 대화에 참여하게 해 줄 것이다.

1. **침착함을 유지한다.**
2. **다른 곳을 본다.** 자연스럽게 눈맞춤을 멈춘다.
3. **돌아선다.** 자연스럽게, 천천히 몸을 돌린다.
4. **다른 곳으로 간다.** 자연스럽게, 조용히 다른 곳으로 간다.

만약 처음에 대화에 받아들여졌다가 중간에 배제될 것 같은 상황이라면

- 대화에서 빠져나올 때를 대비해 미리 **짧은 꼬리말**을 준비한다.

- 이것은 대화에서 세 번 이상의 주고 받는 상호 교환에 참여했을 경우에 사용한다.
- 이미 대화에 참여했고, 빠져나오는 것은 갑작스러운 일이 될 가능성이 많기 때문에, 이때는 **짧은 꼬리말**이 필요하다.
- 머리말/꼬리말은 매우 짧고 특별하지 않아야 한다.
- 왜냐하면, 이런 경우에는 사람들이 더 이상 당신에게 관심이 없으며, 어디를 가든지 신경 쓰지 않을 것이기 때문이다.

– **꼬리말**의 예 :
- "음, 이제 나는 수업 들어가야겠다."
- "음, 나는 갈게."
- "난 가봐야 할 것 같아."
- "잘들 있어."
- "나중에들 보자."

– 이런 경우, **침착함을 유지**해야 하지만, **다른 곳을 보기, 돌아서기, 다른 곳으로 가기**의 그다음 단계를 따를 필요는 없다.

과제

1. 최소 2명의 친구들과 **대화에 끼어들기**를 연습한다.
   a. **대화에 끼어들기** 전에
      i. 최소 1명은 아는 사람이 있는 곳에서 끼어들기를 시도한다.
      ii. 받아들여질 만한 가능성이 높은 곳(즉, 위험 요소가 적은 장소), 나쁜 평판을 받고 있지 않는 곳을 찾는다. 새로운 장소를 찾는 것이 필요한 경우도 있다.
      iii. 대화에 끼어들기 연습을 하기 전에 부모와 자녀가 각 단계를 미리 연습해 볼 수도 있다.
   b. **대화에 끼어들기**를 하는 동안에
      i. **대화에 끼어들기**의 각 단계를 따른다.
      ii. 만약 받아들여지지 않았다면, **빠져나오기** 단계를 따른다.
   c. **대화에 끼어들기**를 한 후에
      i. 부모와 자녀가 함께, 대화에 어떻게 **끼어들고 빠져나왔는지**를 이야기한다(모두 다 했다면).
      ii. 부모는 발생할 수 있는 문제에 대해 자녀가 해결책을 찾도록 돕는다.
2. **집단 구성원이 아닌 사람과의 통화**
   a. 전화하기 전에

i. 회기를 마치고 치료실을 떠나기 전에, 자녀들의 대화기술 연습을 위해 집단 구성원이 아닌 사람에게 전화할 수 있도록 약속을 정한다.

ii. 전화를 하는 동안 부모가 어디에 있을 것인지 협의한다.

b. 전화하는 동안에

i. 청소년은 전화 통화를 통해 **정보**를 **교환**할 수 있어야 한다.

ii. 다음 시간에 와서 발표할 수 있는, **공통의 관심사를 찾는다.**

iii. **주고받는 대화**의 규칙을 따른다.

iv. **머리말/꼬리말** 사용을 포함해서, 전화를 시작하고 끝내는 규칙을 따른다.

c. 전화하고 난 뒤에

i. 부모와 자녀는 전화 통화에 대해 의견을 나누고 **공통의 관심사**를 확인해야 한다.

ii. 부모는 발생할 수 있는 문제에 대해 자녀가 해결책을 찾도록 돕는다.

3. **실내게임을 가져오기**

a. 집단 구성원과 함께할 수 있는 실내게임을 가져온다(예 : 나이에 적합한 보드게임, 카드게임 등).

i. 혼자 하는 게임은 가져오지 말 것

b. 다음의 물건은 가지고 오지 않는다.

i. 집단 구성원과 함께 쓰고 싶지 않은 것

ii. 파손 혹은 분실의 우려가 있는 것

청소년 치료자 가이드－7회기 : 또래 관계에 들어가기 Ⅱ－대화에서 빠져나오기

청소년 회기 가이드 라인

이 회기의 초점은 또래 관계에 들어가기 위해 시도하는 동안에 어떻게 거절을 적절히 다룰 수 있는지를 다룰 것이다. 이는 나쁜 평판으로 고전하고 있는 청소년들에게 매우 중요한 내용이다. 이전 회기에서 청소년들은 집단 구성원들이 그들과 이야기하는 것에 관심이 없음을 나타내는 기본적인 신호를 알아차리는 것을 배웠고(예 : 눈맞춤을 하지 않는다든가, 몸을 돌려 외면한다든가, 당신에게 말을 걸지 않는 것 등), 그러한 상황에서는 '다른 곳으로 가는' 것이 좋다는 것을 알게 되었다. 이번 회기는 대화에 끼어들려고 시도할 때 경험하는 또래로부터의 거절을 다루는 보다 구체적인 전략을 준비시킬 것이다.

청소년이 또래 관계에 들어가려고 시도하다가 거절당하는 가장 흔한 이유는 청소년이 또래들 사이에서 평판이 나쁘거나 대화에 자연스럽게 참여하기에 적절하지 않은 집단을 선택하는 것이다. 청소년의 평판이 나쁜 경우라면, 부모와 함께 다른 또래들의 네트워크를 찾아보는 것이 중요하다. 부모는 청소년이 잘 알려져 있지 않은 학교 밖의 학업 외 활동이나 클럽을 찾아보아야 하고, 청소년 집단의 치료자는 청소년이 다가오는 몇 주 동안에 또래 관계에 들어가기 기술을 연습할 수 있는, 보다 수용적인 또래 집단을 알아낼 수 있게 도와야 한다.

또래 집단에 들어가는 것에 실패하는 이유가 무엇이든지, 이것이 (심지어 어른들에게조차) 매우 흔한 일이므로 너무 개인적인 것으로 받아들이지 않도록 청소년들을 격려해야 한다. 청소년 집단 치료자와 부모가 청소년에게 심지어 그들 자신도 대화에 끼어들려고 하다가 거절당한 적이 있다고 이야기함으로써 이런 경험들을 정상화해 주는 것이 도움이 된다. 이런 노력으로 청소년들의 경험이 성공적으로 정상화된다면, 청소년들은 앞으로 좀 더 기꺼이 대화에 참여하려는 시도를 할 수 있게 될 것이다.

규칙 점검

NOTE : 청소년이 규칙을 따르는 데 많은 어려움이 있을 경우에만 회기 규칙을 다시 검토한다.

- 청소년이 집단의 규칙을 이야기하게 한다.
- 집단의 규칙을 기억하고 있는 청소년에게 포인트를 준다.
  1. 다른 그룹 구성원의 말을 경청하기(다른 사람이 이야기할 때 말하지 않기)
  2. 지시 따르기
  3. 손을 들기(하고 싶은 말이 있을 때)

4. 존중하기(놀리거나 다른 사람을 비웃지 않기)
5. 만지지 않기(때리기, 차기, 밀기, 안기 등 하지 않기)

과제 점검

NOTE : 한 과제당 1점이 아니라, 과제의 **부분 요소**마다 점수를 준다.

1. 개인의 물건을 가져오기
   a. 집단 구성원과 함께 공유하기 위해 청소년이 가져온, 가장 좋아하는 물건을 확인한다(예 : CD, 잡지, 게임, 책, 그림 등).
   b. 적절한 물건을 가지고 왔을 때만 칭찬한다.
   c. 산만해지는 것을 막기 위해, 보조 치료자는 활동이 끝날 때까지 물건들을 멀리 두도록 한다.
2. 대화에 끼어들기
   a. 치료자 : 지난주에 우리는 단지 조금 아는 사람들의 대화에 끼어들기 위한 단계에 대해 이야기하였습니다. 여기에는 대화를 지켜보기/귀 기울여 듣기, 그다음 대화가 짧게 멈추는 것을 기다리기, 그다음 대화에 참여하여 주제에 대해 이야기하거나 질문하는 단계를 포함합니다. 이번 주 여러분의 과제 중 하나는, 받아들여 줄 가능성이 높은 집단을 대상으로 대화에 끼어드는 것을 연습하는 것입니다. 이번 주에 대화에 끼어들기를 연습한 사람은 손을 들어 주세요.
      i. 과제를 완료한 청소년들에게 먼저 이야기해 보도록 하는 것으로 시작한다.
      ii. 질문
         1. 어디서 끼어들기를 했나요?
         2. 끼어들기를 위해 어떤 집단을 선택했나요?
         3. 집단 구성원 중 적어도 1명은 알고 있는 사람이었나요?
         4. 어떻게 끼어들었나요?
            a. 끼어들기 단계를 확실하게 따랐는지 확인한다.
            b. 단계를 따르지 않았다면 질문한다. 다음 번에는 무엇을 다르게 할 수 있을까요?
      iii. 발생 가능한 문제에 대해 해결법을 의논한다.
3. 유머에 대한 반응
   a. 치료자 : 이번 주에 주어졌던 과제들 중 하나는 유머에 대한 반응에 주의를 기울이는 것이었습니다. 유머에 대한 반응에 주의를 기울여 보았던 사람은 손을 드세요.
      i. 다음과 같은 짧은 질문들을 한다.
         1. 이번 주에 유머를 하려고 시도해 보았나요?(이것은 과제는 아님)

2. 유머를 했었다면, 그럴 때 사람들이 여러분의 유머를 비웃었나요, 아니면 함께 웃었나요?
3. 왜 그렇게 생각했나요?
4. 당신은 주로 개그맨이라고 생각하나요, 방청객이라고 생각하나요?
   a. 스스로를 **방청객**이라고 하는 청소년들을 칭찬한다.
   b. **개그맨**이라고 생각하는 청소년들에게는 그 근거가 무엇인지를 물어 본다. 즉, 자신이 경험한 **유머에 대한 반응**을 묘사해 보고, 이것이 비웃은 것이 아니라 함께 웃는 것이었다는 자세한 근거를 이야기하도록 한다.

ii. **개그맨**이 되는 것은 매우 어려우며, **유머에 대한 반응**에 세심한 주의를 기울여야 함을 상기시킨다.

4. **집단 구성원과의 통화**
   a. 치료자 : 이번 주 여러분의 또 다른 과제는 집단의 다른 구성원과 전화 통화로 정보를 교환하는 것입니다. 전화를 하였다면 손을 드세요.
      i. 전화 걸기를 수행한 청소년부터 호명한다.
      ii. 질문
         1. 누구와 이야기했나요?
         2. 누가 누구에게 전화했나요?
         3. 정보를 교환했나요?
         4. 공통의 관심사를 찾았나요?
            a. 만약에 그들이 **공통의 관심사**를 알아냈다면, 다음과 같이 질문한다. 만약에 여러분들 둘이 만나서 시간을 함께 보내게 된다면 그 정보를 어떻게 이용할 수 있을까요?
      iii. "전화하기는 어땠나요?"와 같은 일반적인 질문은 피한다.
   b. 다른 사람이 한 실수에 대해 이야기하는 것은 허용하지 않는다.
   c. 전화하기에 참여한 또 다른 사람이 있다면 바로 다음에 설명하도록 한다. 단, 동시에 발표하게 하지는 않는다.
   d. 발생 가능한 문제에 대해 해결법을 의논한다.
5. **집단 구성원이 아닌 사람과의 통화**
   a. 치료자 : 이번 주 다른 과제는 집단 구성원이 아닌 다른 누군가와 전화 통화로 정보를 교환하는 것이었습니다. 전화를 하였다면 손을 드세요.
      i. 전화 걸기를 수행한 청소년부터 호명한다.
      ii. 질문
         1. 누구와 이야기했나요?

2. 정보를 교환했나요?
3. 공통의 관심사를 찾았나요?
   a. 만약에 그들이 공통의 관심사를 알아냈다면, 다음과 같이 질문한다. 만약에 여러분이 만나서 시간을 함께 보내게 되면 그 정보를 어떻게 이용할 수 있을까요?
4. 대화는 어떻게 끝냈나요?

iii. "전화하기는 어땠나요?"와 같은 일반적인 질문은 피한다.

b. 발생 가능한 문제에 대해 해결법을 의논한다.

c. 시간이 있다면, 지난주 과제를 수행하지 못한 청소년들을 체크하고, 이번 주에는 숙제를 어떻게 완수할지 해결법을 논의한다.

교육 : 대화에서 빠져나오기

■ 치료자 : 지난주에 우리는 대화에 끼어들기의 규칙에 대해서 이야기했습니다. 이번 주에는 여러분이 대화에 끼어들려고 시도했는데 만약에 사람들이 여러분을 받아들여 주지 않는 경우 무엇을 해야 하는지에 대해서 이야기를 나눌 것입니다. 우리는 이것을 대화에서 빠져나오기라고 부릅니다. 여러분이 대화에 끼어들기의 모든 단계를 따라 시도했더라도, 사람들이 여러분과 이야기하는 것을 원하지 않을 때가 종종 있습니다. 예를 들어, 어떤 사람이 10번에 걸쳐 서로 다른 대화에 참여하려고 시도한다면, 평균적으로 10번 중에 몇 번이나 거절당할까요?

– 돌아가면서 각자의 생각을 말해 보게 한다.

– 답 : 열 번 중 다섯 번은 대화에 받아들여지지 않는다.

■ 대수로운 일이 아님을 강조한다.

– 사적인 감정으로 받아들이지 않도록 한다.

– 누구에게든 일어날 수 있는 일임을 설명한다(치료자와 청소년들의 부모님을 포함해서).

– 이것 때문에 앞으로 **대화에 끼어들기**를 시도하는 것을 멈추어서는 안 된다.

■ 설명 : 대화에 끼어들려고 했을 때 실패하는 데에는 많은 이유가 있습니다. 비록 절반밖에는 성공적으로 대화에 참여하게 되지 못하더라도, 이번에 왜 실패했는지에 대해서 생각하고, 다음에 무엇을 다르게 할 수 있는지 생각해 보는 것을 중요합니다.

■ 소크라테스식 방법을 사용하여 청소년이 거절당한 이유와 다음 번에 무엇을 다르게 할 수 있을지를 생각해 보게 한다(다음 표를 참고).

– 질문 : 거절당하는 이유에는 어떤 것들이 있을까요?

■ 이어서 각각의 대답에 대해 다음을 질문한다. 다음 번에 무엇을 다르게 할 수 있을까요?

거절당하는 이유	다음 번에 무엇을 해야 하나?
자기들끼리 사적인 대화를 하고 싶어 한다.	이후에 다시 시도해 본다.
어려운 수준의 이야기를 하고 있다.	다른 집단에 시도한다.
새 친구 만드는 것을 원하지 않는다.	다른 집단에 시도한다.
강하게 거부하거나 무시한다.	다른 집단에 시도한다.
그들만의 집단을 이루고 있다.	다른 집단에 시도한다.
그 사람들에게 당신의 평판이 좋지 않다.	너무 튀지 않게 행동하고, 시간이 한참 흐른 후 다시 시도한다.
당신이 대화에 참여하고 싶어 한다는 것을 친구들이 알아차리지 못했다.	규칙에 따라 다시 시도해 본다.
대화에 끼어들기 규칙 중 하나를 잘 지키지 못했다.	규칙에 따라 다시 시도해 본다.
너무 개인적인 이야기를 했다.	규칙에 따라서 다른 집단에 시도한다.

대화에서 빠져나오기 규칙

- 설명 : 사람들이 그들의 대화에 우리를 받아들여 주지 않는 것이 매우 흔하다는 것을 알게 되었으므로, 이제 우리는 이러한 상황에서 무엇을 해야 하는지 알아야 할 필요가 있습니다. 우리는 이것을 대화에서 빠져나오기 방법이라고 부릅니다. 대화에 끼어들기와 마찬가지로, 대화에서 빠져나오기에도 따라야 할 특정한 단계들이 있습니다.
- **관심에 대한 표시를 확인하기**
  - 치료자 : 우리가 해야 할 첫 번째 일은 사람들이 우리와 이야기하는 것에 관심이 있다는 표시를 찾아보는 것입니다. 누군가가 여러분과 이야기하는 것을 원하지 않는다는 것을 어떻게 알 수 있을까요?
    - 대답
      - 눈맞춤이 거의 없음
      - 집단 구성원들이 당신의 반대편으로 몸을 돌림(**원을 닫는 것**)
      - 눈을 굴림
      - 당신을 보고 한숨을 쉼
      - 집단의 어떤 사람도 당신에게 긍정적인 이야기를 하지 않음
      - 당신의 언급, 질문, 대화에 끼려는 시도 등을 무시함
      - 그룹으로부터 직접적 언어적 공격을 받음
      - 당신의 이야기를 비웃거나 웃음거리로 만듦
      - 당신을 향해 부적절하게 웃음

■ 그룹으로부터 신체적 공격을 받음

– 만약 사람들이 당신과 이야기하는 것에 별로 흥미가 없어 보인다면 **조용히 다른 곳으로 간다.**

– 대화에 참여하기 위한 시도의 절반(50%)은 성공하지 못한다는 것을 기억한다.

– 사적인 감정이 있는 것으로 받아들이지 않는다.

– 포기하지 말고 다음에 또 시도한다.

■ 이를 편안한 마음으로 받아들인다면, 친구들이 다음 번에는 당신을 대화에 참여하게 해 줄 것이다.

대화에서 빠져나오기의 단계

1. **침착함을 유지한다.**
   a. 치료자 : 대화에서 빠져나오는 것의 첫 번째 단계는 침착성을 유지하는 것입니다. 이것은 화를 내거나 사람들이 여러분과 이야기를 나누도록 강요하지 않는 것을 의미합니다. 침착함을 유지하는 것이 왜 여러분에게 중요할까요?
      i. 대답 : 만약 당신이 침착함을 잃고 화를 낸다면, 그들은 당신이 이상하다고 생각할 것이다. 따라서 앞으로 그들이 당신과 대화하기를 원할 가능성은 낮아진다. 또한 그들은 다른 친구들에게 당신의 반응에 대해서 이야기할 것이고, 그 결과 당신의 평판이 나빠질 것이다.
2. **다른 곳을 본다.**
   a. 치료자 : 대화에서 빠져나오기 위한 두 번째 단계는 다른 곳을 보는 것입니다. 이것은 빤히 쳐다보지 말라는 의미입니다. 자연스럽게 눈맞춤을 멈추고, 다른 방향을 바라봅니다. 여러분이 다른 곳을 보기 시작하는 것은 집단의 사람들에게 어떤 의미일까요?
      i. 답 : 당신의 관심은 이제 다른 곳에 있다. 당신은 그들이 이야기하는 것에 대해서 더 이상 관심이 없다.
   b. 설명 : 우리가 여기서 주의할 점은 시선을 돌릴 때 우리에게 너무 많은 주목을 끌지 않도록 하는 것입니다. 이 말은, 어깨 뒤를 보거나 머리나 몸 전체를 돌리지 않고 바라볼 곳을 찾아야 한다는 뜻입니다. 다른 곳을 볼 때 몸 전체나 머리를 돌리게 되면 무엇이 문제일까요? (반대 방향으로 몸을 돌리는 것을 시연해 보여 준다.)
      i. 답 : 이상하게 보일 수 있고, 당신의 행동이 주목을 끌게 될 것이다. 사람들은 당신의 행동을 이상하다고 생각할 것이며 당신을 비웃거나 웃음거리로 만들 수 있다.
3. **돌아선다**
   a. 치료자 : 우리는 침착함을 유지하고, 다른 곳을 바라 본 뒤, 대화에서 빠져나오기 위한 다음 단계

는 돌아 서는 것입니다. 이것은 여러분의 몸을 자연스럽게, 천천히 다른 방향으로 돌리라는 뜻입니다. 당신이 돌아서는 것은 집단에게 어떤 의미일까요?

i. 답 : 지금 막 다른 곳으로 가려고 한다는 뜻이다. 그들이 이야기하고 있는 것에 흥미를 잃었다는 것이다. 집단에서 떠날 준비가 되었다는 뜻이다.

b. 설명 : 여기서는 또한, 여러분이 이미 바라보고 있는 그 방향으로 몸을 돌리는 것이 중요합니다. 여러분이 바라보는 곳과 다른 방향으로 몸을 돌리면 어떤 문제가 생길 수 있습니까? (한쪽을 바라보다가 다른 쪽으로 몸을 돌리는 것을 보여 준다.)

i. 답 : 이것 역시 이상해 보일 수 있고, 당신의 행동이 주목을 끌게 될 것이다. 집단은 틀림없이 당신이 이상하다고 생각하게 될 것이다. 당신을 이상한 사람같이 느낄 것이다.

4. **다른 곳으로 간다.**

a. 치료자 : 대화에서 빠져나오기의 마지막 단계는 다른 곳으로 걸어가는 것입니다. 이것은 갑자기 확 가버리거나, 빠르게 걸어 가 버리는 것을 의미하지 않습니다. 대신에, 여러분은 자연스럽게, 조용하게 다른 곳으로 걸어가야 합니다. 왜 빠르게 걸어가기보다 자연스럽게 조용하게 걸어가는 것이 중요할까요?

i. 답 : 왜냐하면 당신이 자연스럽고 조용하게 행동하면, 그 집단이 대화에 받아들여지지 않아서 화가 났거나 괴로워하지 않는 것처럼 보일 것이기 때문이다. 자연스럽게 대화에서 빠져나옴으로 해서, 그들은 심지어 당신이 다른 곳으로 갔다는 것 조차 알아차리지 못할지도 모른다. 이것이 바로 당신에게 필요한 것이다. 대화에 받아들여지지 않았을 때, 대화에서 나가면서 당신에게로 주의를 끌지 않아야 한다.

b. 설명 : 바라보고 몸을 돌려 향했던 같은 방향으로 걸어가는 것도 중요합니다. 바라보고 몸을 돌려 향했던 곳과 다른 방향으로 걸어가는 것은 어떤 문제가 있을까요? (바라보고 몸을 돌려 향한 곳과 다른 방향으로 걸어가는 것을 보여 준다.)

i. 답 : 이것은 매우 이상해 보이고, 아마도 당신에게로 주의를 끌게 만들 것이다. 그런 이상한 행동을 하면 당신은 결국 나쁜 평판을 얻게 될 수도 있다.

역할극

■ 청소년 집단 치료자와 2명의 보조 치료자는 부적절한 역할극을 시연해 보여 준다. 청소년들 집단 치료자는 부적절하게 대화에 끼어드는 시도를 한 다음, 부적절한 방법으로 대화에서 빠져나오는 것을 연기한다.

– [NOTE : 만약 보조 치료자가 1명 밖에 없으면, 치료자는 집단에서 가장 기능이 좋은 청소년을 선발하여 역할극을 도와주도록 요청할 수 있다. 역할극을 시연하기 전에 그

청소년에게 무엇을 할 계획인지 개요를 설명해 준다. 이 작업은 회기가 시작되기 전에 하는 것이 가장 좋다. 청소년은 연습에 참여하게 되는 것에 대해 매우 자랑스러워하는 경우가 많다. 청소년을 활용할 때는 대본을 주려고 하기보다는 보조 치료자와 자연스럽게 정보를 교환하도록 하는 것이 가장 좋다.]

– 이렇게 말하며 시작한다. 여러분이 이제 대화에 끼어들고 대화에서 빠져나오는 단계들을 다 알게 되었으므로, 지금부터는 역할극을 좀 해 보려고 합니다. 이것을 보고 제가 무엇을 잘못하고 있는지 이야기해 주세요.

– 2명의 보조 치료자(또는 보조 치료자와 1명의 청소년) 사이의 대화에 단계를 따르지 않고 불쑥 끼어드는 것, 그다음 집단으로 하여금 치료자와 이야기하도록 강요하는 것, 그리고 거절당하자 갑자기 확 빠져나오는 것을 시연해 보여 준다.

- 부적절한 역할극의 예 :

  청소년 집단 치료자 : (몇 발짝 떨어져 서 있는다.)

  보조 치료자 1 : "안녕, ○○야, 어떻게 지냈어?"

  보조 치료자 2 : "난 잘 지냈지. 넌 어때?"

  보조 치료자 1 : "나도 잘 지냈어. 너 만화책 좋아한다고 하지 않았니? 지난주에 만화책 전시회에 갔었어?"

  보조 치료자 2 : "어, 토요일에 갔었지. 대단했어. 너도 갔니?"

  청소년 집단 치료자 : (갑작스럽게 다가가며, 매우 가까이 서서는) "얘들아, 무슨 이야기하고 있어?"

  보조 치료자 2 : (깜짝 놀라서) "우리는 만화책 전시회에 대해서 이야기하고 있어. (치료자로부터 몸을 돌려, 원을 닫는다.) 어쨌든, 네가 갔었…."

  청소년 집단 치료자 : (방해하며) "그래서, 이번 주말에 너희들은 뭐 할 거니?"

  보조 치료자 1 : (짜증스러운 듯 보인다) "음… 몰라." (치료자로부터 몸을 돌려, 원을 닫는다.) "어쨌든, 나는 가지 못했어. 그러나 다음 번에 가는 것에 대해서 생각해 보고 있어…."

  보조 치료자 2 : "좋아, 네가 가게 되면, 나에게 알려 줘, 나도 다시 가고 싶거든…."

  청소년 집단 치료자 : (방해하며) "그래서 너희들 만화책 전시회에 갈 거니? 나도 정말 가고 싶어!"

  보조 치료자 1 & 2 : (짜증스러운 듯 쳐다보며, 말을 무시한다.)

  청소년 집단 치료자 : "뭐가 잘못됐니? 나는 단지 너희들이랑 이야기를 하려고 한 건데. 너희들은 참 예의가 없구나." (확 돌아서 버린다.)

  보조 치료자 1 & 2 : (서로 쳐다보고 웃는다.)

- 이렇게 말하며 끝낸다. 지금 대화에 끼어들기에서 내가 무엇을 **잘못**했지요?
  - 대답 : 치료자가 대화에 끼어들기의 규칙을 따르지 않았다(지켜보기/귀 기울여 듣기, 기다리기, 참여하기).
- 질문 : 두 사람이나와 대화를 나누고 싶어 하는 것처럼 보였나요?
  - 대답 : 아니오.
- 질문 : 그렇게 생각한 이유는 무엇인가요?
  - 대답 : 그들이 원을 닫았다. 말을 무시하였다. 짜증이 난 것처럼 보였다.
- 질문 : 사람들이 여러분과 이야기하고 싶어 하지 않는다는 것을 알게 되었을 때는 어떻게 했어야 했나요?
  - 대답 : 억지로 대화하려고 하지 말아야 했다. 대화에서 빠져나와야 했다.
- 질문 : 대화에서 빠져나오려고 할 때 내가 잘못한 것은 무엇인가요?
  - 대답 : 그들의 관심 없어 하는 표시에 주의를 기울이지 않았다. 대화에서 빠져나오는 규칙을 따르지 않았다(침착함을 유지하기, 다른 곳을 보기, 돌아서기, 다른 곳으로 가기).

■ 집단 치료자는 2명의 보조 치료자(또는 1명의 보조 치료자와 청소년)와 적절한 역할극을 시연해 보여 준다. 치료자는 적절하게 **대화에 끼어들기**와 **대화에서 빠져나오는** 것을 연기한다.

– 치료자 : 자, 다시 한 번 해 봅시다. 이번에는 내가 끼어들기의 단계들을 따라서 해 보겠습니다. 잘 보고 내가 무엇을 잘 했는지 이야기해 보세요.

– 끼어들기의 규칙을 따르며 2명의 보조 치료자 사이의 대화에 끼어들지만 거절당하게 되는 상황에서, 적절한 빠져나오기의 예시(침착함을 유지하기, 다른 곳을 보기, 돌아서기, 다른 곳으로 가기)를 보여 준다.

- 적절한 역할극의 예 :

  청소년 집단 치료자 : (두 보조 치료자로부터 몇 발자국 떨어져 서 있는다.)

  보조 치료자 1 : "안녕, ○○야, 어떻게 지냈어?"

  보조 치료자 2 : "난 잘 지냈지. 넌 어때?"

  보조 치료자 1 : "나도 잘 지냈어. 너 만화책 좋아한다고 하지 않았니? 지난주에 만화책 전시회에 갔었어?"

  청소년 집단 치료자 : (조금 가까이 다가서며, 주기적으로 눈맞춤을 한다. 흥미를 보이기 시작한다.)

  보조 치료자 2 : "어, 토요일에 갔었지. 대단했어. 너도 갔니?"

  보조 치료자 1 : "아니, 나는 가지 못 했어. 그러나 다음 번에는 가볼까 생각하고 있어."

보조 치료자 2 : "좋아, 네가 가게 되면, 나에게 알려 줘, 나도 다시 가고 싶거든."

보조 치료자 1 : "재미있겠다! 우리 그렇게 하자!"

청소년 집단 치료자 : (조금 더 다가서며) "그래서 너희들 만화책 전시회에 갈거니?"

보조 치료자 1 & 2 : (치료자의 말을 무시한다.)

보조 치료자 1 : "그래서 다음번은 언제인데?"

청소년 집단 치료자 : (다른 곳을 보기 시작한다.)

보조 치료자 2 : "확실하진 않지만, 내 생각에는 다음 달 쯤일 것 같아."

청소년 집단 치료자 : (천천히 돌아 선다.)

보조 치료자 1 : "우리 언제쯤인지 알아보고 표를 사자."

청소년 집단 치료자 : (자연스럽게 다른 곳으로 걸어간다.)

보조 치료자 1 & 2 : (집단 치료자가 떠난 것에 대해 알아차린 것 같지 않다.)

- 이렇게 말하며 끝낸다. 자, 여기까지입니다. 지금 대화에서 빠져나오기에서 내가 무엇을 잘 했지요?
  - 대답 : 치료자는 대화에서 빠져나오기의 규칙을 잘 따랐다(침착함을 유지하기, 다른 곳을 보기, 돌아서기, 다른 곳으로 가기).

이미 참여하고 있는 대화에서 빠져나오기

- 설명 : 어떤 경우에 우리는 대화에 부분적으로 받아들여졌다가, 무슨 일인가가 생겨서 대화에서 제외될 때가 있습니다. 예를 들어, 여러분이 대화에 끼어들어서 처음에는 사람들이 여러분에게 말을 건넸는데, 그다음에 그 사람들이 원을 닫고, 여러분의 말을 무시하고, 더 이상 여러분과 이야기를 하거나 여러분을 쳐다보지 않는다는 것을 알아차리게 될 수 있습니다. 만약 이미 대화에 참여하였다면, 아무 말도 하지 않고 그룹을 떠나는 것은 어색해 보일 수 있습니다. 그런 경우, 다음과 같이 해 보십시오.
- 대화에서 빠져나오기 전에 **짧은 꼬리말**을 준비한다.
  - 이것은 대화에서 세 번 이상의 주고 받기에 참여한 경우에 필요하다.
  - 당신이 이미 대화에 참여하고 있고, 떠나게 되는 일은 갑자기 생기기 때문에 **짧은 꼬리말**이 필요하다.
  - **꼬리말**은 매우 짧아야 하고, 특별하지 않아야 한다.
    - 왜냐하면, 이런 경우에는 사람들이 더 이상 당신에게 관심이 없으며 당신이 어디를 가든지 신경 쓰지 않을 것이기 때문이다.
  - 청소년들이 **대화에서 빠져나오기** 위한 **꼬리말**을 생각해 보게 한다.
  - **꼬리말**의 예

- "음, 이제 나는 수업 들어가야겠다."
- "음, 나는 갈게."
- "난 가봐야 할 것 같아."
- "잘들 있어."
- "나중에들 보자."

■ 이런 경우, **침착함을 유지**해야 하지만, **다른 곳을 보기, 돌아서기, 다른 곳으로 가기**의 그다음 단계를 따를 필요는 없다.

역할극

■ 청소년 집단 치료자와 2명의 보조 치료자(또는 1명의 보조 치료자와 청소년)는 적절한 역할극을 시연해 보여 준다. 치료자는 처음에 **적절하게 대화에 끼어 들어가서**, 처음에는 대화에 받아들여졌으나, 그다음에 대화에서 제외되어 **빠져나와야** 하는 상황이다.

– 치료자 : 이제 여러분은 꼬리말을 사용해서 대화로부터 빠져나오는 법을 알게 되었으므로, 이제 또 다른 짧은 역할극을 해 볼 것입니다. 잘 보고 내가 무엇을 잘 했는지 이야기해 보세요.

– 끼어들기의 규칙에 따라 2명의 보조 치료자 사이의 대화에 끼어들어서, 처음에는 대화에 받아들여졌으나, 그 이후에 거절당하게 되는 것을 보여 주고, 그다음으로 꼬리말을 사용하여 적절하게 대화에서 빠져나오는 것을 시연한다.

- 적절한 역할극의 예 :

  청소년 집단 치료자 : (두 보조 치료자로부터 몇 발자국 떨어져 서 있는다.)

  보조 치료자 1 : "안녕, ○○야, 어떻게 지냈어?"

  보조 치료자 2 : "난 잘 지냈지. 넌 어때?"

  보조 치료자 1 : "나도 잘 지냈어. 너 만화책 좋아한다고 하지 않았니? 지난주에 만화책 전시회에 갔었어?"

  청소년 집단 치료자 : (조금 가까이 다가서며, 주기적으로 눈맞춤을 한다. 흥미를 보이기 시작한다.)

  보조 치료자 2 : "어, 토요일에 갔었지. 대단했어. 너도 갔니?"

  보조 치료자 1 : "아니, 나는 가지 못 했어. 그러나 다음 번에는 가볼까 생각하고 있어."

  보조 치료자 2 : "좋아, 네가 가게 되면, 나에게 알려 줘, 나도 다시 가고 싶거든."

  보조 치료자 1 : "재미있겠다! 우리 그렇게 하자!"

  청소년 집단 치료자 : (조금 더 다가서며) "그래서 너희들 만화책 모임에 갈거니?"

  보조 치료자 2 : (쳐다보고, 집단 치료자 쪽으로 몸을 돌리며) "응."

청소년 집단 치료자 : "나도 만화책 좋아해!"

보조 치료자 2 : "멋진데?"

청소년 집단 치료자 : "그래서 지난 모임은 어디서 있었니?"

보조 치료자 2 : "시내에서 있었어." (다른 곳을 보며, 몸을 돌리고, 원을 닫기 시작한다.)

보조 치료자 1 : (집단 치료자로부터 몸을 돌리며) "그래서 다음 번은 언제 한대?"

청소년 집단 치료자 : (다른 곳을 쳐다보기 시작한다.)

보조 치료자 2 : "확실하진 않지만, 내 생각에는 다음 달쯤일 것 같아."

보조 치료자 1 : "우리 언제쯤인지 알아보고 표를 사자."

청소년 집단 치료자 : "좋아, 얘들아 나중에 보자."

보조 치료자 1 & 2 : (자연스럽게 바라보며) "어, 그래, 또 보자."

- 이렇게 말하며 끝낸다. 자, 여기까지입니다. 지금 대화에서 빠져나오기에서 내가 무엇을 잘 했지요?
  - 답 : 치료자는 꼬리말을 사용해서 대화에서 빠져나오는 규칙을 잘 따랐다(침착함을 유지하고, 떠나기 위한 간략한 꼬리말을 한다.).
- 질문 : 이런 상황에서 다른 곳을 보기, 돌아 서기, 다른 곳으로 걸어가기의 빠져나오는 단계를 사용하게 되면 어색해질까요?
  - 답 : 그렇다. 이미 처음에 대화에 받아들여졌기 때문이다.

과제

- 과제에 대해 간단히 설명한다. 이번 주에 우리는 지난 주에 이어서 각자가 단지 조금 알고 있는 사람들과의 대화에 끼어들기 연습을 계속 해야 합니다. 그리고 필요하다면, 대화에서 빠져나오는 것도 연습해 보시기 바랍니다. 그리고 이번 주에도 역시 전화를 통한 대화기술 연습을 계속할 것입니다. 따라서 이번 주의 과제는
  - 우리가 점검했던 단계를 따라서 대화에 끼어들기를 합니다.
    - 사람들이 여러분과 이야기하는 것에 흥미 있어 하는 것 같지 않으면 대화에서 빠져나옵니다.
  - PEERS® 집단에 속하지 않은 사람, 즉 집단 구성원이 아닌 사람과의 통화를 연습합니다.
    - 최소한 5~10분 동안 통화해야 합니다.
    - 편안하게 정보를 교환할 수 있는 친구를 선택합니다.
    - 프로그램 시간에 발표할 수 있도록 공통된 관심사를 찾습니다.
  - 집단 구성원과 함께할 수 있는 실내게임을 가져 옵니다(즉, 나이에 적합한 보드게임, 카드게임 등).

- 혼자서 하는 게임은 안 됩니다.

■ 집단 구성원과의 통화 과제는 더 이상 없다는 것을 공지한다.

청소년 활동 : 대화에 끼어들기와 빠져나오기

청소년 활동 : 대화에 끼어들기

NOTE : 규칙에 대해서는 '청소년 활동 가이드'를 참고한다.

■ 청소년들이 가져온 개인의 물건에 대해 **정보를 교환**하는 동안 **대화에 끼어들기**와 **대화에서 빠져나오기** 연습을 할 것임을 알린다.
- 청소년들을 대략 3~4명씩의 집단으로 나눈다.
- 가능하다면 여학생은 여학생끼리, 남학생은 남학생끼리 짝을 이루게 한다.

■ 공유할 물건을 가지고 오지 않은 청소년을 위해 잡지들을 준비해 놓는다.

■ **대화에 끼어들기**와 **빠져나오기**를 한 청소년들에게는 점수를 준다.

■ 각각의 청소년들이 집단의 다른 구성원들의 **대화에 끼어들고**, 그 대화에서 **빠져나오는** 연습을 한다.
- 다른 집단 구성원들에게, 대화에 들어오려고 하는 사람을 받아들여야 한다고 말한다.
  - **끼어들려고** 할 때 집단 구성원을 거절하지 않게 한다.
- 각 청소년들이 대화에 참여하려고 시도하기 전에 치료자나 보조 치료자와 함께 **끼어들기**의 단계들을 말로 이야기해 보도록 한다.
- 성공적으로 **대화에 끼어들기**를 하면, 집단에서 빠져나오도록 하고 다음과 같이 말한다.
  아주 잘 했습니다! 이제 사람들이 거절했다고 가정해 봅시다. 대화 참여를 거절하게 된 이유는 무엇일까요?
  - 청소년이 몇 가지 이유들을 생각해 보게 하고, 다음에는 어떻게 다른 방식으로 할 것인지 물어본다.
  - 대화에서 빠져나오는 것을 시도하기 전에, 청소년이 **빠져나오기**의 단계를 말로 이야기해 보도록 한다.
- 그런 다음에 청소년이 어떻게 **대화에서 빠져나올지** 보여 주게 한다.
- **끼어들기**와 **빠져나오기** 연습을 한 뒤에는 치료자와 보조 치료자가 즉각적으로 수행에 대한 피드백을 준다.
  - 맞게 잘 한 것에 대해서는 칭찬해 준다.
  - 필요하다면, 규칙과 다르게 한 것에 대해서는 적절한 **제안을 해 준다.**
  - **끼어들기** 시도를 부적절하게 했다면, 다시 한 번 해 보게 한다.

- 모든 청소년들이 회기가 진행되는 동안 적어도 한 번은 대화에 **끼어들기**와 **빠져나오기** 연습을 해야 한다.

■ 매 시도가 끝날 때마다 서로 박수를 쳐 주도록 한다.

부모와 다시 만나기

■ 청소년들에게 부모와 다시 만난다고 공지한다.

- 청소년들은 각자의 부모 곁에 서 있거나 앉아 있도록 한다.
- 다시 만나는 시간이 시작되기 전에, 조용히 하고 그룹에 완전히 집중하도록 한다.

■ 치료자 : 오늘 우리는 대화에 끼어들려고 시도했는데 집단의 사람들이 우리와 이야기하는 것을 원하지 않을 때 무엇을 해야 하는지 연습했습니다. 이것을 대화에서 빠져나오기라고 합니다. 누가 대화에서 빠져나오는 단계에 어떤 것이 있는지 말해 줄 수 있나요? [청소년들이 모든 규칙을 이야기하도록 한다. 필요하다면 촉진해 줄 준비를 한다.]

- **관심이 있는지를 보여 주는 징후를 살피기**
- **침착함을 유지하기**
- **다른 곳을 보기**
- **돌아 서기**
- **다른 곳으로 가기**
- 처음에 대화에 받아들여졌다면, 떠날 때 **꼬리말**을 이용한다.

■ 치료자 : 오늘 우리는 대화에 끼어들기와 빠져나오기를 연습했고, 모두들 잘 해냈습니다. 모두 박수를 보내 주세요.

■ 다음 주까지의 과제를 확인한다(다음을 보세요.).

■ 각각의 가족들이 개별적으로 분리되어서 다음을 협의한다.

- 어떤 또래 그룹과 정보 교환하기를 시도할 것인지.
- 청소년이 집단 외의 어떤 사람과 전화 통화를 할 것인지.
- 다음 주에 어떤 실내게임을 가지고 올 것인지.

과제

1. 최소 2명의 친구들과 **대화에 끼어들기**를 연습한다.
   a. **대화에 끼어들기** 전에
      i. 최소 1명은 아는 사람이 있는 곳에서 끼어들기를 시도한다.
      ii. 받아들여질 만한 가능성이 높은 곳(즉, 위험 요소가 적은 장소), 나쁜 평판을 받고 있지 않는 곳을 찾는다. 새로운 장소를 찾는 것이 필요한 경우도 있다.

iii. 대화에 끼어들기 연습을 하기 전에 부모와 자녀가 각 단계를 미리 연습해 볼 수도 있다.

b. **대화에 끼어들기**를 하는 동안에

i. **대화에 끼어들기**의 각 단계를 따른다.

ii. 만약 받아들여지지 않았다면, **빠져나오기** 단계를 따른다.

c. **대화에 끼어들기**를 한 후에

i. **부모와 자녀가 함께, 대화에 어떻게 끼어들고 빠져나왔는지를 이야기한다(모두 다 했다면).**

ii. 부모는 발생할 수 있는 문제에 대해 자녀가 해결책을 찾도록 돕는다.

2. **집단 구성원이 아닌 사람과의 통화**

a. 전화하기 전에

i. 부모들은 자녀의 대화기술 연습을 위해 집단 구성원이 아닌 사람에게 전화할 수 있도록 약속을 정한다.

ii. 전화를 하는 동안 부모가 어디에 있을 것인지 협의한다.

b. 전화하는 동안에

i. 청소년은 전화 통화를 통해 **정보**를 **교환**할 수 있어야 한다.

ii. 다음 시간에 와서 발표할 수 있는, **공통의 관심사**를 찾는다.

iii. **주고받는 대화**의 규칙을 따른다.

iv. **머리말/꼬리말** 사용을 포함해서 전화를 시작하고 끝내는 규칙을 따른다.

c. 전화하고 난 뒤에

i. 부모와 자녀는 전화 통화에 대해 의견을 나누고 **공통의 관심사**를 확인해야 한다.

ii. 부모는 발생할 수 있는 문제에 대해 자녀가 해결책을 찾도록 돕는다.

3. **실내게임을 가져오기**

a. 집단 구성원과 함께할 수 있는 실내게임을 가져온다(나이에 적합한 보드게임, 카드게임 등).

i. 혼자 하는 게임은 가져오지 말 것

b. 다음의 물건은 가지고 오지 않는다.

i. 집단 구성원과 함께 쓰고 싶지 않은 것

ii. 파손 혹은 분실의 우려가 있는 것

점수 계산

매주 다음 점수를 기록한다.

- 각 청소년들이 얻은 점수를 계산한다. 청소년들이 있을 때에 점수를 계산하지 않는다.
- 그룹이 얻은 총 점수를 합산한다.
  - 각각의 혹은 그룹의 총 점수를 밝히지 않는다.
  - 청소년들 사이에서 얻은 점수를 비교하려는 시도를 막는다.
- 더 크고 멋진 졸업 파티를 하기 위해서 청소년들이 그룹으로서 노력해야 한다는 것을 상기시킨다.

청소년 활동 가이드 : 7회기

"대화에 끼어들기와 빠져나오기"

필요한 자료

- 청소년이 개인의 물건을 가져온다.
- 음악을 듣기 위한 CD 플레이어와 헤드폰(선택사항)
- 청소년이 개인 물건을 가져오는 것을 잊어버린 경우에 대비하여, 함께할 수 있는 잡지를 준비한다.
  - 컴퓨터 잡지
  - 애니메이션 잡지
  - 청소년 잡지
  - 스포츠 잡지

규칙

- 청소년들을 작은 그룹으로 나눈다(그룹당 2명 이하로는 하지 않는다.).
  - 가능하다면 여자는 여자끼리, 남자는 남자끼리 짝짓는다.
- 돌아가면서 **대화에 끼어들기**와 **대화에서 빠져나오기**를 하는 동안 청소년들이 개인의 물건에 대해 정보를 교환하도록 한다.
- **정보 교환**을 통해서 **공통의 관심사**를 찾도록 격려한다.
- 적절한 시점에 질문을 하도록 촉진한다.
- **대화에 끼어들기**를 연습할 청소년을 위해
  - 치료자와 보조 치료자는 연습할 청소년을 집단에서 분리하여 **끼어들기**의 단계들을 확인하게 한다(필요하면 먼저 칠판을 보아야 할 수도 있다.).
  - 그다음 이 단계들을 사용하여 개인의 물건에 대해 **정보**를 **교환**하고 있는 또래들의 **대**

화에 끼어드는 것을 연습하게 한다.

– 다른 청소년들에게, 모든 사람을 대화에 받아들여야 함을 다시 상기시킨다.

  ● 특정 단계에 대해 청소년을 촉진해 주어야 할 수도 있다.

■ 성공적으로 **대화에 끼어들기**를 하면, 집단에서 빠져나오도록 하고 다음과 같이 말한다. 아주 잘 했습니다! 이제 사람들이 거절했다고 가정해 봅시다. 대화 참여를 거절하게 된 이유는 무엇일까요?

– 청소년이 몇 가지 이유들을 생각해 보게 하고, 다음에는 어떻게 다른 방식으로 할 것인지 물어본다.

– 대화에서 빠져나오는 것을 시도하기 전에, 청소년이 **빠져나오기**의 단계를 말로 이야기해 보도록 한다.

■ 그런 다음에 청소년이 어떻게 **대화에서 빠져나올지** 보여 주게 한다.

– **끼어들기**와 **빠져나오기** 연습을 한 뒤에는 치료자와 보조 치료자가 즉각적으로 수행에 대한 피드백을 준다.

– 청소년이 **끼어들기**와 **빠져나오기**에서 잘못된 시도를 했다면, '잠시 멈춤'을 하고 부드럽게 실수를 지적해 주고, 어떻게 하면 더 적절하게 **끼어들기**와 빠져나오기를 할 수 있을지 피드백을 주어 청소년이 배울 수 있는 기회로 만든다.

– 청소년이 단계에 따라 잘 수행할 때까지 다시 한 번 해 보도록 한다.

■ 청소년이 성공적으로 **빠져나오기**를 했다면, '잠시 멈춤'을 하고 다른 청소년들이 박수를 보내게 한다.

– 치료자는 청소년이 **끼어들기**와 **빠져나오기**에서 수행한 단계들을 짧게 다시 알려 준다.

■ 성공적으로 **끼어들기**와 **빠져나오기**를 한 뒤에는 다음 청소년을 순서대로 돌아간다(각자가 적어도 한 번씩 연습할 수 있게 한다.).

■ **끼어들기**와 **빠져나오기**의 단계를 잘 따른 것에 대해 점수를 준다.

8회기

10 함께 어울리기

부모 치료자 가이드

부모 회기 가이드 라인

부모들은 자녀가 대화에 끼어들기 전략을 어떻게 시도하였는지 보고할 것이다. 부모는 이번 과제에 관해서는 (자녀가 과제에 대해 이야기하게 함으로써 과제의 수행을 격려하는 것 이외에는) 크게 할 역할이 없을 것이다. 계속해서 성공한 과제에 대해 먼저 이야기하도록 요청한다. 대화에 끼어드는 데 실패한, 별로 성공적이지 못했던 시도에 대해서도 충분한 관심을 기울여야 한다. 왜냐하면 이것이 바로 지난 시간의 초점이었으며, 대화에서 빠져나오기에 대해 논의할 수 있는 적절한 맥락을 제공하기 때문이다.

이번 회기의 내용은 처음으로 함께 어울리기를 하는 것에 초점을 둔다. 우리는 아동들이 어울려 노는 것을 관찰함으로써 함께 어울리기에 관한 많은 지식을 얻었다. Frankel과 Myatt (2003)은 거의 최초로 사회기술훈련 교육과정에 집에서 함께 어울리기를 하는 것과 초대자가 갖추어야 할 기본적인 에티켓을 포함시킨 연구자들 중 하나이다. 좀 더 어린 아동들을 대상으로 한 연구에서 좋은 우정을 형성하는 가장 좋은 방법은 서로 좋아하는 2명의 아이들이 놀이 모임을 준비하고 자주 즐거운 모임을 갖는 것이라고 보고되고 있다. 청소년들에게 같은 원리를 적용한 것이 함께 어울리기를 준비하는 것이다. 가장 효과적인 놀이 모임은 부모들과 아이들이 함께 모임을 만들고 진행할 때 이루어진다(Frankel, 1996). 방과후에 함께 어울리기를 하는 것은 학교 내에서의 더 많은 사회적 접촉과 상관관계를 보였다(Frankle, Gorsospe, Chang,

& Sugar, 2009). 따라서 또래와 함께 어울리기를 하는 것은 자폐스펙트럼장애 청소년들이 친밀한 우정을 쌓고 긍정적인 또래 상호작용을 하는 데 있어서 중요하다. 하지만 부모가 함께 어울리기에 참여하는 정도는 각 가정의 사정에 따라서 조정할 수 있다.

부모들은 이 과제에 대한 일차적인 책임을 가져야 한다. 이것은 집단 치료자가 부모로 하여금 함께 어울리기를 할 수 있게 지속적인 압박을 유지해야 한다는 것을 의미한다. 그러나, 이것은 부모가 다른 청소년이나 다른 청소년의 부모에게 연락해서 함께 어울리기 모임을 만들도록 주선해야 한다는 뜻이 아니다. 그렇게 하는 것은 발달적으로 부적절하기 때문이다. 대신에 부모는 자녀가 함께 어울리기 모임을 만들고 준비하도록 도와주어야 할 책임이 있다. 각각의 부모가 자녀와 이 과제를 수행하기 위해 어떤 노력을 할 것인지 자세히 설명하면서, 치료자는 각 가족이 초대할 수 있는 손님이 누구인지에 관해 최대한의 합의를 이루어 내야 한다. 여기서 목표는 '가장 이상적인' 조건을 만족하는 또래와 함께하지 못하더라도, 일단 함께 어울리기가 확실히 수행되도록 하는 것이다.

집단 치료자는 부모가 얼마나 청소년을 과잉보호적인지, 부모의 참여를 줄여야 할 필요가 있는지도 파악해야 한다. 예를 들어, 소위 '헬리콥터 부모'들은 필요 여부에 상관없이 자녀들 가까이를 맴돌고 싶어 한다. 이런 양육 유형은 발달지연이 있는 자녀를 둔 부모들에서 흔히 볼 수 있다. 많은 경우에 아마도 집단 치료자는 이런 부모가 자녀들을 침범하는 것을 적극적으로 막을 수 있을 것이다. 한 가지 제안할 수 있는 것은, 함께 어울리기가 벌어지는 방에 간식을 가져다주는 것에 부모의 개입을 국한함으로써 간섭을 제한하는 것이다. 어떤 헬리콥터 부모들은, 부모가 필요하지 않을 때에도 함께 어울리기가 일어나는 곳을 아예 떠나지 못한다. 이런 간섭은 다음 회기에 이 과제를 보고할 때 꼭 다루어져야 하고, 치료자는 적극적으로 이런 간섭을 그만 두게 해야 한다. 그렇지 않으면 청소년의 자율성과 우정을 저해하게 된다. 일부 적응 능력이 더 좋은 청소년은 이런 헬리콥터 부모에게 대처하기 위해 집에서 함께 어울리기를 하는 것을 거부하기도 한다. 이런 경우, 집단 치료자는 청소년의 의견을 존중하고 집 밖에서 함께 어울리기를 하도록 지지한다.

과제 점검

1. **대화에 끼어들기와 빠져나오기**
   a. 부모로부터 다음을 확인한다.
      i. 청소년이 어디서 **끼어들기**를 했는지
      ii. 집단 중에 청소년과 친숙한 사람이 있었는지
      iii. 청소년이 **대화에 끼어들기**의 단계를 따랐는지
      iv. 청소년이 **대화에서 빠져나오기**의 단계를 따랐는지

b. 발생 가능한 문제에 대해 해결법을 의논한다(아래 예 참조).

i. 자녀가 숙제를 전혀 시도하려 하지 않았다. 이런 경우, 문제에 관해 추가 정보를 얻는 것이 중요하다.

1. 자녀가 대화에 **끼어들 수 있는** 기회가 있었는데 자녀가 너무 긴장했는가? 그렇다면, 다음 번에는 좀 더 쉬운 상황을 목표로 해 볼 수 있다(예 : 잘 알고 지내거나 수용적인 사람들의 **대화에 끼어드는 것**).

2. 자녀가 전혀 대화에 **끼어들 수 있는** 기회를 갖지 못했는가? 이런 경우, 학업 외 활동이 도움이 될 수 있다.

ii. 자녀가 과제를 시도했으나 **대화에서 빠져나오는** 과제만 하였으며, 이것은 성공적으로 수행하였다. 이런 경우 청소년이 이전 회기의 내용을 사용하여 과제를 실행했으므로 성공한 것으로 볼 수 있다. 그러나 집단 치료자는 청소년이나 부모가 목표가 되는 집단을 잘못 판단한 것은 아닌지를 탐색해야 한다. 대화에 참여하기에 좋지 않은 집단이었는가? 그 집단에 보다 전반적으로 나쁜 평판이 퍼져 있음을 보여주는 것인가? 그렇다면, 다른 상황에서 **대화에 끼어드는** 것이 더 적당하며, 이전의 장소와 또래들은 피해야 한다. 집단 치료자는 이 점을 부모에게 잘 알려 주어야 한다.

iii. 자녀가 숙제를 시도하였고, **대화에서 빠져나와야** 했으나, 또래 관계에서 나오기 전략을 사용하지 않았다고 보고한다. 이는 한편으로는 청소년이 숙제를 하려고 노력한 것이며, 노력을 인정해 주어야 한다. 하지만 또 한편으로는 청소년이 적합하지 않은 집단을 선택했거나, 대화 참여를 올바르게 하지 않은 것이며, 대화에서 적절하게 빠져나오지 못한 것이다. 위에 제시한 예와 같이, 잘못된 집단을 선택하여 시도한 것인지를 탐색해 보고, 앞으로 시도해 볼 만한 다른 대체 집단에 초점을 맞춘다.

2. **집단 구성원이 아닌 사람과의 통화**

a. 부모로부터 다음을 짧게 확인한다.

i. 전화 통화에서 **정보 교환**을 통해 발견한 **공통의 관심사**

ii. 전화 통화에서 자녀가 사용한 **머리말/꼬리말**

iii. 자녀가 전화를 어떻게 시작하고 끝맺었는지.

b. 전화 통화의 상대가 이번 주 함께 어울리기를 하기에 좋은 사람인지 확인한다.

c. 발생 가능한 문제에 대해 해결법을 의논한다.

3. **실내게임을 가져오기**

a. 집단 구성원과 함께할 수 있는 실내게임을 가져 왔는지 이야기하게 한다(나이에 적합

한 보드게임, 카드게임 등).

b. 적합한 게임에 대해서만 점수를 준다.

교육 : 함께 어울리기

- 부모용 유인물을 나누어 준다.
- 설명 : 지금까지 자녀들이 대화에 끼어들기와 집단 구성원이 아닌 사람들과의 통화를 통해 정보 교환하기를 연습하였으므로, 이제 우리의 계획은 자녀들의 우정을 조금 더 발달시키려고 하는 것입니다. 친밀한 우정을 키우는 데 가장 좋은 방법은 정기적으로 함께 어울리기에 참여하는 것입니다. 함께 어울리기란 자녀가 친구를 집으로 방문하게 하여 함께 시간을 보내는 것입니다. 함께 어울리기는 또한 집 밖이나 지역사회 안에서 이루어질 수 있습니다. 이번 회기에서 자녀들은 함께 어울리기를 위한 규칙들을 배우고, 집단 안에서 이러한 기술을 연습하게 될 것입니다. 이번 회기가 끝나고 나면, 부모님의 중요한 책임은 자녀가 친구와 함께 어울리기를 준비하도록 돕는 것입니다. 함께 어울리기를 하는 동안에는, 부모님은 자녀의 활동이 잘 되어 가고 있는지 살펴야 합니다. 따라서 가능하면 집에서 함께 어울리기를 하는 것이 가장 좋습니다. 이제 우리는 자녀와 친구들이 집에서 함께 어울리기를 하는 동안 부모님이 어떻게 이를 모니터해야 하는지, 발생 가능한 문제에 대해 해결법은 무엇인지 의논하려고 합니다.

함께 어울리기를 하는 동안 부모가 예상해야 할 일들

- **함께 어울리기**는 활동에 바탕을 두어야 한다.
  - 활동은 **함께 어울리기**에 **머리말**을 제공한다.
  - 활동은 계속 대화를 진행해야 하는 부담감을 줄인다.
- 첫 번째 **함께 어울리기**는 2시간 정도만 지속하는 것이 좋다(활동의 종류에 따라 조절 가능).
  - 청소년들이 더 친한 친구 사이가 되면 **함께 어울리기**는 길어질 수 있다.
  - 영화나 운동 경기가 미리 계획된 활동에 포함되어 있는 경우, 함께 어울리기 시간은 자연히 더 길어질 수 있다.
- **함께 어울리기**를 진행하는 총 시간의 50%는 대화를 나누고 **정보**를 **교환**하는 데 쓴다.
  - 이것은 자녀가 손님으로 온 친구와 좀 더 친밀한 우정을 쌓기 시작하는 좋은 기회이다.
  - 청소년들이 서로 대화를 하지 않으면 서로에 대해 더 잘 알게 될 수 없고, 다른 **공통의 관심사**를 찾지 못하게 될 것이다.
- 많은 청소년들은(특히 남자 청소년) 컴퓨터게임 혹은 비디오게임을 하거나, 텔레비전이나 영화 보기를 더 원할 것이다.

- **함께 어울리기**를 하기 전에 자녀에게, 함께 어울리기를 진행하는 시간 중 최소 50%는 정보를 교환하는 데 써야 된다는 것을 미리 상기시킨다.
  - 부모들이 전자 게임을 하는 시간을 제한해 주어야 할 것이다.
  - 자녀가 영화 혹은 텔레비전 보기를 계획했다면, 프로그램/영화가 시작되기 전이나 끝난 후 적어도 50%의 시간을 정보 교환에 써야 된다는 것을 상기시킨다.

■ 간식을 나누어 먹거나 다른 활동을 계획하는 것도 도움이 될 수 있다.

■ 부모들이 돌아가면서 부모용 유인물을 읽도록 한다.

- **굵게** 표시된 부분은 부모용 유인물에서 그대로 가져 온 것이다.

활동에 바탕을 둔 함께 어울리기를 위한 제안

■ 설명 : 함께 어울리기는 활동에 바탕을 둘 때 가장 좋습니다. 활동은 광범위한 주제에 대해 대화해야 하는 부담감을 줄일 수 있기 때문입니다. 활동에 바탕을 둔 함께 어울리기를 하는 동안 종종 대화는 활동 자체에 초점이 맞춰지는데, 이것이 좋은 출발점이 될 수 있습니다. 결국 청소년들은 활동 이외의 다른 주제에 대해서도 대화할 수 있게 되어야 합니다.

■ 질문 : 자녀들이 함께 어울리기를 하는 동안 하고 싶어 하는 것들은 무엇일까요?

■ 부모들이 브레인스토밍을 하도록 하고, 다른 아이디어가 별로 없다면 부모 유인물의 표에 있는 활동들을 제안한다.

■ 치료자는 발생 가능한 문제에 대해 해결법을 의논한다.

간식 활동	짝지어서 하는 스포츠
분식집 가기 음식 배달시켜 먹기 패스트푸드 음식점 가기* 편의점 가기 집에서 만들어 먹기 과자나 음료수 사서 공원 가기* 패밀리 레스토랑 카페 가기*	배드민턴 자전거 타기 팔씨름 줄넘기 농구 골대에 공 넣기 캐치볼 수영 롤러 스케이트
집단 스포츠	**공공 활동***
축구 피구 농구 발야구 족구 야구 배구	노래방 영화관 쇼핑몰 스티커사진 가게 찜질방 스케이트장 야구 배팅 연습장 볼링장 콘서트장 가기

	PC방 [PC방, 영화관과 같은 장소에서 모임을 가질 경우, PC 게임, 영화보기 이외의 상호작용이 일어나야 한다.]
실내 활동 TV 프로그램 함께 보기 음악듣기 DVD 빌려 보기 인터넷 서핑/소셜네트워크서비스 이용하기 보드게임, 카드게임 애완동물과 함께 놀기 닌텐도, 플레이스테이션 잡지 읽기	**실외 활동** 집 앞 공원 산책하기* 놀이공원 가기* 청소년 봉사활동 친구들과 함께 가까운 곳 소풍가기(예 : 한강공원, 선유도공원, 뚝섬 유원지 등)* 등산 시립, 구립 센터 주최 청소년캠프 혹은 청소년축제 참여하기 시립, 구립 센터 주최 청소년활동프로그램(예 : 배낭여행, 직업체험, 방과 후 아카데미 등) 참여하기 청소년 병영체험활동
* 위의 장소에서 폭력배나 불량 청소년 등이 활동하고 있는지 다른 위험 문제들의 발생 가능성이 있는지를 미리 점검해야 한다.	

성공적인 함께 어울리기를 위한 부모의 역할

- 설명 : 자녀들의 함께 어울리기를 더 성공적으로 하기 위해 부모님이 할 수 있는 일들이 있습니다.
- **안전하고 편안한 가정 환경을 제공한다.**
  - **자녀와 친구들이 집에서 어느 정도 자기들끼리 어울릴 수 있도록 해 준다.**
  - **간식이나 주전부리할 것을 가져다주면서 대화하는 것을 살펴본다.**
    - **드러나지 않게 조용히 관찰한다.**
    - **간식을 주어야 할 때가 아니면 대화에 참견하거나 방해하지 않도록 한다.**
    - **힌트 : 몇 차례에 걸쳐 간식을 가져다주면, 드러내지 않고도 함께 어울리기를 관찰할 수 있다.**
  - **다른 형제 자매들이 함께 어울리기에 참여하지 못하게 한다.**
  - **자녀가 자신과 친구들 간에 공통의 관심사가 될 만한 활동을 준비할 수 있도록 돕는다.**
- **함께 어울리기를 진행하는 총 시간의 50%는 정보를 교환하는 데 써야 하는 것을 함께 어울리기를 하기 전에 자녀에게 상기시킨다.**
- **자녀가 부담감을 느끼지 않도록 처음 함께 어울리기를 할 때에는 약 2시간으로 제한한다(활동에 따라 조절 가능).**
  - **서로에게 싫증을 느끼게 되는 것보다는 더 놀고 싶은 상태에서 친구가 집에 가도록 하는 것이 더 낫다.**
- **함께 어울리기를 마무리할 즈음 꼬리말을 해 줌으로써 자녀를 도와준다(예 : "저녁 먹어야겠다. 이제 친구에게 잘 가라고 인사하자.").**

성공적인 함께 어울리기를 위한 규칙

- 설명 : 이제 함께 어울리기를 할 때 자녀가 지켜야 하는 규칙에 대해 간단히 검토하고자 합니다. 자녀들은 오늘 치료 시간에 이 단계들을 배우고 연습할 것입니다. 자녀가 이번 주 또는 앞으로 함께 어울리기를 할 때 이 규칙들을 잘 따르고 있는지 확인할 수 있으려면, 부모님들이 이 단계들에 익숙해지는 것이 중요합니다. 자녀가 규칙을 지키지 않고 있다는 것을 알게 되면, 부모님은 자녀를 방 밖으로 나오게 한 다음, 조심스럽게 buzzword를 사용해서 규칙을 상기시켜 줄 수 있습니다. 예를 들어, 자녀가 다른 누군가로부터 온 전화를 받느라고 친구를 무시하고 있다면, 자녀를 잠시 다른 방으로 오게 해서 조용하고 침착하게 **친구에게 충실하라**고 이야기해 줄 수 있습니다.

성공적인 함께 어울리기를 위한 청소년의 역할

함께 어울리기를 하기 전에

- **무엇을 할 것인지, 누구와 함께 있을 것인지 등을 친구와 함께 미리 정한다(즉, 누구와, 무엇을, 어디에서, 언제 할 것인가).**
- **몇 가지 활동을 준비한다.**
  - **DVD, 비디오**
  - **비디오게임, 컴퓨터게임**
  - **보드게임, 카드게임**
  - **운동 기구**
- **다른 친구와 같이 나누거나 보여 주기 싫은 개인적인 물건은 미리 치워 둔다.**
- **다른 사람이 보아도 될 만큼, 깨끗하게 방을 정리한다.**

함께 어울리기를 시작할 때

- **손님을 환영하는 인사를 한다.**
- **손님을 집 안으로 맞이한다(안으로 들어올 수 있도록 문 옆으로 비켜서서 길을 만들어 준다.).**
- **손님이 모르는 가족들에게는 손님을 소개한다.**
- **집 안을 안내해 준다.**
- **마실 것이나 먹을 것 등을 가져다준다.**
- **손님에게 하고 싶은 것이 무엇인지 물어본다(미리 결정했다고 하더라도 손님의 의견을 묻는다.).**

함께 어울리기를 하는 동안

- **집에서 함께 어울리기 할 경우, 무엇을 함께할지를 손님이 선택하도록 한다.**
  - **손님이 즐거운 시간을 보낼 수 있도록 하는 것은 초대자의 역할이기 때문이다.**

- 단, 친구가 위험하거나 부적절한 일을 하고 싶어 할 경우는 예외이다.

■ 손님으로 갈 때는 초대자가 모임을 이끌어 갈 수 있도록 한다(손님이 활동을 선택하게 해야 한다는 규칙을 모든 사람이 알고 있지는 못하기 때문이다.).

■ 친구를 칭찬한다.

■ 친구를 인정해 준다.

■ 좋은 스포츠맨이 된다.

■ 친구에게 충실히 한다.

- 친구와 다투거나, 비판하거나, 놀리지 않는다.
- 다른 사람이 친구를 놀린다면, 친구의 편이 되어 준다.
- 다른 친구와 이야기하느라 어울리던 친구를 소외시키지 않는다.
    - 함께 어울리기를 하는 동안 뜻하지 않은 누군가가 갑자기 전화하거나 집에 들르게 된다면
        - ■ 그 사람을 집으로 초대하지 않는다.
        - ■ 다른 사람과 이야기하느라 초대한 친구를 소외시키지 않는다.
        - ■ 지금은 바쁘니까 나중에 다시 이야기하겠다고 한다.
    - 다른 친구와 문자 메시지, 이메일 또는 쪽지 등을 주고받지 않는다(친구가 그렇게 하자고 할 때는 예외).

■ 활동이 지루하게 느껴지거나 피곤할 때는 변화를 제안한다.

- 지루하다고 느끼면, "이것 끝나면 우리 다른 것 하고 놀아 볼까?"라고 말한다.
- 당신의 제안을 친구가 하고 싶어 하지 않으면, 친구가 다음 활동을 선택하게 한다.

■ 함께 어울리기를 진행하는 총 시간의 50%는 정보를 교환하는 데 쓴다.

함께 어울리기를 마무리할 때

■ 함께 어울리기의 꼬리말을 한다(예 : "나는 이제 가야 할 것 같아." 혹은 "해야 될 숙제가 있어.").

- 부모님이 왜 지금 함께 어울리기를 마무리해야 하는지에 대한 꼬리말을 제안해 줄 수도 있다.

■ 친구를 문까지 배웅한다.

■ 친구에게 "고맙다."고 말한다.

■ 친구에게 "즐겁게 잘 놀았다."고 말한다.

■ 잘 가라고 하고 나중에 다시 보자고 한다.

■ 부모들이 돌아가면서 자녀들과 함께 어울리기를 할 가능성이 있는 몇 명의 친구들을 찾

아보게 한다. 가장 이상적인 것은 **집단 구성원이 아닌 사람과 성공적으로 통화를 해서 찾는 것이다.**

- 부모님에게 자녀가 **함께 어울리기**를 하는 동안 즐길 만한 활동들을 찾아보게 한다.
- 부모님들이 협력해서 아이디어를 생각해 내도록, 서로 토의를 할 수 있게 한다.
- 시간에 쫓기지 않아야 하므로, 부모님들로 하여금 가능한 한 빨리 자녀가 **함께 어울리기**를 준비하게 돕도록 격려한다(예 : 토요일의 함께 어울리기를 위해 금요일까지 기다리지 않는다.).

과제

부모 집단 치료자는 과제를 알려 주고, 부모들에게 있을 수 있는 어려운 점들을 논의한다.

1. **함께 어울리기를 위해 친구를 집에 초대한다.**
   a. 함께 어울리기를 **위해** 집단 구성원이 아닌 사람과 **통화한다.**
      i. **공통의 관심사를 찾기 위해 정보를 교환한다.**
      ii. **함께 어울리기를 하는 동안 무엇을 할 것인지 결정한다.**
   b. **부모들은** 약간 거리를 두고 함께 어울리기 **모임을 점검한다.**
   c. **활동에 바탕을 둔** 함께 어울리기 **모임이어야 한다.**
   d. **처음 함께 어울리기를 할 때에는 약 2시간으로 제한한다(활동에 따라 조절 가능).**
2. **최소 2명의 친구들과** 대화에 끼어들기를 **연습한다.**
   a. **최소 1명은 아는 사람이 있는 집단을 선택하도록 노력한다.**
   b. **받아들여질 만한 가능성이 높은 곳(즉, 위험 요소가 적은 장소), 나쁜 평판을 받고 있지 않는 곳을 찾는다. 새로운 집단을 찾는 것이 필요할 수도 있다.**
   c. **부모와 자녀가 함께, 대화에 어떻게** 끼어들고 빠져나왔는지를 **이야기한다(모두 다 했다면).**
   d. **부모는 발생할 수 있는 문제에 대해 자녀가 해결책을 찾도록 돕는다.**
3. **실내게임을 가져오기**
   a. **집단 구성원과 함께할 수 있는 실내게임을 가져온다(예 : 나이에 적합한 보드게임, 카드게임 등).**
      i. **혼자 하는 게임은 가져오지 말 것**
   b. **다음의 물건은 가지고 오지 않는다.**
      i. **집단 구성원과 함께 쓰고 싶지 않은 것**
      ii. **파손 혹은 분실의 우려가 있는 것**

부모용 유인물 8 : 함께 어울리기

| 활동에 바탕을 둔 함께 어울리기 |

간식 활동	짝지어서 하는 스포츠
분식집 가기 음식 배달시켜 먹기 패스트푸드 음식점 가기* 편의점 가기 집에서 만들어 먹기 과자나 음료수 사서 공원 가기* 패밀리 레스토랑 카페 가기*	배드민턴 자전거 타기 팔씨름 줄넘기 농구 골대에 공 넣기 캐치볼 수영 롤러 스케이트
집단 스포츠	**공공 활동***
축구 피구 농구 발야구 족구 야구 배구	노래방 영화관 쇼핑몰 스티커사진 가게 찜질방 스케이트장 야구 배팅 연습장 볼링장 콘서트장 가기 PC방 [PC방, 영화관과 같은 장소에서 모임을 가질 경우, PC 게임, 영화보기 이외의 상호작용이 일어나야 한다.]
실내 활동	**실외 활동**
TV 프로그램 함께 보기 음악듣기 DVD 빌려 보기 인터넷 서핑/소셜네트워크서비스 이용하기 보드게임, 카드게임 애완동물과 함께 놀기 닌텐도, 플레이스테이션 잡지 읽기	집 앞 공원 산책하기* 놀이공원 가기* 청소년 봉사활동 친구들과 함께 가까운 곳 소풍가기(예 : 한강공원, 선유도공원, 뚝섬 유원지 등)* 등산 시립, 구립 센터 주최 청소년캠프 혹은 청소년축제 참여하기 시립, 구립 센터 주최 청소년활동프로그램(예 : 배낭여행, 직업체험, 방과 후 아카데미 등) 참여하기 청소년 병영체험활동
* 위의 장소에서 폭력배나 불량 청소년 등이 활동하고 있는지 다른 위험 문제들의 발생 가능성이 있는지를 미리 점검해야 한다.	

성공적인 함께 어울리기를 위한 부모의 역할

- 안전하고 편안한 가정 환경을 제공한다.
  - 자녀와 친구들이 집에서 어느 정도 자기들끼리 어울릴 수 있도록 해 준다.
  - 간식이나 주전부리할 것을 가져다주면서 대화하는 것을 살펴본다.

■ 드러나지 않게 조용히 관찰한다.
■ 간식을 주어야 할 때가 아니면 대화에 참견하거나 방해하지 않도록 한다.
■ 힌트 : 몇 차례에 걸쳐 간식을 가져다주면, 드러내지 않고도 **함께 어울리기**를 관찰할 수 있다.

• 다른 형제자매들이 **함께 어울리기**에 참여하지 못하게 한다.
• 자녀가 자신과 친구들 간에 **공통의 관심사**가 될 만한 활동을 준비할 수 있도록 돕는다.

– 함께 어울리기를 진행하는 총 시간의 50%는 **정보**를 **교환**하는 데 써야 하는 것을 함께 어울리기를 하기 전에 자녀에게 상기시킨다.
– 자녀가 부담감을 느끼지 않도록 처음 **함께 어울리기**를 할 때에는 약 2시간으로 제한한다(활동에 따라 조절 가능).
  • 서로에게 싫증을 느끼게 되는 것보다는 더 놀고 싶은 상태에서 친구가 집에 가도록 하는 것이 더 낫다.

■ 함께 어울리기를 마무리할 즈음 꼬리말을 해 줌으로써 자녀를 도와준다(예 : "저녁 먹어야겠다. 이제 친구에게 잘 가라고 인사하자.").

성공적인 함께 어울리기를 위한 청소년의 역할

함께 어울리기를 하기 전에

■ 무엇을 할 것인지, 누구와 함께 있을 것인지 등을 친구와 함께 미리 정한다(즉, **누구와, 무엇을, 어디에서, 언제 할 것인가**).
■ 몇 가지 활동을 준비한다.
  – DVD, 비디오
  – 비디오게임, 컴퓨터게임
  – 보드게임, 카드게임
  – 운동 기구
■ 다른 친구와 같이 나누거나 보여 주기 싫은 개인적인 물건은 미리 치워 둔다.
■ 다른 사람이 보아도 될 만큼, 깨끗하게 방을 정리한다.

함께 어울리기를 시작할 때

■ 손님을 환영하는 인사를 한다.
■ 손님을 집 안으로 맞이한다(안으로 들어올 수 있도록 문 옆으로 비켜서서 길을 만들어

준다.).

- 손님이 모르는 가족들에게는 손님을 소개한다.
- 집 안을 안내해 준다.
- 마실 것이나 먹을 것 등을 가져다준다.
- 손님에게 하고 싶은 것이 무엇인지 물어본다(미리 결정했다고 하더라도 손님의 의견을 묻는다.).

함께 어울리기를 하는 동안

- 집에서 함께 어울리기 할 경우, 무엇을 함께할지를 손님이 선택하도록 한다.
  - 손님이 즐거운 시간을 보낼 수 있도록 하는 것은 초대자의 역할이기 때문이다.
  - 단, 친구가 위험하거나 부적절한 일을 하고 싶어 할 경우는 예외이다.
- 손님으로 갈 때는 초대자가 모임을 이끌어 갈 수 있도록 한다(손님이 활동을 선택하게 해야 한다는 규칙을 모든 사람이 알고 있지는 못하기 때문이다.).
- 친구를 **칭찬한다.**
- 친구를 **인정해 준다.**
- **좋은 스포츠맨이 된다.**
- **친구에게 충실히 한다.**
  - 친구와 다투거나, 비판하거나, 놀리지 않는다.
  - 다른 사람이 친구를 놀린다면, 친구의 편이 되어 준다.
  - 다른 친구와 이야기하느라 어울리던 친구를 소외시키지 않는다.
    - **함께 어울리기**를 하는 동안 뜻하지 않은 누군가가 갑자기 전화하거나 집에 들르게 된다면
      - 그 사람을 집으로 초대하지 않는다.
      - 다른 사람과 이야기하느라 초대한 친구를 소외시키지 않는다.
      - 지금은 바쁘니까 나중에 다시 이야기하겠다고 한다.
    - 다른 친구와 문자 메시지, 이메일 또는 쪽지 등을 주고받지 않는다(친구가 그렇게 하자고 할 때는 예외).
- 활동이 지루하게 느껴지거나 피곤할 때는 **변화를 제안한다.**
  - 지루하다고 느끼면, "이것 끝나면 우리 다른 것 하고 놀아 볼까?"라고 말한다.
  - 당신의 제안을 친구가 하고 싶어 하지 않으면, 친구가 다음 활동을 선택하게 한다.
- 함께 어울리기를 진행하는 총 시간의 50%는 **정보를 교환**하는 데 쓴다.

함께 어울리기를 마무리할 때

- **함께 어울리기**의 **꼬리말**을 한다(예 : "나는 이제 가야 할 것 같아." 혹은 "해야 될 숙제가 있어.").
  - 부모님이 왜 지금 **함께 어울리기**를 마무리해야 하는지에 대한 **꼬리말**을 제안해 줄 수도 있다.
- 친구를 문까지 배웅한다.
- 친구에게 "고맙다."고 말한다.
- 친구에게 "즐겁게 잘 놀았다."고 말한다.
- "잘 가."라고 하고 "나중에 다시 보자."고 한다.

과제

1. **함께 어울리기**를 위해 친구를 집에 초대한다.
   a. **함께 어울리기**를 위해 **집단 구성원이 아닌 사람과 통화**한다.
      i. **공통의 관심사**를 찾기 위해 **정보**를 **교환**한다.
      ii. **함께 어울리기**를 하는 동안 무엇을 할 것인지 결정한다.
   b. 부모들은 약간 거리를 두고 **함께 어울리기** 모임을 점검한다.
   c. 활동에 바탕을 둔 **함께 어울리기** 모임이어야 한다.
   d. 처음 **함께 어울리기**를 할 때에는 약 2시간으로 제한한다(활동에 따라 조절 가능).
2. 최소 2명의 친구들과 **대화에 끼어들기**를 연습한다.
   a. 최소 1명은 아는 사람이 있는 집단을 선택하도록 노력한다.
   b. 받아들여질 만한 가능성이 높은 곳(즉, 위험 요소가 적은 장소), 나쁜 평판을 받고 있지 않는 곳을 찾는다. 새로운 집단을 찾는 것이 필요할 수도 있다.
   c. 부모와 자녀가 함께, 대화에 어떻게 **끼어들고 빠져나왔는지**를 이야기한다(모두 다 했다면).
   d. 부모는 발생할 수 있는 문제에 대해 자녀가 해결책을 찾도록 돕는다.
3. **실내게임을 가져오기**
   a. 집단 구성원과 함께할 수 있는 실내게임을 가져온다(예 : 나이에 적합한 보드게임, 카드게임 등).
      i. 혼자 하는 게임은 가져오지 말 것
   b. 다음의 물건은 가지고 오지 않는다.
      i. 집단 구성원과 함께 쓰고 싶지 않은 것
      ii. 파손 혹은 분실의 우려가 있는 것

청소년 치료자 가이드–8회기 : 함께 어울리기

청소년 회기 가이드 라인

이번 회기의 초점은 청소년이 친구가 될 가능성이 있는 또래들과 함께 어울리기를 준비하고 시행하는 방법을 가르치는 데 있다. 또래 관계에서 수용되는 청소년들은 자주 성공적인 함께 어울리기를 한다. 그들은 학교 밖에서 친구들과 시간을 보내면서 학교의 '아는 아이들'을 친한 친구가 되게 한다. 따라서, 성공적인 함께 어울리기를 위한 필수 기술을 학습하는 것은 청소년들이 친구를 만들고 유지하는 것을 돕는 데 특히 중요하다.

이상적인 상황은 청소년이 자기 집에서 함께 어울리기를 할 수 있게 준비하는 것이다. 이런 경우 부모들이 자녀의 상호작용을 드러나지 않게 관찰할 수 있다. 또한 부모가 함께 어울리기를 점검하며 필요할 때 적절하게 중재할 수 있다. 그러나 부모 회기에서 언급했듯이, 어떤 청소년은 이 상황을 불편하게 느낄 수 있다. 청소년이 집에서 함께 어울리기를 거절하는 것은 두 가지로 설명할 수 있다. '헬리콥터 부모'의 존재와, 집 또는 가족 구성원에 대한 어색함이 그것이다. 두 가지 경우에 모두, 집단 치료자는 청소년을 격려하여 부모가 함께 어울리기의 일부 작은 부분에 참여하는 것을 허락하도록 해야 한다(예 : 청소년을 차로 데려다 주거나 데려 오기). 적어도, 청소년은 부모님과 함께 어울리기의 자세한 과정에 관해 기꺼이 이야기를 나누어야 한다. 이것은 함께 어울리기의 일정을 잡기 전에, 부모와 자녀가 함께 만나는 자리에서 협의가 되어야 한다. 부모가 있는 자리에서 청소년에게 부모님 또한 다음 주의 과제 발표에서 보고해야만 한다고 상기시키는 것이 도움이 된다.

함께 어울리기는 활동에 바탕에 둘 것을 권장한다. 이것은 함께 어울리기를 하는 동안 계속 대화를 유지해야 하는 부담감을 줄인다. 연구 결과에 의하면 11~16세 청소년의 대부분(77.2%)이 비디오게임을 하기 때문에, 비디오게임은 흔히 함께 어울리기의 활동이 될 수 있다(Phillips, Rolls, Rouse, & Griffiths, 1995). 다른 일반적인 활동으로는 영화 보기와 음식 같이 먹기 등이 있다.

이번 회기에서 나타나는 흔한 문제는 함께 어울리기에 참여할 잠재적 대상자에 선택의 여지가 별로 없다는 것이다. '이상적인' 것은 청소년이 좀 더 친해지기를 원하는 사람이나 청소년과 좀 더 가까운 친구가 되는 것에 관심이 있는 것처럼 보이는 또래이다. 집단 구성원이 아닌 사람과의 통화 과제를 잘 수행하였다면 그 상대방을 선택의 범위에 넣는 것이 항상 도움이 된다. 이상적인 대상자가 없더라도, 보다 적합한 상대를 찾아낼 때까지 가까운 친구나 비슷한 또래의 먼 친척들과 함께 어울리기를 하는 것도 가능한 방법이다. 이번 주 과제에서 가장 중요한 부분은, 청소년이 이제 막 학습한 기술을 연습할 수 있도록 실제로 함께 어울리기를 진행하는 것이다. 기술을 배운 직후에 연습을 하지 못한다면, 그 기술을 나중에 사용하게 될 가능성은 별로 없다.

규칙 점검

NOTE : 청소년이 규칙을 따르는 데 많은 어려움이 있을 경우에만 회기 규칙을 다시 검토한다.

- 청소년이 집단의 규칙을 이야기하게 한다.
- 집단의 규칙을 기억하고 있는 청소년에게 포인트를 준다.
  1. 다른 그룹 구성원의 말을 경청하기(다른 사람이 이야기할 때 말하지 않기)
  2. 지시 따르기
  3. 손을 들기(하고 싶은 말이 있을 때)
  4. 존중하기(놀리거나 다른 사람을 비웃지 않기)
  5. 만지지 않기(때리기, 차기, 밀기, 안기 등 하지 않기)

과제 점검

NOTE : 한 과제당 1점이 아니라, 과제의 **부분 요소**마다 점수를 준다.

1. 실내게임을 가져오기
   a. 집단 구성원과 함께 공유하기 위해 가져온, 실내게임이 무엇인지 확인한다(예 : 나이에 적합한 보드게임, 카드게임 등).
   b. 적절한 게임을 가져온 경우에만 점수를 준다.
   c. 산만해지는 것을 막기 위해, 보조 치료자는 활동이 끝날 때까지 게임을 멀리 두도록 한다.
2. 대화에 끼어들기
   a. 치료자 : 지난주에 우리는 대화에 받아들여지지 않았을 때 대화에서 빠져나오는 단계에 대해 이야기하였습니다. 그 단계는 침착함을 유지하기, 다른 곳을 보기, 돌아서기, 다른 곳으로 가기입니다. 그리고 우리는 대화에 끼어들기 위한 단계에 대해 이야기하였습니다. 여기에는 대화를 지켜보기/귀 기울여 듣기, 그다음 대화가 짧게 멈추는 것을 기다리기, 그다음 대화에 참여하여 주제에 대해 이야기하거나 질문하는 단계를 포함합니다. 이번 주 여러분의 과제 중 하나는, 받아들여 줄 가능성이 높은 집단을 대상으로 대화에 끼어드는 것을 연습하는 것이었습니다. 이번 주에 대화에 끼어들기를 연습한 사람은 손을 들어 주세요.
      i. 과제를 완료한 청소년들에게 먼저 이야기해 보도록 하는 것으로 시작한다.
      ii. 질문
         1. 어디서 끼어들기를 했나요?

2. 끼어들기를 위해 어떤 집단을 선택했나요?
3. 집단 구성원 중 적어도 1명은 알고 있는 사람이었나요?
4. 어떻게 끼어들었나요?
    a. **끼어들기** 단계를 확실하게 따랐는지 확인한다.
    b. 단계를 따르지 않았다면 질문한다. 다음 번에는 무엇을 다르게 할 수 있을까요?
5. 대화에서 빠져나왔어야 했나요?
    a. 그렇다고 하면, **빠져나오기**의 단계를 잘 따랐는지 확인한다.
    b. 만약 단계를 잘 따르지 않았다면, 질문한다. 다음 번에는 무엇을 다르게 할 수 있을까요?
6. 발생한 문제에 대해 해결법을 의논한다.

3. **집단 구성원이 아닌 사람과의 통화**
    a. 치료자 : 이번 주 다른 과제는 집단 구성원이 아닌 다른 누군가와 전화 통화로 정보를 교환하는 것이었습니다. 전화를 하였다면 손을 드세요.
        i. 전화 걸기를 수행한 청소년부터 호명한다.
        ii. 질문
            1. 누구와 이야기했나요?
            2. 정보를 교환했나요?
            3. 공통의 관심사를 찾았나요?
                a. 만약에 그들이 공통의 관심사를 알아냈다면, 다음과 같이 질문한다. 만약에 여러분이 만나서 시간을 함께 보내게 되면 그 정보를 어떻게 이용할 수 있을까요?
            4. 그 사람은 여러분이 함께 어울리기를 하고 싶은 사람인가요?
        iii. "전화하기는 어땠나요?"와 같은 일반적인 질문은 피한다.
    b. 발생 가능한 문제에 대해 해결법을 의논한다.
    c. 시간이 있다면, 지난주 과제를 수행하지 못한 청소년들을 체크하고, 이번 주에는 숙제를 어떻게 완수할지 해결법을 논의한다.

교육 : 성공적인 함께 어울리기를 위한 규칙

- 치료자 : 오늘 밤에 우리는 친구들과 함께 어울리기를 잘 하기 위한 방법에 관해 이야기를 나누고자 합니다. 함께 어울리기는 청소년이 친구들과 시간을 보내고 서로를 더 잘 알 수 있는, 가장 잘 알려진 방법입니다. 친밀한 우정을 시작하는 좋은 방법은 여러분이 좋아하고 더 잘 알고 싶어 하는 사람과 함께 어울리기를 하기 위해 집에 초대하는 것입니다. 즉, 여러분이 함께 어울리기의 초대자가 되는 것입니다. 초대자와 손님의 차이는 무엇일까요?

- 대답 : 초대자는 함께 어울리기를 준비한다. 손님은 함께 어울리기에 참여한다. 손님이 즐거운 시간을 보내도록 하는 것은 초대자의 역할이다.

■ 치료자 : 성공적인 함께 어울리기를 하려면, 우리는 함께 어울리기 규칙에 익숙해져야 합니다.

함께 어울리기를 하기 전에

■ 무엇을 할 것인지, 누구와 함께 있을 것인지 등을 친구와 함께 미리 정한다.

- 치료자 : 성공적인 함께 어울리기 위해서 첫 번째 할 일은 함께 어울리기를 계획하는 것입니다. 즉, 무엇을 할 것인지, 누구와 함께 있을 것인지(부모, 형제 등)를 친구와 함께 미리 결정합니다.

■ **누구와** 함께 있을 것인가?

- 치료자 : 또 한 가지는, 누구와 같이 있을 것인지를 결정하는 것입니다. 함께 어울리기에 초대받은 모든 사람들은 누구와 함께 있을 것인지를 왜 미리 알아야 하나요?
  - 대답 : 함께 어울리기에 다른 사람들이 있다는 것을 알게 되었을 때 당신의 친구가 놀라게 되면 곤란하다. 어떤 사람과는 사이가 좋지 않을 수도 있고 서로 같이 있기 싫어할 수도 있다.

■ **무엇을** 할 것인가?

- 치료자 : 계획의 또 다른 부분은 무엇을 할 것인지 결정하는 것입니다. 이렇게 하는 것이 왜 중요할까요?
  - 대답 : 함께할 활동을 계획하면, 함께 어울리기가 더 쉽고 재미있어 지기 때문이다. 친구가 지루해지면 안 된다. 무엇을 할지 미리 생각해야 한다.
- 질문 : 함께 어울리기에서 청소년들이 즐기는 활동에는 어떤 것들이 있나요?
  - 청소년들이 브레인스토밍을 통해 생각을 모아 보게 한다.
  - '활동에 바탕을 둔 함께 어울리기를 위한 제안' 표를 참조하여 활동들을 제시한다.

■ **함께 어울리기를 어디에서** 할 것인가?

- 치료자 : 어디에서 함께 어울리기를 할 것인지를 결정하는 것도 중요합니다. 왜 이것을 결정하는 것이 중요할까요?
  - 대답 : 어디로 갈 것인지를 아무도 모르면, 함께 어울리기를 할 수 없기 때문이다.

■ **함께 어울리기를 언제** 할 것인가?

- 치료자 : 언제 함께 어울리기를 할 것인 결정하는 것도 중요합니다. 왜 이것을 결정하는 것이 중요할까요?
  - 대답 : 만약 함께 어울리기 시간을 미리 결정하지 않으면, 당신이 대신에 다른 일

정들을 계획하게 되어 함께 어울리기를 하지 못할 수도 있기 때문이다.

- ■ 몇 가지 활동을 미리 준비한다.
  - — 치료자 : 함께 어울리기 시간에 할 활동을 미리 결정했더라도, 친구가 집에 왔을 때 함께할 수 있는 다른 활동도 준비되어 있어야 합니다(함께 어울리기를 집에서 하기로 한 경우). 다른 활동을 준비해 두는 것이 왜 중요할까요?
    - • 대답 : 청소년은 쉽게 지루함을 느끼므로, 대신에 선택할 수 있는 다른 활동들이 준비되어 있어야 한다. 손님이 즐거울 수 있게 하는 것이 초대자의 중요한 역할이므로, 다양한 활동을 준비해 두는 것은 도움이 된다.
  - — 질문 : 지루함을 느낄 때, 친구를 위해서 어떤 활동을 준비할까요?
    - • 대답
      - ■ DVD, 비디오
      - ■ 비디오게임, 컴퓨터게임
      - ■ 보드게임, 카드게임
      - ■ 운동 기구
- ■ 다른 친구와 같이 나누거나 보여 주고 싶지 않은 개인적인 물건은 치워 둔다.
  - — 질문 : 함께 어울리기를 준비하는 또 다른 중요한 부분은 친구와 같이 나누거나 보여 주고 싶지 않은 물건을 치워 두는 것입니다. 이렇게 하는 것이 왜 중요할까요?
    - • 대답 : 왜냐하면 친구가 보거나 만지게 하고 싶지 않은 물건이 집에 있을 수 있기 때문이다. 친구에게 그 물건을 만지지 말라고 말하게 되면 친구에게 무례한 것일 수 있다. 미리 물건을 다른 곳에 치워 둠으로써 친구가 그 물건이 거기 있었다는 것조차 모르도록 하는 쪽이 더 쉽다.
- ■ 다른 사람이 보아도 될 만큼, 깨끗하게 방을 정리한다.
  - — 치료자 : 집에서 함께 어울리기를 준비할 때 또 다른 중요한 일은 방을 깨끗하게 정리해서 다른 사람이 보아도 되게 만드는 것입니다. 그렇게 하는 것이 왜 중요할까요?
- ■ 대답 : 친구가 방을 보고 싶어 할 것이기 때문이다(비록 당신은 친구가 당신의 방을 꼭 볼 필요가 있다고 생각하지 않을지라도). 방이 지저분하면, 친구는 여러분을 게으름뱅이라고 생각할 수 있고, 당신이 좋지 않은 사람처럼 보이게 할 수 있다. 사람들이 방문하기 전에 방을 깨끗하게 정리하는 것은 손님을 존중하는 표시이다.

활동에 바탕을 둔 함께 어울리기를 위한 제안

간식 활동	짝지어서 하는 스포츠
분식집 가기 음식 배달시켜 먹기 패스트푸드 음식점 가기* 편의점 가기 집에서 만들어 먹기 과자나 음료수 사서 공원 가기* 패밀리 레스토랑 카페 가기*	배드민턴 자전거 타기 팔씨름 줄넘기 농구 골대에 공 넣기 캐치볼 수영 롤러 스케이트
집단 스포츠	**공공 활동***
축구 피구 농구 발야구 족구 야구 배구	노래방 영화관 쇼핑몰 스티커사진 가게 찜질방 스케이트장 야구 배팅 연습장 볼링장 콘서트장 가기 PC방 [PC방, 영화관과 같은 장소에서 모임을 가질 경우, PC 게임, 영화보기 이외의 상호작용이 일어나야 한다.]
실내 활동	**실외 활동**
TV 프로그램 함께 보기 음악듣기 DVD 빌려 보기 인터넷 서핑/소셜네트워크서비스 이용하기 보드게임, 카드게임 애완동물과 함께 놀기 닌텐도, 플레이스테이션 잡지 읽기	집 앞 공원 산책하기* 놀이공원 가기* 청소년 봉사활동 친구들과 함께 가까운 곳 소풍가기(예 : 한강공원, 선유도공원, 뚝섬 유원지 등)* 등산 시립, 구립 센터 주최 청소년캠프 혹은 청소년축제 참여하기 시립, 구립 센터 주최 청소년활동프로그램(예 : 배낭여행, 직업체험, 방과 후 아카데미 등) 참여하기 청소년 병영체험활동
* 위의 장소에서 폭력배나 불량 청소년 등이 활동하고 있는지 다른 위험 문제들의 발생 가능성이 있는지를 미리 점검해야 한다.	

함께 어울리기를 시작할 때

- 설명 : 지금까지 우리는 함께 어울리기를 계획하는 규칙을 검토했습니다. 이제 집에서 함께 어울리기를 시작하는 단계에 대해 이야기해야 하겠습니다.
- 손님을 환영하는 인사를 한다.
  - 치료자 : 손님이 도착했을 때 첫 단계로 할 일은 문 앞에서 친구에게 인사를 하는 것입니다. 친구

에게 어떻게 환영의 인사를 할까요?

- 대답
  - "안녕."하고 말한다.
  - 친구에게 잘 지냈는지 물어본다.
    - 남자친구들은 친하다는 제스처를 취한다(예 : 주먹을 맞댄다.).
    - 여자친구들은 종종 서로 포옹하며 만나서 좋다고 표현한다.

■ 손님을 집 안으로 맞이한다.

— 치료자 : 다음 단계는 친구를 집 안으로 안내하는 것입니다. "들어와."라고 말하며 친구가 안으로 들어올 수 있도록 문 옆으로 비켜서서 길을 만들어 줍니다. 친구를 집 안으로 맞이하는 것을 잊어버리면 어떤 일이 생길 수 있을까요?

- 대답 : 친구가 문 앞에 서서 계속 기다리게 될 것이다. 매우 난처해질 수 있다.

■ 손님이 모르는 가족들에게는 손님을 소개한다.

— 치료자 : 손님이 일단 집 안으로 들어오면, 손님이 알지 못하는 가족들에게 손님을 소개합니다. 왜 이것이 중요할까요?

- 대답 : 손님이 함께 있는 모든 사람들을 알지 못하면, 손님은 어색하게 느낄 수 있고, 소외감을 느끼게 될 것이다.

■ 집 안을 안내해 준다.

— 치료자 : 손님이 처음 집에 왔다면, 친구에게 집을 구경하고 싶은지 물어보고, 원하면 집을 구경시켜 줍니다(예 : 자기 방, 욕실, 거실 등). 이렇게 하는 것이 왜 중요할까요?

- 대답 : 손님이 환영받는 느낌을 갖게 하는 것이 초대자의 역할이다. 환영받는 느낌을 가지려면 손님은 화장실이 어디 있는지 알아야 하고, 주위 환경에 익숙해져야 한다.

— 특별하게 친구에게 소개하고 싶은 것이 있으면 보여 준다(예 : 벽이나 탁자에 있는 가족사진이나 그림, 자신이 만든 물건 등).

■ 마실 것과 먹을 것을 가져다준다.

— 치료자 : 그다음, 친구에게 먹을 것이나 마실 것을 가져다줍니다. 이렇게 하는 것이 왜 좋은 일일까요?

- 대답 : 손님은 배고프거나 목이 마를 수 있다. 집에서 음식과 음료를 주는 것이 예의에 맞는 일이다.

■ 손님에게 하고 싶은 것이 무엇인지 물어본다.

— 치료자 : 비록 손님과 함께 무엇을 할 것인지 미리 결정했더라도, 손님이 일단 집에 익숙해지면 손님에게 무엇을 하고 싶은지 물어봅니다. 손님에게 하고 싶은 일을 물어보아야 하는 이유는 무엇

일까요?

- 대답 : 손님은 미리 계획한 것과 다른 것을 하기 원할 수 있다. 손님이 활동을 선택할 수 있어야 한다. 초대자는 융통성이 있어야 한다.

역할극

■ 청소년 집단 치료자와 보조 치료자는 적절한 역할극을 시연해 보여 준다. 치료자는 모든 단계를 잘 따라서 **함께 어울리기**를 시작한다.

— 적절한 역할극의 예 :

보조 치료자 : (문을 두드린다.)

청소년 집단 치료자 : (문을 열면서) "안녕, ○○야! 잘 지냈어?"

보조 치료자 : "안녕 ○○야! 나도 잘 지냈어. 너는 어때?"

청소년 집단 치료자 : "나도. 들어와." (보조 치료사가 들어올 수 있도록 옆으로 비켜 준다.)

보조 치료자 : (들어온다.) "고마워."

청소년 집단 치료자 : "이전에 모두 같이 만난 적은 없는 것 같아. 이 친구는 ○○야. (집단에 있는 청소년을 1명씩 가리키면서 이름을 말하며 소개한다.) 얘들아, 얘는 ○○야." (보조 치료자 이름을 말한다.)

보조 치료자 : "만나서 반갑다."

청소년 집단 치료자 : "너는 우리 집에 처음 왔으니까 우리 집을 간단하게 안내해 줄게. 여기는 거실, 여기가 부엌이야. 화장실은 이쪽으로 돌아가서 있어. 그리고 여기가 내 방이야."

보조 치료자 : "멋지다. 고마워."

청소년 집단 치료자 : 먹을 것이나 마실 것 좀 갖다 줄까?"

보조 치료자 : "응 고마워. 그런데 지금은 괜찮아."

청소년 집단 치료자 : (집단 전체를 보면서) "그럼 얘들아, 무엇을 하고 싶니?"

— 치료자 : 자, 여기까지입니다. 이것이 손님을 환영하고 함께 어울리기를 시작하는 방법입니다. 여러분 모두는 오늘 초대자와 손님 역할이 되어 이것을 연습하게 될 것입니다. 그러나 그 전에, 함께 어울리기를 위한 나머지 규칙들도 알아야 하겠습니다.

함께 어울리기를 하는 동안

■ 치료자 : 이제 우리는 함께 어울리기를 시작하는 방법을 알게 되었습니다. 다음으로는 함께 어울리기를 하는 동안 무엇을 해야 하는지 알아보겠습니다. 함께 어울리기를 성공적으로 하기 위한, 몇 가지

중요한 규칙들이 있습니다.

- 당신의 집에서는 **손님이 활동을 선택한다.**
  - 치료자 : 첫 번째 규칙은, 여러분의 집에서는 손님이 활동을 선택하는 것입니다. 왜 손님이 활동을 선택하게 하는 것이 중요할까요?
    - 대답 : 손님이 즐거운 시간을 보내도록 하는 것이 초대자의 역할이기 때문이다.
  - 설명 : 여러분이 손님이 되어서 다른 사람의 집에 갔을 경우라면, 초대자가 제안을 따라야 합니다. 왜냐하면 손님이 활동을 선택해야 한다는 것을 모든 사람들이 알고 있지는 않기 때문입니다. 이 규칙에는 한 가지 예외가 있습니다. 만약 손님이 위험하거나 부적절한 일을 하고 싶어 하는 경우에 우리는 어떻게 해야 한다고 생각하나요?
    - 대답 : 제안을 따르지 않는다. 친구의 제안이 친구에게 좋은 선택인지를 생각한다.
- 친구를 **칭찬한다.**
  - 치료자 : 함께 어울리기의 또 하나의 규칙은 친구를 칭찬하는 것입니다. 이것은 친구가 무엇인가를 잘했을 때, "잘했어." 혹은 그와 비슷한 말로 칭찬하는 것을 뜻합니다. 왜 친구를 칭찬하는 것이 좋은 생각일까요?
    - 대답 : 칭찬은 친구의 기분을 좋게 만들기 때문이다.
- 친구를 **인정해 준다.**
  - 치료자 : 함께 어울리기의 또 다른 규칙은 친구를 인정해 주는 것입니다. 이것은 칭찬과 비슷한 것으로, 친구에게서 좋은 점을 발견했다면 친구가 그것을 알 수 있게 표현해 주는 것입니다. 예를 들면, 친구의 외모가 멋지다고, 친구가 운동을 잘한다고 말해 주는 것과 같은 것입니다. 친구를 인정해 주는 것은 왜 좋은 생각일까요?
    - 대답 : 친구의 기분을 좋게 만들어 주기 때문이다.
- **좋은 스포츠맨이 된다.**
  - 치료자 : 함께 어울리기 시간에 게임이나 운동을 하게 되면, 좋은 스포츠맨이 되는 것이 중요합니다. 좋은 스포츠맨이 되는 것이 중요한 이유는 무엇일까요?
    - 대답 : 청소년들은 좋은 태도로 하지 않는 사람들과는 게임이나 운동을 하고 싶어 하지 않는다. 당신이 나쁜 스포츠맨이면, 사람들은 당신과 별로 시간을 보내고 싶어 하지 않을 것이다.
  - 설명 : 다음 주에는 좋은 스포츠맨이 되는 규칙에 대하여 좀 더 자세하게 이야기할 것입니다. 이것은 여러분이 함께 어울리기를 더 잘 할 수 있게 도와줄 것입니다.
- **친구에게 충실히 한다.**
  - 치료자 : 성공적인 함께 어울리기를 위한 또 하나의 규칙은 친구에게 충실하기입니다. 이것은 친구와 논쟁하거나, 친구를 비판하거나 놀리지 않아야 한다는 의미입니다. 그리고 누군가 다른 사람

이 친구를 놀린다면, 여러분은 친구의 편이 되어 주어야 합니다. 친구에게 충실하다는 것은 또한 한 친구가 다른 친구와 말하는 것을 무시해서도 안 된다는 뜻입니다. 이렇게 하는 것이 왜 중요할까요?

- 대답 : 초대자의 역할은 반드시 친구가 즐거운 시간을 갖도록 하는 것이기 때문이다. 당신의 친구는 당신의 지지와 관심을 받고 있다고 느껴야 한다.

— 설명 : 손님에게 충실하기에는 또 이런 의미도 있습니다. 함께 어울리기를 하는 동안 누군가가 예기치 않게 전화를 하거나 집에 찾아오더라도, 그 사람들을 함께 어울리기에 데리고 오지 말아야 합니다. 그 대신에 여러분은 지금 바쁘니까 나중에 연락하겠다고 말해야 합니다. 함께 어울리기를 하는 동안 누군가가 갑자기 여러분을 부르거나 집에 들른 경우, 그들을 함께 어울리기에 데려 오지 않습니다. 대신 그들에게 지금은 바쁘니까 나중에 연락하겠다고 말합니다. 함께 어울리기를 하고 있다는 것을 말하지 않습니다. 다른 친구에게 지금 함께 어울리기를 하고 있는 중이라고 말하는 것은 왜 좋은 생각이 아닐까요?

- 대답 : 다른 친구가 소외감을 느낄 수 있다. 다른 친구의 감정을 상하게 할 수 있다. 다른 친구가 함께 어울리기에 같이 참여해도 되는지 물어볼 수 있다.

— 질문 : 다른 친구를 갑자기 함께 어울리기에 부르는 것은 왜 좋지 않을까요?

- 대답 : 손님으로 온 친구는 자기가 충분히 좋은 친구가 아닌 것처럼 느낄 수 있다. 지금 집에 온 손님이 소외감을 느낄 수 있다. 이것은 예의가 아니다(손님으로 온 친구가 다른 친구를 데리고 와도 괜찮다고 말했더라도 마찬가지이다. 손님은 단지 의무감 때문에 동의할 수 있다.).

— 치료자 : 손님에게 충실하기는, 손님이 하자고 제안한 경우가 아니라면 전화, 문자메시지, 이메일, 쪽지도 하지 않는 것입니다. 손님이 반드시 좋은 시간을 보낼 수 있게 하는 것이 초대자의 가장 중요한 역할이므로, 만약 손님이 다른 사람들과 연락하자고 제안했을 때는 거기에 따르는 것이 좋습니다. 그러나 만약 그 손님이, 여러분과 함께 어울리기를 하는 중에 다른 사람에게 메시지를 보내거나 다른 사람과 이야기하는 것에만 관심이 있는 것처럼 보인다면, 그 사람을 친구로 선택하는 것은 적절하지 않을 수도 있다는 점을 꼭 기억하세요.

■ 활동이 지루하게 느껴지거나 피곤할 때는 **변화를 제안한다.**

— 치료자 : 사람들은 함께 어울리기를 하는 중에 지루함을 느낄 수 있습니다. 절대 친구에게 지루하다고 말해서는 안 됩니다. 그 대신 여러분은 변화를 제안할 수 있습니다. 변화를 제안할 때는, "이것 끝나면 다른 것을 해 보면 어떨까?"라고 말하면 됩니다. 변화를 제안한 활동을 친구가 하고 싶어 하지 않으면 어떻게 해야 할까요?

- 대답 : 대신에 친구가 다음 활동을 선택할 수 있게 한다. 손님이 활동을 선택하게 될 때, 초대자는 융통성이 있어야 한다. 만약 당신이 손님으로 간 곳에서 친구가

당신이 제안한 것을 하고 싶어 하지 않으면, 융통성 있게 흐름을 따라 간다(이런 일이 늘 규칙적으로 일어난다면, 당신은 적절한 친구를 선택한 것인지를 고려해 봐야만 한다.).

■ 함께 어울리기를 진행하는 총 시간의 50%는 **정보**를 **교환**하는 데 쓴다.

– 치료자 : 함께 어울리기의 마지막 규칙은 최소한 함께 어울리기를 진행하는 시간의 50%는 대화하며 정보를 교환하는 데 쓰는 것입니다. 이 규칙이 중요한 이유는 무엇일까요?

■ 대답 : 이것은 서로를 알게 되고 공통의 관심사를 알게 되는 방법이기 때문이다.

함께 어울리기를 마무리할 때

■ 치료자 : 여러분은 지금까지 함께 어울리기를 하는 동안 지켜야 할 규칙에 대해 배웠습니다. 이제는 함께 어울리기를 끝내는 방법에 대하여 이야기해 볼 필요가 있습니다.

■ 함께 어울리기의 **꼬리말**을 한다.

– 치료자 : 함께 어울리기를 마무리하는 첫 번째 단계는 함께 어울리기의 꼬리말을 하거나, 마무리해야 하는 이유를 말하는 것입니다. 함께 어울리기를 마무리할 때 할 수 있는 말에는 어떤 것이 있을까요?

- 대답
  - ■ 나는 곧 가봐야 할 것 같아.
  - ■ 이제 숙제를 시작해야 될 것 같아.
  - ■ 엄마가 밥 먹어야 된다고 말씀하셨어.
  - ■ 곧 자야 할 시간이야.

– 치료자 : 부모님이 왜 지금 함께 어울리기를 마무리해야 하는지에 대한 꼬리말을 제안해 줄 수도 있습니다.

■ 친구를 문까지 배웅한다(함께 어울리기를 집에서 했다면).

– 치료자 : 그다음 여러분은 친구를 문까지 바래다주고 작별인사를 해야 합니다. 친구를 문까지 바래다주어야 하는 이유는 무엇일까요?

- 대답 : 친구가 혼자 집 밖으로 나가게 하는 것은 예의가 아니기 때문이다.

■ 친구에게 함께 어울리기에 와 줘서 고맙다고 말한다.

– 치료자 : 함께 어울리기를 마무리하는 다음 단계는 친구에게, 함께 어울리기에 와 줘서 고맙다고 말하는 것입니다. 그렇게 하는 것은 왜 중요할까요?

- 대답 : 친구에게 고마움을 표현하는 것은 친구의 기분을 좋게 만들기 때문이다. 이것은 당신이 친구에게 감사하고 있다는 것을 보여 준다.

■ 친구에게 즐겁게 잘 놀았다고 말한다.

- 치료자 : 만약 여러분이 즐거운 시간을 보냈다면, 친구에게 즐겁게 잘 놀았다고 이야기해야 합니다. 그렇게 하는 것이 왜 좋은 일일까요?
  - 대답 : 이것은 당신이 친구와 함께 시간을 보내는 것을 즐긴다는 것을 보여 준다. 친구를 기분 좋게 만들어 준다.

■ 잘 가라고 하고, 나중에 다시 보자고 말한다.

- 치료자 : 마지막으로, 함께 어울리기의 마무리를 준비할 때는 잘 가라고 이야기하는 것이 중요합니다. 또는 "다음에 만나자." 또는 "학교에서 만나자."라고 말할 수도 있습니다. 이것은 이후의 함께 어울리기 계획을 세우기에 좋은 시간이기도 합니다.

역할극

■ 청소년 집단 치료자와 보조 치료자는 **적절한** 역할놀이를 시연해 보여 준다. 치료자는 모든 단계를 잘 따라서 **함께 어울리기**를 마무리한다.

- 적절한 역할극의 예 :

  청소년 집단 치료자 : "음, 엄마가 우리 곧 저녁을 먹을 시간이라고 하셨어."

  보조 치료자 : "응, 알았어."

  청소년 집단 치료자 : (일어나서 문으로 걸어가며) "와 줘서 고마워!"

  보조 치료자 : (치료자를 따라 문 쪽으로 간다.) "초대해 줘서 고마워."

  청소년 집단 치료자 : "정말 재미있었어."

  보조 치료자 : "나도 즐거웠어."

  청소년 집단 치료자 : "우리 곧 또 만나서 놀자."

  보조 치료자 : "그래, 그러면 좋겠다!"

  청소년 집단 치료자 : (문을 열어 준다.) "내일 학교에서 만나자."

  보조 치료자 : "그래 좋아." (문밖으로 걸어 나간다.)

  청소년 집단 치료자 : "조심해서 가. 안녕!"

  보조 치료자 : "안녕!"

- 치료자 : 자, 여기까지입니다. 이렇게 함께 어울리기를 마무리하면 됩니다. 오늘은 여러분 모두 각자 초대자와 손님 역할이 되어 이것을 연습할 것입니다."

과제

■ 과제에 대해 간단히 설명한다. 이번 주 여러분에게 가장 중요한 과제는 각자 1명 이상의 친구들과 함께 어울리기를 하는 것입니다. 함께 어울리기를 준비하려면 집단 구성원이 아닌 다른 사람과 전화통화를 해야 할 수도 있습니다. 단지 조금만 아는 사람들과의 대화에 끼어드는 것을 계속 연습하고,

필요한 경우에는 빠져나오는 것을 연습합니다. 또한 여러분은 다음 주에 집단 구성원들과 함께할 수 있는 실내게임을 가져와야 합니다. 따라서 이번 주의 과제는

- 1명 이상의 친구들과 함께 어울리기를 합니다.
  - 함께 어울리기에서 무엇을 할지 결정하기 위해서, 집단 구성원이 아닌 사람과 전화 통화를 합니다.
- 우리가 점검했던 단계를 따라서 대화에 끼어들기를 합니다.
  - 사람들이 여러분과 이야기하는 것에 흥미 있어 하는 것 같지 않으면 대화에서 빠져나옵니다.
- 집단 구성원과 함께할 수 있는 실내게임을 가져옵니다(나이에 적합한 보드게임, 카드게임 등).

청소년 활동 : 함께 어울리기

NOTE : 규칙에 대해서는 '청소년 활동 가이드'를 참고한다.

- 청소년들에게 함께 어울리기를 연습한다고 알린다.
  - 청소년들을 소집단으로 나누고 각각 초대자와 손님 역할을 연습하게 한다.
  - 가능하다면 여자는 여자끼리, 남자는 남자끼리 짝짓는다.
  - 초대자와 손님 역할을 정해 준다.
    - 각자의 청소년이 초대자가 되어 함께 어울리기를 시작하는 연습을 한다.
    - 모두가 각각 초대자와 손님 역할을 할 수 있는 기회를 준다.
  - 집단이 **함께 어울리기**를 연습하는 동안 청소년들은 실내게임을 한다.
  - 청소년들이 가지고 온 **실내게임**과 준비된 다른 게임 중에서 적절한 게임을 선택한다.
  - 게임을 하는 동안 다음과 같은 것들을 실행할 때마다 점수를 얻는다.
    - **정보를 교환한다.**
    - **칭찬한다.**
    - **인정해 준다.**
    - **좋은 스포츠맨이 된다.**
  - 회기가 끝날 때 청소년들은 함께 어울리기를 마무리하는 연습을 한다.
    - 초대자와 손님을 정해 준다.
      - 각 청소년이 초대자가 되어 함께 어울리기를 마무리하는 연습을 한다.
      - 모두가 각각 초대자와 손님 역할을 할 수 있는 기회를 준다.

부모와 다시 만나기

- 청소년들에게 부모와 다시 만난다고 공지한다.

- 청소년들은 각자의 부모 곁에 서 있거나 앉아 있도록 한다.
- 다시 만나는 시간이 시작되기 전에, 조용히 하고 그룹에 완전히 집중하도록 한다.
- 치료자 : 오늘 우리는 함께 어울리기를 하는 것에 대해 배웠습니다. 여러분들이 모두 이번 주 동안에 함께 어울리기를 하게 될 것이므로, 그 규칙들을 기억하는 것이 중요합니다. 누가 성공적인 함께 어울리기를 위한 규칙을 말해 줄 수 있나요? [청소년들이 모든 규칙을 이야기하도록 한다. 필요하다면 촉진해 줄 준비를 한다.]
  - 집에 손님을 초대했을 때는, **손님이 활동을 선택한다.**
  - 친구를 **칭찬한다.**
  - **좋은 스포츠맨이 된다.**
  - **친구를 인정해 준다.**
  - **친구에게 충실한다.**
  - 활동에 지루함을 느끼거나 피곤해지면 **변화를 제안한다.**
  - 함께 어울리기를 진행하는 총 시간의 50%는 **정보**를 **교환**하는 데 쓴다.

- 치료자 : 오늘 우리는 함께 어울리기를 연습했고, 이번 그룹은 좋은 초대자와 손님 역할을 매우 잘 해 냈습니다. 모두 박수를 보내 주세요.
- 다음 주까지의 과제를 확인한다(아래를 보세요.).
- 각각의 가족들이 개별적으로 분리되어서 다음을 협의한다.
  - 함께 어울리기를 하는 동안 부모의 역할, 함께 어울리기를 할 장소, 어떤 활동을 계획할 것인가, 누구를 초대할 것인지
  - 청소년들이 또래 집단에 끼어들기를 시도할 장소, 시도해 볼 집단
  - 다음 주에 어떤 실내게임을 가져올 것인지

과제

1. **함께 어울리기**를 위해 친구를 집에 초대한다.
   a. **함께 어울리기**를 위해 **집단 구성원이 아닌 사람과 통화**한다.
      i. **공통의 관심사**를 찾기 위해 **정보**를 **교환**한다.
      ii. **함께 어울리기**를 하는 동안 무엇을 할 것인지 결정한다.
   b. 부모들은 약간 거리를 두고 **함께 어울리기** 모임을 점검한다.
   c. 활동에 바탕을 둔 **함께 어울리기** 모임이어야 한다.
   d. 처음 **함께 어울리기**를 할 때에는 약 2시간으로 제한한다(활동에 따라 조절 가능).
2. 최소 2명의 친구들과 **대화에 끼어들기**를 연습한다.
   a. 최소 1명은 아는 사람이 있는 집단을 선택하도록 노력한다.

b. 받아들여질 만한 가능성이 높은 곳(즉, 위험 요소가 적은 장소), 나쁜 평판을 받고 있지 않는 곳을 찾는다. 새로운 집단을 찾는 것이 필요할 수도 있다.
c. 부모와 자녀가 함께, 대화에 어떻게 **끼어들고 빠져나왔는지**를 이야기한다(모두 다 했다면).
d. 부모는 발생할 수 있는 문제에 대해 자녀가 해결책을 찾도록 돕는다.

3. **실내게임을 가져오기**
   a. 집단 구성원과 함께할 수 있는 실내게임을 가져온다(예 : 나이에 적합한 보드게임, 카드게임 등).
      i. 혼자 하는 게임은 가져오지 않는다.
      ii. 집단 구성원과 함께 쓰고 싶지 않은 것이나 파손 혹은 부실의 우려가 있는 물건은 가져오지 않는다.

점수 계산

매주 다음 점수를 기록한다.

- 각 청소년들이 얻은 점수를 계산한다. 청소년들이 있을 때에 점수를 계산하지 않는다.
- 그룹이 얻은 총 점수를 합산한다.
  - 각각의 혹은 그룹의 총 점수를 밝히지 않는다.
  - 청소년들 사이에서 얻은 점수를 비교하려는 시도를 막는다.
- 더 크고 멋진 졸업 파티를 하기 위해서 청소년들이 그룹으로서 노력해야 한다는 것을 상기시킨다.

청소년 활동 가이드 : 8회기

"함께 어울리기"

필요한 자료

- 청소년들이 가지고 온 실내게임
- 청소년이 실내게임을 가지고 오는 것을 잊어버릴 것에 대비해서, 함께할 수 있는 게임을 준비해 둔다.
  - 카드
  - 장기

– 체스

규칙

- 청소년들에게 **함께 어울리기**를 연습한다고 알린다.
- 청소년들을 소집단으로 나누고 각각 초대자와 손님 역할을 연습하게 한다.
- 가능하면 여학생은 여학생들끼리, 남학생은 남학생들끼리 짝을 짓는다.
- 초대자와 손님 역할을 정해 준다.
  – 각각의 청소년이 주인 역할을 하면서 함께 어울리기를 시작하는 것을 연습한다.
    - **함께 어울리기**를 시작하는 단계를 말로 이야기해 보도록 하는 것부터 시작한다.
      - 손님을 환영하는 인사를 한다.
      - 손님을 집 안으로 맞이한다.
      - 손님이 집에 처음 왔다면 손님에게 집을 구경시켜 준다.
      - 모두에게 손님을 소개한다.
      - 마실 것이나 먹을 것 등을 가져다준다.
      - 손님에게 하고 싶은 것이 무엇인지 물어본다.
    - 청소년들이 집단 전체와 함께 각 단계를 연습하게 한다.
    - 모두가 각각 초대자와 손님 역할을 할 수 있는 기회를 준다.
- 집단이 **함께 어울리기**를 연습하는 동안 청소년들은 실내게임을 한다.
- 청소년들이 가지고 온 **실내게임**과 기타 치료진이 준비한 게임들 중에서 적절한 게임을 선택한다.
  – 어떤 게임을 할 것인지를 의논하게 한다.
    - 앞부분 반 정도는 한 가지 게임을 하고 중간에 다른 게임으로 바꾸도록 절충해야 할 수도 있다.
  – 청소년들이 각 게임의 구체적인 규칙을 이해하도록 도와주어야 할 수도 있다.
    - 의견이 서로 다를 때, 심판의 역할을 하지 않는다.
    - 청소년들이 좋은 스포츠맨이 됨으로써 서로의 차이점을 조율하도록 격려한다.
  – 청소년들이 좋은 스포츠맨이 되고, 게임 상대를 칭찬하도록 격려해야 할 수도 있다.
  – 청소년들은 게임을 하는 동안 다음과 같은 것들을 수행할 때마다 점수를 얻는다.
  – **정보를 교환한다.**
  – **칭찬한다.**
  – **인정해 준다.**
  – **좋은 스포츠맨이 된다.**

- 회기가 끝날 때, 청소년들은 함께 어울리기를 마무리하는 연습을 한다.
  - 초대자와 손님을 정해 준다.
    - 각 청소년이 초대자가 되어 **함께 어울리기**를 마무리하는 연습을 한다.
  - 청소년이 **함께 어울리기**를 마무리하는 단계를 말로 한 번 확인하게 한다.
    - **함께 어울리기**를 마무리하는 **꼬리말**을 한다.
    - 친구를 문까지 배웅한다.
    - 친구에게 와 줘서 고맙다고 말한다.
    - 즐겁게 잘 놀았다고 말한다.
    - 잘 가라고 하고 나중에 다시 보자고 말한다.
  - 청소년이 집단 전체와 함께 각 단계를 연습하게 한다.
  - 모두가 각각 초대자와 손님 역할을 할 수 있는 기회를 준다.

9회기

11 좋은 스포츠맨 되기

부모 치료자 가이드

부모 회기 가이드 라인

부모가 자녀가 첫 번째 '함께 어울리기'를 시작할 수 있도록 도와야 하기 때문에, 이 과제에서 부모의 역할은 매우 중요하다. 집단 치료자들은 부모들이 과제를 잘 수행할 수 있도록 어느 정도의 압박을 유지해야 한다. 함께 어울리기 과제를 성공적으로 수행한 것을 먼저 물어보아 점검하고, 다른 것을 말하고 싶어 하는 부모들의 주의를 환기시킨다.

부모들은 때때로 체면을 잃지 않으려고, 이 프로그램의 다른 좋은 점들을 칭찬하거나 치료자가 얼마나 훌륭한지, 또는 대화에 끼어들기 과제가 얼마나 잘 되었는지 등에 대하여 길게 이야기하며 이 과제에 대해 이야기하는 것을 회피하려고 하다가, 결국은 아무렇지도 않게 이 과제를 못했다고 고백할 것이다. 과제를 검토할 때 함께 어울리기를 하지 못했던 부모가 처음으로 이야기하게 하면, 과제를 수행한 부모들은 자신의 성공에 대해 이야기하는 것을 주저하게 만들 수 있다. 또는 뭔가 주목하지 않을 수 없는 주제를 이야기함으로써 흐름에서 벗어나게 하고 치료자의 언급을 피하려고 할 수도 있다. 예를 들어, 부모들은 자녀들이 얼마나 괴롭힘을 당했는지 말하면서 함께 어울리기를 하지 못한 것을 이야기하지 않고 넘어가려고 하는 식이다. 부모들이 이렇게 주제를 벗어나는 것을 허용하는 것은, 과제를 하려고 시도하지 않았던 부모들을 묵인하게 되는 것이다. 따라서 이런 방식으로 흘러가지 않도록 하는 것이 중요하다. 함께 어울리기에 성공한 부모들이 먼저 이야기를 하게 하면, 과제 수행이 가능하다는 것을 보여 주고, 회기 내용에 초점을 맞출 수 있다.

치료가 이 단계에 이를 때까지도, 부모들과 청소년들은 청소년에게 가장 적합한 집단 또는 동아리가 어떤 것인지를 잘못 판단했을 수도 있다. 청소년이 학교에서 나쁜 평판을 받고 있거나 잘 맞지 않는 무리에 들어가려고 시도했기 때문이라는 것을 (치료자가 지적해 주기 전까지는) 모른 채로 몇몇 친구들에게 함께 어울리기 요청을 보냈기 때문에 거절당했을 가능성도 있다. 잘못된 무리를 선택한 오류를 교정하는 것의 하나로, 단순하게는 자폐장애를 가진 청소년들에게 비슷한 문제를 가진 또래들을 찾아보도록 격려할 수도 있다. 일부 청소년들은 비슷한 문제를 가진 또래들을 더 편안하게 여기고, 더 잘 수용될 수도 있다. 부모에게 이런 이야기를 해 줌으로써, 청소년과 부모가 이런 대안을 선택해도 된다고 허용할 수 있다.

지난 회기 가이드에서 언급했듯이, 치료자는 '헬리콥터 부모'에 대해 민감해야 한다. 가정에서 함께 어울리기를 설명할 때, 치료자는 함께 어울리기를 하는 동안 부모가 어디에 있었는지 물어보고, 부모의 간섭을 적극적으로 자제시켜야 한다. 부모의 끊임없는 간섭은 발달적으로 부적절하기 때문이다. 치료자는 청소년을 참여시키지 않고 함께 어울리기 과정을 다른 부모들과 계획한 부모들, 즉 함께 어울리기 절차를 제대로 지키지 않고 간략히 해 버린 부모들을 민감하게 살펴봐야 한다. 이러한 부모들의 태도는 청소년에게 부적절한 것이다.

과제를 성공한 부모들의 수행을 점검한 후, 가장 적절한 접근법은 과제를 수행하지 않은 부모들과 과제를 하지 못한 이유에 대해 긴 시간 동안 토의하지 않는 것이다. 대신에 어떻게 다음 주에 과제를 수행할 것인지에 대하여 토의하도록 한다.

이 회기의 핵심내용은 좋은 스포츠맨이 되기 위한 규칙들이다. 사회성에 어려움이 없는 사람들과 비교할 때 사회성에 어려움이 있는 사람들은 사회적 목표에서 우선 순위에 차이가 있다. Crick과 Ladd(1990)는 사회성에 어려움이 있는 사람들은 사회성에 어려움이 없는 사람들에 비해 관계의 강화를 목표로 하기보다는 눈에 보이는 보상을 획득하는 데 더 목표를 두는 경향이 있음을 발견했다. 따라서, 이번회기는 청소년들의 사회적 우선 순위를 변화시키기 시작하는 것에 초점을 두고자 한다. 좋은 스포츠맨 되기의 규칙은 주로 Frankel과 Myatt(2003)가 개발하여 광범위하게 검증한 것에 기초를 두고 있다.

단지 이 규칙에 대해 청소년들과 이야기하는 것이 일반화를 촉진하는지에 대한 근거는 없다. 하지만 부모가 집에서 함께 어울리기를 하는 동안 좋은 스포츠맨 되기의 규칙을 강화할 수는 있다. 부모가 자녀와 게임을 하거나 형제자매끼리 게임을 할 때도 이 규칙을 강화하는 좋은 기회가 될 수 있다. 이런 경우 부모 코칭이 최상의 중재가 된다. 즉, 부모가 청소년이 좋은 스포츠맨 되기 규칙을 위반하는 것을 보았을 때, 부모가 자녀를 조용한 곳으로 데리고 가서, 좋은 스포츠맨이 되기 위한 적절한 행동을 상기시켜 준다(즉, 가르칠 수 있는 순간을 만든다.).

과제 점검

1. **함께 어울리기**를 한다.
   a. **함께 어울리기**를 계획하기 위해 청소년이 통화를 했는지 확인한다.
   b. 다음을 확인한다.
      i. **함께 어울리기**가 활동에 바탕을 둔 모임이었나?
      ii. 부모님이 거리를 두고 함께 어울리기를 지켜보았나?
      iii. 함께 어울리기 진행 시간이 2시간을 넘지 않았나?(활동에 따라 조절 가능)
   c. 청소년이 '손님'으로 온 친구와 함께 **정보**를 **교환**하고 **공통의 관심사**를 찾았는지 확인한다.
      i. 함께 어울리기를 진행하는 총 시간의 50%는 **정보**를 **교환**하는 데 쓴다.
2. **대화에 끼어들거나 대화에서 빠져나온다.**
   a. 다음을 확인하다.
      i. 청소년이 언제 **끼어들었나?**
      ii. 대화하고 있는 집단 안에 청소년이 알고 있던 구성원이 있었나?
      iii. 청소년이 **대화에 끼어드는** 단계를 잘 따랐나?
      iv. 청소년이 **대화에서 빠져나오는** 단계를 잘 따랐나?
   b. 발생 가능한 문제에 대해 해결법을 의논한다.
3. **실내게임을 가져온다.**
   a. 집단 구성원과 함께 공유하기 위해 청소년이 가져온, 실내게임을 확인한다(예 : 나이에 적합한 보드게임, 카드게임 등).
   b. 적절한 게임을 가져온 경우에만 점수를 준다.

교육 : 좋은 스포츠맨 되기

- 부모용 유인물을 나누어 준다.
- 설명 : 청소년들이 함께 어울리기를 잘 하기 위한 규칙을 배웠고, 실제로 친구와 함께 어울리기를 성공적으로 계획하고 경험해 보았을 것입니다. 이제는 이런 기술을 정기적으로 연습해 보는 것이 중요합니다. 이번 주 과제 중 하나는 다시 한 번 함께 어울리기를 계획하는 것입니다. 또한 자녀들은 오늘 청소년 집단에서 좋은 스포츠맨(또는 좋은 게임 친구)이 되는 규칙을 배우게 될 것입니다. 게임과 운동을 할 때 다투지 않고 모두가 즐거운 시간을 보내기 위해서는 청소년들이 좋은 스포츠맨처럼 행동해야 합니다. 많은 청소년들이 함께 어울리기를 하는 동안 게임과 운동을 하며 즐기기 때문에, 이것은 앞으로 성공적인 함께 어울리기를 하기 위해 유용한 도구가 될 것입니다.
- 부모들이 돌아가면서 부모용 유인물을 읽도록 한다.

■ **굵게** 표시된 부분은 부모용 유인물에서 그대로 가져 온 것이다.

좋은 스포츠맨 되기 규칙

■ 친구를 칭찬한다.
  – **게임 중 칭찬의 예 :**
    • **"잘했어, 와."**
    • **"우와! 짱이다."**
    • **"최곤데?"**
    • **"멋지다!"**
    • **"Okay! 좋아!"**
    • **"나이스."**
    • **하이파이브 하기**
    • **엄지손가락 들어 올리기**
■ 게임하는 동안 심판관처럼 행동하지 않는다.
  – **선수들의 잘잘못을 판정하거나, 지시를 내리거나 다른 선수들에게 대장 행세를 하지 않는다.**
  – **청소년들은 대장행세를 하는 사람과 어울리고 싶어 하지 않는다.**
■ 코치가 되지 않는다.
  – **친구가 부탁할 때가 아니면, 충고나 조언을 해서 '도와주지' 않는다.**
  – **친구를 도우려고 한 행동인데도, 대장 노릇을 하려는 것처럼 보일 수 있다.**
  – **청소년들은 자신들에게 무엇을 하라고 명령하듯이 말하는 친구와 어울리고 싶어 하지 않는다.**
■ 사이좋게 나누어 차례대로 한다.
  – **스포츠 경기를 할 때 공을 독차지하지 않는다.**
  – **비디오게임을 할 때는** 게임기를 번갈아 사용한다.
    • **만약 사이좋게 나누어 차례대로 하지 않는다면, 아무도 당신과 함께 놀고 싶어 하지 않을 것이다.**
■ 속임수를 쓰지 않는다.
  – **게임 중에 이기려고 친구를 속이거나 반칙을 사용하지 않는다.**
    • **만약 친구를 속여서 이기게 된다 해도 친구들은 정정당당하지 않은 당신과 다시 어울리고 싶어 하지 않을 것이다.**
■ 게임 중에 지나친 경쟁심을 보이지 않는다.

- 친구와 게임을 할 때의 목표는 이기는 것이 아니라 즐겁기 위한 것이다.
- 지나치게 경쟁적으로 하는 것은 당신이 이기적이고 무례한 사람처럼 보이게 할 수 있다.
- 친구들은 다시는 당신과 어울리고 싶어 하지 않을 것이다.

■ 친구가 다친다면 도와주고 걱정해준다.
- 스포츠 경기를 하다 누군가 넘어지거나 부딪쳐서 다쳤다면 도와준다.
- 누군가 상처를 입으면 걱정을 해준다.

■ 지루해지면 변화를 제안한다.
- 게임을 하는 중에 가 버리거나 "재미없어."라고 말하지 않는다.
    - 다른 사람의 기분을 상하게 할 수도 있고, 당신이 나쁜 선수처럼 보일 수 있다.
- 지루하거나 재미가 없어졌을 때는 "이것 끝나고 나서 다른 것을 하면 어때?"라고 말한다.

■ 이겼을 때 뽐내거나 진 사람을 고소해하지 않는다.
- 이긴 것이 대단한 일이 아닌 것처럼 행동한다.
- 당신이 지나치게 흥분해서 뽐내거나 진 사람을 고소해하면, 다른 사람의 기분이 나빠진다. 친구가 다시는 당신과 함께 놀고 싶어 하지 않는다.

■ 졌을 때 삐치거나 화내지 않는다.
- 당신이 삐치거나 화내면, 나쁜 선수처럼 보인다. 다른 사람이 당신과 놀고 싶어 하지 않게 된다.

■ 게임이 끝날 때 "좋은 게임이었어." 또는 "잘 놀았어."라고 말한다.
- 이런 행동은 당신이 좋은 게임 친구임을 보여 준다. 다른 사람의 기분을 좋게 만든다.

과제

부모 집단 치료자는 과제를 알려 주고, 부모들에게 있을 수 있는 어려운 점들을 논의한다.

1. 자녀들은 함께 어울리기를 위해 친구를 집에 초대해야 한다.
    a. 함께 어울리기 위해 집단 구성원이 아닌 사람과 통화한다.
        i. 공통의 관심사를 찾기 위해 정보를 교환한다.
        ii. 함께 어울리기를 하는 동안 무엇을 할 것인지 결정한다.
    b. 부모님은 약간 거리를 두고 함께 어울리기 모임을 점검한다.
    c. 활동에 바탕을 둔 함께 어울리기 모임이어야 한다.
    d. 초대한 친구와 함께 정보를 교환하도록 한다.
        i. 함께 어울리기를 진행하는 총 시간의 50%는 정보를 교환하는 데 쓴다.
        ii. 처음 함께 어울리기를 할 때에는 약 2시간으로 제한한다(활동에 따라 조절 가능).

2. '좋은 스포츠맨 되기' 활동을 연습한다.
   a. 함께 어울리기를 하는 동안이나 주중에 언제든지 또래들과 게임(비디오게임, 컴퓨터게임, 보드게임, 카드게임)을 하거나 운동하는 시간에 연습할 수 있다.
   b. 부모님이 관찰할 수 없을 때는, 자녀가 얼마나 좋은 스포츠맨이 되었는지 함께 이야기해야 한다.
3. 최소 2명의 친구들과 대화에 끼어들기를 연습한다.
   a. 최소 1명은 아는 사람이 있는 집단을 선택하도록 노력한다.
   b. 받아들여질 만한 가능성이 높은 곳(즉, 위험 요소가 적은 장소), 나쁜 평판을 받고 있지 않는 곳을 찾는다. 새로운 집단을 찾는 것이 필요할 수도 있다.
   c. 부모와 자녀가 함께, 대화에 어떻게 끼어들고 빠져나왔는지를 이야기한다(모두 다 했다면).
4. 실내게임을 가져온다.
   a. 집단 구성원과 함께할 수 있는 실내게임을 가져온다(예 : 나이에 적합한 보드게임, 카드게임 등).
      i. 혼자 하는 게임은 가져오지 말 것
   b. 다음의 물건은 가져오지 않는다.
      i. 집단 구성원들과 함께 쓰고 싶지 않은 것
      ii. 파손 혹은 분실 우려가 있는 것

부모용 유인물 9 : 좋은 스포츠맨 되기

좋은 스포츠맨 되기 규칙

- 친구를 **칭찬한다.**
  - 게임 중 칭찬의 예 :
    - "잘했어, 와."
    - "우와! 짱이다."
    - "최곤데?"
    - "멋지다!"
    - "Okay! 좋아!"
    - "나이스."
    - 하이파이브하기
    - 엄지손가락 들어 올리기
- 게임하는 동안 **심판관처럼 행동하지 않는다.**
  - 선수들의 잘잘못을 판정하거나, 지시를 내리거나 다른 선수들에게 대장 행세를 하지 않는다.
  - 청소년들은 대장행세를 하는 사람과 어울리고 싶어 하지 않는다.
- **코치가 되지 않는다.**
  - 친구가 부탁할 때가 아니면, 충고나 조언을 해서 '도와주지' 않는다.
  - 친구를 도우려고 한 행동인데도, 대장 노릇을 하려는 것처럼 보일 수 있다.
  - 청소년들은 자신들에게 무엇을 하라고 명령하듯이 말하는 친구와 어울리고 싶어 하지 않는다.
- **사이좋게 나누어 차례대로 한다.**
  - 스포츠 경기를 할 때 **공을 독차지**하지 않는다.
  - 비디오게임을 할 때는 **게임기를 번갈아 사용한다.**
    - 만약 사이좋게 나누어 차례대로 하지 않는다면, 아무도 당신과 함께 놀고 싶어 하지 않을 것이다.
- **속임수를 쓰지 않는다.**
  - 게임 중에 이기려고 친구를 속이거나 반칙을 사용하지 않는다.
    - 만약 친구를 속여서 이기게 된다 해도 친구들은 정정당당하지 않은 당신과 다시 어울리고 싶어 하지 않을 것이다.
- **게임 중에 지나친 경쟁심을 보이지 않는다.**

- 친구와 게임을 할 때의 목표는 이기는 것이 아니라 즐겁기 위한 것이다.
- 지나치게 경쟁적으로 하는 것은 당신이 이기적이고 무례한 사람처럼 보이게 할 수 있다.
- 친구들은 다시는 당신과 어울리고 싶어 하지 않을 것이다.

■ **친구가 다친다면 도와주고 걱정해준다.**
- 스포츠 경기를 하다 누군가 넘어지거나 부딪쳐서 다쳤다면 도와준다.
- 누군가 상처를 입으면 걱정을 해준다.

■ **지루해지면 변화를 제안한다.**
- 게임을 하는 중에 가 버리거나 "재미없어."라고 말하지 않는다.
  - 다른 사람의 기분을 상하게 할 수도 있고, 당신이 나쁜 선수처럼 보일 수 있다.
- 지루하거나 재미가 없어졌을 때는 "이것 끝나고 나서 다른 것을 하면 어때?"라고 말한다.

■ **이겼을 때 뽐내거나 진 사람을 고소해하지 않는다.**
- 이긴 것이 대단한 일이 아닌 것처럼 행동한다.
- 당신이 지나치게 흥분해서 뽐내거나 진 사람을 고소해하면, 다른 사람의 기분이 나빠진다. 친구가 다시는 당신과 함께 놀고 싶어 하지 않는다.

■ **졌을 때 삐치거나 화내지 않는다.**
- 당신이 삐치거나 화내면, 나쁜 선수처럼 보인다. 다른 사람이 당신과 놀고 싶어 하지 않게 된다.

■ **게임이 끝날 때 "좋은 게임이었어." 또는 "잘 놀았어."라고 말한다.**
- 이런 행동은 당신이 좋은 게임 친구임을 보여 준다. 다른 사람의 기분을 좋게 만든다.

과제

1. 자녀들은 **함께 어울리기**를 위해 친구를 집에 초대해야 한다.
   a. **함께 어울리기** 위해 **집단 구성원이 아닌** 사람과 통화한다.
      i. **공통의 관심사**를 찾기 위해 **정보**를 **교환**한다.
      ii. **함께 어울리기**를 하는 동안 무엇을 할 것인지 결정한다.
   b. 부모님은 약간 거리를 두고 **함께 어울리기** 모임을 점검한다.
   c. 활동에 바탕을 둔 **함께 어울리기** 모임이어야 한다.
   d. 초대한 친구와 함께 **정보**를 **교환**하도록 한다.
      i. **함께 어울리기**를 진행하는 총 시간의 50%는 **정보**를 **교환**하는 데 쓴다.
      ii. 처음 **함께 어울리기**를 할 때에는 약 2시간으로 제한한다(활동에 따라 조절 가능).

2. '좋은 스포츠맨 되기' 활동을 연습한다.
   a. 함께 어울리기를 하는 동안이나 주중에 언제든지 또래들과 게임(비디오게임, 컴퓨터게임, 보드게임, 카드게임)을 하거나 운동하는 시간에 연습할 수 있다.
   b. 부모님이 관찰할 수 없을 때는, 자녀가 얼마나 좋은 스포츠맨이 되었는지 함께 이야기해야 한다.
3. 최소 2명의 친구들과 대화에 끼어들기를 연습한다.
   a. 최소 1명은 아는 사람이 있는 집단을 선택하도록 노력한다.
   b. 받아들여질 만한 가능성이 높은 곳(즉, 위험 요소가 적은 장소), 나쁜 평판을 받고 있지 않는 곳을 찾는다. 새로운 집단을 찾는 것이 필요할 수도 있다.
   c. 부모와 자녀가 함께, 대화에 어떻게 끼어들고 빠져나왔는지를 이야기한다(모두 다 했다면).
4. 실내게임을 가져온다.
   a. 집단 구성원과 함께할 수 있는 실내게임을 가져온다(예 : 나이에 적합한 보드게임, 카드게임 등).
      i. 혼자 하는 게임은 가져오지 말 것
   b. 다음의 물건은 가져오지 않는다.
      i. 집단 구성원들과 함께 쓰고 싶지 않은 것
      ii. 파손 혹은 분실 우려가 있는 것

청소년 치료자 가이드-9회기 : 좋은 스포츠맨 되기

청소년 회기 가이드 라인

8회기에서, 청소년들은 친구와 함께 어울리기를 하는 동안 좋은 초대자가 되는 방법을 배웠다. 함께 어울리기나 그 밖에 친구와의 상호작용에서 게임, 비디오게임, 운동(특히 남학생) 등을 흔히 하게 되므로, 청소년들은 이런 활동을 하는 동안 조화롭게 상호작용하는 방법을 아는 것이 중요하다.

많은 청소년들은 게임과 운동의 궁극적 목표를 승리라고 생각하는 데 익숙해져 있다. 그들은 다른 사람들이 자신을 좋아해 주기를 원하면서도 '좋은 스포츠맨 되기'를 낮은 순위에 둔다. 치료자는 친구들과 게임하고 운동하는 더 중요한 목표가 즐거운 시간을 보내는 것이라고 강조함으로써 청소년들이 갖고 있는 우선 순위에 이의를 제기해야 한다. 좋은 게임 친구가 되는 규칙은 잘 정의되어 있기 때문에, 회기 내에서는 치료자가, 집에서는 부모가 이를 잘 점검하고 교정해 줄 수 있다.

규칙 점검

NOTE : 청소년이 규칙을 따르는 데 많은 어려움이 있을 경우에만 회기 규칙을 다시 검토한다.

- 청소년이 집단의 규칙을 이야기하게 한다.
- 집단의 규칙을 기억하고 있는 청소년에게 포인트를 준다.
  1. 다른 그룹 구성원의 말을 경청하기(다른 사람이 이야기할 때 말하지 않기)
  2. 지시 따르기
  3. 손을 들기(하고 싶은 말이 있을 때)
  4. 존중하기(놀리거나 다른 사람을 비웃지 않기)
  5. 만지지 않기(때리기, 차기, 밀기, 안기 등 하지 않기)

과제 점검

NOTE : 한 과제당 1점이 아니라, 과제의 **부분 요소**마다 점수를 준다.

1. 실내게임을 가져온다.
   a. 집단 구성원과 함께 공유하기 위해 청소년이 가져온 실내게임을 확인한다(예 : 나이에 적합한 보드게임, 카드게임 등).
   b. 적절한 게임을 가져왔을 때만 점수를 준다.
   c. 산만해지는 것을 막기 위해, 보조 치료자는 활동이 끝날 때까지 게임을 멀리 두도록

한다.

2. **함께 어울리기**를 한다.
   a. 치료자 : 이번 주 중요한 과제는 친구와 함께 어울리기를 하는 것이었습니다. 이번 주에 함께 어울리기를 한 사람은 손을 드세요.
      i. 과제를 완성한 청소년이 이야기해 보는 것으로 시작한다.
      ii. 간단히 질문한다.
         1. 누구와 함께 어울리기를 했나요?
         2. 어디에서 함께 어울리기를 했나요?
         3. 무엇을 할지 결정하기 위해서 집단 구성원이 아닌 사람에게 전화를 했나요?
         4. 마무리할 때 무엇을 했나요?
         5. 누가 활동을 선택했나요? (답은 손님이어야 함)
         6. 함께 어울리기를 하는 총 시간의 50%를 정보를 교환하는 데 썼나요?
         7. 즐거운 시간을 보냈나요?
         8. 친구에게도 즐거운 시간이었나요?
         9. 그 친구와 다시 함께 어울리기를 하고 싶은가요?
      iii. 발생 가능한 문제에 대해 해결법을 의논한다.
3. **대화에 끼어들기**
   a. 치료자 : 이번 주의 또 다른 과제는 여러분을 받아들여 줄 가능성이 많은 집단과의 대화에 끼어드는 연습을 하는 것이었습니다. 이번 주에 대화에 끼어드는 연습을 한 사람은 손을 들어 보세요.
      i. 과제를 완성한 청소년이 이야기해 보는 것으로 시작한다.
      ii. 간단히 질문한다.
         1. 어디서 대화에 끼어들었나요?
         2. 대화에 끼어들기 위해 어떤 집단을 선택했나요?
         3. 적어도 그들 중에서 1명을 알고 있었나요?
         4. 어떻게 대화에 끼어들었나요?
            a. 대화에 **끼어들기** 단계를 잘 따랐는지 확인한다.
            b. 단계를 잘 따르지 않았다면, 질문한다. 다음에는 어떻게 다르게 할 수 있을까요?
         5. 대화에서 빠져나올 필요가 있었나요?
            a. 그렇다면, 대화에서 **빠져나오기** 단계를 잘 따랐는지 확인한다.
            b. 단계를 잘 따르지 않았다면, 질문한다. 다음에는 어떻게 다르게 할 수 있을까요?
         6. 발생 가능한 문제에 대해 해결법을 의논한다.

교육 : 좋은 스포츠맨 되기 규칙

- 설명 : 오늘 우리는 '좋은 스포츠맨 되기'에 대해 이야기할 것입니다. 게임과 운동을 할 때 가장 중요한 목표는 모두가 즐거운 시간을 보내는 것입니다. 그래서 비디오게임, 보드게임, 운동을 할 때는 좋은 스포츠맨처럼 행동하는 것이 중요합니다. 왜 그것이 중요할까요?
  - 대답 : 그래야 모두가 더 즐거운 시간을 보낼 수 있기 때문이다. 게임의 가장 중요한 요소는 모두가 즐거운 시간을 갖는 것이다.
- 질문 : 게임이나 운동을 할 때 나쁜 선수가 되면, 어떤 일이 생길 수 있나요?
  - 대답 : 친구들이 같이 놀고 싶어 하지 않게 될 것이다. 나쁜 평판이 생길 수 있다.
- 좋은 게임 친구 되기 규칙을 제시한다.

1. **친구를 칭찬한다.**
   a. 치료자 : 칭찬하기는 좋은 스포츠맨 되기 규칙의 가장 중요한 요소의 하나입니다. 칭찬이 무엇인지 누가 말해 볼까요?
      i. 대답 : 칭찬은 다른 사람이 잘 한 것에 대해 인정해 주고 높이 평가하는 말을 하는 것이다.
   b. 질문 : 왜 게임이나 운동할 때 친구를 칭찬하는 것이 좋은 생각일까요?
      i. 대답 : 칭찬은 친구의 기분을 좋게 만들기 때문이다.
   c. 청소년들에게 게임을 하는 동안 할 수 있는 칭찬의 예를 들어 보게 한다.
      i. "잘했어, 와."
      ii. "우와, 짱이다."
      iii. "최곤데?"
      iv. "멋지다!"
      v. "Okay! 좋아!"
      vi. "나이스."
      vii. 하이파이브하기
      viii. 엄지손가락 들어 올리기
   d. 설명 : "잘했어, 와.", "우와, 짱이다."라고 말하여 친구를 칭찬하는 것은 친구가 즐거운 시간을 보내게 하고 게임을 재미있게 만드는, 확실하고 간단한 방법입니다. 게임의 목표는 무슨 수를 써서라도 승리하는 것이 아니라, 모두가 즐거운 시간을 보내는 것임을 기억하십시오.
2. 게임을 하는 동안 **심판관처럼 행동하지 않는다.**
   a. 치료자 : 좋은 게임 친구 되기의 다른 규칙은 심판관처럼 행동하지 않는 것입니다. 심판관이 무엇인가요?
      i. 대답 : 게임을 하는 동안 선수의 잘잘못을 판단하고, 지시를 내리고, 승부를 판정

하는 사람이다.

b. 질문 : 게임을 하는 동안 심판처럼 행동하는 것이 왜 나쁠까요?

i. 대답 : 청소년들은 친구들을 평가하고 대장 노릇을 하는 사람과 어울리고 싶어 하지 않는다.

3. **코치가 되지 않는다.**

a. 치료자 : 좋은 게임 친구가 되고자 할 때 다른 사람들을 코치처럼 지도하지 않는 것이 중요합니다. 어떤 친구들은 게임을 할 때 충고나 조언을 해서 도와주려고 합니다. 그러나 이런 행동은 코치가 하는 행동입니다. 친구들에게 코치처럼 행동하는 것이 왜 나쁠까요?

i. 대답 : 청소년들은 자신들에게 무엇을 해야 할지 지시하는 친구와 어울리고 싶어 하지 않는다.

b. 설명 : 도와주려는 것일지라도, 대장 노릇을 하는 것처럼 보일 수 있습니다. 친구가 부탁할 때가 아니면(예 : 새로운 게임을 가르쳐 달라고 함), 충고나 조언을 해서 '도와주지' 않아야 합니다. 단 한 가지 예외가 있습니다. 여러분이 잘 하는 게임을 친구가 하기 어려워할 때는, (예 : 비디오게임 중에) "내가 다음 단계로 들어가는 방법을 보여 줘도 괜찮겠니?"라고 말하여 도움을 줄 수 있습니다. 그러나 친구가 도움을 원하지 않을 때는 가르쳐 주거나 충고하지 말아야 합니다.

4. **사이좋게 나누어 차례대로 한다.**

a. 치료자 : 좋은 스포츠맨/게임 친구 되기의 다른 규칙은 사이좋게 나누어 차례대로 하는 것입니다. 게임기를 혼자만 독점하는 사람이나 공을 독차지하는 사람과는 다릅니다. '공을 독차지 하는 사람'은 어떤 사람인가요?

i. 대답 : 공을 함께 사용하지 않거나 차례대로 하지 않는 사람이다.

b. 질문 : 게임을 할 때 공을 독차지하거나 차례를 지키지 않으면 어떤 문제가 생길까요?

i. 대답 : 아무도 같이 경기하고 싶어 하지 않는다. 다른 사람들은 경기가 즐겁지 않다.

c. 질문 : 비디오게임을 할 때 게임기를 혼자 독차지한다면 어떤 문제가 생길까요?

i. 대답 : 아무도 같이 게임하고 싶어 하지 않는다. 다른 사람들은 경기가 즐겁지 않다.

d. 질문 : 공을 독차지하거나 차례대로 하지 않는 대신에 어떻게 행동해야 할까요?

i. 대답

1. **사이좋게 나누어 차례대로 한다.**
2. **게임기를 같이 사용한다.**
3. **공을 독차지하지 않는다.**

5. **속임수를 쓰지 않는다.**

a. 치료자 : 좋은 스포츠맨이 되기 위한 다른 규칙은 속임수를 쓰지 않는다는 것입니다. 어떤 친구들은 게임이나 운동 경기에서 이기기 위해서 상대를 속이거나 반칙을 사용하기도 합니다. 게임 상대

를 속이거나 반칙을 사용하면 어떤 문제가 생길까요?

i. 대답 : 청소년들은 게임 중 속임수를 쓰는 사람을 비겁하고 공정하지 않은 사람이라고 생각할 것이다. 상대를 속여서 이긴다 하더라도 이를 인정해주지 않을 것이다. 친구들은 정정당당하지 않은 사람과 어울리고 싶어하지 않는다.

6. 게임 중에 지나친 경쟁심을 보이지 않는다.

a. 치료자 : 좋은 스포츠맨이 되기 위한 또 다른 규칙은 지나친 경쟁심을 보이지 않는다는 것입니다. 이것은 무슨 수를 써서라도 이기려고 하지 않는다는 의미입니다.

b. 질문 : 친구와 같이 게임을 하거나 운동 경기를 할 때, 지나치게 경쟁적으로 하게 되면 어떤 문제가 있을까요?

i. 대답 : 다른 사람들은 당신과의 경기가 재미없다. 당신이 이기적이고 무례하게 보인다.

c. 질문 : 팀을 이루어서 하는 스포츠 경기에서는 어떨까요? 팀을 이루어서 하거나 리그 전을 하는 경우에는 경쟁적으로 해도 괜찮을까요?

i. 대답 : 괜찮다. 그렇지만 여전히 좋은 스포츠맨이 되어야 한다.

d. 질문 : 친구와 함께 게임을 하거나 스포츠 경기를 같이 하는 목적은 무엇일까요?

i. 대답 : 즐거운 시간을 보내기 위해서다.

e. 설명 : 무슨 수를 써서라도 이기는 것에 초점을 맞추는 것은 친구를 사귀는데 있어서 좋은 생각이 아닙니다. 따라서 친구를 사귀고 관계를 유지하는 것이 당신의 목표라면, 지나치게 경쟁적으로 하지 않는 것이 좋습니다.

7. 친구가 다친다면 도와주고 걱정해준다.

a. 설명 : 우리가 신체적인 운동 경기를 할 때, 간혹 누군가 다치거나 부상을 입을 수 있습니다. 그런 일이 일어났을 때, 친구를 도와주고 걱정을 해주는 것이 중요합니다. 게임 중에 친구가 넘어졌다면, 친구에게 괜찮은지 물어보고 도와줍니다.

b. 질문 : 아무 말도 하지 않고, 도움도 주지 않고, 관심도 보이지 않은 채 그냥 지나가면 어떤 문제가 있을까요?

i. 대답 : 친구를 신경 쓰지 않는 것처럼 보일 수 있다. 당신의 친구는 아마도 당신에게 화가 날 것이고, 당신은 무관심하고 차가운 사람이라는 나쁜 평판을 얻게 될 수 있다.

8. 지루해지면 변화를 제안한다.

a. 치료자 : 사람들은 때때로 게임을 하는 도중에 지루함을 느낄 수 있습니다. 지난 주 함께 어울리기에서도 이에 대해 이야기를 나눴습니다. 게임을 하는 중에 지루함을 느낄 때 무엇을 할 수 있을까요?

i. 대답 : 다른 놀이를 하자고 제안한다.

b. 질문 : 게임을 하는 중에 그냥 가 버리거나 "재미없어."라고 말하면 어떤 문제가 생길 수 있을까요?
   i. 대답 : 다른 사람의 기분을 상하게 할 수 있다. 나쁜 선수처럼 보일 수 있다.
c. 질문 : "재미없어."라고 말하는 대신에 할 수 있는 말은 무엇일까요?
   i. 대답 : "이것 끝나고 나서 다른 것을 하면 어때?"라고 말할 수 있다.
d. 설명 : 이와 같이, 좋은 게임 친구 되기 규칙 중의 하나는 지루함을 느낄 때 변화를 제안하는 것입니다.

9. **이겼을 때 뽐내거나 진 사람을 고소해하지 않는다.**
   a. 치료자 : 게임에서 이기면 너무 흥분하면서 뽐내는 사람이 있습니다. 게임에서 이겼을 때 뽐내는 것이 왜 나쁠까요?
      i. 대답 : 다른 사람의 기분을 나쁘게 만든다. 당신과 다시 게임을 같이 하고 싶어 하지 않게 된다.
   b. 질문 : 뽐내는 것 대신에 어떻게 행동해야 할까요?
      i. 대답 : 이긴 것이 아주 대단한 일이 아닌 것처럼 행동한다.
10. **졌을 때 삐치거나 화내지 않는다.**
   a. 치료자 : 좋은 스포츠맨 되기의 다른 규칙은 졌을 때 삐치거나 화내지 않는 것입니다. 졌을 때 삐치거나 화내면 어떤 문제가 생길까요?
      i. 대답 : 나쁜 선수처럼 보일 수 있다. 당신과 다시 게임을 같이 하고 싶어 하지 않게 된다.
11. **게임이 끝날 때 "좋은 게임이었어." 또는 "잘 놀았어."라고 말한다.**
   a. 치료자 : 좋은 게임 친구 되기의 마지막 규칙은 게임이 끝날 때 해야 할 행동과 관계가 있습니다. 게임이 끝날 때 어떻게 말하고 어떤 행동을 해야 할까요?
      i. 대답 : "좋은 게임이었어."또는 "잘 놀았어."라고 말한다. 하이파이브를 한다.
   b. 질문 : 게임이 끝날 때 "좋은 게임이었어." 또는 "잘 놀았어."라고 말하는 것이 왜 중요할까요?
      i. 당신이 좋은 스포츠맨이라는 것을 보여 준다. 다른 사람의 기분을 좋게 만든다.

과제

■ 이번 주에 해야 할 과제에 대해 간단히 설명한다. 이번 주의 중요한 과제는 각자 1명 이상의 친구들과 함께 어울리기를 하는 것입니다. 함께 어울리기를 준비하기 위해서는 미리 전화 통화를 해야 할 수도 있습니다. 함께 어울리기를 하는 동안에 게임이나 운동을 하게 되면, 좋은 스포츠맨 되기를 연습합니다. 이번 주에도 여러분이 알고는 있지만 친하지 않은 사람들과 대화에 끼어들기 연습을 계속해야 하고, 필요하다면 대화에서 빠져나오기도 연습합니다. 다음 주 집단에서 같이 할 실내게임을 가져오십시오. 다시 말하면, 이번 주 과제는 다음과 같습니다.

- 1명 이상의 친구들과 함께 어울리기를 합니다.
  - 함께 어울리기 약속을 정하기 위해서 집단 구성원이 아닌 사람과 통화를 합니다.
  - 무엇을 해야 할지 알기 위해서 정보를 교환합니다.
- 좋은 스포츠맨 되기를 연습합니다.
  - 가능하다면 함께 어울리기를 하는 동안 할 수 있습니다.
  - 방과 후 운동 활동이나 체육 수업 시간에 해 보는 것도 좋습니다.
- 배운 단계를 잘 따르며 대화에 끼어듭니다.
- 사람들이 당신의 이야기에 관심이 없다면 대화에서 빠져나옵니다.
- 집단 구성원과 같이 할 수 있는 실내게임을 가져옵니다(나이에 적합한 보드게임, 카드게임 등).

청소년 활동 : 함께 어울리기와 좋은 스포츠맨 되기

NOTE : '청소년 활동 가이드' 규칙을 참고한다.

- 청소년들에게 **함께 어울리기**를 연습한다고 알린다.
  - 청소년들을 소집단으로 나누고 각각 초대자와 손님 역할을 연습하게 한다.
  - 가능하다면 여학생은 여학생들끼리, 남학생은 남학생들끼리 짝짓는다.
  - 초대자와 손님 역할을 정해 준다.
    - 모두 초대자로서 함께 어울리기를 시작하는 연습을 한다.
    - 모두 초대자와 손님이 되는 역할을 해 본다.
  - 그다음 청소년들은 집단으로 **함께 어울리기** 연습을 하면서 실내게임을 한다.
  - 청소년들이 가지고 온 **실내게임**과 기타 치료진이 준비한 게임들 중에서 적합한 게임을 선택한다.
  - 청소년들은 게임을 하는 동안 **좋은 스포츠맨/게임 친구 되기** 연습을 했을 때 포인트를 얻는다.
    - **친구를 칭찬한다.**
    - **심판관처럼 행동하지 않는다.**
    - **코치가 되지 않는다.**
    - **사이좋게 나누어 차례대로 한다.**
    - **속임수를 쓰지 않는다.**
    - **게임 중에 지나친 경쟁심을 보이지 않는다.**
    - **친구가 다친다면 도와주고 걱정해준다.**
    - **지루해지면 변화를 제안한다.**

- 이겼을 때 뽐내거나 진 사람을 고소해하지 않는다.
- 졌을 때 삐치거나 화내지 않는다.
- 게임이 끝날 때, "좋은 게임이었어." 또는 "잘 놀았어."라고 말한다.

– 회기가 끝날 때, 청소년들은 함께 어울리기를 마무리하는 연습을 한다.
  - 초대자와 손님을 정해 준다.
    - 모두 초대자가 되어 함께 어울리기를 마무리하는 연습을 한다.
    - 모두 초대자와 손님 역할을 해 본다.

부모와 다시 만나기

■ 청소년들에게 부모와 다시 만난다고 공지한다.

– 청소년들은 각자의 부모 곁에 서 있거나 앉아 있도록 한다.

– 다시 만나는 시간이 시작되기 전에, 조용히 하고 그룹에 완전히 집중하도록 한다.

■ 청소년들이 오늘 회기에서 배운 것을 간단히 설명한다.

– 치료자 : 오늘은 좋은 스포츠맨 되기 규칙을 배웠습니다. 누가 좋은 스포츠맨 되기 규칙들을 말해 볼까요? [청소년들이 모든 규칙을 이야기하도록 한다. 필요하다면 촉진해 줄 준비를 한다.]

- 친구를 칭찬한다.
- 심판관처럼 행동하지 않는다.
- 코치가 되지 않는다.
- 사이좋게 나누어 차례대로 한다.
- 속임수를 쓰지 않는다.
- 게임 중에 지나친 경쟁심을 보이지 않는다.
- 친구가 다친다면 도와주고 걱정해준다.
- 지루해지면 변화를 제안한다.
- 이겼을 때 뽐내거나 진 사람을 고소해하지 않는다.
- 졌을 때 삐치거나 화내지 않는다.
- 게임이 끝날 때, "좋은 게임이었어." 또는 "잘 놀았어."라고 말한다.

– 치료자 : 오늘 우리는 그룹으로 함께 어울리기를 하며 좋은 스포츠맨 되기를 연습했고, 모두들 잘 해 냈습니다. 모두 박수를 보내 주세요.

■ 다음 주까지의 과제를 확인한다(아래를 보세요.).

■ 각각의 가족들이 개별적으로 분리되어서 다음을 협의한다.

– 함께 어울리기를 어디서 할 것인가, 함께할 활동, 누구와 함께할 것인가, 함께 어울리

기를 하는 동안 부모님의 역할
- 청소년들이 또래 집단에 끼어들기를 시도할 장소, 시도해 볼 집단
- 다음 주에 실내게임으로 무엇을 가지고 올 것인가.

과제

1. 자녀들은 **함께 어울리기**를 위해 친구를 집에 초대해야 한다.
   a. **함께 어울리기** 위해 **집단 구성원이 아닌** 사람과 통화한다.
      i. **공통의 관심사**를 찾기 위해 **정보**를 **교환**한다.
      ii. **함께 어울리기**를 하는 동안 무엇을 할 것인지 결정한다.
   b. 부모님은 약간 거리를 두고 **함께 어울리기** 모임을 점검한다.
   c. 활동에 바탕을 둔 **함께 어울리기** 모임이어야 한다.
   d. 초대한 친구와 함께 **정보**를 **교환**하도록 한다.
      i. **함께 어울리기**를 진행하는 총 시간의 50%는 **정보**를 **교환**하는 데 쓴다.
      ii. 처음 **함께 어울리기**를 할 때에는 약 2시간으로 제한한다(활동에 따라 조절 가능).
2. **'좋은 스포츠맨 되기' 활동을 연습한다.**
   a. **함께 어울리기**를 하는 동안이나 주중에 언제든지 또래들과 게임(비디오게임, 컴퓨터게임, 보드게임, 카드게임)을 하거나 운동하는 시간에 연습할 수 있다.
   b. 부모님이 관찰할 수 없을 때는, 자녀가 얼마나 **좋은 스포츠맨**이 되었는지 함께 이야기해야 한다.
3. 최소 2명의 친구들과 **대화에 끼어들기**를 연습한다.
   a. 최소 1명은 아는 사람이 있는 집단을 선택하도록 노력한다.
   b. 받아들여질 만한 가능성이 높은 곳(즉, 위험 요소가 적은 장소), 나쁜 평판을 받고 있지 않는 곳을 찾는다. 새로운 집단을 찾는 것이 필요할 수도 있다.
   c. 부모와 자녀가 함께, 대화에 어떻게 **끼어들고 빠져나왔는지**를 이야기한다(모두 다 했다면).
4. **실내게임을 가져온다.**
   a. 집단 구성원과 함께할 수 있는 실내게임을 가져온다(예 : 나이에 적합한 보드게임, 카드게임 등).
      i. 혼자 하는 게임은 가져오지 않는다.
      ii. 집단 구성원과 함께 쓰고 싶지 않은 것이나 파손 혹은 부실의 우려가 있는 물건은 가져오지 않는다.

점수 계산

매주 다음 점수를 기록한다.

- 각 청소년들이 얻은 점수를 계산한다. 청소년들이 있을 때에 점수를 계산하지 않는다.
- 그룹이 얻은 총 점수를 합산한다.
  - 각각의 혹은 그룹의 총 점수를 밝히지 않는다.
  - 청소년들 사이에서 얻은 점수를 비교하려는 시도를 막는다.
- 더 크고 멋진 졸업 파티를 하기 위해서 청소년들이 그룹으로서 노력해야 한다는 것을 상기시킨다.

청소년 활동 가이드 : 9회기

"함께 어울리기와 좋은 스포츠맨 되기"

필요한 자료

- 청소년들이 가지고 온 실내게임
- 청소년이 실내게임을 가지고 오는 것을 잊어버릴 것에 대비해서, 함께할 수 있는 게임을 준비해 둔다.
  - 카드
  - 장기
  - 체스

규칙

- 청소년들에게 **함께 어울리기**를 연습한다고 알린다.
- 청소년들을 소집단으로 나누고 각각 초대자와 손님 역할을 연습하게 한다.
- 가능하면 여학생은 여학생들끼리, 남학생은 남학생들끼리 짝을 짓는다.
- 초대자와 손님 역할을 정해 준다.
  - 각각의 청소년이 주인 역할을 하면서 함께 어울리기를 시작하는 것을 연습한다.
    - 함께 어울리기를 시작하는 단계를 말로 이야기해 보도록 하는 것부터 시작한다.
      - 손님을 환영하는 인사를 한다.
      - 손님을 집 안으로 맞이한다.
      - 손님이 집에 처음 왔다면 손님에게 집을 구경시켜 준다.

- ■ 모두에게 손님을 소개한다.
- ■ 마실 것이나 먹을 것 등을 가져다준다.
- ■ 손님에게 하고 싶은 것이 무엇인지 물어본다.
- • 청소년들이 집단 전체와 함께 각 단계를 연습하게 한다.
- • 모두가 각각 초대자와 손님 역할을 할 수 있는 기회를 준다.

■ 집단이 **함께 어울리기**를 연습하는 동안 청소년들은 실내게임을 한다.

■ 청소년들이 가지고 온 **실내게임**과 기타 치료진이 준비한 게임들 중에서 적절한 게임을 선택한다.

- – 어떤 게임을 할 것인지를 의논하게 한다.
  - • 앞부분 반 정도는 한 가지 게임을 하고 중간에 다른 게임으로 바꾸도록 절충해야 할 수도 있다.
- – 청소년들이 각 게임의 구체적인 규칙을 이해하도록 도와주어야 할 수도 있다.
  - • 의견이 서로 다를 때, 심판의 역할을 하지 않는다.
  - • 청소년들이 **좋은 스포츠맨**이 됨으로써 서로의 차이점을 조율하도록 격려한다.
- – 청소년들이 **좋은 스포츠맨**이 되고, 게임 상대를 **칭찬**하도록 격려해야 할 수도 있다.

■ 청소년들은 게임을 하는 동안 **좋은 스포츠맨**이 되는 연습을 했을 때 포인트를 얻는다.

- – **친구를 칭찬한다.**
- – **심판관처럼 행동하지 않는다.**
- – **코치가 되지 않는다.**
- – **사이좋게 나누어 차례대로 한다.**
- – **속임수를 쓰지 않는다.**
- – **게임 중에 지나친 경쟁심을 보이지 않는다.**
- – **친구가 다친다면 도와주고 걱정해준다.**
- – **지루해지면 변화를 제안한다.**
- – **이겼을 때 뽐내거나 진 사람을 고소해하지 않는다.**
- – **졌을 때 삐치거나 화내지 않는다.**
- – **게임이 끝날 때, "좋은 게임이었어." 또는 "잘 놀았어."라고 말한다.**

■ 보조 치료자는 청소년이 포인트를 얻은 이유를 말해 주어야 한다(예 : "○○이는 칭찬을 해서 1점을 얻었습니다!").

- – '좋은 스포츠맨 되기 포인트 기록지(부록 H 참조)'에 점수를 기록한다.
- – 포인트를 줄 때 다른 청소년들이 들을 수 있을 정도로 크게 말한다.
  - • 사회적 비교는 다른 청소년들을 **칭찬**하고 **좋은 게임 친구**가 될 수 있게 격려하는

수단이다.

■ 회기가 끝날 때, 청소년들은 **함께 어울리기**를 마무리하는 연습을 한다.
- 초대자와 손님을 정해 준다.
  - 각 청소년이 초대자가 되어 **함께 어울리기**를 마무리하는 연습을 한다.
- 청소년이 함께 어울리기를 마무리하는 단계를 말로 한 번 확인하게 한다.
  - **함께 어울리기**를 마무리하는 **꼬리말**을 한다.
  - 친구를 문까지 배웅한다.
  - 친구에게 와 줘서 고맙다고 말한다.
  - 즐겁게 잘 놀았다고 말한다.
  - 잘 가라고 하고 나중에 다시 보자고 말한다.
- 청소년이 집단 전체와 함께 각 단계를 연습하게 한다.
- 모두가 각각 초대자와 손님 역할을 할 수 있는 기회를 준다.

10회기

12 거부 I – 놀림과 당황스러운 피드백

부모 치료자 가이드

부모 회기 가이드 라인

놀림은 다른 사람을 직접적으로 얕보거나 비난하는 말을 하는 것을 뜻한다. 어린아이들은 주로 욕설을 해서 놀리고(Frankel & Mayatt, 2003), 좀 더 큰 아이들은 종종 다른 아이나 그 가족을 폄하하고 험담하는 것으로 놀린다(Frankel, 1996). 놀리는 것은 재미를 얻기 위한 의도를 갖고 있기도 하지만, 그 재미라는 것은 놀림을 당하는 아이를 제물로 삼아 빈정대는 말을 함으로써 얻어지는 것이다. 그리고 이것은 종종 구경꾼들 앞에서 행해진다. 신체적인 괴롭힘은 초등학교 3~6학년부터 점점 줄어들지만, 놀림은 처음부터 신체적인 괴롭힘보다 더 흔하고, 청소년기 동안에도 없어지지 않고 끊임없이 남아 있다(Perry, Kusel, & Perry, 1988). 종단적인 추적조사 연구에서 Hodges과 Perry(1999)는 심리적으로 위축되어 있고, 신체적으로 허약하며 또래들로부터 거부된 초등학교 3학년부터 중학교 1학년의 아이들이 괴롭힘을 당할 가능성이 가장 높으며, 각각의 요인들은 괴롭힘의 수준에 영향을 준다고 보고하였다.

놀리는 가해자의 가장 주된 동기는 피해자들의 불편을 통해 즐거움을 얻는 것이다(Warm, 1997). 또래들 사이에 수용되는 청소년은 놀림에 대해 유머나 자기주장으로 응대하는 반면(Perry, Williard, & Perry, 1990), 또래로부터 거부당한 청소년들은 화내기, 흥분, 신체적 공격성 등으로 반응하는 경향이 있다(Schantz, 1986). 놀림과 당황스러운 피드백은 ASD를 가진 청소년이 또래들로부터 빈번하게 접하게 되는 반응이므로, 놀림과 당황스러운 피드백을 구별하는 것을 이 회기에서 포함하게 되었다(Frankel, Sinton, & Wilfley, 2007).

이 회기의 목적은 놀림과 당황스러운 피드백을 구별하고, 그 둘에 대한 효과적인 전략을 훈련하는 것이다. 놀림과 괴롭힘은 종종 같은 용어로 사용된다. 하지만 부모님과 청소년들의 혼란을 피하기 위해 놀림과 괴롭힘을 따로 정의하고자 한다. 즉, 놀림은 언어적 공격을, 괴롭힘은 신체적 공격이나 위협을 지칭하는 것으로 하겠다. 언어적 공격과 신체적 공격에 대처하는 전략은 상당히 다르므로 신체적 공격은 다음 회기에 다루도록 한다.

이번 회기의 내용은 종종 감정적인 동요를 불러일으킨다. 많은 청소년들이 짓궂게 놀리는 것에 효과적이지 않은 반응을 보이고, 따라서 부모와 청소년들은 무기력함을 느낀다. 어떤 부모는 자신의 자녀가 놀림을 당해 왔다는 것을 처음으로 인식하게 되었을 수도 있고, 또 다른 부모는 자녀가 당한 괴롭힘을 멈추게 하기 위해 했었던 부정적인 경험에 대해 논의하고 싶어 할지도 모른다. 두 가지 서로 다른 유형의 피해를 적절하게 다루기 위해, 집단의 치료자는 이 회기는 놀림에 초점을 맞추고, 신체적 공격이나 위협은 다음 회기에 논의하도록 부모들을 기다리게 한다.

위에서 언급한 것처럼, 놀림과 당황스러운 피드백을 구별하는 것은 중요하다. 예를 들어, "너 냄새 나."라는 말은 놀리는 말일 수도 있고, 구강의 청결이나 탈취제가 필요하다는 것을 지적하는 것일 수도 있고, 또는 자녀가 또래들의 수준보다 낮은 사회적 기술을 가진 상태에서 어떤 게임에 들어갔다는 것을 의미하는 것일 수도 있다. 후자의 두 경우는 사실상 놀림이라고 할 수도 있지만, 동시에 청소년에게 뭔가 문제가 있다는 것을 무례하고 당황스러운 방식으로 지적하고 있는 것일 수도 있다. 당황스러운 피드백을 인지하는 것은 청소년이 위생이나 외모의 변화, 또는 반감을 갖게 하는 행동의 수정이 필요하다는 동기를 유발할 수 있어야 한다. '놀림 무력화시키기' 기법(Frankel & Myatt, 2003)은 청소년들에게 언어적 놀림에 대응하는 효과적인 방법을 가르쳐 줄 것이다.

대부분의 부모들은 놀림을 어떻게 효과적으로 다루어야 하는지 모르기 때문에, 청소년들에게 놀림을 다루는 방법에 대해 충고하고 도와주려 하지만 한계가 있다. 어떤 부모들은 "피해버려라." 또는 "무시하라."는 충고를 한다. 집단의 치료자는 이러한 전략이 비효과적이라는 것을 부모들에게 명확히 알려야 한다.

과제 점검

1. **함께 어울리기**를 한다.
   a. **함께 어울리기**를 계획하기 위해 청소년이 통화를 했는지 확인한다.
   b. 다음을 확인한다.
      i. **함께 어울리기**가 활동에 바탕을 둔 모임이었나?

ii. 부모님이 거리를 두고 함께 어울리기를 지켜보았나?
iii. 함께 어울리기 진행 시간이 2시간을 넘지 않았나?(활동에 따라 조절 가능)

c. 청소년이 '손님'으로 온 친구와 함께 **정보**를 **교환**하고 **공통의 관심사**를 찾았는지 확인한다.

i. 함께 어울리기를 진행하는 총 시간의 50%는 **정보**를 **교환**하는 데 쓴다.

2. **'좋은 스포츠맨 되기' 활동을 연습한다.**
   a. 자녀가 **좋은 스포츠맨 되기**를 어떻게 연습했는지 이야기하게 한다.
      i. 자녀가 **좋은 스포츠맨**이 되기 위해 구체적으로 어떻게 했는가?
      ii. 이 연습은 **함께 어울리기** 상황 안에서 이루어질 수 있다.
3. **대화에 끼어들기**
   a. 다음을 확인하다.
      i. 청소년이 언제 **끼어들었나?**
      ii. 대화하고 있는 집단 안에 청소년이 알고 있던 구성원이 있었나?
      iii. 청소년이 **대화에 끼어드는** 단계를 잘 따랐나?
      iv. (해당되는 경우) 거절에 어떻게 대처했는가?
   b. 발생 가능한 문제에 대해 해결법을 의논한다.
4. **실내게임을 가져온다.**
   a. 집단 구성원과 함께 공유하기 위해 청소년이 가져온 실내게임을 확인한다(예 : 나이에 적합한 보드게임, 카드게임 등).
   b. 적절한 게임을 가져왔을 때만 점수를 준다.

교육 : 놀림과 당황스러운 피드백

- 부모용 유인물을 나누어 준다.
- 설명 : 오늘 우리는 놀림에 대해 이야기할 것이고, 자녀들이 놀림을 당했을 때 돕기 위해 어떻게 해야 하는지에 대해 다룰 것입니다. 우리는 자녀들이 어떤 말로 놀림을 당했는지, 그리고 놀림을 받았을 때 자녀들의 기분이 어땠는지에 대해서는 자세하게 이야기하지 않을 것입니다. 대신 우리는 자녀들이 놀림을 당했을 때 어떻게 도와줘야 하는지에 대해 초점을 맞출 것이고, 또한 다시 놀림을 당할 가능성을 줄이기 위해 어떻게 행동해야 하는지에 중점을 둘 것입니다. 대부분의 놀리는 아이들은 다른 사람들의 반응을 얻기 위해 놀리기 때문에, 놀리는 것을 피하기 위한 가장 좋은 방법은 놀리는 것이 전혀 자신을 불편하거나 괴롭게 만들지 않는다는 듯이 행동하는 것입니다. 우리는 이것을 놀림 무력화시키기 기법이라고 부릅니다. 이것은 놀리는 아이를 다시 놀려 주는 것, 즉 되갚아 주는 것이 아닙니다. 그랬다면 "놀리는 사람 놀리기"라고 했을 것입니다. 그 대신 우리는 놀리는 아이가 한 말을 농담처럼 만들어

버리거나 설득력 없고 의미 없는 말인 것처럼 만들어 버릴 것입니다. 그것은 놀리는 말의 힘을 약하게 만들고, 놀리는 사람을 재미없게 만들 것입니다. 만약 놀리는 일이 더 이상 재미가 없다면, 앞으로 놀리는 행동은 줄어들 것입니다.

- 부모들이 돌아가면서 부모용 유인물을 읽도록 한다.
- **굵게** 표시된 부분은 부모용 유인물에서 그대로 가져온 것이다.

놀림 무력화시키기

- **놀리는 말에 전혀 신경 쓰지 않는 것처럼 행동한다.**
  - **남자 청소년 : 그 말에 대해 신경 쓰지 않는 것처럼 행동한다. 즉, 놀리는 말이 따분하거나 재미없는 것처럼 행동한다.**
  - **여자 청소년 : 놀리는 말들이 바보 같거나 의미 없는 것 같은 태도로 대한다. 놀리는 아이들을 어이없다는 듯 쳐다보거나 눈을 굴려도 된다.**
- **놀리는 아이가 한 말을 재미없게 만들어 버린다.**
  - 놀리는 아이를 웃음거리로 만들면 안 된다! **그러면 오히려 문제를 더 만들게 될 것이다.**
- 짧은 놀림 무력화시키기 **반응을 한다.**
  - 놀림 무력화시키기 **반응은 짧게 해야 한다.**
  - **만약 너무 길게 하면, 놀리는 아이들은 당신이 거기 신경 쓰고 있다고 생각할 것이다.**
  - **예 :**
    - **"좋으실 대로! 아무렴 어때!"**
    - **"그건 그렇고…."**
    - **"그게 무슨 큰 일이라고!"**
    - **"그래서 뭐!"**
    - **"무슨 상관이야?"**
    - **"좋아, 그래서?"**
    - **"그래서 하고 싶은 말이 뭔데?"**
    - **"어디가 재미있는 거야?"**
    - **"누가 신경 쓴대?"**
    - **"웃기려고 하는 말이지?"**
    - **"내가 왜 상관해야 되는데?"**
    - **"요점이 뭐야?"**
    - **"그게 언제적 이야기인데…?"**
    - **"싱겁긴…."**

- **"유치하게…."**
- **"애들도 아니고 뭐 그런 걸로."**
- **"누가 물어봤어? 안 물어봤는데."**
- **"뭔 상관~?"**
- **"그렇다 치자~"**
- **"그게 중요한가?"**
- **"좋냐?"**
- **"그게 웃기니?"**

■ **신경 쓰지 않는 것처럼 보이는 행동을 한다.**

– **어깨를 으쓱거리고, 머리 흔들고, 그 자리를 떠나기**

– **눈을 굴리고 그 자리를 떠나기**

■ **반드시 놀리는 아이에게 신경 쓰지 않는다는 것을 보여 준 뒤에 그 자리를 떠나야 한다.**

– **자리를 먼저 떠나면, 도망간다고 생각할 수 있다.**

– **그러면 놀리는 아이가 따라와서 놀릴 수도 있다.**

■ **신체적인 공격을 하는 아이에게는 놀림 무력화시키기를 사용하면 안 된다.** (괴롭힘을 다루는 전략은 다음 회기에서 다룬다.)

– **이런 식으로 괴롭히는 아이를 당황스럽게 하면, 그 아이는 더 공격적으로 복수하려고 할 수도 있다.**

■ **놀림 무력화시키기는 부모, 교사, 어른들과는 사용하지 않는다.**

– 만약 어른들에게 하면, 청소년이 곤란에 빠지게 된다.

■ 설명 : 요약하면, 여러분의 자녀들을 놀리지 못하도록 하는 가장 확실한 방법은 놀리는 아이에게 재미를 주지 않는 것입니다. 이를 위해 자녀들은 놀리는 아이가 한 말을 농담처럼 만들어 버리거나 의미 없는 말로 만들어 버리는 행동을 할 수 있습니다. 그러나 일부 아이들은 놀림을 당했을 때 자신이 화가 났다는 것을 사람들에게 보여 줘 버립니다. 만약에 과거에 자녀가 놀리는 것에 대해 흥분하고 화를 냈었다면, 자녀가 이제 더 이상 놀리는 것에 의해 괴로워하지 않는다는 것을 다른 아이들이 알아차리는 데는 얼마 간의 시간이 필요할지도 모릅니다. 실제로, 처음 얼마 동안은 놀리는 아이들은 자신들이 기대하는 반응을 얻기 위해 더 많이 괴롭히려고 할 것입니다. 따라서 자녀들에게 초기의 이런 결과는 예상되었던 것이므로 포기하면 안 된다고 격려해 주어야 합니다. 만약 놀림 무력화시키기를 계속 사용하고, 화내는 것을 보여 주지 않는다면, 결국 놀리는 아이들은 포기하거나 다른 사람들을 찾아 갈 것입니다.

■ 자녀들이 회기에서 **놀림 무력화시키기**를 연습할 것이라고 설명한다.

– 집단 치료자는 순화된 놀림을 사용할 것이다("네 신발 너무 이상해!").

– 자녀들은 집요하게 놀리는 것에 대비해서 3개의 **놀림을 무력화시키는 말**을 골라 실행해 볼 것이다.

- 자녀가 원한다면, 자녀와 함께 이번 주 동안에 **놀림 무력화시키기**를 연습하라고 이야기 한다.
  – 부모는 시작하기 전에 자녀들에게 연습이라는 것을 알게 해야 한다.
  – 부모는 순화된 놀림말을 사용해야 한다("네 신발 너무 이상해!").

당황스러운 피드백에 대처하기

- 설명 : 다음으로 우리가 이야기할 것은, 때로 놀리는 말과 동반되거나 놀리는 말처럼 들리는 중요한 피드백에 대한 것입니다. 예를 들어, 아이들은 때때로 당황스럽게 하거나 놀리는 것으로 여겨지는 말을 하는데, 이것이 동시에 중요한 메시지를 내포하는 경우가 있습니다. 이러한 정보는 때때로 당황스럽고 기분을 상하게 만들지만, 반면에 타인이 당신의 자녀를 어떻게 보는지에 대해 인식할 수 있게 합니다. 특히 당신의 자녀가 많은 사람들에게 같은 피드백을 듣거나, 소수의 사람들에게서라도 매우 자주 이런 피드백을 듣는다면 그것이 사실일 수 있습니다. 부모의 입장에서는 자녀들이 당황스러운 피드백을 들었을 때 여기에 중요한 메시지가 있는지를 살펴보고, 자녀가 변화하도록 도와줄 수 있을 것입니다.
- 부모들이 돌아가면서 부모용 유인물에 있는 '당황스러운 피드백에 대처하기'를 읽게 한다.
- **굵게** 표시된 부분은 부모용 유인물에서 그대로 가져온 것이다.

| 당황스러운 피드백에 대처하기 |

당황스러운 피드백 유형	필요한 행동변화
"네 옷은 우스꽝스러워!"	옷에 변화를 준다. 학교 규범에 맞는 옷차림을 한다.
"너 냄새 나!"	좀 더 청결하게 한다. 탈취제(데오도란트)를 사용한다. 자주 씻는다. 향수를 좀 덜 뿌린다.
"네 머리는 떡이 졌어."	좀 더 자주 머리를 감는다. 헤어젤이나 무스를 조금 덜 사용한다.
"네 어깨에 눈 내렸다!"	비듬샴푸를 사용한다.
"네 입에서 나쁜 냄새 나!"	식사 후 구취 제거제를 사용한다. 좀 더 자주 칫솔질을 한다. 구강청결제를 사용한다. 껌을 씹는다.
"네가 구멍이야."	좀 더 낮은 레벨의 아이들과 게임한다.
"말하면서 침 튀지 좀 마."	말할 때 침 튀기지 않도록 조심한다. (말하는 것보다 더 자주 삼킨다.)

“이빨에 음식 꼈어.”	먹은 후에는 칫솔질을 한다. 껌을 씹는다. 치실을 더 자주 사용한다.
“소리 지르지 마.”, “넌 너무 크게 말해.”	좀 더 부드럽게 말한다.
“네 말은 들리지가 않아.”	좀 더 크게 말한다.
“하나도 안 웃겨.”	유머에 대한 반응에 좀 더 주의를 기울인다. 방청객이 되는 쪽을 생각해 본다.

- 돌아가면서 자신의 자녀가 받았던(또는 지금도 받고 있는) 당황스러운 피드백의 예를 들고, 자녀가 어떻게 다르게 행동할 수 있을지에 대해 이야기한다.
  - 예 : 많은 아이들이 그들의 옷차림에 대해 놀림을 당한다.
    - 부모는 다른 아이들이 청소년들이 어떻게 입고 있는지 살펴보아야 하고, 자녀와 비슷한 나이의 친구들이나 친척들에게 요즘 청소년들이 어떻게 입는지 물어본다. 이런 경우 부모는 자녀가 더 이상 이런 형태의 놀림의 대상이 되기를 원치 않는다면 좀 더 적절한 옷차림을 선택하도록 도와줄 수 있다.
    - 부모들에게 또 다른 제안을 해 보게 한다.
- 어떤 청소년들은 놀림에 대해 이야기하는 것을 꺼리기 때문에 부모들은 자녀가 놀림을 당했는지를 모를 수 있다.
  - 이번 주의 과제는 자녀들과 놀림에 대해 이야기할 수 있는 좋은 기회임을 부모들에게 알려 준다.
  - 놀림에 대해 알아낼 수 있는 다른 방법들은 아래와 같다.
    - 교사와 이야기한다.
    - 학교의 공개수업에 참여하고 교사와 상담을 신청한다.
    - 자녀의 등·하교에 차로 데려다 주면서 다른 또래와 상호작용을 관찰한다.
  - 같은 학교를 다니는 형제에게 물어본다.

과제

부모 집단 치료자는 과제를 알려 주고, 부모들에게 있을 수 있는 어려운 점들을 논의한다.

1. **자녀들은 함께 어울리기를 위해 친구를 집에 초대해야 한다.**
   a. 함께 어울리기 **위해** 집단 구성원이 아닌 **사람과 통화한다.**
      i. **공통의 관심사를 찾기 위해 정보를 교환한다.**
      ii. **함께 어울리기를 하는 동안 무엇을 할 것인지 결정한다.**
   b. **부모님은 약간 거리를 두고 함께 어울리기 모임을 점검한다.**

c. 활동에 바탕을 둔 함께 어울리기 모임이어야 한다.
d. 초대한 친구와 함께 정보를 교환하도록 한다.
  i. 함께 어울리기를 진행하는 총 시간의 50%는 정보를 교환하는 데 쓴다.
e. 처음 함께 어울리기를 할 때에는 약 2시간으로 제한한다(활동에 따라 조절 가능).

2. '좋은 스포츠맨 되기' 활동을 연습한다.
  a. 함께 어울리기를 하는 동안이나 주중에 언제든지 또래들과 게임(비디오게임, 컴퓨터게임, 보드게임, 카드게임)을 하거나 운동하는 시간에 연습할 수 있다.
  b. 자녀가 얼마나 좋은 스포츠맨이 되었는지 함께 이야기해야 한다.
3. 야외 스포츠 장비 가져오기
  a. 집단 구성원과 함께 쓸 수 있는 야외 스포츠 장비를 가져온다(예 : 농구공, 축구공, 배구공, 럭비공, 원반 등).
    i. 혼자 하는 게임이나 장비는 가져오지 말 것
  b. 다음의 것은 가져오지 않는다.
    i. 집단 구성원과 함께 쓰고 싶지 않은 것
    ii. 파손 혹은 분실의 우려가 있는 것
4. 기회가 있으면 놀림 무력화시키기를 연습한다.
  a. 부모와 자녀가 한 주 동안 놀림 무력화시키기를 연습한다.
  b. 자녀가 어떻게 놀림 무력화시키기를 사용했는지 반드시 함께 이야기해야 한다.
    i. 놀림 무력화시키기는 일반적으로 형제자매와 함께 연습하는 것이 적절하다.

부모용 유인물 10 : 거부 I–놀림과 당황스러운 피드백

놀림 무력화시키기

- 놀리는 말에 전혀 신경 쓰지 않는 것처럼 행동한다.
  - 남자 청소년 : 그 말에 대해 **신경 쓰지 않는 것처럼 행동한다.** 즉, 놀리는 말이 따분하거나 재미없는 것처럼 행동한다.
  - 여자 청소년 : 놀리는 말들이 바보 같거나 의미 없는 것 같은 **태도로 대한다.** 놀리는 아이들을 어이없다는 듯 쳐다보거나 눈을 굴려도 된다.
- 놀리는 아이가 한 말을 재미없게 만들어 버린다.
  - 놀리는 아이를 웃음거리로 만들면 안 된다! 그러면 오히려 문제를 더 만들게 될 것이다.
- 짧은 **놀림 무력화시키기** 반응을 한다.
  - **놀림 무력화시키기** 반응은 짧게 해야 한다.
  - 만약 너무 길게 하면, 놀리는 아이들은 당신이 거기 신경 쓰고 있다고 생각할 것이다.
  - 예 :
    - "좋으실 대로! 아무렴 어때!"
    - "그건 그렇고…."
    - "그게 무슨 큰 일이라고!"
    - "그래서 뭐!"
    - "무슨 상관이야?"
    - "좋아, 그래서?"
    - "그래서 하고 싶은 말이 뭔데?"
    - "어디가 재미있는 거야?"
    - "누가 신경 쓴대?"
    - "웃기려고 하는 말이지?"
    - "내가 왜 상관해야 되는데?"
    - "요점이 뭐야?"
    - "그게 언제적 이야기인데…?"
    - "싱겁긴…"
    - "유치하게."
    - "애들도 아니고 뭐 그런 걸로."
    - "누가 물어봤어? 안 물어봤는데."

- "뭔 상관~?"
- "그렇다 치자~"
- "그게 중요한가?"
- "좋냐?"
- "그게 웃기니?"

■ 신경 쓰지 않는 것처럼 보이는 행동을 한다.
- 어깨를 으쓱거리고, 머리 흔들고, 그 자리를 떠나기
- 눈을 굴리고 그 자리를 떠나기

■ 반드시 놀리는 아이에게 신경 쓰지 않는다는 것을 보여 준 뒤에 그 자리를 떠나야 한다.
- 자리를 먼저 떠나면, 도망간다고 생각할 수 있다.
- 그러면 놀리는 아이가 따라와서 놀릴 수도 있다.

■ 신체적인 공격을 하는 아이에게는 **놀림 무력화시키기**를 사용하면 안 된다. (괴롭힘을 다루는 전략은 다음 회기에서 다룬다.)
- 이런 식으로 괴롭히는 아이를 당황스럽게 하면, 그 아이는 더 공격적으로 복수하려고 할 수도 있다.

■ **놀림 무력화시키기**는 부모, 교사, 어른들과는 사용하지 않는다.

| 당황스러운 피드백에 대처하기 |

당황스러운 피드백 유형	필요한 행동변화
"네 옷은 우스꽝스러워!"	옷에 변화를 준다. 학교 규범에 맞는 옷차림을 한다.
"너 냄새 나!"	좀 더 청결하게 한다. 탈취제(데오도란트)를 사용한다. 자주 씻는다. 향수를 좀 덜 뿌린다.
"네 머리는 떡이 졌어."	좀 더 자주 머리를 감는다. 헤어젤이나 무스를 조금 덜 사용한다.
"네 어깨에 눈 내렸다!"	비듬샴푸를 사용한다.
"네 입에서 나쁜 냄새 나!"	식사 후 구취 제거제를 사용한다. 좀 더 자주 칫솔질을 한다. 구강청결제를 사용한다. 껌을 씹는다.
"네가 구멍이야."	좀 더 낮은 레벨의 아이들과 게임한다.
"말하면서 침 튀지 좀 마."	말할 때 침 튀기지 않도록 조심한다. (말하는 것보다 더 자주 삼킨다.)
"이빨에 음식 꼈어."	먹은 후에는 칫솔질을 한다. 껌을 씹는다. 치실을 더 자주 사용한다.

"소리 지르지 마.", "넌 너무 크게 말해."	좀 더 부드럽게 말한다.
"네 말은 들리지가 않아."	좀 더 크게 말한다.
"하나도 안 웃겨."	유머에 대한 반응에 좀 더 주의를 기울인다. 방청객이 되는 쪽을 생각해 본다.

과제

1. 자녀들은 **함께 어울리기**를 위해 친구를 집에 초대해야 한다.
    a. **함께 어울리기** 위해 **집단 구성원이 아닌** 사람과 통화한다.
        i. **공통의 관심사**를 찾기 위해 **정보**를 **교환**한다.
        ii. **함께 어울리기**를 하는 동안 무엇을 할 것인지 결정한다.
    b. 부모님은 약간 거리를 두고 **함께 어울리기** 모임을 점검한다.
    c. 활동에 바탕을 둔 **함께 어울리기** 모임이어야 한다.
    d. 초대한 친구와 함께 **정보**를 **교환**하도록 한다.
        i. **함께 어울리기**를 진행하는 총 시간의 50%는 **정보**를 **교환**하는 데 쓴다.
    e. 처음 **함께 어울리기**를 할 때에는 약 2시간으로 제한한다(활동에 따라 조절 가능).
2. '**좋은 스포츠맨 되기**' 활동을 연습한다.
    a. **함께 어울리기**를 하는 동안이나 주중에 언제든지 또래들과 게임(비디오게임, 컴퓨터게임, 보드게임, 카드게임)을 하거나 운동하는 시간에 연습할 수 있다.
    b. 자녀가 얼마나 **좋은 스포츠맨**이 되었는지 함께 이야기해야 한다.
3. **야외 스포츠 장비 가져오기**
    a. 집단 구성원과 함께 쓸 수 있는 야외 스포츠 장비를 가져온다(예 : 농구공, 축구공, 배구공, 럭비공, 원반 등).
        i. 혼자 하는 게임이나 장비는 가져오지 말 것
    b. 다음의 것은 가져오지 않는다.
        i. 집단 구성원과 함께 쓰고 싶지 않은 것
        ii. 파손 혹은 분실의 우려가 있는 것
4. **기회가 있으면 놀림 무력화시키기를 연습한다.**
    a. 부모와 자녀가 한 주 동안 **놀림 무력화시키기**를 연습한다.
    b. 자녀가 어떻게 **놀림 무력화시키기**를 사용했는지 반드시 함께 이야기해야 한다.
        i. **놀림 무력화시키기**는 일반적으로 형제자매와 함께 연습하는 것이 적절하다.

청소년 치료자 가이드 : 거부 I－놀림과 당황스러운 피드백

청소년 회기 가이드 라인

이 회기의 목표는 청소년들에게 놀림(또래로부터의 언어적인 공격)을 다루는 새롭고 효과적인 전략을 알려 주는 것이다. 비록 놀림이나 괴롭힘이 밀접하게 연관되어 있지만, 그 둘을 효과적으로 다루는 적절한 전략을 분명하게 선택하도록 하기 위해 분류하자면, 놀림은 또래로부터의 언어적인 공격을 말하며, 괴롭힘은 신체적인 공격이나 위협을 지칭 것으로 구분한다. 언어적인 공격과 신체적인 공격을 다루는 전략은 매우 다르다. 그러므로 청소년들이 보다 효과적이고 적절한 대응 전략을 선택하게 하기 위해서는 이 두 가지의 개념을 서로 구별하는 방법을 알려 주는 것이 도움이 된다.

집단의 많은 청소년들이 아마도 아주 오랜 기간에 걸쳐 놀림을 당해 보았을 것이다. 따라서 이 회기에서 많은 청소년들은 감정적으로 격해질 수 있다. 치료자는 청소년들이 구체적으로 어떤 방식으로 놀림이나 괴롭힘을 당했는지에 대해 이야기하는 것을 허용하지 않음으로써 자칫 격해질 수 있는 감정적인 반응을 제한할 수 있고, 해결책에 좀 더 집중할 수 있을 것이다. 이 회기를 거치면서 청소년들은 치료 초기만 해도 이 주제에 대해 이야기할 때 느낄 수 있었을 불안감을 많이 줄일 수 있는, 상호지지적이고 응집력 있는 집단으로 발전할 수 있을 것이다.

이 회기에서 나타날 수 있는 한 가지 쟁점은, 청소년들이 학교에서 "한 번도 놀림당한 적이 없다."던가 "놀리는 아이는 없다."고 주장하는 것이다. 매우 드문 경우 이런 상황이 있을 수도 있겠지만, 많은 경우에 이런 것들은 '체면 세우기'거나, 이런 형태의 사회적 거절을 경험할 여지조차 없었던 것일 가능성이 많다. 청소년들이 놀림당한 것을 고백하게 만드는 것은 중요한 일이 아니며, 또한 놀림을 당해 본 청소년들이 그들의 상황에 대해 난처해지게 만들지 않는 것도 중요하다. 치료자는 집단 구성원들에게, 거의 모든 사람들이(특히 청소년들은 더욱) 때때로 놀림을 당한다고 설명함으로써 이 경험을 정상화시켜야 한다.

반대로, 어떤 청소년들은 놀림을 당한 것을 고백하거나, 어떤 식으로 놀림을 당했는지에 대해 장황하게 이야기하려고 할 것이다. 이런 격해진 감정적 고백은 청소년들이 교육에 집중하기 어렵게 만들므로, 이런 이야기를 너무 길게 하도록 하지 않아야 한다. 치료자가 청소년들에게 다음과 같이 말하는 것이 도움이 된다. "우리는 놀림을 당하면 끔찍한 기분이 되지요. 그리고 놀림은 매우 흔히 일어난다는 것을 알고 있습니다. 하지만 우리는 어떤 방식으로 놀림을 받았는지 이야기하지는 않을 것이라는 사실을 기억하세요. 대신 우리는 앞으로 놀림을 덜 받기 위해 우리가 무엇을 할 수 있을지에 대해 집중적으로 이야기할 것입니다." 이런 명료화는 많은 청소년들을 안심시켜 줄 것이다.

때때로 어떤 청소년은 자신이 다른 또래를 놀리거나 괴롭힌 것에 대해 고백할지도 모른다.

치료자는 또래를 놀리거나 괴롭히는 것과 관련된 문제들을 간단히 논의하되, 이를 너무 길게 이야기하지는 않음으로써 이런 자기 노출이 다른 집단 구성원에게 불안을 야기하는 것을 피해야 한다. 치료자는 다음과 같이 말할 수 있다. “친구를 괴롭히는 사람이 되면 발생할 수 있는 문제에 대해 말해 볼 사람 있나요?” (일반적 대답 : 그것은 나쁜 일이에요. 사람들은 그런 아이와 친구가 되지 않을 거예요.) 괴롭힘이 나쁜 이유에 대한 매우 간단히 토론하는 것은, 이런 행동은 용납할 수 없다는 메시지를 전달할 수 있다. 하지만 다른 집단 구성원들에게서 일어날 수 있는 불안감을 최소화시키고 놀림에 대처하는 반응에 초점을 유지하기 위해서는 장황한 토론을 피하는 것이 중요하다.

비록 이번 교육 시간 동안 감정이 고양될 수 있더라도, 이 회기는 앞으로 놀림을 받을 가능성을 줄일 수 있게 도와주는, 놀림에 대처하는 특별한 전략 개발에 초점을 두어야 한다. 다음에 기술된 방식대로 주제를 제시하면, 청소년들과 즐거운 회기를 만들 수 있다.

규칙 점검

NOTE : 청소년이 규칙을 따르는 데 많은 어려움이 있을 경우에만 회기 규칙을 다시 검토한다.

- 청소년이 집단의 규칙을 이야기하게 한다.
- 집단의 규칙을 기억하고 있는 청소년에게 포인트를 준다.
  1. 다른 그룹 구성원의 말을 경청하기(다른 사람이 이야기할 때 말하지 않기)
  2. 지시 따르기
  3. 손을 들기(하고 싶은 말이 있을 때)
  4. 존중하기(놀리거나 다른 사람을 비웃지 않기)
  5. 만지지 않기(때리기, 차기, 밀기, 안기 등 하지 않기)

과제 점검

NOTE : 한 과제당 1점이 아니라, 과제의 **부분 요소**마다 점수를 준다.

1. **실내게임을 가져온다.**
   a. 집단 구성원과 함께 공유하기 위해 청소년이 가져온 실내게임을 확인한다(예 : 나이에 적합한 보드게임, 카드게임 등).
   b. 적절한 게임을 가져왔을 때만 점수를 준다.
   c. 산만해지는 것을 막기 위해 보조 치료자는 활동이 끝날 때까지 게임을 멀리 두도록 한다.
2. **함께 어울리기**를 한다.

a. 치료자 : 이번 주 중요한 과제는 친구와 함께 어울리기를 하는 것이었습니다. 이번 주에 함께 어울리기를 한 사람은 손을 드세요.

i. 과제를 완성한 청소년이 이야기해 보는 것으로 시작한다.

ii. 간단히 질문한다.

1. 누구와 함께 어울리기를 했나요?
2. 어디에서 함께 어울리기를 했나요?
3. 무엇을 할지 결정하기 위해서 집단 구성원이 아닌 사람에게 전화를 했나요?
4. 마무리할 때 무엇을 했나요?
5. 누가 활동을 선택했나요?(답은 손님이어야 함)
6. 함께 어울리기를 하는 총 시간의 50%는 정보를 교환하는 데 썼나요?
7. 즐거운 시간을 보냈나요?
8. 친구에게도 즐거운 시간이었나요?
9. 그 친구와 다시 함께 어울리기를 하고 싶은가요?

iii. 발생 가능한 문제에 대해 해결법을 의논한다.

3. 좋은 스포츠맨 되기

a. 치료자 : 지난주에 우리는 좋은 스포츠맨 되기의 규칙에 대해 공부했습니다. 과제 중 하나는 이번 주 동안에 좋은 스포츠맨 되기 연습을 하는 것이었습니다. 이것은 함께 어울리기를 할 때, 학교 체육 시간, 방과 후 운동 활동 등에서 할 수 있습니다. 좋은 스포츠맨 되기를 한 사람은 손을 들어 보세요.

i. 다음을 간단히 질문한다.

1. 좋은 스포츠맨 되기를 어디에서 연습했나요?
2. 좋은 스포츠맨이라는 것을 보여 주기 위해 어떤 행동이나 말을 했나요?

ii. 발생 가능한 문제에 대해 해결법을 의논한다.

4. 대화에 끼어들기

a. 치료자 : 이번 주의 또 다른 과제는 여러분을 받아들여 줄 가능성이 많은 집단과의 대화에 끼어드는 연습을 하는 것이었습니다. 이번 주에 대화에 끼어드는 연습을 한 사람은 손을 들어 보세요.

i. 과제를 완성한 청소년이 이야기해 보는 것으로 시작한다.

ii. 간단히 질문한다.

1. 어디서 대화에 끼어들었나요?
2. 대화에 끼어들기 위해 어떤 집단을 선택했나요?
3. 적어도 그들 중에서 1명을 알고 있었나요?
4. 어떻게 대화에 끼어들었나요?

a. 대화에 **끼어들기** 단계를 잘 따랐는지 확인한다.

b. 단계를 잘 따르지 않았다면, 질문한다. 다음에는 어떻게 다르게 할 수 있을까요?

5. 대화에서 빠져나올 필요가 있었나요?

a. 그렇다면, 대화에서 **빠져나오기** 단계를 잘 따랐는지 확인한다.

b. 단계를 잘 따르지 않았다면, 질문한다. 다음에는 어떻게 다르게 할 수 있을까요?

6. 발생 가능한 문제에 대해 해결법을 의논한다.

교육 : 놀림 무력화시키기

- 설명 : 오늘 우리는 놀림과, 누군가 여러분을 놀렸을 때 무엇을 해야 하는지에 대해 이야기할 것입니다. 놀리는 아이들이 여러분을 어떤 나쁜 말로 놀렸는지, 놀림을 당했을 때 어떤 기분이었는지에 대해서는 이야기하지 않을 것입니다. 놀림을 당할 때 기분이 나쁘다는 것은 우리 모두 알고 있습니다. 그 대신에, 놀림당한 상황에서 앞으로 놀림을 덜 당하기 위해서 우리가 무엇을 할 수 있는지에 대해 초점을 맞출 것입니다. 놀림을 덜 당하기 위한 중요한 한 가지 방법은, 누가 여러분을 놀릴 때 어떻게 반응하는가와 관련이 있습니다. 놀림에 대해 어떻게 반응하는 것이 적절한지 알기 위해서는, 사람들이 왜 놀리는지에 대해 생각해 보는 것이 좋습니다.
- [NOTE : 만약 어떤 청소년이 자신이 어떻게 놀림을 당했는지에 대해 자세히 이야기하려고 한다면, 다음과 같이 말함으로써 즉시 화제를 전환한다. "우리는 여러분이 어떤 방식으로 놀림을 받았는지에 관해서는 이야기하지 않을 것입니다. 대신에 여러분이 다시 놀림을 당할 가능성을 줄이기 위해 무엇을 할 수 있는지에 대해 이야기할 것입니다."]
- 질문 : 왜 사람들은 다른 사람을 놀릴까요?
  - 대답
    - 놀리는 사람들은 당신의 반응을 얻어 내려고 하는 것이다.
    - 그들은 당신이 울거나, 고함치거나, 욕하거나, 당황스러워하거나, 얼굴을 붉히기를 바란다.
    - 그들은 당신을 화나게 하려고 하는 것이다.
    - 다른 청소년들에게 당신을 '구경거리로 만들고' 싶어 하는 것이다.
      - 그들은 심지어 "이것 좀 봐라!"라고 말하며, 다른 아이들도 합세하여 같이 놀리도록 만들기도 한다.
- 질문을 해 본다. 당신이 화가 났을 때…
  - 당신은 놀리는 아이가 원하는 대로 하고 있습니까?
    - 대답 : 예.
  - 당신은 다른 사람들 앞에서 구경거리가 되고 있습니까?

- 대답 : 예.

- 놀리는 아이는 당신을 놀리는 일이 재미있을까요?
  - 대답 : 예.
- 당신은 다음에도 또 놀림을 당할 것 같은가요?
  - 대답 : 예.

■ [NOTE : 만약 어떤 청소년이 자신이 다른 친구를 놀리거나 괴롭혔던 것에 대해 고백하려고 한다면, 가능한 한 초점을 유지하면서 이 고백을 짧게 자를 필요가 있다. 타인을 놀렸을 때의 에피소드에 대해 자세히 이야기하는 것을 허용하는 대신에, 다른 집단 구성원들에게 다음과 같이 질문한다. 다른 친구를 괴롭히는 것의 문제는 무엇일까요? 그다음 타인을 괴롭히는 것은 친구를 사귀는 데 있어 좋지 않은 방법이라는 간단한 윤리 교육을 하고 끝낸다. 만약 그 문제가 해결되지 않았다고 생각되면, 치료자는 이후 고백을 한 청소년과 그 부모와 따로 이야기할 수 있다.]

■ 치료자 : 많은 어른들이 놀림을 당했을 때 대처하는 방법에 대해 자녀들에게 알려 줍니다. 대부분의 어른들은 어떻게 하라고 하나요?

- 대답 : 어른들에게 말해라, 도망가라, 무시해라.

■ 질문 : 이러한 방법들이 대개 효과가 있나요?

- 대답 : 아니오.
- [NOTE : 청소년들이 과거에 시도해 봤던 전략들이 비효율적이었다는 것을 알려 주는 것은, 치료자가 청소년들로부터 신뢰를 얻도록 도와주고, 놀림에 적절하게 대처하는 방법을 알려 줄 것이라는 믿음을 줄 것이다.]

■ 설명 : 우리는 놀리는 아이를 무시하거나 단순히 피해버리라고 하지 않을 것입니다. 이러한 전략은 대체로 별로 효과가 없습니다. 대신, 놀리는 아이에게 놀리는 재미를 주지 않아야 합니다. 놀림이 나를 전혀 괴롭게 하지 않는다는 듯이 행동함으로써 그렇게 되도록 만들 수 있습니다. 놀리는 아이들의 말이 설득력이 없고 의미 없는 것이라는 것을 보여 주는 말을 해야 합니다. 이것은 다시 말해 그 아이들이 말한 것을 농담처럼 비웃어 주는 것이므로, 우리는 이러한 말대꾸 반응을 '놀림 무력화시키기' 기법이라고 부릅니다. 그러나 이것은 놀린 아이들을 다시 놀려 줌으로써 되갚아 주라고 권하는 것이 아닙니다. 그러면 이것은 '놀리는 사람 놀리기'가 되어 버리므로, 결국 상호관계를 더 악화시키고 여러분을 곤란에 처하게 할 것입니다. 구체적인 '놀림 무력화시키기'의 사용 방법을 배우기 전에, 이것의 사용 규칙을 이해하는 것이 중요합니다.

■ **놀림 무력화시키기**의 규칙을 소개한다.

- 놀리는 말에 전혀 신경 쓰지 않는 것처럼 행동한다.
  - 치료자 : 놀림 무력화시키기의 중요한 점은, 놀리는 말에 전혀 신경 쓰지 않는 것처럼 행동하

는 것입니다. 비록 그것으로 당신의 기분이 상했더라도 그렇지 않은 것처럼 해야 합니다.

- ■ 여자 청소년 : 놀리는 말들이 바보 같거나 의미 없는 것 같은 **태도로 대한다.** 놀리는 아이들을 어이없다는 듯 쳐다보거나 눈을 굴려도 된다.
- ■ 남자 청소년 : 그 말에 대해 **신경 쓰지 않는 것처럼 행동한다.** 즉, 놀리는 말이 따분하거나 재미없는 것처럼 행동한다.

● 질문 : 놀리는 말에 전혀 신경 쓰지 않는 것처럼 행동하는 것이 왜 중요할까요?

- ■ 대답 : 놀리는 아이들을 덜 재미있게 하기 때문이다. 그들은 앞으로 당신을 덜 놀리고 싶어 할 것이다.

■ 놀리는 말을 재미없게 만들어 버린다.

– 치료자 : 놀리는 말이 우리를 괴롭히지 못한다는 것을 보여 주는 좋은 방법은 놀리는 아이가 한 말을 혼자 떠드는 말 또는 의미 없는 말로 만드는 것입니다. 이것은 그들을 놀려 주거나 비웃는 것을 의미하는 것이 아닙니다. 그렇게 하면 여러분이 곤란에 처하게 됩니다.

– 질문 : 만약 놀리는 아이를 놀려 주거나 비웃는다면 또 어떤 일이 발생할 수 있을까요?

● 대답 : 문제가 생길 것이다 나쁜 사람으로 보일 수 있고, 다른 사람의 기분을 상하게 할 수도 있다. 나쁜 평판을 받을지도 모른다.

■ 간단한 **놀림 무력화시키기** 기법을 사용한다.

– 치료자 : 놀리는 말에 신경 쓰지 않는다는 것을 보여 주고 놀리는 말을 혼자 떠드는 말로 만드는 좋은 방법은, 그들의 말에 간단한 놀림 무력화시키기 기법을 사용하는 것입니다. 이것은 놀리는 아이를 웃음거리로 만드는 것이 아니라, 놀리는 말을 웃음거리로 만드는 것입니다.

● 치료자 : 놀림 무력화시키기 기법의 첫 번째 규칙은 짧게 하는 것입니다. 왜 짧게 하는 것이 중요할까요?

- ■ 대답 : 만약 너무 길게 말한다면, 그들은 당신이 그 말에 신경 쓴다고 생각할 것이다.

● 치료자 : 놀림 무력화시키기 기법의 두 번째 규칙은 우리가 신경 쓰지 않는다는 인상을 주거나 혼자 떠드는 말로 만들어 버리는 것입니다.

- ■ 예 : (다음과 같이 보드에 쓴다. 청소년들이 제시하는 말들은 부적절할 때가 많기 때문에, 청소년들 스스로 이야기해 보도록 하지는 않는다.)
  - – "좋으실 대로! 아무렴 어때!"
  - – "그건 그렇고…."
  - – "그게 무슨 큰 일이라고!"
  - – "그래서 뭐!"
  - – "무슨 상관이야?"

- "좋아, 그래서?"
- "그래서 하고 싶은 말이 뭔데?"
- "어디가 재미있는 거야?"
- "누가 신경 쓴대?"
- "웃기려고 하는 말이지?"
- "내가 왜 상관해야 되는데?"
- "요점이 뭐야?"
- "그게 언제적 이야기인데…?"
- "싱겁긴…"
- "유치하게."
- "애들도 아니고 뭐 그런 걸로."
- "누가 물어봤어? 안 물어봤는데."
- "뭔 상관~?"
- "그렇다 치자~"
- "그게 중요한가?"
- "좋냐?"
- "그게 웃기니?"

■ 전혀 신경 쓰지 않는다는 것을 어떤 행동으로 보여 준다.

- 치료자 : 놀리는 것에 대해 말로써 반응을 하는 것이 불편하다면, 여러분이 전혀 신경 쓰지 않는다는 것을 어떤 행동으로 보여 주는 방법도 있습니다.
  - 예 :
    - ■ 어깨를 으쓱거리고, 머리 흔들고, 그 자리를 떠나기
    - ■ 눈을 굴리고 그 자리를 떠나기
    - ■ [NOTE : ASD를 가진 어떤 청소년들은 적절하게 눈을 굴리거나, 어깨를 으쓱거리는 데 어려움이 있을지도 모른다. 그들이 제스처를 사용하려고 한다면, 행동 연습을 하는 동안 청소년들 각자가 어떻게 행동할 것인지 한 번씩 보여 주게 한다. 만약 제스처 사용이 어색해 보인다면, 비언어적인 제스처들은 하기 어려운 것이고, 이것이 그 청소년에게는 최선의 방식이 아닐 수 있다고 완곡하게 이야기한다. 그 청소년에게는 간단한 언어적 대꾸를 선택하게 하는 것이 더 나을 수 있다.]
- 질문 : 놀림 무력화시키기 기법이 놀리는 사람에게 어떤 인상을 주게 될까요?
  - 대답 : 놀리는 말에 신경 쓰지 않는 것처럼 보인다. 놀리는 말이 나를 괴롭히지 않

는 것으로 보일 것이다.

– 설명 : 놀림 무력화시키기 기법을 사용하는 것이 더 낫지만, 만약 이런 상황에서 말로 대응하는 것이 어렵다고 생각한다면, 비언어적인 제스처 중에 하나를 사용해도 충분합니다.

■ 그 자리에 서서 더 놀리기를 기다리지 않는다.

– 치료자 : 놀리는 말에 전혀 신경 쓰지 않는다는 것을 보여 준 후에는 시선을 먼 곳으로 돌리거나 천천히 자리를 떠나는 것이 좋습니다. 놀림 무력화시키기를 사용한 후 그 자리에 서 있거나 그 사람을 쳐다보고 있으면 무슨 문제가 생길까요?

- 대답 : 그것은 거의 더 놀려 달라고 요청하는 것이나 다름이 없다(일종의 도전하기와 마찬가지). 당신은 놀리는 말을 혼자 떠드는 말로 만들고, 더 이상 놀리는 말을 듣지 않겠다는 인상을 주어야 한다.

■ 반드시 놀리는 아이에게 신경 쓰지 않는다는 것을 보여 준 뒤에 그 자리를 떠나야 한다.

– 치료자 : 놀리는 사람에게 신경 쓰지 않는다는 것을 보여 준 뒤에 자리를 떠나는 것이 매우 중요합니다. 놀리는 사람에게 신경 쓰지 않는다는 것을 보여 주는 것이 왜 중요할까요?

- 대답
  - ■ 놀리는 사람들은 당신의 반응을 얻고자 하기 때문이다. 놀리는 사람들은 당신을 구경거리로 만들려고 한다. 만약 당신이 그들이 원하는 방식으로 반응하지 않는다면, 그들은 재미를 덜 느낄 것이다. 만약 재미가 없다면, 그들은 앞으로 당신을 덜 놀리게 될 것이다.
  - ■ 놀리는 사람에게 당신이 도망가는 것으로 생각하게 해서는 안 된다.
  - ■ 놀리는 사람은 당신을 따라 와서 계속 놀릴 것이다(거의 포식자가 먹이를 쫓는 것과 같다.).

■ 신체적인 공격을 하는 아이에게는 **놀림 무력화시키기**를 사용하면 안 된다.

– 치료자 : 놀림 무력화시키기의 또 다른 중요한 규칙은 신체적으로 공격적인 경향이 있는 사람에게는 이 전략을 사용하지 않는 것입니다. 놀림 무력화시키기의 핵심은 놀리는 사람의 말을 혼자 떠드는 말로 만들어서, 말하자면 좀 당황스럽게 하는 것이기 때문입니다. 신체적으로 괴롭히거나 공격을 하는 사람들은 당황스럽게 했을 때 어떻게 행동할까요?

- 대답 : 더 공격적으로 보복할 것이다.

– 설명 : 다음 주에는 신체적인 괴롭힘에 대처하는 전략에 대해 이야기 나눌 것입니다. 괴롭힘은 또래에 대한 신체적 공격의 일종이라고 생각해야 합니다. 그래서 이것은 놀림과는 다른 방식으로 다루어야 합니다. 놀림은 신체적 공격이 없이 말로만 또래를 공격하는 것입니다. 놀림 무력화시키기는 오직 놀림이나 언어적 공격에 대한 대응책으로만 사용합니다.

■ **놀림 무력화시키기**는 부모, 교사, 어른들에게는 절대로 사용하지 않는다.

– 치료자 : 놀림 무력화시키기의 마지막 규칙은 부모님, 선생님, 어른들에게는 절대 사용해서는 안 된다는 것입니다. 놀림 무력화시키기를 어른들에게 사용하는 것은 왜 좋지 않을까요?
  - 대답 : 무례한 행동이기 때문이다. 당신을 곤란에 빠지게 할 것이다.

역할극

■ 청소년 집단 치료자와 보조 치료자는 다음과 같이 적절한 역할극을 시연한다. 치료자가 **놀림 무력화시키기**의 규칙들에 따라 이 기법을 어떻게 사용하는지 보여 준다.

– 모든 청소년들에게 순화된 놀림을 사용한다("네 신발 너무 이상해!").
  - 각기 다른 놀림말을 사용하면 청소년들이 이것을 개인적으로 받아들이게 된다.

– 적절한 역할극의 예 :

보조 치료자 : "네 신발 너무 이상해!"

청소년 집단 치료자 : (눈을 굴리며) "좋아, 그래서?" (신경 안 쓴다는 태도로, 시선을 돌려 먼 곳을 본다.)

보조 치료자 : "너 이거 좀 심각해. 네 신발 진짜로 이상하거든!"

청소년 집단 치료자 : "무슨 상관이야?" (무심하게 말하고, 눈길을 돌린다.)

보조 치료자 : "더럽고 형편없는데도 상관 안 할 거야?"

청소년 집단 치료자 : "아무렴 어때!" (어깨를 으쓱거리고, 머리를 흔들고, 자연스럽게 자리를 떠 버린다.)

보조 치료자 : (더 이상 할 말 없어 보인다.)

– 치료자 : 자, 여기까지입니다. 이것이 놀림 무력화시키기를 사용하는 방법입니다. 여기서 주목할 것은, 매번 여러분이 다른 종류의 말대꾸를 사용하면, 놀리는 아이는 놀리는 말보다 여러분이 더 많은 반응을 했다고 생각할 것입니다. 자, ○○(보조 치료자 이름) 선생님이 나의 신발이 이상하다고 놀렸을 때 내가 화난 것처럼 보였나요?
  - 대답 : 아니오.

– 질문 : ○○ 선생님이 놀리는 행동을 재미있게 만들어 주었나요?
  - 대답 : 아니오.

– 질문 : 앞으로 ○○ 선생님은 나를 놀리고 싶어 할까요?
  - 대답 : 아니오.

– 설명 : 사람들이 여러분을 놀리지 않도록 하는 최선의 방법은 놀리는 사람들에게 재미를 주지 않는 것입니다. 그러나 여러분 중 누군가는, 과거에 그 사람들이 여러분을 놀렸을 때 벌써 화를 내버렸을지도 모릅니다. 만약 과거에 놀림을 당했을 때 화를 냈었다면, 여러분이 더 이상 신경 쓰지 않는다는 것을 다른 사람들이 알아차리는 데 시간이 좀 걸릴지도 모릅니다. 실제로 그 사람들은

여러분으로부터 기대한 반응을 얻어 낼 때까지 한동안은 더 심하게 놀릴지도 모릅니다. 그러나 포기하면 안 됩니다. 여러분이 놀림 무력화시키기 기법들을 계속 사용하고 화내는 것을 보여 주지 않는다면, 결국 그 사람들은 포기하고 다른 누군가를 찾아갈 것입니다.

행동 연습

- 청소년들에게 **놀림 무력화시키기**를 연습할 것이라고 말한다.
- 각각의 청소년들이 돌아가면서 자신들이 사용하고 싶은 **놀림 무력화시키기** 반응을 3개씩 고르도록 한다.
  - 반응을 선택한 뒤에는 즉시 행동 연습을 시행한 뒤에 다음 청소년으로 진행한다. 그렇게 하지 않으면 말하려고 했던 반응이 무엇이었는지 잊어버릴 수가 있다.
  - 자신만의 반응을 찾아내는 시도는 하지 못하게 한다.
  - 만약 자신만의 반응법을 찾았다면, 좋은 반응의 요건에 맞는지 확인한다(즉, 짧고, 간단하고, 신경 쓰지 않는다는 인상을 주는 말).
- 치료자는 순화된 놀림말을 사용해야 한다. "네 신발 이상해!"
  - 각각의 청소년들에게 똑같은 순화된 놀림을 사용한다. 그렇지 않으면 청소년은 그 말을 자신에게 하는 말로 받아들일 수 있다.
  - 연속해서 세 번 반복하도록 한다. 매번 다른 놀림 무력화시키기 기법을 사용해 보게 한다.
  - 청소년들은 적절한 놀림 무력화시키기 반응으로 대꾸해야 한다.
  - 필요하다면 수행에 대한 피드백을 준다.
  - 다음으로 진행하기 전까지 이 기법을 자유로이 구사할 수 있도록 확실히 연습한다.
  - 이 활동을 하는 동안에 청소년끼리 서로를 놀려 주면서 연습하도록 허용하지 않는다.

당황스러운 피드백 대처하기

- **설명** : 때때로 사람들은 여러분을 당황스럽게 하거나, 심지어 놀리려는 의도의 말을 합니다. 그러나 어떤 경우에 그것은 여러분이 타인에게 어떻게 보이는지에 대한 중요한 정보를 줄 수도 있습니다. 이러한 정보를 피드백이라고 부릅니다. 피드백은 때때로 당황스럽거나, 기분 나쁠 수도 있지만 사람들이 우리를 어떻게 보는지에 대해 깨닫게 해 줄 수도 있습니다. 특히 많은 사람들이 같은 내용의 피드백을 주거나, 적은 사람이라도 반복해서 같은 피드백을 준다면 그것이 사실일 수 있습니다. 이런 피드백을 듣게 되면 상처를 받기보다는 타인이 여러분을 보는 시각을 변화시키는 데 그 정보를 사용하는 것이 좋습니다. 사람들이 당황스러운 피드백을 해 주었을 때, 사람들이 무엇을 말하려고 하는 것인지 잘 생각해 본다면, 여러분은 다른 방식으로 행동할 수 있게 될 것입니다. 때로는 이것이 앞으로 여러분이

놀림을 덜 당할 수 있게 도와줄 것입니다.

- 다음의 당황스러운 피드백의 예들을 검토하고, 이러한 피드백에 반응하여 어떻게 다르게 행동할 것인지 청소년들이 생각해 보게 한다.
  - 당황스러운 피드백의 각 예들에 대하여, 많은 사람들이 당신에게 _______(아래의 예에서 선택)와 같은 피드백을 준다고 가정합시다. 그러면 이런 피드백에 대해서, 여러분이 어떻게 달라지는 것을 보여 줄 수 있을까요?(아래의 표, '당황스러운 피드백에 대처하기' 참조)
- 적절하다면 청소년들이 다른 예들을 제시해 보게 하고, 어떻게 다르게 행동할 것인지 이야기해 보게 한다.

| 당황스러운 피드백에 대처하기 |

당황스러운 피드백 유형	필요한 행동변화
"네 옷은 우스꽝스러워!"	옷에 변화를 준다. 학교 규범에 맞는 옷차림을 한다.
"너 냄새 나!"	좀 더 청결하게 한다. 탈취제(데오도란트)를 사용한다. 자주 씻는다. 향수를 좀 덜 뿌린다.
"네 머리는 떡이 졌어."	좀 더 자주 머리를 감는다. 헤어젤이나 무스를 조금 덜 사용한다.
"네 어깨에 눈 내렸다!"	비듬샴푸를 사용한다.
"네 입에서 나쁜 냄새 나!"	식사 후 구취 제거제를 사용한다. 좀 더 자주 칫솔질을 한다. 구강청결제를 사용한다. 껌을 씹는다.
"네가 구멍이야."	좀 더 낮은 레벨의 아이들과 게임한다.
"말하면서 침 튀지 좀 마."	말할 때 침 튀기지 않도록 조심한다. (말하는 것보다 더 자주 삼킨다.)
"이빨에 음식 꼈어."	먹은 후에는 칫솔질을 한다. 껌을 씹는다. 치실을 더 자주 사용한다.
"소리 지르지 마.", "넌 너무 크게 말해."	좀 더 부드럽게 말한다.
"네 말은 들리지가 않아."	좀 더 크게 말한다.
"하나도 안 웃겨."	유머에 대한 반응에 좀 더 주의를 기울인다. 방청객이 되는 쪽을 생각해 본다.

과제

- 이번 주에 해야 할 과제에 대해 간단히 설명한다. 이번 주의 중요한 과제는 각자 1명 이상의 친구들과 함께 어울리기를 하는 것입니다. 함께 어울리기를 준비하기 위해서는 미리 전화 통화를 해야 할 수도 있습니다. 함께 어울리기를 하는 동안에 게임이나 운동을 하게 되면, 좋은 스포츠맨 되기를

연습합니다. 친구들 사이에서 놀리는 것은 일반적이므로, 이번 주에 배웠던 놀림의 상황이 일어날 수 있습니다. 그런 일이 발생했을 때 '놀림 무력화시키기' 기법을 연습합니다. 다음 주는 야외로 나갈 것이므로, 집단에서 공유할 수 있는 야외 활동 장비 하나를 가져오십시오. 다시 말하면, 이번 주 과제는 다음과 같습니다.

– 1명 이상의 친구들과 함께 어울리기를 합니다.
  - 함께 어울리기 약속을 정하기 위해서 집단 구성원이 아닌 사람과 통화를 합니다.
  - 무엇을 해야 할지 알기 위해서 정보를 교환합니다.
– 좋은 스포츠맨 되기를 연습합니다.
  - 가능하다면 함께 어울리기를 하는 동안 할 수 있습니다.
  - 방과 후 운동 활동이나 체육 수업 시간에 해 보는 것도 좋습니다.
– 만약 이번 주에 놀림을 당한다면, 오늘 찾아 본 반응들을 사용해서 놀림 무력화시키기를 연습해 봅니다.
  - 놀림 무력화시키기는 일반적으로 형제들과 연습해 보는 것이 적합합니다.
– 야외 스포츠 활동 장비를 가져옵니다.
  - 집단에서 할 수 있는 적절한 야외 스포츠 활동장비를 가져옵니다(예 : 농구공, 축구공, 배구공, 핸드볼, 럭비공). 혼자 하는 장비는 해당되지 않습니다.

청소년 활동 : 함께 어울리기와 좋은 스포츠맨 되기

NOTE : '청소년 활동 가이드' 규칙을 참고한다.

■ 청소년들에게 함께 어울리기를 연습한다고 알린다.
– 청소년들을 소집단으로 나누고 각각 초대자와 손님 역할을 연습하게 한다.
– 가능하다면 여학생은 여학생들끼리, 남학생은 남학생들끼리 짝짓는다.
– 초대자와 손님 역할을 정해 준다.
  - 모두 초대자로서 함께 어울리기를 시작하는 연습을 한다.
  - 모두 초대자와 손님이 되는 역할을 해 본다.
– 그다음 청소년들은 집단으로 **함께 어울리기** 연습을 하면서 실내게임을 한다.
– 청소년들이 가지고 온 **실내게임**과 기타 치료진이 준비한 게임들 중에서 적합한 게임을 선택한다.
– 청소년들은 게임을 하는 동안 **좋은 스포츠맨/게임 친구 되기** 연습을 했을 때 포인트를 얻는다.
  - **친구를 칭찬한다.**
  - **심판관처럼 행동하지 않는다.**

        - 코치가 되지 않는다.
        - 사이좋게 나누어 차례대로 한다.
        - 속임수를 쓰지 않는다.
        - 게임 중에 지나친 경쟁심을 보이지 않는다.
        - 친구가 다친다면 도와주고 걱정해준다.
        - 지루해지면 변화를 제안한다.
        - 이겼을 때 뽐내거나 진 사람을 고소해하지 않는다.
        - 졌을 때 삐치거나 화내지 않는다.
        - 게임이 끝날 때, "좋은 게임이었어." 또는 "잘 놀았어."라고 말한다.
    - 회기가 끝날 때, 청소년들은 함께 어울리기를 마무리하는 연습을 한다.
        - 초대자와 손님을 정해 준다.
            - 모두 초대자가 되어 함께 어울리기를 마무리하는 연습을 한다.
            - 모두 초대자와 손님 역할을 해 본다.

부모와 다시 만나기

- 청소년들에게 부모와 다시 만난다고 공지한다.
    - 청소년들은 각자의 부모 곁에 서 있거나 앉아 있도록 한다.
    - 다시 만나는 시간이 시작되기 전에, 조용히 하고 그룹에 완전히 집중하도록 한다.
- 치료자 : 오늘 우리는 놀림에 어떻게 대처하는지에 대해 알아보았습니다. 우리는 이것을 '놀림 무력화시키기'라고 부릅니다. '놀림 무력화시키기' 규칙에 대해 누가 말해 볼까요? [청소년들이 모두 규칙을 말하도록 한다. 필요하다면 촉진해 줄 준비를 한다.]
    - 반응은 짧고, 간단하게 하고, 신경 쓰지 않는다는 인상을 준다.
    - 예 :
        - "좋으실 대로! 아무렴 어때!"
        - "그건 그렇고…."
        - "그게 무슨 큰 일이라고!"
        - "그래서 뭐!"
        - "무슨 상관이야?"
        - "좋아, 그래서?"
        - "그래서 하고 싶은 말이 뭔데?"
        - "어디가 재미있는 거야?"
        - "누가 신경 쓴대?"

- "웃기려고 하는 말이지?"
- "내가 왜 상관해야 되는데?"
- "요점이 뭐야?"
- "그게 언제적 이야기인데…?"
- "싱겁긴…"
- "유치하게."
- "애들도 아니고 뭐 그런 걸로."
- "누가 물어봤어? 안 물어봤는데."
- "뭔 상관~?"
- "그렇다 치자~"
- "그게 중요한가?"
- "좋냐?"
- "그게 웃기니?"
- 어깨를 으쓱거리고, 머리 흔들고, 그 자리를 떠나기
- 눈을 굴리고 그 자리를 떠나기

■ 치료자 : 오늘 우리는 놀림에 대처하기를 연습했고, 모두들 잘 해 냈습니다. 모두 박수를 보내 주세요.

■ 다음 주까지의 과제를 확인한다(아래를 보세요.).

■ 각각의 가족들이 개별적으로 분리되어서 다음을 협의한다.

– 함께 어울리기를 어디서 할 것인가, 함께하기로 한 활동, 누구와 함께할 것인가, 함께 어울리기를 하는 동안 부모님의 역할

– 다음 주에 야외 스포츠 활동 장비는 무엇을 가지고 올 것인가.

과제

1. 자녀들은 **함께 어울리기**를 위해 친구를 집에 초대해야 한다.
   a. **함께 어울리기** 위해 **집단 구성원이 아닌** 사람과 통화한다.
      i. **공통의 관심사**를 찾기 위해 **정보**를 **교환**한다.
      ii. **함께 어울리기**를 하는 동안 무엇을 할 것인지 결정한다.
   b. 부모님은 약간 거리를 두고 **함께 어울리기** 모임을 점검한다.
   c. 활동에 바탕을 둔 **함께 어울리기** 모임이어야 한다.
   d. 초대한 친구와 함께 **정보**를 **교환**하도록 한다.
      i. **함께 어울리기**를 진행하는 총 시간의 50%는 **정보**를 **교환**하는 데 쓴다.
      ii. 처음 **함께 어울리기**를 할 때에는 약 2시간으로 제한한다(활동에 따라 조절 가능).

2. **좋은 스포츠맨 되기** 활동을 연습한다.
   a. **함께 어울리기**를 하는 동안이나 주중에 언제든지 또래들과 게임(비디오게임, 컴퓨터게임, 보드게임, 카드게임)을 하거나 운동하는 시간에 연습할 수 있다.
   b. 자녀가 얼마나 **좋은 스포츠맨**이 되었는지 함께 이야기해야 한다.
3. **야외 스포츠 장비 가져오기**
   a. 집단과 함께 쓸 수 있는 야외 스포츠 장비를 가져온다(예 : 농구공, 축구공, 배구공, 럭비공, 원반 등).
      i. 혼자 하는 게임이나 장비는 가져오지 말 것
   b. 다음의 것은 가져오지 않는다.
      i. 집단 구성원과 함께 쓰고 싶지 않은 것
      ii. 파손 혹은 분실의 우려가 있는 것
4. **기회가 있으면 놀림 무력화시키기를 연습한다.**
   a. 부모와 자녀가 한 주 동안 **놀림 무력화시키기**를 연습한다.
   b. 자녀가 어떻게 **놀림 무력화시키기**를 사용했는지 반드시 함께 이야기해야 한다.
      i. **놀림 무력화시키기**는 일반적으로 형제자매와 함께 연습하는 것이 적절하다.

점수 계산

매주 다음 점수를 기록한다.

- 각 청소년들이 얻은 점수를 계산한다. 청소년들이 있을 때에 점수를 계산하지 않는다.
- 그룹이 얻은 총 점수를 합산한다.
  – 각각의 혹은 그룹의 총 점수를 밝히지 않는다.
  – 청소년들 사이에서 얻은 점수를 비교하려는 시도를 막는다.
- 더 크고 멋진 졸업 파티를 하기 위해서 청소년들이 그룹으로서 노력해야 한다는 것을 상기시킨다.

청소년 활동 가이드 : 10회기

"함께 어울리기와 좋은 스포츠맨 되기"

필요한 자료

- 청소년들이 가지고 온 실내게임

- 청소년이 실내게임을 가지고 오는 것을 잊어버릴 것에 대비하여, 함께할 수 있는 보드게임을 준비해 둔다.
  - 카드
  - 장기
  - 체스

규칙

- 청소년들에게 **함께 어울리기**를 연습한다고 알린다.
- 청소년들을 소집단으로 나누고 각각 초대자와 손님 역할을 연습하게 한다.
- 가능하면 여학생은 여학생들끼리, 남학생은 남학생들끼리 짝을 짓는다.
- 초대자와 손님 역할을 정해 준다.
  - 각각의 청소년이 주인 역할을 하면서 함께 어울리기를 시작하는 것을 연습한다.
    - 함께 어울리기를 시작하는 단계를 말로 이야기해 보도록 하는 것부터 시작한다.
      - 손님을 환영하는 인사를 한다.
      - 손님을 집 안으로 맞이한다.
      - 손님이 집에 처음 왔다면 손님에게 집을 구경시켜 준다.
      - 모두에게 손님을 소개한다.
      - 마실 것이나 먹을 것 등을 가져다준다.
      - 손님에게 하고 싶은 것이 무엇인지 물어본다.
    - 청소년들이 집단 전체와 함께 각 단계를 연습하게 한다.
    - 모두가 각각 초대자와 손님 역할을 할 수 있는 기회를 준다.
- 집단이 **함께 어울리기**를 연습하는 동안 청소년들은 실내게임을 한다.
- 청소년들이 가지고 온 **실내게임**과 기타 치료진이 준비한 게임들 중에서 적절한 게임을 선택한다.
  - 어떤 게임을 할 것인지를 의논하게 한다.
    - 앞부분 반 정도는 한 가지 게임을 하고 중간에 다른 게임으로 바꾸도록 절충해야 할 수도 있다.
  - 청소년들이 각 게임의 구체적인 규칙을 이해하도록 도와주어야 할 수도 있다.
    - 의견이 서로 다를 때, 심판의 역할을 하지 않는다.
    - 청소년들이 **좋은 스포츠맨**이 됨으로써 서로의 차이점을 조율하도록 격려한다.
  - 청소년들이 **좋은 스포츠맨**이 되고, 게임 상대를 **칭찬**하도록 격려해야 할 수도 있다.
- 청소년들은 게임을 하는 동안 **좋은 스포츠맨**이 되는 연습을 했을 때 포인트를 얻는다.

- 친구를 칭찬한다.
- 심판관처럼 행동하지 않는다.
- 코치가 되지 않는다.
- 사이좋게 나누어 차례대로 한다.
- 속임수를 쓰지 않는다.
- 게임 중에 지나친 경쟁심을 보이지 않는다.
- 친구가 다친다면 도와주고 걱정해준다.
- 지루해지면 변화를 제안한다.
- 이겼을 때 뽐내거나 진 사람을 고소해하지 않는다.
- 졌을 때 삐치거나 화내지 않는다.
- 게임이 끝날 때, "좋은 게임이었어." 또는 "잘 놀았어."라고 말한다.

■ 보조 치료자는 청소년이 포인트를 얻은 이유를 말해 주어야 한다(예 : "○○이는 칭찬을 해서 1점을 얻었습니다!").
- '좋은 스포츠맨 되기 포인트 기록지(부록 H 참조)'에 점수를 기록한다.
- 포인트를 줄 때 다른 청소년들이 들을 수 있을 정도로 크게 말한다.
  - 사회적 비교는 다른 청소년들을 **칭찬**하고 **좋은 게임 친구**가 될 수 있게 격려하는 수단이다.

■ 회기가 끝날 때, 청소년들은 **함께 어울리기**를 마무리하는 연습을 한다.
- 초대자와 손님을 정해 준다.
  - 각 청소년이 초대자가 되어 **함께 어울리기**를 마무리하는 연습을 한다.
- 청소년이 함께 어울리기를 마무리하는 단계를 말로 한 번 확인하게 한다.
  - **함께 어울리기**를 마무리하는 **꼬리말**을 한다.
  - 친구를 문까지 배웅한다.
  - 친구에게 와 줘서 고맙다고 말한다.
  - 즐겁게 잘 놀았다고 말한다.
  - 잘 가라고 하고 나중에 다시 보자고 말한다.
- 청소년이 집단 전체와 함께 각 단계를 연습하게 한다.
- 모두가 각각 초대자와 손님 역할을 할 수 있는 기회를 준다.

11회기

13 거부 II – 괴롭힘과 나쁜 평판

부모 치료자 가이드

부모 회기 가이드 라인

이번 회기와 앞으로 남아 있는 모든 회기에서, 과제 점검의 가장 중요한 초점은 함께 어울리기에 두어야 한다. 이어서 놀림 무력화시키기를 사용한 경험이 있는 몇몇 청소년들이 발표를 하게 한다. 먼저 당황스러운 피드백에 대해서 이야기하고 나서 그다음 놀림에 초점을 맞춘다. 청소년들이 놀림 무력화시키기 기법을 배우면서 하는 가장 흔한 실수는 너무 길게 대꾸를 한다는 것과, 여러 가지 다른 대꾸를 충분히 사용하지 않는다는 것이다(즉, 너무 일찍 포기하는 것).

이번 회기에서 교육은 괴롭힘과 나쁜 평판에 초점을 맞춘다. 어머니들의 보고에 의하면(Little, 2001), ASD 아동과 청소년들의 무려 75%가 괴롭힘을 당했다고 보고되었다. 이 프로그램의 목적에 맞게, 우리는 괴롭힘을 신체적 공격 또는 위협이라고 정의할 것이다. 괴롭힘의 가장 흔한 형태는 Olweus(1993)가 설명한 전형적인 괴롭힘이다. 즉, 1명 또는 여러 명의 가해자가 약한 피해자를 상대로, 상대가 먼저 도발하거나 공격하는 등의 정당한 이유 없이, 지속적으로 조직적인 위협과 신체적 학대를 가하는 것을 말한다. 괴롭힘은 일반적으로 다른 사람들의 눈에 띄지 않는 곳에서 일어난다(예 : 등·하교시, 학교 화장실). 가해자는 교사나 감독자로부터 심지어 좋게 평가되거나 최소한 문제아로 보이지 않는 아이일 수도 있다. 가해자들의 주된 동기는 고통과 괴로움을 주는 것으로 보인다. 부모와 청소년으로부터 학교 직원이나 교사에 관한 이야기를 들어 보면, 많은 경우에 학교 관계자들은 괴롭힘을 못 본 척하고 결과적으로 괴롭힘이 계속되게 만든다고 보고한다. 부모 집단 치료자는 부모와 청소년이 심각한 괴롭힘을 보고하였음에도 불구하고 학교 관계자들이 무관심하게 대했다면, 법적인 도움을 받으라고 조언해 주어야 한다. 때로는 단지 변호사나 검사의 개입만으로도 무관심한 학교 관계자들이 긍정적인 행동을 취하게 도울 수 있다.

본 회기 내용은 청소년들이 나쁜 평판을 바꿀 수 있는 동기부여를 하기 위해, 괴롭힘에 대해 본격적으로 논의할 것이다. 지난 회기에서 배운 놀림에 대처하는 전략은 신체적 괴롭힘에 대해서는 효과적이지 않을 수 있고, 괴롭히는 아이를 당황스럽게 만든 것에 대한 보복으로 오히려 괴롭히는 아이의 공격성을 높일 수 있다. 따라서 부모는 자녀가 어떤 유형의 또래 거부에 대해 각각 어떤 전략을 사용해야 하는지 알 수 있게 자녀를 도와주도록 교육받을 것이다(예 : 언어적 공격은 놀림 무력화시키기 기법으로 대응해야 하고, 신체적 공격은 괴롭힘에 대처하는 전략을 적용해야 한다.).

또래들 사이에서의 부정적인 평판은 시간이 지나도 지속된다(Coied, Dodge, & Kupersmidt, 1990). 또한 또래들의 나쁜 기대, 그리고 잘못을 귀속시키는 특성으로 인해, 또래들과 적절한 상호작용을 맺는 청소년의 능력에 부정적인 영향을 미친다. Putallaz와 Gottman(1981)은 거부된 아동이 적절한 상호작용을 시도했을 때조차 다른 아동이 같은 시도를 했을 때보다 또래들로부터 긍정적인 피드백을 받기 어렵다는 것을 발견했다.

본 회기의 내용은 청소년들이 나쁜 평판을 변화시키기 시작하려면 어떻게 해야 하는지에 대해 도움이 되는 조언을 해 줄 것이다. 조언의 일부(예 : 튀지 않기)는 우리가 개발한 아동용 프로그램에서 성공적으로 시도되었던 것을 가져 왔다(Frankel & Myatt, 2003). 하지만 이 과정은 청소년들에게 몹시 길고 힘들기 때문에, 집단의 종결 후에도 계속 연습해야 할 필요가 있다. 따라서 부모들은 자녀들의 평판을 좀 더 성공적으로 바꾸도록 돕기 위해 매우 열심히 참여해야만 한다. 여기서 설명된 기법의 사용이 성공적이지 못했더라도, 부정적인 평판이 퍼진 또래 집단 내에서 친구를 만들려는 시도를 피하고, 잠시 동안 '튀지 않고' 지내는 것만으로도 나쁜 평판을 잠잠해지게 할 수 있다.

과제 점검

1. 함께 어울리기
   a. **함께 어울리기**를 계획하기 위해 청소년이 통화를 했는지 확인한다.
   b. 다음을 확인한다.
      i. **함께 어울리기**가 활동에 바탕을 둔 모임이었나?
      ii. 부모님이 거리를 두고 함께 어울리기를 지켜보았나?

iii. 함께 어울리기 진행 시간이 2시간을 넘지 않았나?(활동에 따라 조절 가능)

c. 청소년이 '손님'으로 온 친구와 함께 **정보를 교환**하고 **공통의 관심사**를 찾았는지 확인한다.

i. 함께 어울리기를 진행하는 총 시간의 50%는 **정보를 교환**하는 데 쓴다.

2. **좋은 스포츠맨 되기**

a. 자녀가 **좋은 스포츠맨 되기**를 어떻게 연습했는지 이야기하게 한다.

i. 자녀가 **좋은 스포츠맨**이 되기 위해 구체적으로 어떻게 했는가?

ii. 이 연습은 **함께 어울리기** 상황 안에서 이루어질 수 있다.

3. **놀림 무력화시키기**

a. 부모가 자녀와 함께 **놀림 무력화시키기**를 연습했는지 확인한다(필수는 아님).

b. 부모가 **놀림 무력화시키기**를 어떻게 사용했는지에 대해 발표한다.

c. **놀림 무력화시키기**는 친구 또는 형제자매들과 함께 사용했어도 된다.

d. 발생 가능한 문제에 대해 해결법을 의논한다.

4. **야외 스포츠 장비 가져오기**

a. 집단 구성원과 함께 공유하기 위해 청소년이 가져온 실내게임을 확인한다(예 : 야구공, 축구공, 배구공, 원반).

b. 적절한 장비를 가져왔을 때만 점수를 준다.

교육 : 괴롭힘과 나쁜 평판

- 부모용 유인물을 나누어 준다.
- 설명 : 오늘 우리는 신체적인 괴롭힘을 어떻게 대처하고, 나쁜 평판을 어떻게 바꾸는지에 대해 이야기 나눠볼 것입니다. 다른 청소년들이 여러분의 자녀를 어떻게 못되게 괴롭혔는지, 여러분의 자녀가 그 괴롭힘에 대해 어떻게 느꼈는지에 대해서는 이야기하지 않겠습니다. 대신, 여러분의 자녀가 괴롭힘을 당하는 상황에서 무엇을 할 수 있는지에 초점을 맞출 것입니다.
- 부모들이 돌아가면서 부모용 유인물에 있는 **괴롭힘에 대처하는 방법**에 대한 지침을 읽게 한다.
- **굵게** 표시된 부분은 부모용 유인물에서 그대로 가져온 것이다.

괴롭힘에 대처하는 방법

- 튀지 않는다.
  - **돌출 행동을 하지 않는다.**
  - **남의 주의를 끄는 행동을 하지 않는다.**

- 괴롭히는 아이를 피한다.
  - **괴롭히는 아이의 근처에 머무르지 않는다.**
  - **괴롭히는 아이와 이야기하려는 시도를 하지 않는다.**
  - **괴롭히는 아이와 친구가 되려고 하지 않는다.**
- 괴롭히는 아이를 자극하지 않는다.
  - **괴롭히는 아이에게 놀림 무력화시키기를 사용하지 않는다.**
    - **이는 괴롭히는 아이를 더 동요시키게 된다.**
    - **부모는 자녀가 언제 놀림 무력화시키기를 사용해야 하는지 알 수 있도록 도와 주어야 한다.**
      - **언어적으로 놀리는 아이에게만 놀림 무력화시키기를 사용한다.**
      - **신체적으로 괴롭히는 아이에게는 놀림 무력화시키기를 사용하면 안 된다.**
  - **괴롭히는 아이를 놀리지 않는다.**
  - **괴롭히는 아이에게 실없는 장난을 치거나 그들을 웃음거리로 만들지 않는다.**
  - **사소한 규칙 위반에 대해 괴롭히는 아이를 일러 바치거나 곤란에 처하게 하지 않는다.**
    - **누군가가 심각한 상해를 입었을 때에만 개입한다.**
      - **이것 역시 비밀스럽고 또래들이 알아채지 못하도록 해야 한다. 그래야 괴롭히는 아이가 자녀에게 보복하지 못한다.**
- 다른 사람들과 함께 어울린다.
  - **혼자 있지 않는다.**
  - **괴롭히는 아이는 다른 사람이 혼자 있을 때나, 무방비상태에 있을 때 괴롭힌다.**
- **만약 위험에 처했다면, 어른들의 도움을 요청한다(예:부모, 교사, 교장, 학생주임).**
- 괴롭힘과 싸우고 있는 자녀들 둔 부모가 있다면, 청소년들에게 효과가 있는 몇 가지 전략들(필요한 경우 법적인 대응까지)을 돌아가며 이야기하게 한다.
  - 앞으로 이런 전략들을 시도해 보도록 격려하면 자녀가 괴롭힘에 대처하는 것을 도울 수 있다고 부모들에게 설명한다.
- 부모와 청소년이 심각한 괴롭힘을 보고하였음에도 불구하고 학교 관계자들이 무관심하게 대했다면, 법적인 도움을 받으라고 조언해 준다. 때로는 단지 변호사나 검사의 개입만으로도 무관심한 학교 관계자들이 긍정적인 행동을 취하게 도울 수 있다.
- 설명 : 우리는 괴롭힘에 대처하는 방법에 대한 몇 가지 생각들을 나누어 보았습니다. 이제 괴롭힘의 피해자들에게 종종 동반되는 나쁜 평판에 대해 생각해 보는 것이 중요합니다. 나쁜 평판을 바꾸는 것은 매우 어렵고 대개 시간이 걸리지만, 해낼 수 있습니다.

다음을 설명한다.

- **나쁜 평판은 종종 괴롭힘 및 놀림과 관련이 있다.**
  - **괴롭히는 아이들은 때로 부정적인 행동 때문에 나쁜 평판을 갖는다.**
    - **반면 어떤 경우에는 그 아이들의 나쁜 행동에 대해 알지 못하는 어른들로부터 좋은 평가를 받을 수도 있다.**
  - **괴롭힘과 놀림의 대상이 된 청소년들 또한 평판이 좋지 않은 경우가 있다.**
- **청소년들이 나쁜 평판을 갖는 데는 다양한 이유가 있다. 주로 그 이유는 돌출 행동을 한다거나 어떤 면에서 다른 아이들과 좀 다르다는 것이다.**
- **나쁜 평판을 없애는 것은 어렵고, 심지어 다른 학교를 가더라도 청소년들을 따라다닐 수 있다.**
- **나쁜 평판을 바꾸는 것은 어려운 일이고, 대개 시간이 걸리지만, 해낼 수 있다.**
- **나쁜 평판을 바꾸기 위한 방법은 일련의 단계들을 제시한다.**

나쁜 평판을 바꾸기 위한 팁

- 튀지 않는다.
  - **돌출 행동을 하지 않는다.**
  - **남의 주의를 끄는 행동을 하지 않는다.**
- 다수를 따른다.
  - 다수에게 자연스럽게 맞추려고 노력한다.
    - **이것은 우정을 형성하는 좋은 행동들을 드러내 보여 주는 것을 의미할 때가 많다(예 : 다른 청소년들과 유사한 관심사를 드러내기, 호의적으로 행동하기).**
  - 다수로부터 튀지 않도록 노력한다.
    - **이는 다른 사람들로부터 어떤 특이한 방식으로 눈에 띄는 것이며, 다음과 같은 것들이 여기 해당된다.**
      - **나쁘게 여겨지거나 곤란에 처하게 만들 수 있는 행동을 하는 것(예 : 과하게 감정적이거나 공격적인 태도, 또래의 사소한 규칙 위반을 일러바치기)**
      - **주류 또래 집단과 다른 옷차림을 하거나 또는 자신만의 특정 관심사에 대해서 과도하게 이야기하는 것**
    - 이러한 행동들은 종종 나쁜 평판을 야기하게 된다.
- 나쁜 평판을 바꾸기 위해 외모를 바꾼다.
  - **자신의 평판을 해치는 일을 더 이상 하지 않는다는 것을 사람들이 알게 하는 가장 빠른 방법은 외모를 바꾸는 것이다.**

- **다른 또래들에게 자연스럽게 녹아들기 위해서는 외모를 바꿀 필요가 있다.**
  - **되길 원하는 종류의 사람답게 옷 입는 방법을 찾아본다.**
  - **보편적이고 일반적인 방식에서 벗어나는 과감한 패션은 피한다.**
  - **다른 청소년들과 조화될 수 있도록 머리 모양을 바꾼다.**
- **(한동안 튀지 않고 지낸 뒤에) 외모를 바꾸게 되면 긍정적인 관심을 얻고, 다른 사람들에게 내가 뭔가 새로워지고 향상되었다는 것을 드러내 보여 줄 수 있다.**
  - 하지만 '외모 변신'만으로는 평판을 바꿀 수 없다. 따라서 일단 사람들이 내가 달라졌다는 것을 알아차리기 시작하면, 이를 증명해 주어야 한다(대개 이전의 평판을 인정함으로써).

■ 이전의 평판을 솔직하게 인정한다.

- **이전의 나쁜 평판에 대해 솔직하게 인정한다.**
- **내가 변했다는 것, 그리고 이를 증명할 기회를 얻고 싶어 한다는 것을 사람들이 알게 한다.**
- **누군가가 나의 나빴던 평판에 대해 언급하는 경우 다음과 같이 말할 수 있다. "사람들이 나에 대해 그렇게 생각했다는 것에 대해 알아. 하지만 지금은 달라졌어."**
  - 이는 내가 방어적이지 않다는 것을 보여 주고, 변화가 일어났을 가능성이 있음을 보여 준다.
  - 만약 나에 대한 이전의 생각들이 틀렸다는 것을 애써 입증하려고 한다면(예 : "너는 날 잘 몰랐었던 거야." 또는 "나는 결코 그런 적 없었어."), 친구들은 달라진 지금의 모습을 잘 믿지 않게 될 것이다.

■ 새로운 집단이나 무리를 찾는다.

- **자신의 평판은 종종 함께 어울리고 있는 집단 또는 무리에 의해 결정된다.**
- **자신의 평판에 대해 관심이 없거나 잘 모르는 친구를 찾는다.**
- 자신에게 어울리는 집단이 어디일지 생각하고, 그 집단에서 친구를 사귀려고 노력한다.
- 친구가 될 가능성이 많은 또래를 찾기 위해 새로운 어딘가에 갈 필요가 있다(예 : 동아리, 팀, 유소년 집단).

■ 나쁜 평판과 싸우고 있는 자녀들 둔 부모가 있다면, 청소년들에게 효과가 있는 몇 가지 전략들을 돌아가며 이야기하게 한다.

- 필요한 경우 부모 집단의 치료자는 상황에 맞는 전략을 생각해 낼 수 있게 돕는다.

■ 제안된 내용들을 바탕으로, 다른 부모들 또한 자녀들이 나쁜 평판을 어떻게 바꿔야 하는지에 대해 다양한 아이디어를 토론하게 할 수 있다.

과제

1. 자녀들은 함께 어울리기를 위해 친구를 집에 초대해야 한다.
   a. 함께 어울리기 위해 집단 구성원이 아닌 사람과 통화한다.
      i. 공통의 관심사를 찾기 위해 정보를 교환한다.
      ii. 함께 어울리기를 하는 동안 무엇을 할 것인지 결정한다.
   b. 부모님은 약간 거리를 두고 함께 어울리기 모임을 점검한다.
   c. 활동에 바탕을 둔 함께 어울리기 모임이어야 한다.
   d. 게임을 할 때에는 좋은 스포츠맨 되기 활동을 연습해야 한다.
   e. 초대한 친구와 함께 정보를 교환하도록 한다.
      i. 함께 어울리기를 진행하는 총 시간의 50%는 정보를 교환하는 데 쓴다.
   f. 처음 함께 어울리기를 할 때에는 약 2시간으로 제한한다(활동에 따라 조절 가능).
2. 기회가 있으면 놀림 무력화시키기를 연습한다.
   a. 부모와 자녀가 한 주 동안 놀림 무력화시키기를 연습한다.
   b. 자녀가 어떻게 놀림 무력화시키기를 사용했는지 반드시 함께 이야기해야 한다.
   c. 놀림 무력화시키기는 일반적으로 형제자매와 함께 연습하는 것이 적절하다.
3. 야외 스포츠 장비 가져오기
   a. 집단 구성원과 함께 쓸 수 있는 야외 스포츠 장비를 가져온다(예 : 농구공, 축구공, 배구공, 럭비공, 원반 등).
      i. 혼자 하는 게임이나 장비는 가져오지 말 것
   b. 다음의 것은 가져오지 않는다.
      i. 집단 구성원과 함께 쓰고 싶지 않은 것
      ii. 파손 혹은 분실의 우려가 있는 것
4. 만약 기회가 있으면, 괴롭힘에 대처하기나 나쁜 평판 바꾸기를 연습한다.
   a. 부모와 자녀가 함께 괴롭힘에 대처하는 방법을 의논한다.
   b. 부모와 자녀가 함께 나쁜 평판을 바꾸는 방법을 의논한다.

부모용 유인물 11 : 거부 Ⅱ—괴롭힘과 나쁜 평판

괴롭힘에 대처하는 방법

- **튀지 않는다.**
  - 돌출 행동을 하지 않는다.
  - 남의 주의를 끄는 행동을 하지 않는다.
- **괴롭히는 아이를 피한다.**
  - 괴롭히는 아이의 근처에 머무르지 않는다.
  - 괴롭히는 아이와 이야기하려는 시도를 하지 않는다.
  - 괴롭히는 아이와 친구가 되려고 하지 않는다.
- **괴롭히는 아이를 자극하지 않는다.**
  - 괴롭히는 아이에게 **놀림 무력화시키기**를 사용하지 않는다.
    - 이는 괴롭히는 아이를 더 동요시키게 된다.
    - 부모는 자녀가 언제 **놀림 무력화시키기**를 사용해야 하는지 알 수 있도록 도와주어야 한다.
      - **언어적으로** 놀리는 아이에게만 **놀림 무력화시키기**를 사용한다.
      - **신체적으로** 괴롭히는 아이에게는 **놀림 무력화시키기**를 사용하면 안 된다.
  - 괴롭히는 아이를 놀리지 않는다.
  - 괴롭히는 아이에게 실없는 장난을 치거나 그들을 웃음거리로 만들지 않는다.
  - 사소한 규칙 위반에 대해 괴롭히는 아이를 일러바치거나 곤란에 처하게 하지 않는다.
    - 누군가가 심각한 상해를 입었을 때에만 개입한다.
      - 이것 역시 비밀스럽고 또래들이 알아채지 못하도록 해야 한다. 그래야 괴롭히는 아이가 자녀에게 보복하지 못한다.
- **다른 사람들과 함께 어울린다.**
  - 혼자 있지 않는다.
  - 괴롭히는 아이는 다른 사람이 혼자 있을 때나, 무방비상태에 있을 때 괴롭힌다.
- **만약 위험에 처했다면, 어른들의 도움을 요청한다**(예 : 부모, 교사, 교장, 학생주임).

나쁜 평판을 바꾸기 위한 팁

- **튀지 않는다.**
  - 돌출 행동을 하지 않는다.
  - 남의 주의를 끄는 행동을 하지 않는다.

- **다수를 따른다.**
  - **다수에게 자연스럽게 맞추려고 노력한다.**
    - 이것은 우정을 형성하는 좋은 행동들을 드러내 보여 주는 것을 의미할 때가 많다(예 : 다른 청소년들과 유사한 관심사를 드러내기, 호의적으로 행동하기).
  - **다수로부터 튀지 않도록 노력한다.**
    - 이는 다른 사람들로부터 어떤 특이한 방식으로 눈에 띄는 것이며, 다음과 같은 것들이 여기 해당된다.
    - 나쁘게 여겨지거나 곤란에 처하게 만들 수 있는 행동을 하는 것(예 : 과하게 감정적이거나 공격적인 태도, 또래의 사소한 규칙 위반을 일러 바치기)
    - 주류 또래 집단과 다른 옷차림을 하거나 또는 자신만의 특정 관심사에 대해서 과도하게 이야기하는 것
- **나쁜 평판을 바꾸기 위해 외모를 바꾼다.**
  - 자신의 평판을 해치는 일을 더 이상 하지 않는다는 것을 사람들이 알게 하는 가장 빠른 방법은 외모를 바꾸는 것이다.
  - 다른 또래들에게 자연스럽게 녹아들기 위해서는 외모를 바꿀 필요가 있다.
    - 되길 원하는 종류의 사람답게 옷 입는 방법을 찾아본다.
    - 보편적이고 일반적인 방식에서 벗어나는 과감한 패션은 피한다.
    - 다른 청소년들과 조화될 수 있도록 머리 모양을 바꾼다.
  - (한동안 튀지 않고 지낸 뒤에) 외모를 바꾸게 되면 긍정적인 관심을 얻고, 다른 사람들에게 내가 뭔가 새로워지고 향상되었다는 것을 드러내 보여 줄 수 있다.
- **이전의 평판을 솔직하게 인정한다.**
  - 이전의 나쁜 평판에 대해 솔직하게 인정한다.
  - 내가 변했다는 것, 그리고 이를 증명할 기회를 얻고 싶어 한다는 것을 사람들이 알게 한다.
  - 누군가가 나의 나빴던 평판에 대해 언급하는 경우 다음과 같이 말할 수 있다. 사람들이 나에 대해 그렇게 생각했다는 것에 대해 알아. 하지만 지금은 달라졌어.
- **새로운 집단이나 무리를 찾는다.**
  - 자신의 평판은 종종 함께 어울리고 있는 집단 또는 무리에 의해 결정된다.
  - 자신의 평판에 대해 관심이 없거나 잘 모르는 친구를 찾는다.

과제

1. 자녀들은 **함께 어울리기**를 위해 친구를 집에 초대해야 한다.

a. **함께 어울리기** 위해 **집단 구성원이 아닌** 사람과 통화한다.
   i. **공통의 관심사**를 찾기 위해 정보를 교환한다.
   ii. **함께 어울리기**를 하는 동안 무엇을 할 것인지 결정한다.
b. 부모님은 약간 거리를 두고 **함께 어울리기** 모임을 점검한다.
c. 활동에 바탕을 둔 **함께 어울리기** 모임이어야 한다.
d. 게임을 할 때에는 **좋은 스포츠맨** 되기 활동을 연습해야 한다.
e. 초대한 친구와 함께 **정보**를 **교환**하도록 한다.
   i. **함께 어울리기**를 진행하는 총 시간의 50%는 **정보**를 **교환**하는 데 쓴다.
f. 처음 함께 어울리기를 할 때에는 약 2시간으로 제한한다(활동에 따라 조절 가능).

2. 기회가 있으면 **놀림 무력화시키기**를 연습한다.
   a. 부모와 자녀가 한 주 동안 **놀림 무력화시키기**를 연습한다.
   b. 자녀가 어떻게 **놀림 무력화시키기**를 사용했는지 반드시 함께 이야기해야 한다.
   c. **놀림 무력화시키기**는 일반적으로 형제자매와 함께 연습하는 것이 적절하다.
3. 집단 구성원과 함께 쓸 수 있는 **야외 스포츠 장비를 가져온다**(예 : 농구공, 축구공, 배구공, 럭비공, 원반 등).
   a. 혼자 하는 게임이나 장비는 가져오지 말 것
   b. 다음의 것은 가져오지 않는다.
      i. 집단 구성원과 함께 쓰고 싶지 않은 것
      ii. 파손 혹은 분실의 우려가 있는 것
4. 만약 기회가 있으면, **괴롭힘에 대처하기**나 **나쁜 평판 바꾸기**를 연습한다.
   a. 부모와 자녀가 함께 **괴롭힘에 대처하는** 방법을 의논한다.
   b. 부모와 자녀가 함께 **나쁜 평판을 바꾸는** 방법을 의논한다.

청소년 치료자 가이드 – 11회기 : 거부 Ⅱ – 괴롭힘과 나쁜 평판

청소년 회기 가이드 라인

이 회기에서 수업의 목적은 신체적으로 가해지는 공격성을 다루기 위한 전략들을 청소년들에게 알려 주는 것이다. 놀림에 대처하는 데 사용하는 전략은 괴롭힘에 대해 사용하기에는 부적절하기 때문에(그리고 더 공격적인 반응을 이끌어낼 수도 있기 때문에), 집단 치료자는 청소년들이 또래의 거부가 어떤 형태인지에 따라서 어떤 전략을 사용해야 하는지 알 수 있게 돕는 것이 중요하다. 언어적인 형태의 공격을 사용하는 사람들에게만 놀림 무력화시키기를 사용하고, 신체적인 공격을 가하는 사람에 대해서는 괴롭힘에 대한 전략을 사용한다는 것을 상기시켜 주어야 한다. 부모님들은 이와 같은 내용들과 함께, 청소년들이 각각의 전략을 차별화하는 것을 도와주도록 배운다.

이 회기의 두 번째 목적은 나쁜 평판을 바꾸는 방법을 제공하는 것이다. 평판을 바꾸는 것은 매우 어려운 일이며, 이 치료의 종결 후에도 잘 유지되어야 할 장기간의 프로젝트이다. 따라서, 부모님들이 이 과정에서 자녀들을 적극적으로 도와주는 역할을 해야만 한다. 여기서 강조하고 싶은 것은, PEERS®를 통해 나쁜 평판을 바꿀 수 있었던 청소년들은 이 회기에서 제시한 모든 전략들(단지 몇몇 일부 전략만이 아니라)을 사용했었다는 점이다.

과제 점검의 주요 요점은 함께 어울리기와 놀림 무력화시키기를 사용했는가 하는 것이다. 때때로 청소년들은 놀림 무력화시키기를 사용해 보았지만 놀리는 아이가 자신을 계속 놀렸다고 보고할 것이다. 놀리는 아이는 과거 경험에 비추어 희생자가 예전처럼 정서적인 반응을 보이기를 기대할 것이고, 그 아이들이 기대와 같은 반응을 보이지 않을 때는 결국 원하는 반응을 얻게 될 것을 기대하며 더 심하게 놀리는 경향이 있다. 이럴 때는 집단 치료자가 청소년에게, 놀리는 아이는 그 청소년이 과거에 반응했던 방식 그대로 행동하기를 기대하고 있고, 그것이 바로 더 심하게 놀리게 된 이유라는 사실을 상기시켜 주는 것이 도움이 된다. 놀림이 더 이상 자신을 괴롭히는 것이 아닌 것처럼 행동하면서 놀림을 무력화시키기 기법을 계속 사용한다면, 결국은 놀리는 아이가 포기하고 다른 누군가를 찾아 갈 것이라는 것을 설명해 준다.

규칙 점검

NOTE : 청소년이 규칙을 따르는 데 많은 어려움이 있을 경우에만 회기 규칙을 다시 검토한다.

- 청소년이 집단의 규칙을 이야기하게 한다.
- 집단의 규칙을 기억하고 있는 청소년에게 포인트를 준다.

1. 다른 그룹 구성원의 말을 경청하기(다른 사람이 이야기할 때 말하지 않기)

2. 지시 따르기
3. 손을 들기(하고 싶은 말이 있을 때)
4. 존중하기(놀리거나 다른 사람을 비웃지 않기)
5. 만지지 않기(때리기, 차기, 밀기, 안기 등 하지 않기)

과제 점검

NOTE : 한 과제당 1점이 아니라, 과제의 **부분 요소**마다 점수를 준다.

1. **야외 스포츠 장비를 가져오기**
   a. 청소년들이 집단 구성원들과 함께할 수 있게 가져온 야외 스포츠 장비를 확인한다(예 : 농구공, 축구공, 배구공, 럭비공, 원반).
   b. 적절한 장비에 대해서만 점수를 준다.
   c. 주의가 산만해지는 것을 피하기 위해 보조 치료자가 청소년 회기 활동까지 아이템을 치워 놓는다.
2. **놀림 무력화시키기**
   a. 치료자 : 이번 주 과제 중 하나는 놀림 무력화시키기를 사용하는 것을 연습해 보는 것이었습니다. 우리는 놀림이 청소년들 사이에서 매우 일반적이라는 것을 알고 있기 때문에 여러분들 모두가 또래들이나 형제들, 또는 부모님들과의 연습을 통해 놀림 무력화시키기를 활용해 볼 기회가 있었을 것이라고 예상하고 있습니다. 이번 주에 놀림을 무력화시키기를 활용하는 것을 연습한 사람은 손을 들어 보세요.
      i. [NOTE : 이런 방식으로 소개하는 것은 놀림받은 것에 의해 체면을 잃지 않게 도와줄 것이다.]
   b. **놀림 무력화시키기**를 어떻게 사용했는지 청소년들이 이야기하게 한다.
      i. 다른 사람이 어떻게 자신을 놀렸는지 구체적으로 이야기하게 하지 말고, 청소년들의 반응에만 초점을 둔다.
   c. 발생 가능한 문제에 대해 해결법을 의논한다.
   d. 만약 아무도 이번 주에 **놀림 무력화시키기**를 사용해 보지 않았다면, 진도를 나가기 전에 **놀림 무력화시키기** 말대꾸를 이용한 몇 가지 반응을 생각해 보고 시연해 보이게 한다.
3. **함께 어울리기**
   a. 치료자 : 이번 주 중요한 과제는 친구와 함께 어울리기를 하는 것이었습니다. 이번 주에 함께 어울리기를 한 사람은 손을 드세요.

i. 과제를 완성한 청소년이 이야기해 보도록 하는 것으로 시작한다.

ii. 간단히 질문한다.

1. 누구와 함께 어울리기를 했나요?
2. 어디에서 함께 어울리기를 했나요?
3. 무엇을 할지 결정하기 위해서 집단 구성원이 아닌 사람에게 전화를 했나요?
4. 마무리할 때 무엇을 했나요?
5. 누가 활동을 선택했나요?(답은 손님이어야 함)
6. 함께 어울리기를 하는 총 시간의 50%를 정보를 교환하는 데 썼나요?
7. 즐거운 시간을 보냈나요?
8. 친구에게도 즐거운 시간이었나요?
9. 그 친구와 다시 함께 어울리기를 하고 싶은가요?

iii. 발생 가능한 문제에 대해 해결법을 의논한다.

4. **좋은 스포츠맨 되기**

a. 치료자 : 지난주에 우리는 좋은 스포츠맨 되기의 규칙에 대해 공부했습니다. 과제 중 하나는 이번 주 동안에 좋은 스포츠맨 되기 연습을 하는 것이었습니다. 이것은 함께 어울리기를 할 때, 학교 체육 시간, 방과 후 운동 활동 등에서 할 수 있습니다. 좋은 스포츠맨 되기를 한 사람은 손을 들어 보세요.

i. 다음을 간단히 질문한다.

1. 좋은 스포츠맨 되기를 어디에서 연습했나요?
2. 좋은 스포츠맨이라는 것을 보여 주기 위해 어떤 행동이나 말을 했나요?

ii. 발생 가능한 문제에 대해 해결법을 의논한다.

교육 : 괴롭힘과 나쁜 평판

설명 : 지난주에 우리는 놀림에 대해서 이야기하였고, 친구들이 말로 놀리는 상황을 어떻게 다루는지에 대해서 이야기했습니다. 우리는 이 반응을 '놀림 무력화시키기'라고 불렀습니다. 오늘 우리는 '놀림 무력화시키기'를 사용하는 것이 적절하지 않은 상황에서는 무엇을 할지에 대해서 이야기할 것입니다. 구체적으로 말하면 우리는 괴롭힘에 대처하는 방법과 평판을 바꾸는 방법에 대해서 이야기할 것입니다. 지난주처럼, 우리는 사람들이 여러분을 어떤 못된 방식으로 괴롭혔는지, 그리고 괴롭힘을 당할 때 어떻게 느꼈는지에 대해서는 이야기하지 않을 것입니다. 대신에 우리는 괴롭힘을 당하게 되는 상황에서 우리가 무엇을 할 수 있을지에 초점을 맞출 것입니다.

■ 다음 질문을 하고, 청소년들이 각자 나름의 설명들을 생각해 낼 수 있게 한다.

– 괴롭히는 아이란 무엇인가요?

- 대답 : 싸움을 걸거나, 사람들을 위협하거나, 폭행하는 사람들이다.

– 괴롭히는 아이는 다른 아이들에게 무엇을 하나요?

- 대답
    - ■ 신체적으로 공격하고(치고, 밀고, 차고, 침을 뱉고, 뺨을 때리는 등), 싸움을 걸고 때리면서 위협한다.
    - ■ 언어적으로 공격하고 놀리고 비웃거나 웃음거리로 만들고 상대방에 대한 나쁜 소문을 퍼뜨린다.
    - ■ 물건을 갈취하거나 사 오게 하고 훔치고 돈을 빼앗는다.
    - ■ 상대방을 이용하고 숙제를 빼앗아 가거나 자신의 숙제를 대신 하게 하고 자신을 위해 어떤 일을 하게 만든다.

– 괴롭히는 아이가 되는 것은 무엇이 문제일까요?

- 대답 : 괴롭히는 아이들은 종종 좋은 친구가 없고 문제를 일으키며 학교 성적이 좋지 않다.

– 괴롭히는 아이들과 함께 어울리는 것은 왜 잘못된 생각일까요?

- 대답 : 곤란에 빠질 수 있고 사람들이 우리도 괴롭히는 아이라고 생각하며 나쁜 평판을 얻을 수 있다.

– 여러분은 누군가가 괴롭히는 아이라는 것을 어떻게 아나요?

- 대답 : 그들은 평판이 나쁜 경우가 많다.

괴롭힘에 대처하기

괴롭힘에 대처하는 방법에 대한 규칙을 제시한다.

1. **튀지 않는다.**
    a. **치료자** : 괴롭힘에 대처하기 위한 규칙 중 하나는 튀지 않는 것입니다. 이것은 돌출 행동을 하지 않고 남들의 주의를 끄는 행동을 하지 않는 것을 의미합니다. 괴롭힘을 당할 때 튀지 않는 것이 왜 좋은 생각일까요?
        i. 대답 : 여러분이 괴롭히는 아이의 눈에 띄지 않는다면, 여러분을 괴롭히기 쉽지 않을 것이고, 그들은 다른 누군가에게로 갈 가능성이 많기 때문이다.
2. **괴롭히는 아이를 피한다.**
    a. **치료자** : 괴롭힘을 다루기 위한 또 다른 규칙은 괴롭히는 아이를 피하는 것입니다. 이것은 우리가 괴롭히는 아이 근처에 머물지 않는다는 것을 의미합니다. 예를 들면, 만약 여러분이 괴롭히는 아이의 사물함이 어디 있는지 안다면 여러분은 그 근처에 가는 것을 피해야 합니다. 또는 괴롭히는 아이

가 어디서 점심을 먹는지 안다면, 그곳에는 가지 않아야 합니다. 왜 괴롭히는 아이를 피하는 것이 좋은 생각일까요?

i. 대답 : 괴롭히는 아이가 여러분을 발견하지 못한다면, 당신을 괴롭힐 수 없기 때문이다.

b. 치료자 : 또한 괴롭히는 아이와 이야기하지 않고 괴롭히는 아이와 친구가 되려고 노력하지 않는 것이 중요합니다. 어떤 사람들은 괴롭히는 아이를 자기편으로 만들 수 있다고 생각하지만 이것은 거의 불가능합니다. 그것은 그저 괴롭히는 아이의 주의를 끌 뿐입니다. 괴롭히는 아이와 친구가 되거나 친해지려고 노력하는 것은 왜 잘못된 생각일까요?

i. 대답 : 아마도 별로 효과가 없을 것이다. 주의를 끌게 만들 뿐이고, 당신을 더 괴롭히게 될 것이다.

3. **괴롭히는 아이를 자극하지 않는다.**

a. 치료자 : 괴롭힘을 다루기 위한 또 다른 규칙은 괴롭히는 아이에게 놀림 무력화시키기를 사용하지 않는 것입니다. 놀림 무력화시키기를 사용하게 되면 괴롭히는 아이를 당황스럽게 하고 흥분하게 만들기 때문입니다. 우리는 신체적으로 괴롭히는 사람들이 아니라 언어적으로 놀리는 사람들에게만 놀림 무력화시키기를 사용해야 합니다. 만약 여러분이 어떤 전략을 사용해야 할지 잘 모르겠다면, 구별할 수 있도록 부모님들께서 도와주실 것입니다.

b. 질문 : 신체적으로 괴롭히는 아이에게 놀림 무력화시키기를 사용하는 것은 무엇이 문제일까요?

i. 대답 : 괴롭히는 아이들은 그 보복으로 더 공격적이 될 수 있다.

c. 치료자 : 또한 여러분은 괴롭히는 아이를 놀려서는 안 됩니다. 이것도 마찬가지로 괴롭히는 아이를 자극합니다. 괴롭히는 아이를 놀리는 것은 무엇이 문제일까요?

i. 대답 : 괴롭히는 아이들은 그 보복으로 더 공격적이 될 수 있다.

d. 치료자 : 우리는 괴롭히는 아이에게 실없는 장난을 치거나 그들을 웃음거리로 만들면 안 됩니다. 괴롭히는 아이에게 실없는 장난을 치거나 그들을 웃음거리로 만드는 것은 무엇이 문제일까요?

i. 대답 : 이것은 당신에게 괴롭히는 아이의 주의를 끌게 만든다.

e. 치료자 : 괴롭히는 아이에게 사소한 규칙위반을 일러바치거나 그들이 곤란에 처하게 하지 않도록 노력하는 것도 중요합니다. 이것은 괴롭히는 아이가 수업 중에 쪽지를 돌리거나 사소한 규칙들을 지키지 않는 것을 보더라도 그 아이들의 행동을 일러바치지 않아야 한다는 뜻입니다. 괴롭히는 아이들의 사소한 규칙위반을 일러바치는 것은 무엇이 문제가 될까요?

i. 대답 : 괴롭히는 아이들은 그 보복으로 더 공격적이 될 수 있다.

f. 설명 : 여러분은 괴롭히는 아이가 누군가에게 심각한 상처를 입힐 가능성이 있을 때만 개입을 해야 합니다. 예를 들면, 학교에 흉기를 가져오거나 누군가를 때리겠다고 위협하는 것과 같은 것들입니다. 만약 여러분이 괴롭히는 아이의 행동을 다른 사람에게 일러 주어야 한다면, 괴롭히는 아이가

여러분에게 보복하지 않도록 다른 친구들이 알아채지 못하게, 비밀스럽게 해야 합니다.

4. **다른 사람들과 어울리기**
   a. 치료자 : 괴롭힘을 다루기 위한 또 다른 전략은 다른 친구들과 친하게 지내는 것입니다. 이것은 여러분이 혼자 있지 않도록 해야 한다는 것을 의미합니다. 괴롭힘은 사람들이 혼자 있을 때나 무방비 상태일 경우에 일어나기 쉽습니다. 왜 다른 사람들과 함께 지내는 것이 중요할까요?
      i. 대답 : 당신을 보호해 줄 사람들이 주변에 있다면 당신을 괴롭히기 쉽지 않기 때문이다. 만약 혼자 있다면, 목표물이 되기 쉽다.

5. **만약 위험에 처했다면, 어른에게 도움을 요청한다.**
   a. 치료자 : 마지막으로, 만약 여러분이 위험에 처했다고 생각된다면, 부모님, 담임선생님, 교장선생님, 학생주임 선생님과 같은 어른들에게 도움을 요청해야 합니다. 만약 괴롭히는 아이가 신체적으로 여러분을 공격한다면(예 : 주먹을 날리거나 때리거나 발로 찬다면), 혹은 여러분을 때리겠다고 위협한다면, 여러분은 어른에게 도움을 청해야 한다는 뜻입니다. 왜 어른에게 도움을 청하는 것이 좋은 생각일까요?
      i. 대답 : 당신이 위험에 처하지 않아야 하기 때문이다. 어른들은 당신과 다른 친구들을 괴롭히는 아이로부터 안전하게 지키도록 도와줄 수 있기 때문이다.

■ 돌아가면서 각각의 청소년들에게 학교에서 적어도 1명의 괴롭히는 아이를 생각해 내도록 하고(그들이 이 아이에게 괴롭힘을 받고 있다는 것을 이야기할 필요는 없다.), 괴롭히는 아이로부터 괴롭힘을 당했을 경우에 사용할 수 있는 적어도 두 가지 전략을 선택하게 한다.
  – 청소년들은 교육에서 배운 전략들을 사용해야 한다.
  – 청소년들이 괴롭힘을 받고 있다는 것을 인정하는 것은 중요하지 않다.
  – 청소년들은 괴롭히는 아이의 이름을 공유하는 것을 즐거워하는 경우가 많다(마치 괴롭히는 아이를 폭로하는 것처럼).
    • 만약 청소년들이 불편해한다면 괴롭히는 아이의 이름을 밝힐 필요는 없다.
    • [NOTE : 만약 집단 내에 같은 학교에서 온 둘 이상의 청소년들이 있는 경우에는 학교에서 그 아이들을 찾아볼 수 있기 때문에 괴롭히는 아이들의 이름을 밝히지 않게 하는 것이 좋다.]
  – 괴롭힘을 당한 경험에 대해서, 너무 개인적인 내용은 이야기하지 않게 한다.
  – 다음 전략의 사용을 격려한다(둘 다 효과적이다.).
    • 괴롭히는 아이를 피하기
    • 다른 사람들과 친해지기
  – 발생 가능한 문제에 대해 해결법을 의논한다.

나쁜 평판

- 설명 : 지금까지 우리가 괴롭힘을 당하면 무엇을 할지에 대해서 이야기했습니다. 이제, 왜 사람들이 괴롭힘을 당하게 되는지, 그리고 여러분들이 괴롭히는 아이가 되면 무슨 일이 일어날지에 대해서 생각해 보는 것도 중요합니다. 괴롭히는 아이들은 종종 나쁜 평판을 가지지만, 반대로 괴롭힘을 당하는 사람들 또한 나쁜 평판을 갖는 경우가 있습니다.
- 다음 질문을 하고, 청소년들이 각자 나름의 설명들을 생각해 낼 수 있게 한다.
- 나쁜 평판이란 무엇일까요?
  - 대답 : 많은 또래 집단들 특정 사람에 대해 갖고 있는 좋은 않은 평가이다. 이것은 종종 어떤 특성이 다수의 사람들을 따르지 않을 때 생긴다(예 : 특이하거나 나쁜 행동, 기이한 외모 등).
- 단지 괴롭히는 아이들만 평판이 나쁠까요?
  - 대답 : 아니오. 놀림을 받거나 괴롭힘을 당하는 청소년들도 종종 평판이 나쁘다.
- 어떻게 하면 나쁜 평판을 얻게 되나요?
  - 대답
    - 신체적인 싸움을 하기
    - 다른 사람을 향해 공격적으로 행동하기(예 : 치기, 차기, 밀기 등)
    - 문제가 있는 청소년들과 친해지기
    - 선생님이나 어른들에게 말대답하기
    - 다른 청소년들을 놀리거나 괴롭히기
    - 학교에 결석하기
    - 나쁜 성적을 받고, 숙제를 안 하고, 선생님 말씀을 듣지 않기
    - 음주, 흡연, 약물 남용
    - 도벽, 기물 파손, 규칙 위반
    - 친구들을 고자질하기, 또래가 어른들에게 혼나게 만들기
    - 다른 친구들과 다르게 행동하는 것
      - 다른 옷을 입는 것
      - 다른 종류의 음악을 듣는 것
      - 보편적이지 않은 관심사를 가지는 것
      - 과도하게 이야기하는 것(대화를 독차지하기)
      - 다른 사람과 거의 이야기하지 않는 것(외톨이되기)
      - 선생님의 편애를 받는 것, 무엇이든 아는 것처럼 잘난 체하는 것
      - 유별난 행동들을 하는 것(자해적인 행동 분노 폭발/악담/고함치기)

- 나쁜 위생 상태
- 정서적인 폭발, 짜증, 소리 내어 울기, 격분하기

나쁜 평판을 바꾸기 위한 팁

- 설명 : 나쁜 평판을 바꾸는 것은 하기 매우 어렵고 대개 시간이 오래 걸리지만 결국 할 수 있습니다. 나쁜 평판을 바꾸기 위한 매우 구체적인 단계들이 있습니다. 이 단계 중 어느 단계 하나만으로 사람들이 여러분을 어떻게 바라보는지를 바꾸기는 어렵습니다. 대신에, 시간에 걸쳐 순서대로 따르는 것이 필요합니다. 여러분이 PEERS®에 참여하는 동안 그 모든 단계를 다 할 수는 없을 것입니다. 그러나 여러분의 부모님들은 여러분들과 똑같은 단계들을 배우게 되고, 이 집단이 끝나더라도 언제든지 여러분들을 도와줄 수 있을 것입니다.

나쁜 평판을 바꾸는 방법에 대한 단계를 제시한다.

1. **튀지 않는다.**
   a. 치료자 : 평판을 바꾸는 첫 번째 단계는 튀지 않는 것입니다. 이것은 여러분이 얼마 동안 돌출 행동을 하지 않고, 자신에게로 남의 주의를 끄는 행동을 하지 않는 것을 의미합니다. 이것은 여러분이 새로운 또래 집단과 어울리려고 시도하기 전에 여러분의 나빴던 평판이 차츰 잠잠해질 수 있는 기회를 줄 것입니다. 여러분의 평판이 나쁜 상태에서 새로운 친구 집단과 어울리려고 노력하는 것은 무엇이 문제일까요?
      i. 대답 : 새로운 친구 집단은 당신의 평판 때문에 당신과 연관되길 원하지 않을지도 모른다.
2. **다수를 따른다.**
   a. 치료자 : 평판을 바꾸기 위한 다음 단계는 다수에 따르는 것입니다. 이것은 여러분이 다수에게 자연스럽게 맞추려고 노력해야 한다는 것을 의미합니다. 여기에는 우정을 형성하는 좋은 행동들을 드러내 보여 주는 것도 포함됩니다. 예를 들면, 다른 청소년들과 공통적인 관심사를 찾는 것, 호의적으로 행동하는 것과 같은 것입니다. 이것은 또한 다수에서 튀지 않도록 노력하는 것도 포함합니다. 이것은 여러분이 다른 사람들로부터 어떤 특이한 방식으로 눈에 띄는 행동을 하지 말아야 한다는 뜻입니다. 여기에는 과도하게 감정적이거나, 공격적인 방식으로 행동하거나, 친구들의 사소한 규칙위반을 고자질하는 것과 같이 여러분을 곤란에 처할 수 있게 하는 행동들이 모두 포함됩니다. 또한 다른 사람들과 다른 옷차림을 하거나 자신만의 특정 관심사에 대해서 과도하게 이야기하는 것도 해당됩니다. 이러한 행동들은 모두 종종 나쁜 평판을 가져오게 될 것입니다.
   b. [NOTE : 청소년들이 종종 개성에 대해서 주장하기를 원하기 때문에, 이 단계에서는 청소년들과 논쟁을 벌이지 않는 것이 좋다. 개성은 중요하지만, 이 집단의 목적은 청소년들이 친구를 만들고 유지하는 것을 도와주는 것이다. 청소년기 동안의 친구 사귀

기에는 일반적으로 집단에 어울려 들어가는 것이 필요하다.]

3. **나쁜 평판을 바꾸기 위해 외모를 바꾼다.**
   a. 치료자 : 여러분이 자신의 평판을 해치는 일을 더 이상 하지 않는다는 것을 사람들이 알게 하는 가장 빠른 방법은 외모를 바꾸는 것입니다. 우리는 이것을 평판을 바꾸기 위해 외모를 바꾸는 것이라고 부릅니다. 때로는 다른 청소년들에게 맞추기 위해서 여러분의 외모를 변화시켜야 할 필요도 있습니다. 이것은 여러분이 되길 원하는 종류의 사람답게 옷 입는 방법을 찾는 것이기도 합니다. 만약 여러분이 조화되어 어울리길 원한다면, 여러분은 보편적이지 않은 과감한 패션을 피할 필요가 있습니다. 여러분의 머리 모양도 다른 청소년에게 맞춰 바꿀 필요가 있습니다. 다른 청소년들이 여러분의 외모에서 개선된 점을 알아차렸을 때, 그들은 어떻게 할까요?
      i. 대답 : 그들은 당신에게 접근해서 질문을 하기 시작한다. 그들은 당신이 달라진 어떤 점을 알아차리고 대개 그것에 대해 이야기할 것이다.
   b. **설명** : 여러분의 외모가 바뀜으로 인해서 여러분은 긍정적인 주목을 받게 됩니다. 그러나 이것은 한동안 튀지 않고 지난 뒤에 비로소 이루어져야 합니다. 외모를 바꾸는 것을 통해, 다른 사람들에게 여러분이 뭔가 새로워지고 향상되었다는 것을 알게 할 수 있습니다. 하지만 '외모 변신' 하나만으로 여러분의 평판을 바꿀 수 없습니다. 따라서 일단 사람들이 여러분의 변화를 알아차리기 시작하면, 여러분은 그것을 증명해 주어야 합니다. 대개 이것은 이전의 평판을 인정함으로써 가능해집니다. 외모를 가꾼 것 하나만으로 평판을 바꾸는 것이 충분하지 않은 이유는 무엇일까요?
      i. 대답 : 이전의 평판을 인정하고 사람들이 별로 좋아하지 않는 당신 자신의 어떤 점을 바꾸지 않으면 아무도 당신이 달라졌다는 것을 믿지 않는다.
4. **이전의 평판을 솔직하게 인정한다.**
   a. 치료자 : 평판을 바꾸기 위한 다음 단계는 이전의 평판을 인정하는 것입니다. 그것은 여러분의 평판에 대한 어떤 사실이라도 인정해야 한다는 것을 의미합니다. 일단 여러분이 뭔가 달라졌다는 것을 사람들이 알아차리게 되면, 당신이 변했다는 것, 그리고 이를 증명할 기회를 갖고 싶어 하고 있다는 것을 사람들에게 알려 주어야 합니다. 예를 들면, 누군가가 여러분의 이전의 나빴던 평판에 대해서 언급하면 여러분은 다음과 같이 반응할 수 있습니다. "나는 사람들이 나에 대해서 그렇게 생각했다는 것을 알고 있어. 하지만 지금은 달라졌어." 이전의 평판을 인정하는 것이 왜 중요할까요?
      i. 대답 : 그렇게 해야 당신이 방어적이지 않다는 것을 보여 주고, 변화되었을지 모른다는 것을 다른 사람들에게 알려 주기 때문이다.
   b. **설명** : 여러분에 대한 그들의 생각이 틀렸다는 것을 애써 입증하려고 "너는 나를 잘 알지 못했던 거야." 혹은 "나는 결코 그런 적 없었어." 등과 같이 말한다면 사람들은 여러분이 달라졌다는 것을 믿기가 어렵고, 여러분의 평판은 똑같이 유지될 것입니다.
5. **새로운 집단이나 무리를 찾는다.**

a. **치료자** : 평판을 바꾸기 위한 마지막 단계는 새로운 집단이나 무리를 찾는 것입니다. 여러분의 평판은 종종 여러분이 함께 어울리는 사람들에 의해 결정됩니다. 일단 여러분에 대한 나쁜 평판이 조금 잠잠해지면, 여러분에 대한 평판을 잘 모르거나 관심이 없는, 그리고 여러분과 공통 관심사를 나눌 친구들을 찾아야 합니다. 여러분에게 어울리는 집단이 어디일지 생각해 보고, 그 집단에서 친구를 만들도록 노력하는 것이 좋습니다. 여러분은 친구가 될 가능성이 많은 또래들을 찾기 위해 동아리, 팀, 유소년 집단과 같은 새로운 어떤 곳에 가야 할 수도 있습니다.

설명 : 평판을 바꾸기 위해서는 이 단계를 전부 하는 것이 필요합니다. 단지 한두 개만 한다면, 여러분의 평판은 변화하지 않을 것입니다. 또한 평판이 바뀌는 것은 하기 어렵고 시간이 걸리지만 반드시 할 수 있다는 것을 기억하십시오.

과제

- **이번 주에 해야 할 과제에 대해 간단히 설명한다.** 이번 주의 중요한 과제는 각자 1명 이상의 친구들과 함께 어울리기를 하는 것입니다. 함께 어울리기를 준비하기 위해서는 미리 전화 통화를 해야 할 수도 있습니다. 함께 어울리기를 하는 동안에 게임이나 운동을 하게 되면, 좋은 스포츠맨 되기를 연습합니다. 이번 주에 놀림받는 일이 발생했을 때 놀림 무력화시키기 기법을 연습합니다. 친구들 사이에서 놀리는 것은 일반적이므로, 누구에게나 이번 주 동안에 이런 상황이 일어날 수 있습니다. 또 기회가 있다면, 괴롭힘에 대처하는 전략과 평판을 바꾸는 전략을 시도해 보십시오. 다음 주는 야외로 나갈 것이므로, 집단에서 공유할 수 있는 야외 활동 장비 하나를 가져오십시오. 다시 말하면, 이번 주 과제는 다음과 같습니다.
  - 1명 이상의 친구들과 함께 어울리기를 합니다.
    - 함께 어울리기 약속을 정하기 위해서 집단 구성원이 아닌 사람과 통화를 합니다.
    - 무엇을 해야 할지 알기 위해서 정보를 교환합니다.
    - 만약 기회가 있다면 좋은 스포츠맨 되기를 연습합니다.
  - 만약 기회가 있다면 괴롭힘에 대처하기와 나쁜 평판 바꾸기를 연습합니다.
  - 만약 이번 주에 놀림을 당한다면, 오늘 찾아 본 반응들을 사용해서 놀림 무력화시키기를 연습해 봅니다.
  - 야외 스포츠 활동 장비를 가져옵니다.
    - 집단에서 할 수 있는 적절한 야외 스포츠 활동 장비를 가져옵니다(예 : 농구공, 축구공, 배구공, 핸드볼, 럭비공).
    - 혼자 하는 장비는 해당되지 않습니다.

청소년 활동 : 좋은 스포츠맨 되기와 야외 활동

NOTE : '청소년 활동 가이드' 규칙을 참고한다.

- 청소년들은 운동장에서 야외 게임과 스포츠를 할 것이다.
- 야외 게임은 청소년들이 가져온 적절한 **야외 스포츠 장비**와 치료팀에서 준비한 다른 도구들 중에서 선택한다.
- 공격적이거나 위험하지 않은 종목 가운데 청소년들이 종류를 선택하도록 한다.
- 어떤 청소년도 혼자서 게임을 하거나 고립되어 행동하지 않도록 한다.
- 청소년들은 **좋은 스포츠맨 되기**의 규칙을 연습하면서 포인트를 받는다.
  - 친구를 칭찬한다.
  - 심판관처럼 행동하지 않는다.
  - 코치가 되지 않는다.
  - 사이좋게 나누어 차례대로 한다.
  - 속임수를 쓰지 않는다.
  - 게임 중에 지나친 경쟁심을 보이지 않는다.
  - 친구가 다친다면 도와주고 걱정해준다.
  - 지루해지면 변화를 제안한다.
  - 이겼을 때 뽐내거나 진 사람을 고소해하지 않는다.
  - 졌을 때 삐치거나 화내지 않는다.
  - 게임이 끝날 때, "좋은 게임이었어." 또는 "잘 놀았어."라고 말한다.
- 청소년 집단 치료자와 보조 치료자는 '좋은 스포츠맨 되기 포인트 기록지(부록 H)'를 사용해서 포인트를 점검한다.

부모와 다시 만나기

- 청소년들에게 부모와 다시 만난다고 공지한다.
  - 청소년들은 각자의 부모 곁에 서 있거나 앉아 있도록 한다.
  - 다시 만나는 시간이 시작되기 전에, 조용히 하고 그룹에 완전히 집중하도록 한다.
- 치료자 : 오늘 우리는 괴롭힘에 대처하는 방법에 대해서 이야기를 나누었습니다. 괴롭힘에 대처하기 위한 규칙을 누가 말해 볼까요? [청소년들이 모두 규칙을 말하도록 한다. 필요하다면 촉진해 줄 준비를 한다.]
  - 튀지 않는다.
  - 괴롭히는 아이를 피한다.

- 괴롭히는 아이를 자극하지 않는다.
  - 신체적으로 괴롭히는 사람들이 아니라 언어적으로 놀리는 사람들에게만 **놀림 무력화시키기**를 사용한다.
- 다른 사람들과 어울린다.
- 만약 위험에 처했다면 어른에게 도움을 요청한다.

■ 치료자 : 오늘 우리는 평판을 바꾸는 것에 대해서 이야기를 나누었습니다. 평판을 바꾸기 위한 첫 번째 단계를 누가 말해 볼까요? [청소년들이 모두 규칙을 말하도록 한다. 필요하다면 촉진해 줄 준비를 한다.]

- 튀지 않는다.
  - 돌출 행동을 하지 않는다.
  - 남의 주의를 끄는 행동을 하지 않는다.
- 다수를 따른다.
  - 다수에게 자연스럽게 맞추려고 노력한다.
  - 다수로부터 튀지 않도록 노력한다.
- 나쁜 평판을 바꾸기 위해 외모를 바꾼다.
- 이전의 평판을 솔직하게 인정한다.
- 새로운 집단이나 무리를 찾는다.

■ 치료자 : 오늘 우리는 또한 야외 스포츠 활동을 하고, 좋은 스포츠맨 되기를 훌륭하게 연습했습니다. 열심히 연습한 친구들에게 박수를 쳐 주세요.

■ 다음 주까지의 과제를 확인하고(아래를 보세요.), 각각의 가족들이 개별적으로 분리되어서 다음을 협의한다.

- 함께 어울리기를 어디서 할 것인가, 함께할 활동, 누구와 함께할 것인가, 함께 어울리기를 하는 동안 부모님의 역할
- 다음 주에 야외 스포츠 활동 장비는 무엇을 가지고 올 것인가.

과제

1. 자녀들은 **함께 어울리기**를 위해 친구를 집에 초대해야 한다.
   a. **함께 어울리기** 위해 **집단 구성원이 아닌** 사람과 통화한다.
      i. **공통의 관심사**를 찾기 위해 정보를 교환한다.
      ii. **함께 어울리기**를 하는 동안 무엇을 할 것인지 결정한다.
   b. 부모님은 약간 거리를 두고 **함께 어울리기** 모임을 점검한다.
   c. 활동에 바탕을 둔 **함께 어울리기** 모임이어야 한다.

d. 게임을 할 때에는 **좋은 스포츠맨** 되기 활동을 연습해야 한다.
e. 초대한 친구와 함께 **정보**를 **교환**하도록 한다.
  i. **함께 어울리기**를 진행하는 총 시간의 50%는 **정보**를 **교환**하는 데 쓴다.
f. 처음 함께 어울리기를 할 때에는 약 2시간으로 제한한다(활동에 따라 조절 가능).

2. 기회가 있으면 **놀림 무력화시키기**를 연습한다.
   a. 부모와 자녀가 한 주 동안 **놀림 무력화시키기**를 연습한다.
   b. 자녀가 어떻게 **놀림 무력화시키기**를 사용했는지 반드시 함께 이야기해야 한다.
   c. **놀림 무력화시키기**는 일반적으로 형제자매와 함께 연습하는 것이 적절하다.
3. 집단 구성원과 함께 쓸 수 있는 **야외 스포츠 장비를 가져온다**(예 : 농구공, 축구공, 배구공, 럭비공, 원반 등).
   a. 혼자 하는 게임이나 장비는 가져오지 말 것
   b. 다음의 것은 가져오지 않는다.
      i. 집단 구성원과 함께 쓰고 싶지 않은 것
      ii. 파손 혹은 분실의 우려가 있는 것
4. 만약 기회가 있으면, **괴롭힘에 대처하기**나 **나쁜 평판 바꾸기**를 연습한다.
   a. 부모와 자녀가 함께 **괴롭힘에 대처하는** 방법을 의논한다.
   b. 부모와 자녀가 함께 **나쁜 평판을 바꾸는** 방법을 의논한다.

점수 계산

매주 다음 점수를 기록한다.

- 각 청소년들이 얻은 점수를 계산한다. 청소년들이 있을 때에 점수를 계산하지 않는다.
- 그룹이 얻은 총 점수를 합산한다.
  – 각각의 혹은 그룹의 총 점수를 밝히지 않는다.
  – 청소년들 사이에서 얻은 점수를 비교하려는 시도를 막는다.
- 더 크고 멋진 졸업 파티를 하기 위해서 청소년들이 그룹으로서 노력해야 한다는 것을 상기시킨다.

청소년 활동 가이드 : 11회기

"좋은 스포츠맨 되기와 야외 활동"

필요한 도구

- 청소년들이 가져온 야외 스포츠 장비
- 청소년들이 야외 스포츠 장비를 가지고 오는 것을 잊어버릴 것에 대비하여, 도구들을 같이 사용하게 하거나, 사용할 수 있는 도구들을 준비해 둔다.
  - 축구공
  - 농구공
  - 핸드볼
  - 원반

규칙

- 청소년들이 운동장에 도착했을 때 무엇을 할 것인지 협의하게 한다.
  - 가능한 게임의 예를 제시한다.
    - 농구
    - 축구
    - 배구
    - 핸드볼
    - 족구
    - 원반던지기
  - 만약 선수들이 충분하다면, 서로 다른 몇 가지 게임들을 하게 할 수 있다.
- 게임의 규칙을 설명한다.
  - 우리는 모든 스포츠 경기에 대해 '접촉하지 않기' 규칙이 있습니다. 과도하게 접촉하거나, 밀거나, 빼앗아 오지 않습니다.
  - 축구와 농구를 할 때는 공을 패스해야만 합니다.
  - 나쁜 스포츠맨이 될 때는 경고가 주어질 것입니다.
- 보조 치료자들은 특정 게임의 규칙을 청소년들에게 주기적으로 상기시켜 주어야 할 수도 있다.
  - 의견이 서로 다를 때 심판의 역할을 하지는 않는다.
  - 청소년들이 **좋은 스포츠맨**이 됨으로써 서로의 차이점을 조율하도록 돕는다.

- 청소년들이 **좋은 스포츠맨**이 되고 다른 선수를 **칭찬**해 주도록 촉진해야 할 수도 있다.
- **좋은 스포츠맨십**에 대해 포인트를 준다.
  - **친구를 칭찬한다.**
  - **심판관처럼 행동하지 않는다.**
  - **코치가 되지 않는다.**
  - **사이좋게 나누어 차례대로 한다.**
  - **속임수를 쓰지 않는다.**
  - **게임 중에 지나친 경쟁심을 보이지 않는다.**
  - **친구가 다친다면 도와주고 걱정해준다.**
  - **지루해지면 변화를 제안한다.**
  - **이겼을 때 뽐내거나 진 사람을 고소해하지 않는다.**
  - **졌을 때 삐치거나 화내지 않는다.**
  - **게임이 끝날 때, "좋은 게임이었어." 또는 "잘 놀았어."라고 말한다.**
- 보조 치료자는 청소년들이 포인트를 얻은 이유를 말해 주어야 한다(예 : "○○이는 칭찬을 해서 1점을 얻었습니다!").
  - 좋은 스포츠맨 되기 포인트 기록지(부록 H)에 점수를 기록한다.
  - 포인트를 줄 때 다른 청소년들이 들을 수 있을 정도로 크게 말한다.
    - 사회적 비교는 다른 청소년들을 **칭찬**하고 **좋은 스포츠맨**이 될 수 있게 격려하는 수단이다.

12회기

14

의견충돌 다루기

부모 치료자 가이드

부모 회기 가이드 라인

이번 회기를 시작할 때쯤에는, 부모가 초대된 청소년들과의 우정의 질을 평가할 수 있을 만큼 자녀들이 충분한 함께 어울리기 경험을 가지게 되었을 것이다. 부모들이 함께 어울리기가 자녀에게 얼마나 쉬운지, 자녀가 얼마나 편안함을 느끼는지(이상적으로는, 편안함뿐 아니라, 좀 더 기분이 고양되는지) 등의 측면에서 지난 몇 차례의 함께 어울리기를 비교해 보게 한다. 많은 경우에, 발달지연이 있는 청소년(특히 자폐증을 가진 청소년)은 비슷한 지연 문제를 가진 청소년과 함께하는 것을 더 편안하게 느낀다.

지난 몇 회기의 주요 초점이 서로 좋아하고 존중하는 다른 청소년들과의 함께 어울리기를 마련하는 것이었으므로, 그 밖의 다른 사람들과의 갈등은 줄어들었을 것이다. Laursen과 Koplas(1995)는 청소년들이 갈등의 빈도보다는 서로 간의 애정, 그리고 갈등의 해결에 좀 더 신경을 쓴다는 근거를 제시하였다. 협상을 하는 것은 갈등이 끝난 후에 화나는 감정을 덜 유발시킨다. 이 회기에서는 이런 결과들을 갈등과 의견충돌을 다루는 방법에 대한 교육과 접목시킨다. 청소년들은 간단한 해결 전략을 배워서 또래들과의 갈등 상황에 사용할 수 있다.

이번 회기의 수업 내용인 의견충돌 다루기는 많은 청소년들이 즉각적으로 적용해 보기에는 다소 제한이 있을 수 있다. 다른 모든 회기와 마찬가지로, 교육의 최대 효과는 회기 사이의 연습을 통해서 얻을 수 있다. 만약, 친구와 갈등적인 상호작용이 없다면, 자녀는 배운 기술을 연습해 보려고 시도하지 않을 것이다. 이런 경우에 부모는 집에서 자녀와 역할극을 통해 배운 기술을 연습해 볼 수 있고, 실제 형제자매간의 갈등 상황을 연습하는 기회로 삼을 수 있으며, 청소년이 친구들과 갈등이 있을 때 이 지침서에 의거하여 시행해 보게 할 수 있다.

과제 점검

1. **함께 어울리기**를 한다.
    a. **함께 어울리기**가 다음과 같이 이루어졌는지 확인한다.
        i. **함께 어울리기**가 활동에 바탕을 둔 모임이었나?
        ii. 부모님이 거리를 두고 함께 어울리기를 지켜보았나?
        iii. 함께 어울리기 진행 시간이 2시간을 넘지 않았나?(활동에 따라 조절 가능)
    b. 해당이 되는 경우에, 청소년이 **좋은 스포츠맨 되기**를 연습하였는지 확인한다.
    c. 청소년이 '손님'으로 온 친구와 함께 **정보**를 **교환**하고 **공통의 관심사**를 찾았는지 확인한다.
        i. 함께 어울리기를 진행하는 총 시간의 50%는 **정보**를 **교환**하는 데 쓴다.
2. **괴롭힘과 나쁜 평판에 대처하기**
    a. 해당이 되는 경우에, 부모가 다음의 사항을 보고하게 한다.
        i. 청소년이 **괴롭힘**에 **어떻게 대처**하였는가?
        ii. 자신에 대한 **좋지 않은 평판**을 바꾸기 위해 어떻게 하였는가?
            1. **튀지 않는다.**
            2. **다수를 따른다.**
                a. **다수에게 자연스럽게 맞추려고 노력한다.**
                b. **다수로부터 튀지 않도록 노력한다.**
            3. **나쁜 평판을 바꾸기 위해 외모를 바꾼다.**
            4. **이전의 평판을 솔직하게 인정한다.**
            5. **새로운 집단이나 무리를 찾는다.**
    b. 발생 가능한 문제에 대해 해결법을 의논한다.
3. **놀림 무력화시키기**
    a. 부모가 자녀와 함께 **놀림 무력화시키기**를 연습했는지 확인한다(필수는 아님).
    b. 부모가 **놀림 무력화시키기**를 어떻게 사용했는지에 대해 발표한다.
        i. **놀림 무력화시키기**는 친구 또는 형제자매들과 함께 사용했어도 된다.
    c. 발생 가능한 문제에 대해 해결법을 의논한다.
4. **야외 스포츠 장비 가져오기**

a. 집단 구성원과 함께 공유하기 위해 청소년이 가져온 야외 스포츠 장비를 확인한다 (예 : 야구공, 축구공, 배구공, 원반).
b. 적절한 장비를 가져왔을 때만 점수를 준다.

교육 : 의견충돌 다루기

- 부모용 유인물을 나누어 준다.
- 설명 : 오늘 우리는 의견충돌과 논쟁을 다루는 방법에 대해 이야기할 것입니다. 청소년들 사이의 의견충돌은 흔한 일이고, 가끔 일어나는 의견충돌로 인해 자녀의 우정이 끝나게 되지는 않습니다. 하지만, 그 부정적인 영향을 최소화하기 위해서 자녀가 친구들과의 의견충돌을 적절하게 다루는 방법을 아는 것이 중요합니다.
- 부모들이 돌아가면서 부모용 유인물을 읽게 한다.
- **굵게** 표시된 부분은 부모용 유인물에서 그대로 가져온 것이다.

의견충돌 다루기

1. 침착함을 유지한다.
   a. **마음의 평정을 유지한다.**
   b. **화내거나 흥분하지 않는다.**
      i. 크게 숨을 쉬거나 천천히 숫자를 세는 것이 필요할 수도 있다.
      ii. 이야기를 하기 전에 진정할 시간이 필요할 수도 있다.
2. 상대방의 말을 먼저 듣는다.
   a. **먼저 상대방의 입장을 귀 기울여 듣는다.**
   b. **이렇게 해야 무엇에 대해 의견충돌이 일어난 것인지 더 잘 이해할 수 있다.**
   c. **귀 기울여 듣는 것은 의사소통의 중요한 부분이고, 상대방의 관점을 이해하도록 도와준다.**
3. 상대방이 이야기한 것을 반복한다.
   a. **상대방이 한 이야기를 반복함으로써 당신이 상대방의 이야기를 귀 기울여 듣고 있다는 것을 알 수 있도록 한다.**
   b. 반복하는 말은 보통 다음과 같이 시작한다. "**너의 이야기를 들어 보니, 너는 (　　　)한 것 같다.**"
      i. **네가 속이 상한 것 같다.**
      ii. **네가 화가 난 것 같다.**
      iii. **네 기분이 상한 것 같다.**
   c. **예시**

i. **"네가 나에 대해 농담을 할 때 기분이 나빴어."**
 1. **반응 : "(네가 말하는 것을 들어 보니) 내가 너를 속상하게 한 것 같다."**
ii. **"네가 나를 놀릴 때 기분이 나빴어."**
 1. **반응 : "(네가 말하는 것을 들어 보니) 내가 말한 것이 너를 기분 나쁘게 만든 것 같다."**
iii. "네가 나에 대해 농담을 할 때 정말 실망스러웠어."
 1. 반응 : "(네가 말하는 것을 들어 보니) 내가 너를 기분 상하게 만든 것 같다."
iv. "모든 사람들 앞에서 네가 나를 비웃을 때 기분이 나빴어."
 1. 반응 : "(네가 말하는 것을 들어 보니) 내가 너를 기분 나쁘게 만든 것 같다."
v. "네가 그런 말을 했을 때 속이 상했어."
 1. 반응 : "(네가 말하는 것을 들어 보니) 내가 너를 속상하게 한 것 같다."
vi. "네가 다른 사람들에게 나의 비밀을 이야기하는 게 싫어."
 1. 반응 : "(네가 말하는 것을 들어 보니) 내가 너의 기분을 상하게 한 것 같다."

4. 당신의 입장에 대해 설명한다.
 a. **상대방이 오해한 것이 있다면 당신의 입장에 대해 설명한다.**
 b. **상대방이 틀렸다고 말하지 않는다.**
  i. **이것은 단지 상대방을 기분 나쁘게 만들 것이고 논쟁이 점점 심해질 수 있다.**
 c. **당신의 입장에 대해 차분하게 설명한다.**
5. 미안하다고 말한다.
 a. **누군가가 화가 나거나 슬프거나 기분이 상할 때 (네가 …하다면) 미안하다고 말하는 것이 도움이 된다.**
 b. **미안하다고 말하는 것이 당신이 뭔가를 잘못했다고 인정한다는 의미는 아니다.**
 c. **다른 사람이 그렇게 느끼는 것에 대해 미안하다고 간단히 말할 수 있다.**
  i. 예 :
   1. "네가 기분이 나빴다면 미안해."
   2. "네 기분이 언짢아 졌다면 미안해."
   3. "네가 나에게 화가 났다면 미안해."
   4. "네 기분이 상했다면 미안해."
   5. "이런 일이 생기게 되어 미안해."
6. 문제를 해결하려고 노력한다.
 a. 상대방에게 당신이 앞으로 어떻게 다르게 행동할 것인지 이야기한다.
  i. **예** :

1. "너를 다시 언짢게 하지 않도록 노력할 거야."
2. "너에 대해 농담하지 않도록 노력할 거야."
3. "너를 다시 곤란하게 하지 않도록 노력할 거야."

b. 당신이 어떻게 하기를 원하는지 상대방에게 물어본다.
   i. **예** :
      1. "내가 어떻게 하면 네 기분이 나아질 수 있을까?"
      2. "내가 어떻게 했으면 좋겠니?"
      3. "내가 어떻게 하면 이것이 해결될 수 있을까?"

c. (만약 당신이 상대방으로 인해 기분이 언짢다면) 상대방에게 원하는 것을 제안한다.
   i. **예** :
      1. "네가 다시 그렇게 하지 않았으면 좋겠어."
      2. "네가 다시는 그런 식으로 나를 당황스럽게 하지 않게 노력했으면 좋겠어."
      3. "네가 더 이상 나를 놀리지 않았으면 좋겠어."

d. 문제를 해결할 수 없다면
   i. 침착함을 유지하려고 노력한다.
   ii. 상대방이 자신의 잘못을 인정하기를 기대하지 않는다.
      1. 당신의 목표는 상대방이 사과하거나 잘못을 인정하도록 하는 것이 아니다.
      2. 당신의 목표는 의견충돌을 끝내려고 노력하는 것이다.

과제

부모 집단 치료자는 과제를 알려 주고, 부모들에게 있을 수 있는 어려운 점들을 논의한다.

1. 자녀들은 함께 어울리기를 위해 친구를 집에 초대해야 한다.
   a. 함께 어울리기 위해 집단 구성원이 아닌 사람과 통화한다.
      i. 공통의 관심사를 찾기 위해 정보를 교환한다.
      ii. 함께 어울리기를 하는 동안 무엇을 할 것인지 결정한다.
   b. 부모님은 약간 거리를 두고 함께 어울리기 모임을 점검한다.
   c. 활동에 바탕을 둔 함께 어울리기 모임이어야 한다.
   d. 만약 기회가 있으면, 좋은 스포츠맨 되기 활동을 연습한다.
   e. 초대한 친구와 함께 정보를 교환하도록 한다.
      i. 함께 어울리기를 진행하는 총 시간의 50%는 정보를 교환하는 데 쓴다.
   f. 처음 함께 어울리기를 할 때에는 약 2시간으로 제한한다(활동에 따라 조절 가능).

2. **기회가 있으면 놀림 무력화시키기를 연습한다.**
   a. **부모와 자녀가 한 주 동안 놀림 무력화시키기를 연습한다.**
   b. **자녀가 어떻게 놀림 무력화시키기를 사용했는지 반드시 함께 이야기해야 한다.**
      i. **놀림 무력화시키기는 일반적으로 형제자매와 함께 연습하는 것이 적절하다.**
3. **만약 기회가 있으면, 괴롭힘에 대처하기나 나쁜 평판 바꾸기를 연습한다.**
   a. **부모와 자녀가 함께 괴롭힘에 대처하는 방법을 의논한다.**
   b. **부모와 자녀가 함께 나쁜 평판을 바꾸는 방법을 의논한다.**
4. 야외 스포츠 장비 가져오기
   a. **집단 구성원과 함께 쓸 수 있는 야외 스포츠 장비를 가져온다(예 : 농구공, 축구공, 배구공, 럭비공, 원반 등).**
      i. **혼자 하는 게임이나 장비는 가져오지 말 것**
   b. **다음의 것은 가져오지 않는다.**
      i. **집단 구성원과 함께 쓰고 싶지 않은 것**
      ii. **파손 혹은 분실의 우려가 있는 것**
5. **이번 주에 기회가 된다면, 의견충돌 다루기를 연습한다.**
   a. **부모와 자녀는 의견충돌을 다룰 수 있는 방법을 의논한다.**
      i. **형제자매와의 의견충돌을 이용해서 연습할 수 있다.**
   b. **부모와 자녀가 역할놀이를 통해서 연습할 수 있다.**

공지사항 : PEERS®의 졸업식이 2주 뒤에 있습니다!

졸업식에 대한 안내

청소년 회기

- 졸업 파티는 청소년들을 위한 것이며, 청소년 치료실에서 졸업 파티가 열리게 될 것을 공지한다.
- 파티의 분위기를 보다 즐겁게 하기 위해 약간의 다과를 가져올 수 있도록 부모들에게 공지한다.
- 음식물은 보통 청소년 치료실에 둔다(부모 회기 동안 나누어 드실 음식도 가져오면 좋다.).
- PEERS® 팀은 저녁 식사와 음료를 준비한다(일반적으로 피자와 음료수).
- 치료팀은 졸업파티를 하는 동안 볼 수 있는, 청소년 관람 가능 등급의 DVD들을 준비한다.
- 치료팀은 또한 청소년들이 선택해서 즐길 수 있는 게임들을 준비한다.
- 청소년들은 파티 중 보고 싶은 영화와 게임을 투표로 결정할 것이다.

- 졸업파티에서 청소년들에게 상을 수여한다.

부모 회기

- 부모들은 평소대로 부모 교육에 참여하게 된다.
- 부모 집단 치료자는 앞으로의 방향에 대해 부모와 점검하고 논의하도록 한다.

졸업식

- 졸업식은 부모 교육실에서 열리게 될 것이다(또는 가장 큰 치료실).
- 부모와 다른 가족들이 모두 졸업식에 참석할 수 있다.
- 청소년들은 졸업식에서 졸업증서를 수여받는다.
- 사생활 보호를 위해 사진이나 동영상 촬영은 금지한다.
- 비밀 유지를 위해 졸업식에 참석하는 다른 가족들은 식이 시작되기 직전까지 로비에서 기다리도록 한다.

NOTE : 치료팀은 졸업식이 열리게 될 날짜와 시간 등 정확한 일정과 추후 평가 일정이 명시된 졸업 안내장을 12회기, 13회기 교육 시간에 나눠 줄 수 있도록 미리 준비한다. '졸업 안내장 견본'은 부록 I를 참고한다.

부모용 유인물 12 : 의견충돌 다루기

의견충돌 다루기

1. **침착함을 유지한다.**
   a. 마음의 평정을 유지한다.
   b. 화내거나 흥분하지 않는다.
2. **상대방의 말을 먼저 듣는다.**
   a. 먼저 상대방의 입장을 귀 기울여 듣는다.
   b. 이렇게 해야 무엇에 대해 의견충돌이 일어난 것인지 더 잘 이해할 수 있다.
   c. 귀 기울여 듣는 것은 의사소통의 중요한 부분이고, 상대방의 관점을 이해하도록 도와준다.
3. **상대방이 이야기한 것을 반복한다.**
   a. 상대방이 한 이야기를 반복함으로써 당신이 상대방의 이야기를 귀 기울여 듣고 있다는 것을 알 수 있도록 한다.
   b. **반복하는 말은 보통 다음과 같이 시작한다.** "너의 이야기를 들어 보니, 너는 (　　)한 것 같다."
      i. 네가 속이 상한 것 같다.
      ii. 네가 화가 난 것 같다.
      iii. 네 기분이 상한 것 같다.
   c. 예시
      i. "네가 나에 대해 농담을 할 때 기분이 나빴어."
         1. 반응 : "(네가 말하는 것을 들어 보니) 내가 너를 속상하게 한 것 같다."
      ii. "네가 나를 놀릴 때 기분이 나빴어."
         1. 반응 : "(네가 말하는 것을 들어 보니) 내가 말한 것이 너를 기분 나쁘게 만든 것 같다."
4. **당신의 입장에 대해 설명한다.**
   a. 상대방이 오해한 것이 있다면 당신의 입장에 대해 설명한다.
   b. 상대방이 틀렸다고 말하지 않는다.
      i. 이것은 단지 상대방을 기분 나쁘게 만들 것이고 논쟁이 점점 심해질 수 있다.
   c. 당신의 입장에 대해 차분하게 설명한다.
5. **미안하다고 말하기**
   a. 누군가가 화가 나거나 슬프거나 기분이 상할 때 (네가 …하다면) 미안하다고 말하는

것이 도움이 된다.

b. 미안하다고 말하는 것이 당신이 뭔가를 잘못했다고 인정한다는 의미는 아니다.

c. 다른 사람이 그렇게 느끼는 것에 대해 미안하다고 간단히 말할 수 있다.

6. **문제를 해결하려고 노력한다.**
   a. **상대방에게 당신이 앞으로 어떻게 다르게 행동할 것인지 이야기한다.**
      i. 예 :
         1. "너를 다시 언짢게 하지 않도록 노력할 거야."
         2. "너에 대해 농담하지 않도록 노력할 거야."
         3. "너를 다시 곤란하게 하지 않도록 노력할 거야."
   b. **당신이 어떻게 하기를 원하는지 상대방에게 물어본다.**
      i. 예 :
         1. "내가 어떻게 하면 네 기분이 나아질 수 있을까?"
         2. "내가 어떻게 했으면 좋겠니?"
         3. "내가 어떻게 하면 이것이 해결될 수 있을까?"
   c. (만약 당신이 상대방으로 인해 기분이 언짢다면) **상대방에게 원하는 것을 제안한다.**
      i. 예 :
         1. "네가 다시 그렇게 하지 않았으면 좋겠어."
         2. "네가 다시는 그런 식으로 나를 당황스럽게 하지 않게 노력했으면 좋겠어."
         3. "네가 더 이상 나를 놀리지 않았으면 좋겠어."
   d. 문제를 해결할 수 없다면
      i. 침착함을 유지하려고 노력한다.
      ii. 상대방이 자신의 잘못을 인정하기를 기대하지 않는다.
         1. 당신의 목표는 상대방이 사과하거나 잘못을 인정하도록 하는 것이 아니다.
         2. 당신의 목표는 의견충돌을 끝내려고 노력하는 것이다.

과제

1. 자녀들은 **함께 어울리기**를 위해 친구를 집에 초대해야 한다.
   a. **함께 어울리기** 위해 **집단 구성원이 아닌** 사람과 통화한다.
      i. **공통의 관심사**를 찾기 위해 **정보**를 **교환**한다.
      ii. **함께 어울리기**를 하는 동안 무엇을 할 것인지 결정한다.
   b. 부모님은 약간 거리를 두고 **함께 어울리기** 모임을 점검한다.
   c. 활동에 바탕을 둔 **함께 어울리기** 모임이어야 한다.

d. 만약 기회가 있으면, **좋은 스포츠맨 되기** 활동을 연습한다.
e. 초대한 친구와 함께 **정보를 교환**하도록 한다.
i. **함께 어울리기**를 진행하는 총 시간의 50%는 **정보를 교환**하는 데 쓴다.
f. 처음 **함께 어울리기**를 할 때에는 약 2시간으로 제한한다(활동에 따라 조절 가능).

2. 기회가 있으면 **놀림 무력화시키기**를 연습한다.
a. 부모와 자녀가 한 주 동안 **놀림 무력화시키기**를 연습한다.
b. 자녀가 어떻게 **놀림 무력화시키기**를 사용했는지 반드시 함께 이야기해야 한다.
i. **놀림 무력화시키기**는 일반적으로 형제자매와 함께 연습하는 것이 적절하다.

3. 만약 기회가 있으면, **괴롭힘에 대처하기**나 **나쁜 평판 바꾸기**를 연습한다.
a. 부모와 자녀가 함께 **괴롭힘에 대처하는** 방법을 의논한다.
b. 부모와 자녀가 함께 **나쁜 평판을 바꾸는** 방법을 의논한다.

4. **야외 스포츠 장비 가져오기**
a. 집단 구성원과 함께 쓸 수 있는 야외 스포츠 장비를 가져온다(예 : 농구공, 축구공, 배구공, 럭비공, 원반 등).
i. 혼자 하는 게임이나 장비는 가져오지 말 것
b. 다음의 것은 가져오지 않는다.
i. 집단 구성원과 함께 쓰고 싶지 않은 것
ii. 파손 혹은 분실의 우려가 있는 것

5. 이번 주에 기회가 된다면, **의견충돌 다루기**를 연습한다.
a. 부모와 자녀는 의견충돌을 다룰 수 있는 방법을 의논한다.
i. 형제자매와의 의견충돌을 이용해서 연습할 수 있다.
b. 부모와 자녀가 역할놀이를 통해서 연습할 수 있다.

공지사항 : PEERS®의 졸업식이 2주 뒤에 있습니다!

청소년 치료자 가이드 – 12회기 : 의견충돌 다루기

청소년 회기 가이드 라인

이번 회기의 목적은 청소년이 또래와의 의견충돌을 다루는 기술을 가르치는 것이다. 오해와 의견충돌은 청소년 사이에서는 흔한 일이고, 어쩌다 일어나는 정도로는 교우관계가 끝나는 것으로 이어지지는 않는다. 하지만 논쟁을 해결하는 기술이 부족한 일부 청소년들은 의견충돌이 벌어졌을 때 해결해 나가는 방법을 모르고 결국 교우관계를 끝내는 쪽을 선택하기도 한다. 이것은 ASD 청소년에서 특징적이기도 한데, 이들 청소년들은 융통성이 부족하고 유연하게 사고하지 못하는 경향이 있기 때문이다. 이번 회기의 중요한 목표는 때로는 친구와 논쟁하게 되더라도 교우관계를 끝내야 하는 것은 아니라는 것을 청소년들이 이해하도록 도와주는 것이다. 오히려 간헐적인 의견충돌이 있더라도 갈등의 적절한 해결을 통해 교우관계가 지속될 수 있다. 단, 특정 친구와 빈번하게 갈등을 겪는다면 그 청소년의 교우관계 선택이 적절한지 다시 평가할 필요가 있다.

이번 회기에서는 집단의 종결 과정이 시작된다. 회기 마지막에 청소년 집단의 치료자는 청소년들에게 단지 2회기만이 남았다는 것을 알려 주게 된다. 일부 청소년은 이 소식에 놀랄 것이고, 많은 경우는 실망을 표현할 것이다. 많은 청소년들이 다른 집단 구성원과 가까운 관계를 발전시켜 왔을 것이고, 정기적으로 이 친구들을 볼 수 없다는 생각에 불안감과 슬픔을 느낄 것이다. 청소년들이 집단 밖에서 서로 어울리고, 함께 어울리는 모임을 계획해도 되는지에 대한 질문이 생길 수 있다. 프로그램에서는 치료 과정 중에 집단 구성원들과 따로 모임을 하는 것을 금지하고 있지만, 적절한 경우, 그리고 부모가 허락한 경우에는 일부 청소년들이 치료 후에 서로 연락을 하며 지내는 것은 가능하다. 단, 치료팀이 이런 치료 후의 관계 유지에 관여하지 않는 것이 중요하다. 왜냐하면 이 프로그램의 목표는 친구를 서로 연결해 주는 것이 아니라, 청소년들이 교육과 연습을 통해서 새로운 기술을 익히도록 하는 것이기 때문이다.

규칙 점검

NOTE : 청소년이 규칙을 따르는 데 많은 어려움이 있을 경우에만 회기 규칙을 다시 검토한다.

- 청소년이 집단의 규칙을 이야기하게 한다.
- 집단의 규칙을 기억하고 있는 청소년에게 포인트를 준다.

1. 다른 그룹 구성원의 말을 경청하기(다른 사람이 이야기할 때 말하지 않기)
2. 지시 따르기
3. 손을 들기(하고 싶은 말이 있을 때)

4. 존중하기(놀리거나 다른 사람을 비웃지 않기)
5. 만지지 않기(때리기, 차기, 밀기, 안기 등 하지 않기)

과제 점검

NOTE : 한 과제당 1점이 아니라, 과제의 **부분 요소**마다 점수를 준다.

1. **야외 스포츠 장비 가져오기**
    a. 청소년들이 집단 구성원들과 함께할 수 있게 가져온 야외 스포츠 장비를 확인한다(예 : 농구공, 축구공, 배구공, 럭비공, 원반).
    b. 적절한 장비에 대해서만 점수를 준다.
    c. 주의가 산만해지는 것을 피하기 위해 보조 치료자가 청소년 회기 활동까지 아이템을 치워 놓는다.
2. **괴롭힘과 나쁜 평판에 대처하기**
    a. 치료자 : 이번 주 과제 중 하나는 괴롭힘에 대처하는 것을 연습하는 것이었습니다. 이번 주에 괴롭힘에 대한 전략을 한번 이상 사용해 본 적이 있는 사람은 손을 들어 보세요.
        i. 청소년들이 괴롭힘에 대처한 것에 대해 이야기해 보도록 한다.
        ii. 발생 가능한 문제에 대해 해결법을 의논한다.
        iii. 괴롭힘에 대처하기에 관련하여 아무런 전략도 사용해 보지 않았다면, 선택할 수 있는 것들에 대해 이야기해 보도록 한다.
    b. 치료자 : 또 다른 과제는 자신에 대한 좋지 않은 평판을 바꾸기 위한 단계를 시작하는 것이었습니다. 평판을 바꾸기 위해 뭔가 새로운 것을 해 본 사람은 손을 드세요.
        i. 청소년이 자신의 평판을 바꾸기 위해 노력한 일에 대해 이야기하도록 한다.
            1. [NOTE : 이 부분에서 변화를 위해 노력한 일을 보고하는 청소년은 매우 드물 것이다. 일부 청소년들은 다음 단계로 진행할 수 있을 때까지 잠시 동안 튀지 않으려고 노력하는 것 정도를 해 보았을 수 있다.]
        ii. 만약 청소년들이 이번 주에 나쁜 평판을 바꾸기 위한 전략을 사용하지 않았다면, 이를 위한 단계들을 점검하게 한다.
            1. **튀지 않는다.**
            2. **다수를 따른다.**
                a. **다수에게 자연스럽게 맞추려고 노력한다.**
                b. **다수로부터 튀지 않도록 노력한다.**
            3. **나쁜 평판을 바꾸기 위해 외모를 바꾼다.**

4. 이전의 평판을 솔직하게 인정한다.
5. 새로운 집단이나 무리를 찾는다.

3. 놀림 무력화시키기
   a. 치료자 : 이번 주 과제 중 하나는 놀림 무력화시키기를 사용하는 것을 연습해 보는 것이었습니다. 우리는 놀림이 청소년들 사이에서 매우 일반적이라는 것을 알고 있기 때문에 여러분들 모두가 또래들이나 형제들, 또는 부모님들과의 연습을 통해 놀림 무력화시키기를 활용해 볼 기회가 있었을 것이라고 예상하고 있습니다. 이번 주에 놀림을 무력화시키기를 활용하는 것을 연습한 사람은 손을 들어 보세요.
      i. [NOTE : 이런 방식으로 소개하는 것은 놀림받은 것에 의해 체면을 잃지 않게 도와줄 것이다.]
   b. **놀림 무력화시키기**를 어떻게 사용했는지 청소년들이 이야기하게 한다.
      i. 다른 사람이 어떻게 자신을 놀렸는지 구체적으로 이야기하게 하지 말고, 청소년들의 반응에만 초점을 둔다.
   c. 발생 가능한 문제에 대해 해결법을 의논한다.
   d. 만약 아무도 이번 주에 **놀림 무력화시키기**를 사용해 보지 않았다면, 진도를 나가기 전에 **놀림 무력화시키기** 말대꾸를 이용한 몇 가지 반응을 생각해 보고 시연해 보이게 한다.

4. 함께 어울리기
   a. 치료자 : 이번 주 중요한 과제는 친구와 함께 어울리기를 하는 것이었습니다. 이번 주에 함께 어울리기를 한 사람은 손을 드세요.
      i. 과제를 완성한 청소년이 이야기해 보는 것으로 시작한다.
      ii. 간단히 질문한다.
         1. 누구와 함께 어울리기를 했나요?
         2. 어디에서 함께 어울리기를 했나요?
         3. 무엇을 할지 결정하기 위해서 집단 구성원이 아닌 사람에게 전화를 했나요?
         4. 마무리할 때 무엇을 했나요?
         5. 누가 활동을 선택했나요?(답은 손님이어야 함)
         6. 함께 어울리기를 하는 총 시간의 50%를 정보를 교환하는 데 썼나요?
         7. 좋은 스포츠맨 되기를 연습하였나요?(기회가 있었다면)
            a. 좋은 스포츠맨이 되기 위해 어떻게 행동했나요?
         8. 즐거운 시간을 보냈나요?
         9. 친구에게도 즐거운 시간이었나요?

10. 그 친구와 다시 함께 어울리기를 하고 싶은가요?

iii. 발생 가능한 문제에 대해 해결법을 의논한다.

교육 : 의견충돌 다루기

- 설명 : 오늘 우리는 의견충돌과 논쟁을 다루는 것에 대해 이야기할 것입니다. 친구와의 의견충돌은 흔한 일이며, 간혹 의견충돌이 일어난다고 해서 우정이 끝나서는 안 됩니다. 그러나, 만약 당신이 친구와 빈번하게, 격렬한 논쟁을 한다면, 이 사람이 당신에게 맞는 친구인지 잘 생각해 보아야 합니다. 때때로 의견충돌이 생기는 것은 흔하기 때문에, 부정적인 영향을 최소화하기 위해서 친구와의 의견충돌을 어떻게 적절하게 다루어야 하는지 아는 것은 중요합니다.
- 의견충돌을 다루는 아래의 단계들을 제시한다.

1. **침착함을 유지한다.**
   a. 치료자 : 친구와 의견충돌을 다루는 첫 번째 단계는 침착함을 유지하는 것입니다. 이것은 여러분이 차분하게 마음의 평정을 유지하며, 화내거나 흥분하지 않아야 한다는 것을 의미합니다. 깊게 심호흡을 하거나 혼자서 천천히 숫자를 셀 수도 있고 또는 말하기 전에 침착성을 유지할 시간을 가져야 할 수도 있습니다. 의견충돌이 있을 때 침착함을 유지하는 것이 왜 중요할까요?
      i. 대답 : 만약 침착함을 잃게 되면, 후회할 말을 하거나 친구 관계를 망칠 수 있기 때문이다.
2. **상대방의 말을 먼저 듣는다.**
   a. 치료자 : 친구와 의견충돌을 다루는 다음 단계는 이야기를 귀 기울여 듣는 것입니다. 우리의 의견을 말하기 전에 먼저 상대방의 입장을 잘 들어 보아야 합니다. 이렇게 해야 무엇에 대해 의견충돌이 일어난 것인지 더 잘 이해할 수 있습니다. 왜 상대방의 말을 먼저 귀 기울여 듣는 것이 중요할까요?
      i. 대답 : 듣는 것은 의사소통의 중요한 부분이고, 상대방의 관점을 이해하도록 도와주기 때문이다.
3. **상대방이 이야기한 것을 반복한다.**
   a. 치료자 : 다음 단계는 상대방이 한 이야기를 반복해서 이야기함으로써 당신이 상대방의 이야기를 귀 기울여 듣고 있다는 것을 상대방이 알 수 있도록 하는 것입니다. 왜 상대방의 이야기를 반복하는 것이 중요할까요?
      i. 대답 : 당신이 귀 기울여 듣고 있다는 것을 상대방에게 보여 주고, 당신이 신경 쓰고 있다는 것을 느끼게 하며, 상대방의 이야기를 들어준다고 느끼게 한다.
   b. 설명 : 반복하는 말은 보통 다음과 같이 시작합니다. "너의 이야기를 들어 보니, 너는 (　　　)한 것 같다."
      i. 네가 속이 상한 것 같다.

ii. 네가 화가 난 것 같다.

iii. 네 기분이 상한 것 같다.

c. 예시

i. "네가 나에 대해 농담을 할 때 기분이 나빴어."

1. 반응 : "(네가 말하는 것을 들어 보니) 내가 너를 속상하게 한 것 같다."

ii. "네가 나를 놀릴 때 기분이 나빴어."

1. 반응 : "(네가 말하는 것을 들어 보니) 내가 말한 것이 너를 기분 나쁘게 만든 것 같다."

iii. "네가 나에 대해 농담을 할 때 정말 실망스러웠어."

1. 반응 : "(네가 말하는 것을 들어 보니) 내가 너를 기분 상하게 만든 것 같다."

iv. "모든 사람들 앞에서 네가 나를 비웃을 때 기분이 나빴어."

1. 반응 : "(네가 말하는 것을 들어 보니) 내가 너를 기분 나쁘게 만든 것 같다."

v. "네가 그런 말을 했을 때 속이 상했어."

1. 반응 : "(네가 말하는 것을 들어 보니) 내가 너를 속상하게 한 것 같다."

vi. "네가 다른 사람들에게 나의 비밀을 이야기하는 게 싫어."

1. 반응 : "(네가 말하는 것을 들어 보니) 내가 너의 기분을 상하게 한 것 같다."

4. **당신의 입장에 대해 설명한다.**

a. 치료자 : 다음 단계는, 오해가 있다면 당신의 입장에 대해 설명하는 것입니다. 많은 사람들이 처음부터 이 단계로 건너뜁니다. 하지만 여러분은 이 단계를 하기 전에 우선 침착함을 유지하고, 이야기를 귀 기울여 듣고, 상대방이 말하는 것을 반복해야 합니다. 당신의 입장에 대해 설명할 때에는 상대방이 틀렸다고 말하지 말아야 합니다. 대신, 차분하게 여러분의 입장에 대해 설명합니다. 상대방이 틀렸다고 말하지 말아야 하는 이유는 무엇일까요?

i. 대답 : 이것은 상대방을 화나게 하고, 논쟁을 점점 심하게 만들 뿐이다. 이럴 때 상대방은 동의하지 않을 가능성이 높고, 대부분은 당신에게 더 화를 낼 것이다.

5. **미안하다고 말한다.**

a. 치료자 : 친구와 의견충돌을 해결하기 위한 다음 단계는 미안하다고 말하는 것입니다. 누군가가 화가 나거나 슬프거나 기분이 상했을 때 (네가 …하다면) 미안하다고 말하는 것이 도움이 됩니다. 왜 누군가 기분이 상했을 때 미안하다고 말하는 것이 중요할까요?

i. 대답 : 왜냐하면 상대방이 기분이 나쁘고, 상대방의 기분이 나쁘게 된 것에 대해 미안하다는 것을 인정하기를 원하기 때문이다. 때로는 당신이 미안하다고 말할 때까지 논쟁이 끝나지 않을 수도 있다.

b. 설명 : 미안하다고 말하는 것이 여러분이 뭔가를 잘못했다고 인정한다는 의미는 아닙니다. 다른

사람이 그렇게 느끼는 것에 대해 미안하다고 간단히 말할 수 있습니다.

i. 예 :

1. "네가 기분이 나빴다면 미안해."
2. "네 기분이 언짢아 졌다면 미안해."
3. "네가 나에게 화가 났다면 미안해."
4. "네 기분이 상했다면 미안해."
5. "이런 일이 생기게 되어 미안해."

6. **문제를 해결하려고 노력한다.**

a. 치료자 : 의견충돌을 다루는 마지막 단계는 문제를 해결하려고 노력하는 것입니다. 이것은 몇 가지 방법으로 할 수 있습니다.

i. **상대방에게 당신이 앞으로 어떻게 다르게 행동할 것인지 이야기한다.**

1. 예 :

a. "너를 다시 언짢게 하지 않도록 노력할 거야."
b. "너에 대해 농담하지 않도록 노력할 거야."
c. "너를 다시 곤란하게 하지 않도록 노력할 거야."

ii. **당신이 어떻게 하기를 원하는지 상대방에게 물어본다.**

1. 예 :

a. "내가 어떻게 하면 네 기분이 나아질 수 있을까?"
b. "내가 어떻게 했으면 좋겠니?"
c. "내가 어떻게 하면 이것이 해결될 수 있을까?"

iii. (만약 당신이 상대방으로 인해 기분이 언짢다면) **상대방에게 원하는 것을 제안한다.**

1. 예 :

a. "네가 다시 그렇게 하지 않았으면 좋겠어."
b. "네가 다시는 그런 식으로 나를 당황스럽게 하지 않게 노력했으면 좋겠어."
c. "네가 더 이상 나를 놀리지 않았으면 좋겠어."

b. 문제를 해결할 수 없다면 침착함을 유지하려고 노력해야 한다.

i. 설명 : 만약 문제를 해결할 수 없다면, 침착함을 유지하려고 노력해야 합니다. 상대방이 잘못을 인정하기를 기대하지 마십시오. 당신의 목표는 상대방이 사과하거나 잘못을 인정하도록 하는 것이 아닙니다. 당신의 목표는 의견충돌을 끝내는 것입니다.

역할극

■ 청소년 집단 치료자와 보조 치료자는 친구들 사이의 의견충돌에 대한 적절한 역할극을

보여 준다.

- 의견충돌을 다루는 각 단계는 각각 따로 보여야 하고, 각 단계에 새로운 단계를 더해서 연속적으로 보여지게 한다.
- 청소년 사이에 벌어지는 전형적인 의견충돌을 여러 번 보여 줄 것이며, 매번 할 때마다 새로운 단계를 추가하여 보여 줄 것이라고 설명한다.
  - 이렇게 하면 각 단계가 연속적으로 일어나는 것의 중요성을 보여 줄 수 있다.
- 의견충돌을 다루는 처음 두 단계는 **침착성을 유지하는 것**과 **상대방의 말을 먼저 듣는 것**이라고 설명한다.
  - 치료자 : 잘 보고 내가 어떤 단계를 따라가고 있는지 이야기해 주세요.
    - ■ 침착성을 유지하고 상대방의 이야기를 먼저 듣는 것을 시연해 보여 준다.

■ 적절한 역할극의 예 :

보조 치료자 : "○○야, 나 너 때문에 정말 화가 났어! ○○(제3자의 이름)가 그러는데 네가 내 뒤에서 험담을 하고, 내가 수학 시험을 망쳐서 벌을 받았다고 모두에게 말했다더라."

청소년 집단 치료자 : (침착성을 유지하고, 화 내지 않고 귀 기울여 듣는다.)

보조 치료자 : "네가 모두에게 그걸 말했다니 믿을 수가 없어! 그건 비밀이었잖아. 이제는 모두가 다 알게 되었어. 그건 너무 나빠."

청소년 집단 치료자 : (침착성을 유지하고, 화내지 않고 귀 기울여 듣는다.)

- 치료자 : 잠시 중단할게요. 내가 어떤 단계를 했었나요?
  - ■ 대답 : 침착성을 유지하기, 먼저 상대방의 말을 귀 기울여 듣기
- 질문 : 논쟁이 끝난 것 같나요?
  - ■ 대답 : 아니오.

- 다음 단계는 **상대방의 말을 따라서 반복하기**라고 설명한다.
  - 치료자 : 잘 보고 내가 어떤 단계를 따라가고 있는지 이야기해 주세요.
    - ■ 침착성을 유지하고 상대방의 이야기를 먼저 듣고, "너는 (　　)한 것 같다."고 말하며 상대방이 이야기한 것을 반복하는 것을 시연해 보여 준다.

보조 치료자 : "○○야, 나 너 때문에 정말 화가 났어! ○○(제3자의 이름)가 그러는데 네가 내 뒤에서 험담을 하고, 내가 수학 시험을 망쳐서 벌을 받았다고 모두에게 말했다더라."

청소년 집단 치료자 : (침착성을 유지하고, 화내지 않고 귀 기울여 듣는다.)

보조 치료자 : "네가 모두에게 그걸 말했다니 믿을 수가 없어! 그건 비밀이었잖아. 이제는 모두가 다 알게 되었어. 그건 너무 나빠."

청소년 집단 치료자 : (침착성을 유지하고, 화내지 않고 귀 기울여 듣는다.)

청소년 집단 치료자 : "너는 나에게 정말 화가 많이 난 것 같구나."

보조 치료자 : "그래. 나 정말 화가 났어! 내가 너한테 그건 비밀이라고 말했잖아. 넌 말하지 않을 줄 알았어. 이제 모두들 내 일을 알고 나를 놀리고 있어."

청소년 집단 치료자 : (기분이 나쁜 것처럼 보인다.)

- 치료자 : 잠시 중단할게요. 내가 어떤 단계를 했었나요?
  - 대답 : 침착성을 유지하기, 먼저 상대방의 말을 귀 기울여 듣기, 상대방이 이야기한 것을 반복하기
- 질문 : 논쟁이 끝난 것 같나요?
  - 대답 : 아니오.

– 다음 단계는 **자신의 입장에 대해 설명하기**라고 이야기한다.

- 치료자 : 잘 보고 내가 어떤 단계를 따라가고 있는지 이야기해 주세요.
  - 침착성을 유지하고, 상대방의 말을 먼저 듣고, "너는 (   )한 것 같다."고 말하며 상대방이 이야기한 것을 반복하고, 자신의 입장을 설명하는 것을 보여준다.

보조 치료자 : "○○야, 나 너 때문에 정말 화가 났어! ○○(제3자의 이름)가 그러는데 네가 내 뒤에서 험담을 하고, 내가 수학 시험을 망쳐서 벌을 받았다고 모두에게 말했다더라."

청소년 집단 치료자 : (침착성을 유지하고, 화내지 않고 귀 기울여 듣는다.)

보조 치료자 : "네가 모두에게 그걸 말했다니 믿을 수가 없어! 그건 비밀이었잖아. 이제는 모두가 다 알게 되었어. 그건 너무 나빠."

청소년 집단 치료자 : (침착성을 유지하고, 화내지 않고 귀 기울여 듣는다.)

청소년 집단 치료자 : "너는 나에게 정말 화가 많이 난 것 같구나."

보조 치료자 : "그래. 나 정말 화가 났어! 내가 너한테 그건 비밀이라고 말했잖아. 넌 말하지 않을 줄 알았어. 이제 모두들 내 일을 알고 나를 놀리고 있어."

청소년 집단 치료자 : (기분이 나쁜 것처럼 보인다.) "난 그게 비밀인지 몰랐어. 난 사람들이 이미 알고 있다고 생각했기 때문에 네 험담을 한다고 생각하지 않았어. 사람들이 너를 놀릴 것이라고 생각하지 못했어."

보조 치료자 : "그런데 지금 사람들이 날 놀리고 있고, 그건 다 네 잘못이야! 네가 아무 말 안 했다면 이런 일은 없었을 거야."

청소년 집단 치료자 : (기분이 나쁜 것처럼 보인다.)

- 치료자 : 잠시 중단할게요. 내가 어떤 단계를 했었나요?

- ■ 대답 : 침착성을 유지하기, 상대방의 말을 먼저 듣기, "너는 (   )한 것 같다."고 말하며 상대방이 이야기한 것을 반복하기, 자신의 입장을 설명하기
- ● 질문 : 논쟁이 끝난 것 같나요?
  - ■ 대답 : 아니오.

– 다음 단계는 **미안하다고 말하기**라고 설명한다.

- ● 치료자 : 잘 보고 내가 어떤 단계를 따라가고 있는지 이야기해 주세요.
  - ■ 침착성을 유지하고, 상대방의 말을 먼저 듣고, "너는 (   )한 것 같다."고 말하며 상대방이 이야기한 것을 반복하고, 자신의 입장을 설명하고, 미안하다고 말하는 것을 보여 준다.

보조 치료자 : "○○야, 나 너 때문에 정말 화가 났어! ○○(제3자의 이름)가 그러는데 네가 내 뒤에서 험담을 하고, 내가 수학 시험을 망쳐서 벌을 받았다고 모두에게 말했다더라."

청소년 집단 치료자 : (침착성을 유지하고, 화내지 않고 귀 기울여 듣는다.)

보조 치료자 : "네가 모두에게 그걸 말했다니 믿을 수가 없어! 그건 비밀이었잖아. 이제는 모두가 다 알게 되었어. 그건 너무 나빠."

청소년 집단 치료자 : (침착성을 유지하고, 화내지 않고 귀 기울여 듣는다.)

청소년 집단 치료자 : "너는 나에게 정말 화가 많이 난 것 같구나."

보조 치료자 : "그래. 나 정말 화가 났어! 내가 너한테 그건 비밀이라고 말했잖아. 넌 말하지 않을 줄 알았어. 이제 모두들 내 일을 알고 나를 놀리고 있어."

청소년 집단 치료자 : (기분이 나쁜 것처럼 보인다) "난 그게 비밀인지 몰랐어. 난 사람들이 이미 알고 있다고 생각했기 때문에 네 험담을 한다고 생각하지 않았어. 사람들이 너를 놀릴 것이라고 생각하지 못했어."

보조 치료자 : "그런데 지금 사람들이 날 놀리고 있고, 그건 다 네 잘못이야! 네가 아무 말 안 했다면 이런 일은 없었을 거야."

청소년 집단 치료자 : (기분이 나쁜 것처럼 보인다.) "너를 기분 나쁘게 했다면 미안해. 나는 네 비밀을 얘기하려는 의도는 아니었어."

- ● 치료자 : 잠시 중단할게요. 내가 어떤 단계를 했었나요?
  - ■ 대답 : 침착성을 유지하기, 상대방의 말을 먼저 듣기, "너는 (   )한 것 같다."고 말하며 상대방이 이야기한 것을 반복하기, 자신의 입장을 설명하기, 미안하다고 말하기
- ● 질문 : 논쟁이 끝난 것 같나요?
  - ■ 대답 : 아니오.

– 다음 단계는 **문제를 해결하려고 노력하기**라고 말한다.

- 치료자 : 잘 보고 내가 어떤 단계를 따라가고 있는지 이야기해 주세요.
    - 침착성을 유지하고, 상대방의 말을 먼저 듣고, "너는 (　　　)한 것 같다."고 말하며 상대방이 이야기한 것을 반복하고, 자신의 입장을 설명하고, 미안하다고 말하고, 문제를 해결하려고 노력하는 모든 단계를 다 보여 준다.

보조 치료자 : "○○야, 나 너 때문에 정말 화가 났어! ○○(제3자의 이름)가 그러는데 네가 내 뒤에서 험담을 하고, 내가 수학 시험을 망쳐서 벌을 받았다고 모두에게 말했다더라."

청소년 집단 치료자 : (침착성을 유지하고, 화내지 않고 귀 기울여 듣는다.)

보조 치료자 : "네가 모두에게 그걸 말했다니 믿을 수가 없어! 그건 비밀이었잖아. 이제는 모두가 다 알게 되었어. 그건 너무 나빠."

청소년 집단 치료자 : (침착성을 유지하고, 화내지 않고 귀 기울여 듣는다.)

청소년 집단 치료자 : "너는 나에게 정말 화가 많이 난 것 같구나."

보조 치료자 : "그래. 나 정말 화가 났어! 내가 너한테 그건 비밀이라고 말했잖아. 넌 말하지 않을 줄 알았어. 이제 모두들 내 일을 알고 나를 놀리고 있어."

청소년 집단 치료자 : (기분이 나쁜 것처럼 보인다.) "난 그게 비밀인지 몰랐어. 난 사람들이 이미 알고 있다고 생각했기 때문에 네 험담을 한다고 생각하지 않았어. 사람들이 너를 놀릴 것이라고 생각하지 못했어."

보조 치료자 : "그런데 지금 사람들이 날 놀리고 있고, 그건 다 네 잘못이야! 네가 아무 말 안 했다면 이런 일은 없었을 거야."

청소년 집단 치료자 : (기분이 나쁜 것처럼 보인다.) "너를 기분 나쁘게 했다면 미안해. 나는 네 비밀을 얘기하려는 의도는 아니었어."

보조 치료자 : "하지만 이미 넌 말을 했고, 이제 되돌리기에는 너무 늦었어."

청소년 집단 치료자 : "맞아. 하지만 난 이런 일이 일어나게 할 의도는 없었어. 이제 사람들에게 네 일을 이야기하지 않도록 더 주의할 거야. 그리고 네 험담을 하지 않겠다고 약속할게."

보조 치료자 : (잠시) "좋아." (마지못해 말하지만 아직 약간 짜증 나 있다.)

- 치료자 : 여기까지입니다. 내가 어떤 단계를 했었나요?
    - 대답 : 침착성을 유지하기, 상대방의 말을 먼저 듣기, "너는 (　　　)한 것 같다."고 말하며 상대방이 이야기한 것을 반복하기, 자신의 입장을 설명하기, 미안하다고 말하기, 문제를 해결하려고 노력하기
- 질문 : 논쟁이 끝난 것 같나요?

■ 대답 : 네. 이제는 어느 정도는.

– 각 단계가 하나만으로는 효과가 없다는 것을 설명한다.
  - 각 단계는 서로 같이 할 때만 효과가 있다.
  - 만약 한 단계를 빠뜨린다면, 논쟁이 완벽하게 해결되지 않을 수 있다.

행동 연습

■ 각 청소년들이 돌아가면서 치료자와 함께 각각의 단계를 따라 행동 연습을 하도록 한다.

– 청소년 집단 치료자는 각 청소년에게 조금씩 다른 상황을 제시한다.

– 청소년들이 의견충돌을 다루는 각 단계를 따라 하기 위해 보드에 적힌 내용을 자유롭게 볼 수 있게 한다.
  - 청소년이 어떤 단계에서 막힌다면, 치료자는 특정 단계를 지적해 줌으로써 다음에 해야 할 일이 무엇인지 상기시켜 주어야 할 수도 있다.
  - 만약 청소년이 뭔가를 부적절하게 한다면, 연습을 잠시 중단하고, 부드럽게 실수를 지적하고, 처음부터 시작해서 단계를 성공적으로 따라갈 수 있을 때까지 하도록 한다.

– 행동 연습을 할 때는, 각 청소년들이 전형적인 청소년 사이의 논쟁 주제 중에서, 서로 다른 예를 사용하게 한다.
  - 예시
    ■ 당신이 친구를 놀려서 친구가 상처를 받았다.
    ■ 당신이 친구의 비밀을 다른 아이들에게 이야기해서 친구가 화가 났다.
    ■ 복도에서 친구랑 마주쳤을 때 당신이 인사를 하지 않아서 친구가 무시당했다고 느껴 기분이 상했다.
    ■ 당신이 주말에 영화 보러 가자고 말해 놓고 약속하는 전화를 하지 않아 친구가 화가 났다.
    ■ 점심시간에 축구 하는데, 당신이 친구를 당신 팀으로 뽑지 않아서 배신당했다고 느낀다.
    ■ 친구가 싫어하는 아이와 당신이 어울려 놀아서 친구가 화가 났다.
    ■ 생일에 친구를 초대하지 않아서 친구가 상처를 받았다.
    ■ 당신이 점심시간에 친구의 자리를 맡아 주지 않아서 친구가 기분이 상했다.
    ■ 다른 아이가 친구를 비난할 때 당신이 친구를 감싸거나 편들어 주지 않아서 친구가 배신감을 느낀다.
    ■ 내가 친구가 아끼는 물건을 빌려간 후 돌려주지 않아서 화가 났다.

과제

- **이번 주에 해야 할 과제에 대해 간단히 설명한다.** 이번 주의 중요한 과제는 각자 1명 이상의 친구들과 함께 어울리기를 하는 것입니다. 함께 어울리기를 준비하기 위해서는 미리 전화 통화를 해야 할 수도 있습니다. 함께 어울리기를 하는 동안에 게임이나 운동을 하게 되면, 좋은 스포츠맨 되기를 연습합니다. 이번 주에 놀림 받는 일이 발생했을 때 놀림 무력화시키기 기법을 연습합니다. 친구들 사이에서 놀리는 것은 일반적이므로, 누구에게나 이번 주 동안에 이런 상황이 일어날 수 있습니다. 또 기회가 있다면, 괴롭힘에 대처하는 전략과 평판을 바꾸는 전략을 시도해 보십시오. 그리고 이번 주에 친구 또는 형제들과 의견충돌이 일어난다면, 의견충돌을 다루는 단계들을 사용하십시오. 부모님들과 그 단계들을 연습해 보는 것도 좋습니다. 다음 주는 야외로 나갈 것이므로, 집단에서 공유할 수 있는 야외 활동 장비 하나를 가져오십시오. 다시 말하면, 이번 주 과제는 다음과 같습니다.
  - 1명 이상의 친구들과 함께 어울리기를 합니다.
    - 함께 어울리기 약속을 정하기 위해서 집단 구성원이 아닌 사람과 통화를 합니다.
    - 무엇을 해야 할지 알기 위해서 정보를 교환합니다.
    - 만약 기회가 있다면 좋은 스포츠맨 되기를 연습합니다.
  - 만약 기회가 있다면 괴롭힘에 대처하기와 나쁜 평판 바꾸기를 연습합니다.
  - 만약 이번 주에 놀림을 당한다면, 오늘 찾아 본 반응들을 사용해서 놀림 무력화시키기를 연습해 봅니다.
  - 오늘 배운 단계들을 따라서 의견충돌을 다루는 것을 연습합니다.
  - 야외 스포츠 활동 장비를 가져옵니다.
    - 집단에서 할 수 있는 적절한 야외 스포츠 활동장비를 가져옵니다(예 : 농구공, 축구공, 배구공, 핸드볼, 럭비공).
    - 혼자 하는 장비는 해당되지 않습니다.

졸업식 공지

- 2주 뒤에 졸업식이 있음을 청소년들에게 공지한다.
- 졸업 파티는 청소년들을 위한 것이며, 청소년 치료실에서 졸업 파티가 열리게 될 것을 공지한다.
- 파티의 분위기를 보다 즐겁게 하기 위해 부모님과 청소년이 약간의 다과를 가져와도 좋다고 공지한다.
- 음식물은 보통 청소년 치료실에 둔다(부모 회기 동안 나누어 드실 음식도 가져오면 좋다.).
- PEERS® 팀은 저녁 식사와 음료를 준비한다(일반적으로 피자와 음료수).
- 치료팀은 졸업파티를 하는 동안 볼 수 있는, 청소년 관람 가능 등급의 DVD들을 준비한다.

- 치료팀은 또한 청소년들이 선택해서 즐길 수 있는 게임들을 준비한다.
- 청소년들은 파티 중 보고 싶은 영화와 게임을 투표로 결정할 것이다.
- 졸업파티에서 청소년들에게 상을 수여한다.

부모 회기

- 부모들은 평소대로 부모 교육에 참여하게 된다.
- 부모 집단 치료자는 앞으로의 방향에 대해 부모와 점검하고 논의하도록 한다.

졸업식

- 졸업식은 부모 교육실에서 열리게 될 것이다(또는 가장 큰 치료실).
- 부모와 다른 가족들이 모두 졸업식에 참석할 수 있다.
- 청소년들은 졸업식에서 졸업증서를 수여받는다.
- 사생활 보호를 위해 사진이나 동영상 촬영은 금지한다.
- 비밀 유지를 위해 졸업식에 참석하는 다른 가족들은 식이 시작되기 직전까지 로비에서 기다리도록 한다.

청소년 활동 : 좋은 스포츠맨 되기와 야외 활동

NOTE : '청소년 활동 가이드' 규칙을 참고한다.

- 청소년들은 운동장에서 야외 게임과 스포츠를 할 것이다.
- 야외 게임은 청소년들이 가져온 적절한 **야외 스포츠 장비**와 치료팀에서 준비한 다른 도구들 중에서 선택한다.
- 공격적이거나 위험하지 않은 종목 가운데 청소년들이 종류를 선택하도록 한다.
- 어떤 청소년도 혼자서 게임을 하거나 고립되어 행동하지 않도록 한다.
- 청소년들은 **좋은 스포츠맨 되기**의 규칙을 연습하면서 포인트를 받는다.
  - 친구를 칭찬한다.
  - 심판관처럼 행동하지 않는다.
  - 코치가 되지 않는다.
  - 사이좋게 나누어 차례대로 한다.
  - 속임수를 쓰지 않는다.
  - 게임 중에 지나친 경쟁심을 보이지 않는다.
  - 친구가 다친다면 도와주고 걱정해준다.
  - 지루해지면 변화를 제안한다.

- 이겼을 때 뽐내거나 진 사람을 고소해하지 않는다.
- 졌을 때 삐치거나 화내지 않는다.
- 게임이 끝날 때, "좋은 게임이었어." 또는 "잘 놀았어."라고 말한다.

■ 청소년 집단 치료자와 보조 치료자는 '좋은 스포츠맨 되기 포인트 기록지(부록 H)'를 사용해서 포인트를 점검한다.

부모와 다시 만나기

■ 청소년들에게 부모와 다시 만난다고 공지한다.
- 청소년들은 각자의 부모 곁에 서 있거나 앉아 있도록 한다.
- 다시 만나는 시간이 시작되기 전에, 조용히 하고 그룹에 완전히 집중하도록 한다.

■ 치료자 : 오늘 우리는 의견충돌과 논쟁을 조율하는 방법에 대해서 이야기를 나누었습니다. 의견충돌을 해결하기 위해 노력하는 첫 번째 단계에 대해 누가 말해 볼까요? [청소년들이 모두 규칙을 말하도록 한다. 필요하다면 촉진해 줄 준비를 한다.]
- 침착함을 유지한다.
- 상대방의 말을 먼저 듣는다.
- 상대방이 이야기한 것을 반복한다.
- 자신의 입장에 대해 설명한다.
- 미안하다고 말한다.
- 문제를 해결하려고 노력한다.
- 문제를 해결할 수 없다면, 침착함을 유지하려고 노력한다.

■ 치료자 : 오늘 우리는 또한 야외 스포츠 활동을 하고, 좋은 스포츠맨 되기를 훌륭하게 연습했습니다. 열심히 연습한 친구들에게 박수를 쳐 주세요.

■ 다음 주까지의 과제를 확인한다(아래를 보세요.).

■ 각각의 가족들이 개별적으로 분리되어서 다음을 협의한다.
- 함께 어울리기를 어디서 할 것인가, 함께할 활동, 누구와 함께할 것인가, 함께 어울리기를 하는 동안 부모님의 역할
- 다음 주에 야외 스포츠 활동 장비는 무엇을 가지고 올 것인가.

과제

1. 자녀들은 **함께 어울리기**를 위해 친구를 집에 초대해야 한다.
   a. **함께 어울리기** 위해 **집단 구성원이 아닌** 사람과 통화한다.
      i. **공통의 관심사**를 찾기 위해 **정보**를 **교환**한다.

    ii. **함께 어울리기**를 하는 동안 무엇을 할 것인지 결정한다.
  b. 부모님은 약간 거리를 두고 **함께 어울리기** 모임을 점검한다.
  c. 활동에 바탕을 둔 **함께 어울리기** 모임이어야 한다.
  d. 만약 기회가 있으면, **좋은 스포츠맨 되기** 활동을 연습한다.
  e. 초대한 친구와 함께 **정보**를 **교환**하도록 한다.
    i. **함께 어울리기**를 진행하는 총 시간의 50%는 **정보**를 **교환**하는 데 쓴다.
  f. 처음 **함께 어울리기**를 할 때에는 약 2시간으로 제한한다(활동에 따라 조절 가능).
2. 기회가 있으면 **놀림 무력화시키기**를 연습한다.
  a. 부모와 자녀가 한 주 동안 **놀림 무력화시키기**를 연습한다.
  b. 자녀가 어떻게 **놀림 무력화시키기**를 사용했는지 반드시 함께 이야기해야 한다.
    i. **놀림 무력화시키기**는 일반적으로 형제자매와 함께 연습하는 것이 적절하다.
3. 만약 기회가 있으면, **괴롭힘에 대처하기**나 **나쁜 평판 바꾸기**를 연습한다.
  a. 부모와 자녀가 함께 **괴롭힘에 대처하는** 방법을 의논한다.
  b. 부모와 자녀가 함께 **나쁜 평판을 바꾸는** 방법을 의논한다.
4. **야외 스포츠 장비 가져오기**
  a. 집단 구성원과 함께 쓸 수 있는 야외 스포츠 장비를 가져온다(예 : 농구공, 축구공, 배구공, 럭비공, 원반 등).
    i. 혼자 하는 게임이나 장비는 가져오지 말 것
  b. 다음의 것은 가져오지 않는다.
    i. 집단 구성원과 함께 쓰고 싶지 않은 것
    ii. 파손 혹은 분실의 우려가 있는 것
5. 이번 주에 기회가 된다면, **의견충돌 다루기**를 연습한다.
  a. 부모와 자녀는 의견충돌을 다룰 수 있는 방법을 의논한다.
    i. 형제자매와의 의견충돌을 이용해서 연습할 수 있다.
  b. 부모와 자녀가 역할놀이를 통해서 연습할 수 있다.

점수 계산

매주 다음 점수를 기록한다.

- 각 청소년들이 얻은 점수를 계산한다. 청소년들이 있을 때에 점수를 계산하지 않는다.
- 그룹이 얻은 총 점수를 합산한다.
  - 각각의 혹은 그룹의 총 점수를 밝히지 않는다.

- 청소년들 사이에서 얻은 점수를 비교하려는 시도를 막는다.

■ 더 크고 멋진 졸업 파티를 하기 위해서 청소년들이 그룹으로서 노력해야 한다는 것을 상기시킨다.

청소년 활동 가이드 : 12회기

“좋은 스포츠맨 되기와 야외 활동”

필요한 도구

■ 청소년들이 가져온 야외 스포츠 장비

■ 청소년들이 야외 스포츠 장비를 가지고 오는 것을 잊어버릴 것에 대비하여, 도구들을 같이 사용하게 하거나, 사용할 수 있는 도구들을 준비해 둔다.

- 축구공
- 농구공
- 핸드볼
- 원반

규칙

■ 청소년들이 운동장에 도착했을 때 무엇을 할 것인지 협의하게 한다.

- 가능한 게임의 예를 제시한다.
    - 농구
    - 축구
    - 배구
    - 핸드볼
    - 족구
    - 원반던지기
- 만약 선수들이 충분하다면, 서로 다른 몇 가지 게임들을 하게 할 수 있다.

■ 게임의 규칙을 설명한다.

- 우리는 모든 스포츠 경기에 대해 ‘접촉하지 않기’ 규칙이 있습니다. 과도하게 접촉하거나, 밀거나, 빼앗아 오지 않습니다.
- 축구와 농구를 할 때는 공을 패스해야만 합니다.
- 나쁜 스포츠맨이 될 때는 경고가 주어질 것입니다.

- 보조 치료자들은 특정 게임의 규칙을 청소년들에게 주기적으로 상기시켜 주어야 할 수도 있다.
  - 의견이 서로 다를 때 심판의 역할을 하지는 않는다.
  - 청소년들이 **좋은 스포츠맨**이 됨으로써 서로의 차이점을 조율하도록 돕는다.
- 청소년들이 **좋은 스포츠맨**이 되고 다른 선수를 **칭찬**해 주도록 촉진해야 할 수도 있다.
- **좋은 스포츠맨십**에 대해 포인트를 준다.
  - 친구를 칭찬한다.
  - 심판관처럼 행동하지 않는다.
  - 코치가 되지 않는다.
  - 사이좋게 나누어 차례대로 한다.
  - 속임수를 쓰지 않는다.
  - 게임 중에 지나친 경쟁심을 보이지 않는다.
  - 친구가 다친다면 도와주고 걱정해준다.
  - 지루해지면 변화를 제안한다.
  - 이겼을 때 뽐내거나 진 사람을 고소해하지 않는다.
  - 졌을 때 삐치거나 화내지 않는다.
  - 게임이 끝날 때, "좋은 게임이었어." 또는 "잘 놀았어."라고 말한다.
- 보조 치료자는 청소년들이 포인트를 얻은 이유를 말해 주어야 한다(예 : "○○이는 칭찬을 해서 1점을 얻었습니다!").
  - '좋은 스포츠맨 되기 포인트 기록지(부록 H)'에 점수를 기록한다.
  - 포인트를 줄 때 다른 청소년들이 들을 수 있을 정도로 크게 말한다.
    - 사회적 비교는 다른 청소년들을 **칭찬**하고 **좋은 스포츠맨**이 될 수 있게 격려하는 수단이다.

13회기

15 소문과 뒷이야기

부모 치료자 가이드

부모 회기 가이드 라인

이번 회기 과제 점검의 주요 핵심도 역시 지난주 동안 청소년이 진행한 함께 어울리기를 점검하는 것이다. 아직도 그룹 치료자가 다루어야 할 것이 많기 때문에, 부모들은 과제로 수행한 함께 어울리기에 대해 자세히 보고해야 한다.

이번 회기의 초점은 소문이나 뒷이야기에 적절하게 대처하는 방법에 대해 배우는 것이다. 남에 대한 뒷이야기란 다른 사람의 실수나 잘못에 대한 정보를 주고받는 것으로, 청소년이나 심지어 성인들 사이에도 흔히 나타나는 의사소통의 한 유형이다. TV 토크쇼나 타블로이드 판 신문 같은 것들의 인기로 미루어 봐도 남에 대한 뒷이야기가 얼마나 흔한 일인지 쉽게 알 수 있다. 뒷이야기의 주된 내용은 다른 사람들의 실수나 부정적인 이야기들이며, 이는 사람들이 같은 실수를 반복하지 않기 위해 타인의 부정적인 결과로부터 더 많은 것을 배우기 때문이다(Baumeister, Zhang, & Vohs, 2004). 소문(즉, 누군가에 대한 부정적인 정보들)은 남의 뒷이야기로부터 시작된다. 그 동안의 연구들을, 소문으로 발생할 수 있는 부정적 영향을 일소하는 가장 최선의 방법은 소문을 부인하는 것이고, 가장 효과적인 부인은 소문이 사실이 아닌 이유와 소문의 출처가 얼마나 신뢰할 수 없는가를 강력하게 주장하는 것이라고 이야기하고 있다(Bordia, DiFonzo, Haines, & Chaseling, 2005). 이 회기에서 다루고자 하는 부인 방법은 뒷이야기를 맨 처음 만들어 낸 사람과 직접 대면하도록 하지 않는 것이다. 뒷이야기를 만들어 낸 사람과 직접 대면하는 것은 또 다른 앙갚음을 불러올 수 있다. 13회기에서 청소년들은 '자신들에 대한 소문내기'를 통해 원래의 소문을 간접적으로 부인함과 동시에 뒷이야기의 신빙성을 없애 버리는 전략을 배우게 된다.

괴롭힘이나 의견충돌을 다뤘던 이전 회기들과 유사하게, 이번 회기도 청소년이 자신들에 관해 현재 돌아다니고 있는 소문이나 뒷이야기에 대해 이미 알고 있는 경우에 가장 효과적이다. 사회적으로 위축되어 있거나 고립된 청소년들은 소문이나 뒷이야기의 표적이 될 정도로 또래들의 관심을 받지 못하기 때문에, 당장은 이러한 내용의 교육이 반드시 필요하지 않을 수 있다. 그러나 PEERS®가 종료된 이후 이와 관련한 문제가 발생할 때를 대비하여 부모들은 관련 유인물을 보관해 두는 것이 좋다.

과제 점검

1. **함께 어울리기**를 한다.
   a. **함께 어울리기**가 다음과 같이 이루어졌는지 확인한다.
      i. **함께 어울리기**가 활동에 바탕을 둔 모임이었나?
      ii. 부모님이 거리를 두고 함께 어울리기를 지켜보았나?
      iii. 함께 어울리기 진행 시간이 2시간을 넘지 않았나?(활동에 따라 조절 가능)
   b. 해당이 되는 경우에, 청소년이 **좋은 스포츠맨 되기**를 연습하였는지 확인한다.
   c. 청소년이 '손님'으로 온 친구와 함께 **정보**를 **교환**하고 **공통의 관심사**를 찾았는지 확인한다.
      i. 함께 어울리기를 진행하는 총 시간의 50%는 **정보**를 **교환**하는 데 쓴다.
2. **의견충돌 다루기**
   a. 자녀들이 이번 주에 **의견충돌 다루기**를 연습했는지 보고하게 한다.
      i. 이것은 친구 또는 형제와 실제로 의견충돌이 일어난 상황에서 이루어졌을 수도 있고, 부모와 역할극을 통해 연습했어도 좋다.
3. **괴롭힘과 나쁜 평판에 대처하기**
   a. 해당이 되는 경우에, 부모가 다음의 사항을 보고하게 한다.
      i. 청소년이 **괴롭힘에 어떻게 대처**하였는가?
      ii. 자신에 대한 **좋지 않은 평판**을 바꾸기 위해 어떻게 하였는가?
         1. **튀지 않는다.**
         2. **다수를 따른다.**
            a. **다수에게 자연스럽게 맞추려고 노력한다.**
            b. **다수로부터 튀지 않도록 노력한다.**

3. **나쁜 평판을 바꾸기 위해 외모를 바꾼다.**
4. **이전의 평판을 솔직하게 인정한다.**
5. **새로운 집단이나 무리를 찾는다.**

b. 발생 가능한 문제에 대해 해결법을 의논한다.

4. **놀림 무력화시키기**

a. 부모가 자녀와 함께 **놀림 무력화시키기**를 연습했는지 확인한다(필수는 아님).

b. 부모가 **놀림 무력화시키기**를 어떻게 사용했는지에 대해 발표한다.

i. **놀림 무력화시키기**는 친구 또는 형제자매들과 함께 사용했어도 된다.

c. 발생 가능한 문제에 대해 해결법을 의논한다.

5. **야외 스포츠 장비 가져오기**

a. 집단 구성원과 함께 공유하기 위해 청소년이 가져온 야외 스포츠 장비를 확인한다(예 : 야구공, 축구공, 배구공, 원반).

b. 적절한 장비를 가져왔을 때만 점수를 준다.

교육 : 소문과 뒷이야기*

- 부모용 유인물을 나누어 준다.
- 설명 : 소문을 내거나 남에 대한 뒷이야기를 하는 것은 중 · 고등학교에서 흔히 있는 일입니다. 소문이 생기지 않게 하기 위해 부모님들이나 자녀들이 할 수 있는 일은 별로 없습니다. 그러나 왜 사람들이 뒷이야기를 하는지, 그리고 만일 여러분의 자녀가 소문의 초점이 될 경우에 어떻게 대처해야 하는지 안다면 큰 도움이 될 것입니다.
- 아래의 내용을 설명한다.
  - 소문과 뒷이야기는 **사회적 무기**이다.
    - 소문과 뒷이야기는 종종 비열한 내용이다.
    - 소문과 뒷이야기는 중 · 고등학교에서는 흔히 일어나는 일이다.
  - 소문과 뒷이야기는 때로는 다른 사람에게 상처를 주기 위해 사용된다.
    - 소문과 뒷이야기는 보복성으로 사용된다.
      - 소문과 뒷이야기는 다른 사람이 했던 일에 대해 복수하기 위해 사용되기도 한다.
    - 좋아하지 않거나 질투의 대상이 되는 누군가의 평판에 손상을 주기 위해 사용된다.
    - 위협하기 위한 목적으로 사용된다(예 : "내가 하라는 대로 하지 않으면, 나는 모두

* 역자 주 : 여기서 소문이란 주로 뜬 소문, 헛소문으로 대부분 사실이 아닌 것, 사실보다 부풀려진 것, 아주 사소한 것인데 일파만파 퍼지는 것을 의미합니다. 또한 '소문'과 '나쁜 평판'을 구분할 필요가 있습니다. 소문은 주로 어떤 '이야기'이며, 나쁜 평판은 '어떤 성질을 규정하는 사실들'을 의미합니다.

에게 …을 말할 것이다.").
- 더 흔하게는 소문과 뒷이야기는 단지 10대들의 대화의 한 부분일 뿐이다.
  - 일부 청소년들이 뒷이야기를 확산시키는 것은,
    - 관심을 끌기 위함이다.
    - 자신이 중요하다고 느끼기 위한 것이다(즉, 아무도 모르는 중요한 것을 혼자만 알고 있다고 생각한다.).

- 소문이 사실이 아님을 입증하는 것은 매우 어렵다.
  - 소문이 사실이 아님을 완벽하게 입증하는 것은 불가능하다.
  - 소문을 희화화하여 희석시키기를 시도할 수 있다(예 : 소문을 믿는 사람이 있다는 것에 놀란 듯 반응을 보인다.).
  - 이러한 기술을 씀으로써, 소문을 간접적으로 부인하는 동시에 소문을 만들어 낸 사람의 신뢰성을 떨어뜨릴 수 있다.
  - 이러한 방법은 뒷이야기의 영향력을 최소화하고, 결국 **소문이 사라지게 만든다.**

소문과 뒷이야기에 대처하는 규칙

- 설명 : 이제 우리는 청소년들이 왜 남의 뒷이야기를 하는지에 대해 알게 되었습니다. 그다음으로는 청소년들이 소문의 대상이 되지 않기 위해 할 수 있는 것들이 무엇인지 아는 것이 도움이 됩니다.
- 부모들이 돌아가면서 부모용 유인물을 읽게 한다.
- **굵게** 표시된 부분은 부모용 유인물에서 그대로 가져온 것이다.

뒷이야기의 대상이 되지 않는 법

- **험담꾼과는 친구가 되지 않는다(가볍게 어울리는 것도 하지 않도록 함).**
  - **험담꾼은 다른 사람들에 대한 소문을 퍼뜨리거나, 다른 사람들의 뒷이야기하기를 좋아하는 사람이다.**
- **험담꾼을 자극하지 않는다.**
  - **험담꾼이나 그들의 친구들에게 비밀을 이야기하거나, 그들에 대한 뒷이야기를 하거나, 그들을 웃음거리로 만들어서는 안 된다.**
  - **이것은 그 사람들을 자극하여 보복하게 만들 뿐이다.**
- **다른 사람들에 대한 소문을 퍼뜨리지 않는다.**
  - **당신에 대해 뒷이야기하고 다녔던 사람에게 복수하지 않는다.**
  - **사람들에 대한 소문을 퍼뜨리지 않는다.**
    - **타인에게 상처를 주는 일이다.**

- 사람들이 당신과 친구가 되고 싶어 하지 않는다.

뒷이야기의 대상이 되었을 때 해야 할 일

- 설명 : 자녀가 뒷이야기의 대상이 되지 않기 위해 최선의 노력을 다한다고 할지라도 그런 일들은 늘 발생합니다. 따라서 여러분의 자녀가 어쩔 수 없이 뒷이야기의 대상이 되었을 때 그 영향을 최소화하기 위해 무엇을 할 수 있는지 알 필요가 있습니다. 소문이나 뒷이야기의 대상이 되었을 해야 할, 매우 구체적인 규칙들이 있습니다.
- 당신이 화가 났다는 것을 드러내지 않는다.
  - 화가 났다는 것을 사람들이 알게 되면
    - 방어적으로 보일 것이다.
      - 사람들은 당신이 무엇인가를 숨기고 있을 것이라 추측하게 된다.
    - 이러한 행동은 불 난 집에 부채질을 하는 것이다.
    - 사람들은 당신이 얼마나 화가 나 있는지에 대해 뒷이야기를 하기 시작할 것이다.
- 뒷이야기를 만들어 낸 사람과 직면하지 않는다.
  - 이것은 불화만을 가중시킬 뿐이다.
    - 그 사람은 당신에 대한 뒷이야기를 더 퍼뜨리기 시작할 수도 있다.
    - 결국 말다툼이나 심하게는 몸싸움으로 이어질 수 있다.
    - 그 사람은 당신에 대한 뒷이야기를 퍼뜨리는 것이 정당하다고 느끼게 될 것이다.
  - 뒷이야기를 만들어 낸 사람은 당신이 직면해 오기를 기다리고 있는 경우가 많다.
    - 뒷이야기를 만들어 낸 사람은 당신과의 말다툼을 기다리고 있을 수도 있다.
- 뒷이야기를 만들어 낸 사람을 피한다.
  - 뒷이야기를 만들어 낸 사람과는 거리를 둔다.
  - 뒷이야기를 만들어 낸 사람은 직접 대면하는 것을 기대하고 있을 수 있다.
    - 직면함으로써 그들을 만족스럽게 해 주지 않는다.
      - 이것은 더 많은 뒷이야기를 만들어 낼 뿐이며 불 난 집에 부채질을 하는 것이다.
- 의외라는 듯한 반응을 보인다.
  - 소문이 얼마나 우스운지에 대해 놀랐다는 듯한 인상을 준다.
  - 이것은 소문이 사실이 아니라고 간접적으로 부인하는 것이다.
  - 이렇게 함으로써 오히려 소문을 만들어 낸 사람의 신뢰성을 떨어뜨리게 될 것이다.
    - 예 :
      - "그 소문을 믿는 사람이 있다니, 믿을 수가 없어. 그렇게 바보 같은 사람이 있다니."
      - "사람들이 그런 말을 하고 있다는 것을 믿을 수가 없어. 완전 웃긴다."

- "그런 이야기를 믿는 사람이 있다는 것이 말이 되니? 사람들이 할 일이 되게 없나 보다."

■ 자신에 대한 또 다른 소문을 스스로 퍼뜨린다.

- 소문이 있다는 것을 인정하라. 그러나 그것이 얼마나 어리석은 것인지 모두에게 알린다.
  - 이러한 방법 또한 간접적으로 소문이 사실이 아니라고 부인하는 것이다.
  - 이렇게 함으로써 (직접 대면하지 않고도) 소문을 만들어 낸 사람의 신뢰성을 떨어뜨리게 되며, 다른 사람들이 더 이상 소문을 퍼뜨리지 않도록 할 수 있게 된다.
- 특히, 당신의 편이 되어 줄 친구들에게 말하도록 한다.
- 우연히 듣게 될 수 있도록, 다른 사람들이 있는 곳에서 이야기한다.
  - 예 :
    - "나에 대해 돌고 있는 소문 들어 본 적 있니? 진짜 바보 같은 이야기 아니야?"
    - "다른 사람들이 나에 대해 이야기하고 다니는 것 들었니? 그걸 믿는 사람들이 있다는 게 더 황당하다."
    - "나에 대한 소문을 믿을 수 있다고 생각하니? 너무 어이없더라!"
- 이렇게 하면 소문은 사라질 것이다. 왜냐하면,
  - 뒷이야기를 퍼뜨리는 사람이 어리석게 보이게 된다.
  - 다른 사람들도 자신들이 어리석게 보이게 될까 봐 더 이상 소문을 퍼뜨리지 않게 된다.

■ 부모들이 돌아가면서 자녀가 소문이나 뒷이야기의 표적이 되어 힘들어하고 있는지 이야기하게 한다.

■ 회기에서 제시된 방식에 따라, 부모들이 앞으로 소문과 뒷이야기로 인해 경험하게 될 수 있는 부정적인 영향을 최소화하기 위해 자녀에게 도움을 줄 수 있는 방법을 파악하도록 한다.

과제

부모 집단 치료자는 과제를 알려 주고, 부모들에게 있을 수 있는 어려운 점들을 논의한다.

1. 청소년들은 이번 주에 그런 일이 발생하면, 소문과 뒷이야기에 대처하는 전략을 연습해야 한다.
   a. 뒷이야기의 대상이 되지 않기 위해 노력해야 한다.
   b. 기회가 된다면, 소문에 대처하는 전략을 시도해 보아야 한다.
2. 자녀들은 함께 어울리기를 위해 친구를 집에 초대해야 한다.
   a. 함께 어울리기 위해 집단 구성원이 아닌 사람과 통화한다.

i. 공통의 관심사를 찾기 위해 정보를 교환한다.
ii. 함께 어울리기를 하는 동안 무엇을 할 것인지 결정한다.

b. 부모님은 약간 거리를 두고 함께 어울리기 모임을 점검한다.
c. 활동에 바탕을 둔 함께 어울리기 모임이어야 한다.
d. 만약 기회가 있으면, 좋은 스포츠맨 되기 활동을 연습한다.
e. 초대한 친구와 함께 정보를 교환하도록 한다.

i. 함께 어울리기를 진행하는 총 시간의 50%는 정보를 교환하는 데 쓴다.

f. 처음 함께 어울리기를 할 때에는 약 2시간으로 제한한다(활동에 따라 조절 가능).

3. 기회가 있으면 놀림 무력화시키기를 연습한다.

a. 부모와 자녀가 한 주 동안 놀림 무력화시키기를 연습한다.
b. 자녀가 어떻게 놀림 무력화시키기를 사용했는지 반드시 함께 이야기해야 한다.

i. 놀림 무력화시키기는 일반적으로 형제자매와 함께 연습하는 것이 적절하다.

4. 만약 기회가 있으면, 괴롭힘에 대처하기나 나쁜 평판 바꾸기를 연습한다.

a. 부모와 자녀가 함께 괴롭힘에 대처하는 방법을 의논한다.
b. 부모와 자녀가 함께 나쁜 평판을 바꾸는 방법을 의논한다.

5. 이번 주에 기회가 된다면, 의견충돌 다루기를 연습한다.

a. 부모와 자녀는 의견충돌을 다룰 수 있는 방법을 의논한다.

i. 형제자매와의 의견충돌을 이용해서 연습할 수 있다.

b. 부모와 자녀가 역할극을 통해서 연습할 수 있다.

공지사항 : 다음 주에 PEERS®의 졸업식이 있습니다!

졸업식에 대한 안내

청소년 회기에 대해 부모들에게 안내하기

- 졸업 파티는 청소년들을 위한 것이며, 청소년 치료실에서 졸업 파티가 열리게 될 것을 공지한다.
- 파티의 분위기를 보다 즐겁게 하기 위해 약간의 다과를 가져올 수 있도록 부모들에게 공지한다.
- 음식물은 보통 청소년 치료실에 둔다(부모 회기 동안 나누어 드실 음식도 가져오면 좋다.).
- PEERS® 팀은 저녁 식사와 음료를 준비한다(일반적으로 피자와 음료수).
- 치료팀은 졸업 파티를 하는 동안 볼 수 있는, 청소년 관람 가능 등급의 DVD들을 준비한다.
- 치료팀은 또한 청소년들이 선택해서 즐길 수 있는 게임들을 준비한다.

- 청소년들은 파티 중 보고 싶은 영화와 게임을 투표로 결정할 것이다.
- 졸업 파티에서 청소년들에게 상을 수여한다.

부모 회기에 대해 부모들에게 안내하기

- 부모들은 평소대로 부모 교육에 참여하게 된다.
- 부모 집단 치료자는 앞으로의 방향에 대해 부모와 점검하고 논의하도록 한다.

졸업식에 대해 부모들에게 안내하기

- 졸업식은 부모 교육실에서 열리게 될 것이다(또는 가장 큰 치료실).
- 부모와 다른 가족들이 모두 졸업식에 참석할 수 있다.
- 청소년들은 졸업식에서 졸업증서를 수여받는다.
- 사생활 보호를 위해 사진이나 동영상 촬영은 금지한다.
- 비밀 유지를 위해 졸업식에 참석하는 다른 가족들은 식이 시작되기 직전까지 로비에서 기다리도록 한다.

NOTE : 치료팀은 졸업식이 열리게 될 날짜와 시간 등 정확한 일정과 추후 평가 일정이 명시된 졸업 안내장을 12회기, 13회기 교육 시간에 나눠 줄 수 있도록 미리 준비한다. '졸업 안내장 견본'은 부록 I를 참고한다.

부모용 유인물 13 : 소문과 뒷이야기

소문과 뒷이야기에 대처하는 규칙

뒷이야기의 대상이 되지 않는 법

- **험담꾼과는 친구가 되지 않는다**(가볍게 어울리는 것도 하지 않도록 함).
  - **험담꾼**은 다른 사람들에 대한 소문을 퍼뜨리거나, 다른 사람들의 뒷이야기하기를 좋아하는 사람이다.
- **험담꾼을 자극하지 않는다.**
  - **험담꾼**이나 그들의 친구들에게 비밀을 이야기하거나, 그들에 대한 뒷이야기를 하거나, 그들을 웃음거리로 만들어서는 안 된다.
  - 이것은 그 사람들을 자극하여 보복하게 만들 뿐이다.
- **다른 사람들에 대한 소문을 퍼뜨리지 않는다.**
  - 당신에 대해 뒷이야기하고 다녔던 사람에게 복수하지 않는다.
  - 사람들에 대한 소문을 퍼뜨리지 않는다.
    - 타인에게 상처를 주는 일이다.
    - 사람들이 당신과 친구가 되고 싶어 하지 않는다.

뒷이야기의 대상이 되었을 때 해야 할 일

- **당신이 화가 났다는 것을 드러내지 않는다.**
  - 화가 났다는 것을 사람들이 알게 되면
    - 방어적으로 보일 것이다.
      - 사람들은 당신이 무엇인가를 숨기고 있을 것이라 추측하게 된다.
    - 이러한 행동은 **불 난 집에 부채질을 하는** 것이다.
    - 사람들은 당신이 얼마나 화가 나 있는지에 대해 뒷이야기를 하기 시작할 것이다.
- **뒷이야기를 만들어 낸 사람과 직면하지 않는다.**
  - 이것은 불화만을 가중시킬 뿐이다.
    - 그 사람은 당신에 대한 뒷이야기를 더 퍼뜨리기 시작할 수도 있다.
    - 결국 말다툼이나 심하게는 몸싸움으로 이어질 수 있다.
    - 그 사람은 당신에 대한 뒷이야기를 퍼뜨리는 것이 정당하다고 느끼게 될 것이다.
  - 뒷이야기를 만들어 낸 사람은 당신이 직면해 오기를 기다리고 있는 경우가 많다.
    - 뒷이야기를 만들어 낸 사람은 당신과의 말다툼을 기다리고 있을 수도 있다.

- **뒷이야기를 만들어 낸 사람을 피한다.**
  - 뒷이야기를 만들어 낸 사람과는 거리를 둔다.
  - 뒷이야기를 만들어 낸 사람은 직접 대면하는 것을 기대하고 있을 수 있다.
    - 직면함으로써 그들을 만족스럽게 해 주지 않는다.
      - 이것은 더 많은 뒷이야기를 만들어 낼 뿐이며 **불 난 집에 부채질을 하는** 것이다.
- **의외라는 듯한 반응을 보인다.**
  - 소문이 얼마나 우스운지에 대해 놀랐다는 듯한 인상을 준다.
  - 이것은 소문이 사실이 아니라고 **간접적으로** 부인하는 것이다.
  - 이렇게 함으로써 오히려 소문을 만들어 낸 사람의 신뢰성을 떨어뜨리게 될 것이다.
    - 예 :
      - "그 소문을 믿는 사람이 있다니, 믿을 수가 없어. 그렇게 바보 같은 사람이 있다니."
      - "사람들이 그런 말을 하고 있다는 것을 믿을 수가 없어. 완전 웃긴다."
      - "그런 이야기를 믿는 사람이 있다는 것이 말이 되니? 사람들이 할 일이 되게 없나 보다."
- **자신에 대한 또 다른 소문을 스스로 퍼뜨린다.**
  - 소문이 있다는 것을 인정하라. 그러나 그것이 얼마나 어리석은 것인지 모두에게 알린다.
    - 이러한 방법 또한 **간접적으로** 소문이 사실이 아니라고 부인하는 것이다.
    - 이렇게 함으로써 (직접 대면하지 않고도) 소문을 만들어 낸 사람의 신뢰성을 떨어뜨리게 되며, 다른 사람들이 더 이상 소문을 퍼뜨리지 않도록 할 수 있게 된다.
  - 특히, 당신의 편이 되어 줄 친구들에게 말하도록 한다.
  - 우연히 듣게 될 수 있도록, 다른 사람들이 있는 곳에서 이야기한다.
    - 예 :
      - "나에 대해 돌고 있는 소문 들어 본 적 있니? 진짜 바보 같은 이야기 아니야?"
      - "다른 사람들이 나에 대해 이야기하고 다니는 것 들었니? 그걸 믿는 사람들이 있다는 게 더 황당하다."
      - "나에 대한 소문을 믿을 수 있다고 생각하니? 너무 어이없더라!"
  - 이렇게 하면 **소문은 사라질 것이다.** 왜냐하면
    - 뒷이야기를 퍼뜨리는 사람이 어리석게 보이게 된다.
    - 다른 사람들도 자신들이 어리석게 보이게 될까 봐 더 이상 소문을 퍼뜨리지 않게 된다.

과제

1. 청소년들은 이번 주에 그런 일이 발생하면, **소문과 뒷이야기에 대처하는 전략**을 연습해야 한다.
   a. 뒷이야기의 대상이 되지 않기 위해 노력해야 한다.
   b. 기회가 된다면, 소문에 대처하는 전략을 시도해 보아야 한다.
2. 자녀들은 **함께 어울리기**를 위해 친구를 집에 초대해야 한다.
   a. **함께 어울리기** 위해 **집단 구성원이 아닌** 사람과 통화한다.
      i. **공통의 관심사**를 찾기 위해 **정보**를 **교환**한다.
      ii. **함께 어울리기**를 하는 동안 무엇을 할 것인지 결정한다.
   b. 부모님은 약간 거리를 두고 **함께 어울리기** 모임을 점검한다.
   c. 활동에 바탕을 둔 **함께 어울리기** 모임이어야 한다.
   d. 만약 기회가 있으면, **좋은 스포츠맨 되기** 활동을 연습한다.
   e. 초대한 친구와 함께 **정보**를 **교환**하도록 한다.
      i. **함께 어울리기**를 진행하는 총 시간의 50%는 **정보**를 **교환**하는 데 쓴다.
   f. 처음 **함께 어울리기**를 할 때에는 약 2시간으로 제한한다(활동에 따라 조절 가능).
3. 기회가 있으면 **놀림 무력화시키기**를 연습한다.
   a. 부모와 자녀가 한 주 동안 **놀림 무력화시키기**를 연습한다.
   b. 자녀가 어떻게 **놀림 무력화시키기**를 사용했는지 반드시 함께 이야기해야 한다.
      i. **놀림 무력화시키기**는 일반적으로 형제자매와 함께 연습하는 것이 적절하다.
4. 만약 기회가 있으면, **괴롭힘에 대처하기**나 **나쁜 평판 바꾸기**를 연습한다.
   a. 부모와 자녀가 함께 **괴롭힘에 대처하는** 방법을 의논한다.
   b. 부모와 자녀가 함께 **나쁜 평판을 바꾸는** 방법을 의논한다.
5. 이번 주에 기회가 된다면, **의견충돌 다루기**를 연습한다.
   a. 부모와 자녀는 의견충돌을 다룰 수 있는 방법을 의논한다.
      i. 형제자매와의 의견충돌을 이용해서 연습할 수 있다.
   b. 부모와 자녀가 역할극을 통해서 연습할 수 있다.

청소년 치료자 가이드 – 13회기 : 소문과 뒷이야기

청소년 회기 가이드 라인

이번 회기의 목적은 청소년들이 소문이나 뒷이야기의 대상이 되었을 때 대처할 수 있는 기술을 가르치는 것이다. 청소년들을 소문을 만들어 퍼뜨린 사람과 직접 대면하는 것은 효과적이지 않다는 것을 배운다. 대신 그러한 소문을 믿는 사람이 있다는 것에 오히려 "깜짝 놀랐다, 의외다."라는 듯 반응을 보이는 것이 가장 좋은 전략인데, 이렇게 함으로써 간접적으로 소문이 사실이라는 것을 부인함과 동시에, 소문을 말도 안 되는 이야기인 것처럼 만들게 된다. 이러한 방법은 또한 다른 사람들이 소문을 계속 퍼뜨리고 다니는 것이 '별로 멋지지 않은' 일처럼 느껴지게 한다. 청소년들은 또한 자신이 뒷이야기의 대상이 되었을 때 오히려 '자신에 대한 또 다른 소문을 스스로 퍼뜨리는' 방법도 배우게 된다. 이러한 방법은 소문의 신빙성을 (간접적으로) 줄이고, 소문을 낸 사람과의 직접적으로 대면하지 않고도 오히려 그 사람의 신뢰성을 떨어뜨리는 전략이라고 할 수 있다.

사회적으로 고립되어 있거나 위축되어 있는 청소년들에게 이런 기술은 별로 해당사항이 없을 수도 있다. 그러나, 나쁜 평판과 관련된 보다 심한 거절의 경험이 있는 청소년이라면, 종종 매우 해결하기 힘든 사회적 상황을 희석시키는 데 이 기술은 매우 중요하다.

규칙 점검

NOTE : 청소년이 규칙을 따르는 데 많은 어려움이 있을 경우에만 회기 규칙을 다시 검토한다.

- 청소년이 집단의 규칙을 이야기하게 한다.
- 집단의 규칙을 기억하고 있는 청소년에게 포인트를 준다.
  1. 다른 그룹 구성원의 말을 경청하기(다른 사람이 이야기할 때 말하지 않기)
  2. 지시 따르기
  3. 손을 들기(하고 싶은 말이 있을 때)
  4. 존중하기(놀리거나 다른 사람을 비웃지 않기)
  5. 만지지 않기(때리기, 차기, 밀기, 안기 등 하지 않기)

과제 점검

NOTE : 한 과제당 1점이 아니라, 과제의 **부분 요소**마다 점수를 준다.

1. 야외 스포츠 장비 가져오기
   a. 청소년들이 집단 구성원들과 함께할 수 있게 가져온 야외 스포츠 장비를 확인한다

(예 : 농구공, 축구공, 배구공, 럭비공, 원반).

b. 적절한 장비에 대해서만 점수를 준다.

c. 주의가 산만해지는 것을 피하기 위해 보조 치료자가 청소년 회기 활동까지 아이템을 치워 놓는다.

2. **의견충돌 다루기**

   a. 치료자 : 지난 주 과제 중에 하나는 이번 주에 그런 일이 일어났다면, 친구 또는 형제와 의견충돌 다루기를 연습하는 것이었습니다. 여러분은 또한 부모님들과 함께 역할극을 통해서 의견충돌 다루기를 연습했어도 괜찮습니다. 이번 주에 의견충돌 다루기를 연습했던 사람이 있으면 손을 드세요.

      i. 과제를 완성한 청소년이 이야기해 보는 것으로 시작한다.

      ii. 간단히 질문한다.

         1. 의견충돌 다루기를 누구와 함께 연습했나요?

         2. 의견충돌을 해결하기 위해 어떤 단계를 시도했나요?

         3. 발생 가능한 문제에 대해 해결법을 의논한다.

      iii. 만약 청소년들이 이번 주에 의견충돌 다루기를 연습하지 않았다면, 이를 위한 단계들을 점검하게 한다.

         1. **침착함을 유지한다.**

         2. **상대방의 말을 먼저 듣는다.**

         3. **상대방이 이야기한 것을 반복한다.**

         4. **자신의 입장에 대해 설명한다.**

         5. **미안하다고 말한다.**

         6. **문제를 해결하려고 노력한다.**

3. **괴롭힘과 나쁜 평판에 대처하기**

   a. 치료자 : 이번 주 과제 중 하나는 괴롭힘에 대처하는 것을 연습하는 것이었습니다. 이번 주에 괴롭힘에 대한 전략을 한 번 이상 사용해 본 적이 있는 사람은 손을 들어 보세요.

      i. 청소년들이 괴롭힘에 대처한 것에 대해 이야기해 보도록 한다.

      ii. 발생 가능한 문제에 대해 해결법을 의논한다.

      iii. 괴롭힘에 대처하기에 관련하여 아무런 전략도 사용해 보지 않았다면, 선택할 수 있는 것들에 대해 이야기해 보도록 한다.

   b. 치료자 : 또 다른 과제는 자신에 대한 좋지 않은 평판을 바꾸기 위한 단계를 시작하는 것이었습니다. 평판을 바꾸기 위해 뭔가 새로운 것을 해 본 사람은 손을 드세요.

      i. 청소년이 자신의 평판을 바꾸기 위해 노력한 일에 대해 이야기하도록 한다.

         1. [NOTE : 이 부분에서 변화를 위해 노력한 일을 보고하는 청소년은 매우 드물

것이다. 일부 청소년들은 다음 단계로 진행할 수 있을 때까지 잠시 동안 튀지 않으려고 노력하는 것 정도를 해 보았을 수 있다.]

ii. 만약 청소년들이 이번 주에 나쁜 평판을 바꾸기 위한 전략을 사용하지 않았다면, 이를 위한 단계들을 점검하게 한다.

1. **튀지 않는다.**
2. **다수를 따른다.**
   a. **다수에게 자연스럽게 맞추려고 노력한다.**
   b. **다수로부터 튀지 않도록 노력한다.**
3. **나쁜 평판을 바꾸기 위해 외모를 바꾼다.**
4. **이전의 평판을 솔직하게 인정한다.**
5. **새로운 집단이나 무리를 찾는다.**

4. **놀림 무력화시키기**

a. **치료자** : 이번 주 과제 중 하나는 놀림 무력화시키기를 사용하는 것을 연습해 보는 것이었습니다. 우리는 놀림이 청소년들 사이에서 매우 일반적이라는 것을 알고 있기 때문에 여러분들 모두가 또래들이나 형제들, 또는 부모님들과의 연습을 통해 놀림 무력화시키기를 활용해 볼 기회가 있었을 것이라고 예상하고 있습니다. 이번 주에 놀림을 무력화시키기를 활용하는 것을 연습한 사람은 손을 들어 보세요.

i. [NOTE : 이런 방식으로 소개하는 것은 놀림받은 것에 의해 체면을 잃지 않게 도와줄 것이다.]

b. **놀림 무력화시키기**를 어떻게 사용했는지 청소년들이 이야기하게 한다.

i. 다른 사람이 어떻게 자신을 놀렸는지 구체적으로 이야기하게 하지 말고, 청소년들의 반응에만 초점을 둔다.

c. 발생 가능한 문제에 대해 해결법을 의논한다.

d. 만약 아무도 이번 주에 **놀림 무력화시키기**를 사용해 보지 않았다면, 진도를 나가기 전에 **놀림 무력화시키기** 말대꾸를 이용한 몇 가지 반응을 생각해 보고 시연해 보이게 한다.

5. **함께 어울리기**

a. **치료자** : 이번 주 중요한 과제는 친구와 함께 어울리기를 하는 것이었습니다. 이번 주에 함께 어울리기를 한 사람은 손을 드세요.

i. 과제를 완성한 청소년이 이야기해 보도록 하는 것으로 시작한다.

ii. 간단히 질문한다.

1. 누구와 함께 어울리기를 했나요?

2. 어디에서 함께 어울리기를 했나요?
3. 무엇을 할지 결정하기 위해서 집단 구성원이 아닌 사람에게 전화를 했나요?
4. 마무리할 때 무엇을 했나요?
5. 누가 활동을 선택했나요?(답은 손님이어야 함)
6. 함께 어울리기를 하는 총 시간의 50%를 정보를 교환하는 데 썼나요?
7. 좋은 스포츠맨 되기를 연습하였나요?(기회가 있었다면)
   a. 좋은 스포츠맨이 되기 위해 어떻게 행동했나요?
8. 즐거운 시간을 보냈나요?
9. 친구에게도 즐거운 시간이었나요?
10. 그 친구와 다시 함께 어울리기를 하고 싶은가요?

iii. 발생 가능한 문제에 대해 해결법을 의논한다.

교육 : 소문과 뒷이야기*

- 설명 : 중 · 고등학교에서 소문이나 뒷이야기 등은 흔히 있는 일입니다. 사람들이 뒷이야기를 하거나 소문이 퍼지는 것을 막기 위해 할 수 있는 일은 별로 없습니다. 그러나 사람들이 왜 뒷이야기를 하는지, 그리고 여러분이 소문의 대상이 되었을 때 대처할 수 있는 방법을 안다면 매우 도움이 될 것입니다.
- 아래의 내용을 설명한다.
  - 소문과 뒷이야기는 **사회적 무기**이다.
    - 소문과 뒷이야기는 종종 비열한 내용이다.
    - 소문과 뒷이야기는 중 · 고등학교에서는 흔히 일어나는 일이다.
  - 소문과 뒷이야기는 때로는 다른 사람에게 상처를 주기 위해 사용된다.
    - 소문과 뒷이야기는 보복성으로 사용된다.
      - 소문과 뒷이야기는 다른 사람이 했던 일에 대해 복수하기 위해 사용되기도 한다.
    - 좋아하지 않거나 질투의 대상이 되는 누군가의 평판에 손상을 주기 위해 사용된다.
    - 위협하기 위한 목적으로 사용된다(예 : "내가 하라는 대로 하지 않으면, 나는 모두에게 …을 말할 것이다.").
  - 더 흔하게는 소문과 뒷이야기는 단지 10대들의 대화의 한 부분일 뿐이다.
    - 일부 청소년들이 뒷이야기를 확산시키는 것은,
      - 관심을 끌기 위함이다.

---

* 역자 주 : 여기서 소문이란 주로 뜬 소문, 헛소문으로 대부분 사실이 아닌 것, 사실보다 부풀려진 것, 아주 사소한 것인데 일파만파 퍼지는 것을 의미합니다. 또한 '소문'과 '나쁜 평판'을 구분할 필요가 있습니다. 소문은 주로 어떤 '이야기'이며, 나쁜 평판은 '어떤 성질을 규정하는 사실들'을 의미합니다.

  - ■ 자신이 중요하다고 느끼기 위한 것이다(즉, 아무도 모르는 중요한 것을 혼자만 알고 있다고 생각한다.).
- – 소문이 사실이 아님을 입증하는 것은 매우 어렵다.
  - ● 소문이 사실이 아님을 완벽하게 입증하는 것은 불가능하다.
  - ● 소문을 희화화하여 희석시키기를 시도할 수 있다(예 : 소문을 믿는 사람이 있다는 것에 놀란 듯 반응을 보인다.).
    - ■ 이러한 기술을 씀으로써, 소문을 간접적으로 부인하는 동시에 소문을 만들어 낸 사람의 신뢰성을 떨어뜨릴 수 있다.
    - ■ 이러한 방법은 뒷이야기의 영향력을 최소화하고, 결국 **소문이 사라지게 만든다.**

소문과 뒷이야기에 대처하는 규칙

뒷이야기의 대상이 되지 않는 법

설명 : 우리는 청소년들이 왜 남의 뒷이야기를 하는지에 대해 알게 되었습니다. 그다음으로는 청소년들이 소문의 대상이 되지 않기 위해 할 수 있는 것들이 무엇인지 아는 것이 도움이 됩니다.

- ■ **험담꾼과는 친구가 되지 않는다**(가볍게 어울리는 것도 하지 않도록 함).
  - – 설명 : 소문이나 뒷이야기의 대상이 되지 않기 위해 해야 할 가장 첫 번째 규칙은 험담꾼과 친구가 되지 않는 것입니다. '험담꾼'은 다른 사람들에 대한 소문을 퍼뜨리거나, 다른 사람들의 뒷이야기하기를 좋아하는 사람입니다. '험담꾼'과 친구가 되면 어떤 문제가 생길까요?
    - ● 답 : 만약 험담꾼 친구가 당신에 대해 화가 나게 된다면 그는 당신에 대한 소문을 퍼뜨리려고 할 것이다. 남의 뒷이야기를 하고 다니는 사람은 신뢰할 수 있는 사람이 아니다. 당신이 험담꾼과 친하게 지낸다는 것을 사람들이 안다면 다른 사람들은 당신과 친하게 지내고 싶어 하지 않을 것이다.
- ■ **험담꾼을 자극하지 않는다.**
  - – 설명 : 소문이나 뒷이야기의 대상이 되지 않기 위한 두 번째 규칙은 '험담꾼'을 자극하지 않는 것입니다. 이것은 '험담꾼'이나 그들의 친구들에게 비밀을 이야기하거나, 그들에 대한 뒷이야기를 하거나, 그들을 웃음거리로 만들어서는 안 된다는 뜻입니다. 험담꾼이나 그의 친구를 화나게 하면 안 되는 이유는 무엇일까요?
    - ● 답 : 이것은 그들을 자극하여 당신에게 복수를 하게 만들 뿐이다. 당신이 뒷이야기의 대상이 될 가능성이 높아진다.
- ■ **다른 사람들에 대한 소문을 퍼뜨리지 않는다.**
  - – 설명 : 소문이나 뒷이야기의 대상이 되지 않기 위한 마지막 규칙은 다른 사람들에 대한 소문을 내

지 않는 것입니다. 즉, 여러분에 대해 뒷이야기를 하고 다녔던 사람에게 복수하지 않아야 하고, 그 외의 다른 사람들에 대해서도 소문을 퍼뜨리지 않아야 한다는 의미입니다. 다른 사람들에 대한 소문을 내지 않아야 하는 이유는 무엇인가요?

- 답 : 그것은 다른 사람에게 상처를 주는 일이다. 사람들이 당신과 친구가 되고 싶어 하지 않게 된다.

뒷이야기의 대상이 되었을 때 해야 할 일

설명 : 아무리 뒷이야기의 대상이 되지 않기 위해 최선의 노력을 한다고 하더라도 이러한 일은 여전히 일어납니다. 따라서 우리가 어쩔 수 없이 그 대상이 되었을 때 그 영향을 최소화하기 위해 무엇을 해야 하는지를 알고 있어야 합니다. 소문이나 뒷이야기의 대상이 되었을 해야 할, 매우 구체적인 규칙들이 있습니다.

■ **당신이 화가 났다는 것을 드러내지 않는다.**

– 설명 : 여러분이 소문이나 뒷이야기의 대상이 되었을 때, 그것에 대처하는 규칙 중의 하나는 당신이 화가 났다는 것을 드러내지 않는 것입니다. 소문에 대해서 당신이 화가 났다는 것을 사람들이 알게 된다면 무슨 문제가 생길까요?

- 답 : 만약 사람들이 당신이 화가 났다는 것을 알게 된다면 당신은 방어적으로 보일 것이다. 사람들은 당신이 무엇인가를 숨기고 있다고 생각하게 될 것이다. 이러한 행동은 **불 난 집에 부채질하는** 것이다. 사람들은 당신이 얼마나 화가 나 있는지에 대해 뒷이야기를 하기 시작할 것이다.

■ **뒷이야기를 만들어 낸 사람과 직면하지 않는다.**

– 설명 : 소문이나 뒷이야기의 대상이 되었을 때 대처하는 또 다른 규칙은 뒷이야기를 만들어 낸 사람과 직접 대면하지 않는 것입니다. 당신에 대한 소문이 퍼져 있다고 하더라도 이것을 퍼뜨리기 시작한 사람과 직접 대면해서 따지면 안 된다는 뜻입니다. 이것은 불화를 가중시킬 뿐입니다. 뒷이야기를 만들어 낸 사람과 직접 대면하게 되면 어떤 문제가 생길까요?

- 답 : 그 사람은 당신에 대한 뒷이야기를 더 퍼뜨리기 시작할 수도 있다. 결국 말다툼이나 심하게는 몸싸움으로 이어질 수 있다. 그 사람은 당신에 대한 뒷이야기를 퍼뜨리는 것이 정당하다고 느끼게 될 것이다.

■ **뒷이야기를 만들어 낸 사람을 피한다.**

– 설명 : 소문이나 뒷이야기의 대상이 되었을 때 대처하기 위한 또 다른 규칙은 소문을 만들어 낸 사람을 피하는 것입니다. 즉, 여러분에 대한 소문을 퍼뜨린 사람이 누구인지 알게 되었더라도 그 사람과 거리를 두라는 것입니다. 당신에 대한 소문을 낸 사람과 거리를 두는 것이 바람직한 이유는 무엇일까요?

- 답 : 뒷이야기를 만들어 낸 사람은 직접 대면하는 것을 기대하고 있을 수 있다. 어

떤 형태로 직면하든지 **불 난 집에 부채질하는** 것이 될 것이다. 당신이 뒷이야기를 만들어 낸 사람을 피한다면, 직면하지 않을 수 있고, 더 이상의 소문이 퍼지지는 않을 것이다.

■ **의외라는 듯한 반응을 보인다.**

– 설명 : 소문이나 뒷이야기의 대상이 되었을 때 대처하기 위한 또 다른 규칙은 깜짝 놀란 듯한 반응을 보이는 것입니다. 이것은 여러분에 관련된 소문을 들었을 때, 이러한 것을 믿는 사람이 있다는 것에 대해 깜짝 놀랐다는 듯 반응하는 것입니다. 이것은 방어적이 되지 않고도 소문이 사실이 아니라고 간접적으로 부인하는 것입니다. 이렇게 함으로써 뒷이야기를 만들어 낸 사람의 신뢰성을 떨어뜨리게 됩니다.

- 예 :
  - "그 소문을 믿는 사람이 있다니, 믿을 수가 없어. 그렇게 바보 같은 사람이 있다니."
  - "사람들이 그런 말을 하고 있다는 것을 믿을 수가 없어. 완전 웃긴다."
  - "그런 이야기를 믿는 사람이 있다는 것이 말이 되니? 사람들이 할 일이 되게 없나 보다."

– 질문 : 소문을 믿는 사람이 있다는 것에 대해 의외라는 듯한 반응을 보이는 것이 좋은 이유는 무엇일까요?

- 답 : 소문이 매우 어이없는 말인 것처럼 만들 수 있기 때문이다. 사람들은 더 이상 그 소문을 믿지 않게 될 것이다. 더 이상 소문을 퍼뜨리지 않게 될 것이다.

■ **자신에 대한 또 다른 소문을 스스로 퍼뜨린다.**

– 설명 : 소문이나 뒷이야기의 대상이 되었을 때 대처하는 중요한 규칙 중 하나는 자신에 대한 소문을 스스로 퍼뜨리는 것입니다. 이것은 소문이 돌고 있다는 것은 인정하면서, 그 소문이 얼마나 말도 되지 않는 것인지를 모든 사람들에게 이야기하는 것입니다. 이것은 간접적으로 소문이 사실이 아니라고 부정하는 것이며, 직접 대면하거나 이를 통해 새로운 뒷이야기를 만들어 내게 하지 않고도 소문을 퍼뜨린 사람의 신뢰성을 떨어뜨리게 됩니다. 특히 여러분의 편이 되어 줄 사람에게 이야기해야 하며, 우연히 듣게 될 수 있도록, 다른 사람들이 있는 곳에서 이야기하는 것이 좋습니다.

- 예 :
  - "나에 대해 돌고 있는 소문 들어 본 적 있니? 진짜 바보 같은 이야기 아니야?"
  - "다른 사람들이 나에 대해 이야기하고 다니는 것 들었니? 그걸 믿는 사람들이 있다는 게 더 황당하다."
  - "나에 대한 소문 믿을 수 있다고 생각하니? 너무 어이없더라!"

– 질문 : 자신에 대한 소문을 스스로 퍼뜨리는 방법이 좋은 이유는 무엇일까요?

- 답 : 새롭게 퍼지는 소문은 이전의 소문이 얼마나 말도 안 되는 이야기였는지에 관한 것이기 때문이다. 사람들은 분별없어 보이고 싶지 않기 때문에 더 이상 이전의 소문을 퍼뜨리지 않을 것이다.

– 설명 : 자신에 대한 또 다른 소문을 스스로 퍼뜨리는 방법은 이전의 소문을 사라지게 할 것입니다. 왜냐하면 뒷이야기를 퍼뜨리는 사람은 어리석어 보이기 때문에, 더 이상 소문을 퍼뜨리지 않게 될 것이기 때문입니다. 설사 이전의 소문이 사실이었을지라도, 그런 것에 신경 쓰거나 뒷이야기를 하는 사람이 있다는 것이 오히려 놀랍다는 듯 반응할 수 있습니다. 이것은 그 동안 갖고 있던 소문의 모든 영향력을 사라지게 하고 소문은 힘을 잃게 될 것입니다.

역할극

■ 청소년 집단 치료자는 자신에 대한 소문을 퍼뜨리는 것을 제시해 보여 준다.

– 적절한 역할극의 예 :

- 설명 : 소문의 내용은 내가 시험에서 컨닝을 하다 들켰다는 것입니다.
  - ■ 반응 : "나에 대한 웃기는 소문 들었니? 사람들은 어떻게 내가 컨닝을 하다 들켰다고 말하고 다닐 수가 있지? 정말 말도 안 돼!"
- 설명 : 소문의 내용은 내가 학교 수업을 빼먹고 돌아다니다가 벌을 받았다는 것입니다.
  - ■ 반응 : "요즘 내 소문 들었니? 내가 학교 빼먹고 돌아다니다가 벌을 받았다고 하더라! 진짜 어이없다."
- 설명 : 소문의 내용은 내가 가장 친한 친구와 크게 싸웠다는 것입니다.
  - ■ 반응 : "내가 친구랑 싸웠다고 사람들이 말하는 것 들었니? 말도 안 돼! 사람들이 참으로 할 일이 없나 보다."

행동 연습

■ 각 청소년들이 돌아가면서 소문과 뒷이야기에 대처하기를 연습하게 한다.

■ 치료자는 청소년들에게 그들에 대한 소문이 퍼졌다고 이야기하고, **자신에 대한 소문을 스스로 퍼뜨려야 한다**고 말한다.

– 전형적인 청소년들의 뒷이야기의 예를 하나씩 사용한다.

– 예 :

- "소문의 내용은 당신이 학교 시험을 빵점 맞았다는 것입니다."

– "내가 학교 시험 빵점 맞았다는 소문 들었니? 진짜 어이없더라!"

- "소문의 내용은 당신이 선생님께 말대꾸를 하여 방과후에 학교에 남아 벌을 섰다는 것입니다."

- "요즘 내 소문 들었니? 내가 선생님한테 말대꾸해서 벌받았대! 정말 말도 안 돼."
  - "소문의 내용은 당신이 ○○에게 반했다는 것입니다."
- "내가 ○○한테 반했다는 소문 들었니? 말도 안 돼! 참 할 일도 없다."
  - "소문의 내용은 당신이 집에 늦게 들어가서 벌을 받았다는 것입니다."
- "요즘 애들이 내가 집에 늦게 들어가서 벌받았다고 하는 얘기 들었니? 그런 얘기에 누가 신경 쓰냐?"
  - "소문의 내용은 친구 뒤에서 험담을 한다는 것입니다."
- "나에 대한 웃기는 소문 들었니? 내가 험담을 하고 다닌대! 그런 걸 말하고 다니는 사람은 참 할 일도 없나 보다."
  - "소문의 내용은 당신이 ○○를 싫어한다는 것입니다."
- "내가 ○○ 싫어한다는 얘기 들었니? 그런 말을 하고 다닌다는 것을 믿을 수가 없어. 완전 웃긴다!"
  - "소문의 내용은 당신이 졸업을 못 할지도 모른다는 것입니다."
- "나에 관한 소문 들었니? 내가 졸업을 못 할지도 모른다니. 그런 걸 믿는 사람들이 있다는 것이 더 황당하다!"
  - "소문의 내용은 당신이 허락도 없이 부모님의 차를 몰고 나갔다가 걸렸다는 것입니다."
- "내가 부모님 허락도 없이 차를 몰고 나갔다가 혼났다는 얘기 들었니? 정말 말도 안 돼! 그런 걸 믿는 바보 같은 사람이 있다니."
  - "소문의 내용은 당신이 동아리에서 쫓겨나게 됐다는 것입니다."
- "요즘 내 소문 들었니? 어떻게 그런 말을 하고 다닐 수가 있지? 말도 안돼!"
  - "소문의 내용은 당신이 ○○에게 사귀자고 했다는 것입니다."
- "내가 ○○에게 사귀자고 했다는 소문 들었니? 진짜 황당하더라. 누가 그런 것 신경 쓰냐?"

과제

■ 이번 주 과제에 대해 간략하게 설명한다. 이번 주의 중요한 과제는 각자 1명 이상의 친구들과 다시 한 번 함께 어울리기를 하는 것입니다. 함께 어울리기를 준비하기 위해서는 미리 전화 통화를 해야 할 수도 있습니다. 함께 어울리기를 하는 동안에 게임이나 운동을 하게 되면, 좋은 스포츠맨 되기를 연습합니다. 이번 주에 놀림받는 일이 발생했을 때 놀림 무력화시키기 기법을 연습합니다. 친구들 사이에서 놀리는 것은 일반적이므로, 누구에게나 이번 주 동안에 이런 상황이 일어날 수 있습니다. 또 기회가 있다면, 괴롭힘에 대처하는 전략과 평판을 바꾸는 전략을 시도해 보십시오. 그리고 이번 주에

친구 또는 형제들과 의견충돌이 일어난다면, 의견충돌을 다루는 단계들을 사용하십시오. 부모님들과 그 단계들을 연습해 보는 것도 좋습니다. 그리고 기회가 된다면, 소문이나 뒷이야기에 대처하는 전략들도 사용해 보십시오. 다시 말하면, 이번 주 과제는 다음과 같습니다.

- 1명 이상의 친구들과 함께 어울리기를 합니다.
  - 함께 어울리기 약속을 정하기 위해서 집단 구성원이 아닌 사람과 통화를 합니다.
  - 무엇을 해야 할지 알기 위해서 정보를 교환합니다.
  - 만약 기회가 있다면 좋은 스포츠맨 되기를 연습합니다.
- 만약 기회가 있다면 괴롭힘에 대처하기와 나쁜 평판 바꾸기를 연습합니다.
- 만약 이번 주에 놀림을 당한다면, 오늘 찾아 본 반응들을 사용해서 놀림 무력화시키기를 연습해 봅니다.
- 여러분이 배웠던 단계들을 따라서 의견충돌을 다루는 것을 연습합니다.
- 오늘 배운 단계들을 따라서 소문과 뒷이야기를 다루는 것을 연습합니다.

졸업식 공지

청소년들에게 다음을 설명한다.

- 다음 주에 졸업식이 있음을 청소년들에게 공지한다.
- 졸업 파티는 청소년들을 위한 것이며, 청소년 치료실에서 졸업 파티가 열리게 될 것을 공지한다.
- 파티의 분위기를 보다 즐겁게 하기 위해 부모님과 청소년이 약간과 다과를 가져와도 좋다고 공지한다.
- 음식물은 보통 청소년 치료실에 둔다(부모 회기 동안 나누어 드실 음식도 가져오면 좋다).
- PEERS® 팀은 저녁 식사와 음료를 준비한다(일반적으로 피자와 음료수).
- 치료팀은 졸업 파티를 하는 동안 볼 수 있는, 청소년 관람 가능 등급의 DVD들을 준비한다.
- 치료팀은 또한 청소년들이 선택해서 즐길 수 있는 게임들을 준비한다.
- 청소년들은 파티 중 보고 싶은 영화와 게임을 투표로 결정할 것이다.
- 졸업 파티에서 청소년들에게 상을 수여한다.

부모 회기

- 부모들은 평소대로 부모 교육에 참여하게 된다.
- 부모 집단 치료자는 앞으로의 방향에 대해 부모와 점검하고 논의하도록 한다.

졸업식

- 졸업식은 부모 교육실에서 열리게 될 것이다(또는 가장 큰 치료실).
- 부모와 다른 가족들이 모두 졸업식에 참석할 수 있다.
- 청소년들은 졸업식에서 졸업증서를 수여받는다.
- 사생활 보호를 위해 사진이나 동영상 촬영은 금지한다.
- 비밀 유지를 위해 졸업식에 참석하는 다른 가족들은 식이 시작되기 직전까지 로비에서 기다리도록 한다.

청소년 활동 : 좋은 스포츠맨 되기와 야외 활동

NOTE : '청소년 활동 가이드' 규칙을 참고한다.

- 청소년들은 운동장에서 야외 게임과 스포츠를 할 것이다.
- 야외 게임은 청소년들이 가져온 적절한 **야외 스포츠 장비**와 치료팀에서 준비한 다른 도구들 중에서 선택한다.
- 공격적이거나 위험하지 않은 종목 가운데 청소년들이 종류를 선택하도록 한다.
- 어떤 청소년도 혼자서 게임을 하거나 고립되어 행동하지 않도록 한다.
- 청소년들은 **좋은 스포츠맨 되기**의 규칙을 연습하면서 포인트를 받는다.
  - **친구를 칭찬한다.**
  - **심판관처럼 행동하지 않는다.**
  - **코치가 되지 않는다.**
  - **사이좋게 나누어 차례대로 한다.**
  - **속임수를 쓰지 않는다.**
  - **게임 중에 지나친 경쟁심을 보이지 않는다.**
  - **친구가 다친다면 도와주고 걱정해준다.**
  - **지루해지면 변화를 제안한다.**
  - **이겼을 때 뽐내거나 진 사람을 고소해하지 않는다.**
  - **졌을 때 삐치거나 화내지 않는다.**
  - **게임이 끝날 때, "좋은 게임이었어." 또는 "잘 놀았어."라고 말한다.**
- 청소년 집단 치료자와 보조 치료자는 '좋은 스포츠맨 되기 포인트 기록지(부록 H)'를 사용해서 포인트를 점검한다.

부모와 다시 만나기

- 청소년들에게 부모와 다시 만난다고 공지한다.
  - 청소년들은 각자의 부모 곁에 서 있거나 앉아 있도록 한다.
  - 다시 만나는 시간이 시작되기 전에, 조용히 하고 그룹에 완전히 집중하도록 한다.
- 설명 : 오늘 우리는 소문과 뒷이야기에 대처하는 방법을 배웠습니다. 소문과 뒷이야기의 부정적 영향을 다루는 것에는 몇 가지 규칙이 있음을 기억하시기 바랍니다. 소문의 대상이 되지 않기 위한 방법에는 어떤 것들이 있나요? [청소년들이 모두 규칙을 말하도록 한다. 필요하다면 촉진해 줄 준비를 한다.]
  - **험담꾼과는 친구가 되지 않는다.**
  - **험담꾼을 자극하지 않는다.**
  - **다른 사람들에 대한 소문을 퍼뜨리지 않는다.**
- 질문 : 소문이나 뒷이야기의 대상이 되었을 때 대처하는 규칙에는 어떤 것들이 있을까요? [청소년들이 모두 규칙을 말하도록 한다. 필요하다면 촉진해 줄 준비를 한다.]
  - **당신이 화가 났다는 것을 드러내지 않는다.**
  - **뒷이야기를 만들어 낸 사람과 직면하지 않는다.**
  - **뒷이야기를 만들어 낸 사람을 피한다.**
  - **의외라는 듯한 반응을 보인다.**
  - **자신에 대한 또 다른 소문을 스스로 퍼뜨린다.**
- 설명 : 오늘 우리는 또한 자신에 대한 또 다른 소문을 퍼뜨리는 것을 훌륭하게 연습하였습니다. 열심히 연습한 친구들에게 박수를 쳐 주세요.
- 다음 주까지의 과제를 확인한다(아래를 보세요.).
- 각각의 가족들이 개별적으로 분리되어서 다음을 협의한다.
  - 함께 어울리기를 어디서 할 것인가, 함께할 활동, 누구와 함께할 것인가, 함께 어울리기를 하는 동안 부모님의 역할
  - 다음 주 졸업식에 어떤 다과를 가지고 올 것인가.

과제

1. 청소년들은 이번 주에 그런 일이 발생하면, **소문과 뒷이야기에 대처하는 전략**을 연습해야 한다.
   a. 뒷이야기의 대상이 되지 않기 위해 노력해야 한다.
   b. 기회가 된다면, 소문에 대처하는 전략을 시도해 보아야 한다.
2. 자녀들은 **함께 어울리기**를 위해 친구를 집에 초대해야 한다.

a. **함께 어울리기** 위해 **집단 구성원이 아닌** 사람과 통화한다.
  i. **공통의 관심사**를 찾기 위해 **정보**를 **교환**한다.
  ii. **함께 어울리기**를 하는 동안 무엇을 할 것인지 결정한다.
b. 부모님은 약간 거리를 두고 **함께 어울리기** 모임을 점검한다.
c. 활동에 바탕을 둔 **함께 어울리기** 모임이어야 한다.
d. 만약 기회가 있으면, **좋은 스포츠맨 되기** 활동을 연습한다.
e. 초대한 친구와 함께 **정보**를 **교환**하도록 한다.
  i. **함께 어울리기**를 진행하는 총 시간의 50%는 **정보**를 **교환**하는 데 쓴다.
  ii. 처음 함께 어울리기를 할 때에는 약 2시간으로 제한한다(활동에 따라 조절 가능).

3. 기회가 있으면 **놀림 무력화시키기**를 연습한다.
  a. 부모와 자녀가 한 주 동안 **놀림 무력화시키기**를 연습한다.
  b. 자녀가 어떻게 **놀림 무력화시키기**를 사용했는지 반드시 함께 이야기해야 한다.
    i. **놀림 무력화시키기**는 일반적으로 형제자매와 함께 연습하는 것이 적절하다.
4. 만약 기회가 있으면, **괴롭힘에 대처하기**나 **나쁜 평판 바꾸기**를 연습한다.
  a. 부모와 자녀가 함께 **괴롭힘에 대처하는** 방법을 의논한다.
  b. 부모와 자녀가 함께 **나쁜 평판을 바꾸는** 방법을 의논한다.
5. 이번 주에 기회가 된다면, **의견충돌 다루기**를 연습한다.
  a. 부모와 자녀는 의견충돌을 다룰 수 있는 방법을 의논한다.
    i. 형제자매와의 의견충돌을 이용해서 연습할 수 있다.
  b. 부모와 자녀가 역할극을 통해서 연습할 수 있다.

점수 계산

매주 다음 점수를 기록한다.

- 각 청소년들이 얻은 점수를 계산한다. 청소년들이 있을 때에 점수를 계산하지 않는다.
- 그룹이 얻은 총 점수를 합산한다.
  - 각각의 혹은 그룹의 총 점수를 밝히지 않는다.
  - 청소년들 사이에서 얻은 점수를 비교하려는 시도를 막는다.
- 더 크고 멋진 졸업 파티를 하기 위해서 청소년들이 그룹으로서 노력해야 한다는 것을 상기시킨다.

청소년 활동 가이드 : 13회기

"좋은 스포츠맨 되기와 야외 활동"

필요한 도구

- 청소년들이 가져온 야외 스포츠 장비
- 청소년들이 야외 스포츠 장비를 가지고 오는 것을 잊어버릴 것에 대비하여, 도구들을 같이 사용하게 하거나, 사용할 수 있는 도구들을 준비해 둔다.
  - 축구공
  - 농구공
  - 핸드볼
  - 원반

규칙

- 청소년들이 운동장에 도착했을 때 무엇을 할 것인지 협의하게 한다.
  - 가능한 게임의 예를 제시한다.
    - 농구
    - 축구
    - 배구
    - 핸드볼
    - 족구
    - 원반던지기
  - 만약 선수들이 충분하다면, 서로 다른 몇 가지 게임들을 하게 할 수 있다.
- 게임의 규칙을 설명한다.
  - 우리는 모든 스포츠 경기에 대해 '접촉하지 않기' 규칙이 있습니다. 과도하게 접촉하거나, 밀거나, 빼앗아 오지 않습니다.
  - 축구와 농구를 할 때는 공을 패스해야만 합니다.
  - 나쁜 스포츠맨이 될 때는 경고가 주어질 것입니다.
- 보조 치료자들은 특정 게임의 규칙을 청소년들에게 주기적으로 상기시켜 주어야 할 수도 있다.
  - 의견이 서로 다를 때 심판의 역할을 하지는 않는다.
  - 청소년들이 **좋은 스포츠맨**이 됨으로써 서로의 차이점을 조율하도록 돕는다.

- 청소년들이 **좋은 스포츠맨**이 되고 다른 선수를 **칭찬**해 주도록 촉진해야 할 수도 있다.
- **좋은 스포츠맨십**에 대해 포인트를 준다.
  - **친구를 칭찬한다.**
  - **심판관처럼 행동하지 않는다.**
  - **코치가 되지 않는다.**
  - **사이좋게 나누어 차례대로 한다.**
  - **속임수를 쓰지 않는다.**
  - **게임 중에 지나친 경쟁심을 보이지 않는다.**
  - **친구가 다친다면 도와주고 걱정해준다.**
  - **지루해지면 변화를 제안한다.**
  - **이겼을 때 뽐내거나 진 사람을 고소해하지 않는다.**
  - **졌을 때 삐치거나 화내지 않는다.**
  - **게임이 끝날 때, "좋은 게임이었어." 또는 "잘 놀았어."라고 말한다.**
- 보조 치료자는 청소년들이 포인트를 얻은 이유를 말해 주어야 한다(예 : "○○이는 칭찬을 해서 1점을 얻었습니다!").
  - '좋은 스포츠맨 되기 포인트 기록지(부록 H)'에 점수를 기록한다.
  - 포인트를 줄 때 다른 청소년들이 들을 수 있을 정도로 크게 말한다.
    - 사회적 비교는 다른 청소년들을 **칭찬**하고 **좋은 스포츠맨**이 될 수 있게 격려하는 수단이다.

14회기

16 졸업과 종료

부모 치료자 가이드

부모 회기 가이드 라인

이번 회기 과제 점검의 주요 핵심도 역시 지난주 동안 청소년이 진행한 함께 어울리기를 점검하는 것이다. 아직도 그룹 치료자가 다루어야 할 것이 많기 때문에, 부모들은 과제로 수행한 함께 어울리기에 대해 자세히 보고해야 한다.

이번 회기의 주요 내용은 이 짧은 프로그램의 종결에 관한 것이다. 많은 부모들은 자녀들의 졸업장에 잉크가 채 마르기도 전에 그들이 참여할 수 있는 다른 프로그램은 없는지 반사적으로 묻는다. 이 치료가 효과적이었다면 같은 치료에 반복적으로 참여할 필요는 없다. 사회적 기초기술은 배웠으며 우정을 형성하는 데 방해가 되는 행동이 무엇인지를 알게 되었다. 앞으로 부모와 청소년은 청소년이 참여하기 적당한 집단을 찾기 위해 함께 노력하고, 새롭게 우정을 형성하도록 해야 한다. 이렇게 해서 발전된 우정은 청소년이 앞으로 특정 집단에 참여하여 일원이 되도록 도와줄 것이며, 이것은 청소년의 사회적 능력을 키울 수 있게 가르쳐 주고, 새로운 친구를 사귀는 기회를 제공하는 바탕이 될 것이다. 부모는 또한 자녀가 우정을 만들어가는 것을 촉진하며 도움을 주어야 하고 갈등을 해결해 나가는 방법과 좋지 않은 평판을 변화시키는 방법, 소문과 뒷이야기에 대처하기, 또래들로부터의 놀림과 괴롭힘에 대응하기 등에 도움을 주어야 한다. 마지막 시간에 할 일은, 이와 관련된 요점들을 부모와 청소년에게 전달하고, 졸업식과 함께 프로그램을 종결하는 것이다. 마지막 교육 시간에는 새로운 주제는 제시하지 않으며, PEERS®를 구성하는 중요한 내용들을 간략히 검토하는 것으로 마무리할 것이다.

사후 효과 평가

치료 후 효과를 평가하기 위해 충분한 시간을 확보하도록 한다. 치료를 시작하기 전과 후에 같은 평가 도구로 효과를 측정한다. 결과 측정에 대해서는 제2장에 제시한 내용을 참고하도록 한다.

과제 점검

1. **함께 어울리기**를 한다.
   a. **함께 어울리기**가 다음과 같이 이루어졌는지 확인한다.
      i. **함께 어울리기**가 활동에 바탕을 둔 모임이었나?
      ii. 부모님이 거리를 두고 함께 어울리기를 지켜보았나?
      iii. 함께 어울리기 진행 시간이 2시간을 넘지 않았나?(활동에 따라 조절 가능)
   b. 해당이 되는 경우에, 청소년이 **좋은 스포츠맨 되기**를 연습하였는지 확인한다.
   c. 청소년이 '손님'으로 온 친구와 함께 **정보**를 **교환**하고 **공통의 관심사**를 찾았는지 확인한다.
      i. 함께 어울리기를 진행하는 총 시간의 50%는 **정보**를 **교환**하는 데 쓴다.
2. **의견충돌 다루기**
   a. 자녀들이 이번 주에 **의견충돌 다루기**를 연습했는지 보고하게 한다.
      i. 이것은 친구 또는 형제와 실제로 의견충돌이 일어난 상황에서 이루어졌을 수도 있고, 부모와 역할극을 통해 연습했어도 좋다.
3. **괴롭힘과 나쁜 평판에 대처하기**
   a. 해당이 되는 경우에, 부모가 다음의 사항을 보고하게 한다.
      i. 청소년이 **괴롭힘에 어떻게 대처**하였는가?
      ii. 자신에 대한 **좋지 않은 평판**을 바꾸기 위해 어떻게 하였는가?
         1. **튀지 않는다.**
         2. **다수를 따른다.**
            a. **다수에게 자연스럽게 맞추려고 노력한다.**
            b. **다수로부터 튀지 않도록 노력한다.**
         3. **나쁜 평판을 바꾸기 위해 외모를 바꾼다.**
         4. **이전의 평판을 솔직하게 인정한다.**
         5. **새로운 집단이나 무리를 찾는다.**

b. 발생 가능한 문제에 대해 해결법을 의논한다.

4. **놀림 무력화시키기**
   a. 부모가 자녀와 함께 **놀림 무력화시키기**를 연습했는지 확인한다(필수는 아님).
   b. 부모가 **놀림 무력화시키기**를 어떻게 사용했는지에 대해 발표한다.
      i. **놀림 무력화시키기**는 친구 또는 형제자매들과 함께 사용했어도 된다.
   c. 발생 가능한 문제에 대해 해결법을 의논한다.
5. **소문과 뒷이야기에 대처하기**
   a. 해당 되는 상황이 발생하였다면, 청소년들이 소문과 뒷이야기에 대처하는 전략을 사용했는지 이야기해 보도록 한다.
   b. 발생 가능한 문제에 대해 해결법을 의논한다.

교육 : 마무리/이제 어디로 나아갈 것인가?

- 부모용 유인물을 나누어 준다.
- 설명 : 오늘이 PEERS® 프로그램의 마지막 날입니다. 모임이 끝났다고 해서 여러분들의 할 일 또한 끝났다는 것을 의미하지는 않습니다. 오늘은 앞으로 여러분들의 자녀가 친구를 사귀고 우정을 유지해 나가는 것을 지속시킬 수 있도록 어떻게 도와주어야 하는지에 초점을 맞추어 이야기하고자 합니다.
- 부모들이 돌아가면서 부모용 유인물을 읽게 한다.
- **굵게** 표시된 부분은 부모용 유인물에서 그대로 가져온 것이다.

앞으로 가야 할 방향

1. 학업 외 활동
   a. **친구를 사귀기 위해서는, 자녀들이 반드시 학업 외 활동에 참여해야 한다.**
   b. **한 번에 적어도 한 가지의 학업 외 활동에 참여할 것을 권장한다.**
      i. **2개 이상의 활동은 지나친 부담을 줄 수도 있다.**
   c. **만약 자녀가 학교에서 좋지 못한 평판을 받고 있다면, 학교보다는 지역사회 내의 학업 외 활동에 참여하는 것이 보다 바람직하다.**
   d. **부모는 자녀의 흥미에 근거하여 학업 외 활동들에 대해 의논하고 결정해야 한다.**
   e. **부모는 자녀가 활동을 고를 수 있도록 다양한 학업 외 활동의 선택안들을 제시한다.**
   f. **학업 외 활동을 통해 정기적으로 다른 청소년들과의 만남이 이루어져야 한다.**
   g. **부모는 자녀가 학업 외 활동에 등록하도록 할 책임이 있다.**
      i. **자녀가 자발적으로 학업 외 활동에 등록할 때까지 기다리면 안 된다.**
      ii. **어떤 부모는 자녀에게 의무적으로 하도록 해야 할 수도 있고, 어떤 부모는 강하게 제안**

하는 정도로 충분할 수도 있다.

h. 자녀에게 새로운 활동을 설명할 때, "활동에 참여하고 싶니?"라고 묻기보다 "어떤 활동에 참여하고 싶니?"라고 묻는다.
   i. 학업 외 활동에 참여하는 것 자체는 협상할 수 없다.
   ii. 하지만 어떤 활동에 참여할지 선택하는 것은 협상해야 한다.

2. 함께 어울리기
   a. 자녀가 친구들과 정기적으로 함께 어울리기를 하는 것 또한 매우 중요하다.
   b. 함께 어울리기는 친한 친구를 만들고 관계를 유지하는 방법이다.
   c. 자녀가 새로운 친구를 사귀기 시작했을 때, 부모님들은 드러나지 않게 그들을 관찰할 수 있도록, 집으로 초대하여 함께 어울리기를 하게 권한다.
      i. 새로 사귄 친구가 적절한지 확인한다(예 : 자녀를 놀리거나, 무시하거나, 말다툼을 하거나, 자녀를 곤경에 처하게 하지는 않는지).
   d. 평균적으로 청소년들은 일주일에 한두 번 정도의 함께 어울리기를 한다.
      i. 일주일에 적어도 한 번 이상의 함께 어울리기를 하도록 목표를 세우기를 권한다.
   e. 특정 친구와 함께하는 첫 함께 어울리기는 2시간 정도로 제한한다(활동에 따라 조절 가능).
      i. 청소년들이 우정을 유지해 나가게 되면 함께 어울리기는 더 길어질 수 있다.

3. 놀림과 괴롭힘
   a. 부모는 자녀가 또래들로부터 놀림이나 괴롭힘을 받는 것에 대처하도록 도와 줄 수 있어야 한다.
   b. 놀림 무력화시키기 전략을 쓰는 법
      i. 반응은 짧고 간단해야 하며, 신경 쓰지 않는다는 인상을 주어야 한다.
      ii. 예 :
         1. "좋으실 대로! 아무렴 어때!"
         2. "그건 그렇고…."
         3. "그게 무슨 큰 일이라고!"
         4. "그래서 뭐!"
         5. "무슨 상관이야?"
         6. "좋아, 그래서?"
         7. "그래서 하고 싶은 말이 뭔데?"
         8. "어디가 재미있는 거야?"
         9. "누가 신경 쓴대?"
         10. "웃기려고 하는 말이지?"

11. "내가 왜 상관해야 되는데?"
12. "요점이 뭐야?"
13. "그게 언제적 이야기인데…?"
14. "싱겁긴…."
15. "유치하게…."
16. "애들도 아니고 뭐 그런 걸로."
17. "누가 물어봤어? 안 물어봤는데."
18. "뭔 상관~?"
19. "그렇다 치자~"
20. "그게 중요한가?"
21. "좋냐?"
22. "그게 웃기니?"
23. 어깨를 으쓱거리고, 머리 흔들고, 그 자리를 떠나기
24. 눈을 굴리고 그 자리를 떠나기

c. 괴롭힘에 대처하는 방법
   i. 튀지 않는다.
   ii. 괴롭히는 아이를 피한다.
   iii. 괴롭히는 아이를 자극하지 않는다.
      1. 신체적 괴롭힘이 아닌, 언어적으로 놀리는 아이에게만 놀림 무력화시키기를 사용한다.
   iv. 다른 사람들과 함께 어울린다.
   v. 만약 위험에 처했다면, 어른들에게 도움을 요청한다.

d. 학교에서 자녀가 괴롭힘을 당하거나 놀림을 당한다면
   i. 자녀가 이야기하기를 원한다면, 괴롭힘이나 놀림을 받았을 때의 기분이 어떤지에 대해 간략하게 이야기를 나눈다.
      1. 자녀가 괴롭힘을 당했을 때의 감정을 자발적으로 말하지 않으면, 더 이상 이야기하지 않는다(자녀를 더 화나거나 흥분하게 만들 수도 있다.).
   ii. 자녀가 놀림이나 괴롭힘에 어떻게 대처했는지 평가한다.
   iii. 만약 자녀가 올바른 단계를 따라 수행하지 못했다면, 어떻게 다른 방식으로 그 상황에 대처할 수 있었을지 의논한다.
      1. 자녀와 함께 적절한 단계에 대해 서로 협력하여 점검한다.
      2. 자녀가 올바르지 않게 수행한 것에 대해 노골적으로 지적하지 않는다.
   iv. 앞으로 자녀가 어떻게 이러한 상황을 다른 방식으로 대처할 수 있을지 논의한다(즉,

규칙/단계를 따르게 한다.).

v. 자녀가 괴롭힘으로 인해 위험한 상황에 처해 있는 것 같으면, 즉시 학교에 알린다.

4. 나쁜 평판 바꾸기
    a. 치료 이후에 자녀가 나쁜 평판을 바꾸도록 돕는 것은 부모의 일차적 책임이다(필요한 경우).
        i. 이것은 장기간에 걸친 과정으로, 짧은 치료 기간 내에 해결하기 어렵다.
    b. 자녀의 평판과, 부정적인 인상을 바꾸기 위해 현재 사용하고 있는 전략에 대해 규칙적으로 이야기를 나눈다.
    c. 나쁜 평판 바꾸기 전략을 잘 익혀 두고, 자녀들과 이런 대화하는 동안 제시해 줄 수 있어야 한다.
        i. 튀지 않는다.
            1. 돌출 행동을 하지 않는다.
            2. 남의 주의를 끄는 행동을 하지 않는다.
        ii. 다수를 따른다.
            1. 다수에게 자연스럽게 맞추려고 노력한다.
            2. 다수로부터 튀지 않도록 노력한다.
        iii. 나쁜 평판을 바꾸기 위해 외모를 바꾼다.
        iv. 이전의 평판을 솔직하게 인정한다.
        v. 새로운 집단이나 무리를 찾는다.
    d. 자녀에 대한 나쁜 평판이 잦아들기를 기다리는 동안에, 학교 외에서 친구를 사귈 수 있도록 도와야 한다(학교와 관계되지 않는 학업 외 활동 등).
5. PEERS® 기술
    a. 자녀들이 새로운 친구를 사귀기 위해 PEERS®에서 배운 기술을 사용하도록 권한다.
    b. 새 친구를 사귀는 가장 이상적인 시기는 학년 초라는 것을 기억해 둔다.
    c. 의견충돌 다루기, 소문이나 뒷이야기에 대처하기, 또래의 놀림이나 괴롭힘에 대처하기, 나쁜 평판 바꾸기 등 습득한 기술들을 잊지 않기 위해 자녀와 함께 정기적으로 부모용 유인물을 복습한다.

- 마지막으로 질의응답 시간을 갖는다.
- 궁금한 점이 있으면 졸업 이후에도 언제든지 전화나 직접 방문을 통해 치료팀에게 문의할 수 있음을 공지한다.

전체 모임과 졸업식

- 졸업식을 위해 부모와 청소년 집단은 함께 모인다(졸업식과 작별 인사에 약 15분을 할당한다.).
- 사생활보호를 위해 사진이나 동영상 촬영은 할 수 없음을 부모들에게 상기시킨다.
  - 집단을 벗어났을 때는 가족 촬영이 가능하다.
- 부모 집단 치료자와 청소년 집단 치료자가 졸업식을 진행한다.
  - 각 부모와 청소년은 서로 가까이 서 있거나 앉아 있도록 한다.
  - 치료팀은 치료실 앞쪽에 줄을 지어 서 있는다.
  - 부모 집단 치료자가 부모와 청소년이 열심히 프로그램을 해 낸 것에 대해 칭찬의 말을 한다.
    - 그룹이 이뤄낸 향상에 대해 격려의 말을 한다.
      - 구체적으로 구성원 개개인에 대한 언급은 하지 않는다.
  - 청소년 집단의 치료자가 부모와 청소년 집단이 열심히 프로그램을 해 낸 것에 대해 칭찬의 인사를 한다.
    - 그룹이 이뤄 낸 발전에 대해 추가적으로 지지의 말을 한다.
      - 구체적으로 구성원 개개인에 대한 언급은 하지 않는다.
  - 청소년 집단 치료자는 졸업식의 시작을 알린다.
    - 졸업식의 순서에 대해 설명한다.
      - 자신의 이름이 호명되면 청소년은 졸업장을 받기 위해 앞으로 나온다.
      - 모든 사람들이 앞으로 나온 청소년을 위해 힘찬 박수를 보낸다.
      - 청소년 집단 치료자가 졸업장을 수여하고 악수를 한다.
      - 졸업장을 받은 청소년은 치료팀 선생님들과 각각 악수를 한다.
      - 모두 계속 박수를 치며 축하해 준다.
  - 청소년 집단 치료자가 졸업장을 수여한다.
    - 교육실의 앞쪽으로 각 학생들을 차례로 호명하고 졸업장을 수여한다.
    - 청소년은 반드시 치료팀 모두와 악수를 한다.
    - 집단 구성원들이 각 청소년에게 박수를 보내 주도록 한다.
- 마지막 청소년이 졸업장을 받고 나면
  - 모두에게 와 주어서 감사하다는 인사를 한다.
  - 모두가 매우 훌륭하게 발전하였음에 대해 간단한 마무리 인사말을 한다.
  - 치료가 끝났다고 해서 기술의 사용도 끝난 것이 아님을 가족들에게 상기시킨다.
  - 청소년들이 친구를 사귀고 우정을 유지할 수 있도록 습득한 기술을 계속적으로 연습

하도록 격려한다.

- 모두에게 격려와 작별의 인사를 한다.
- 부모들은 종종 헤어지기 전에 치료자들에게 개별적으로 감사의 인사를 하고 싶어 한다.

부모용 유인물 14 : 앞으로 가야 할 방향

마무리 점검

1. **학업 외 활동**
   a. 친구를 사귀기 위해서는, 자녀들이 반드시 학업 외 활동에 참여해야 한다.
   b. 한 번에 적어도 한 가지의 학업 외 활동에 참여할 것을 권장한다.
      i. 2개 이상의 활동은 지나친 부담을 줄 수도 있다.
   c. 만약 자녀가 학교에서 좋지 못한 평판을 받고 있다면, 학교보다는 지역사회 내의 학업 외 활동에 참여하는 것이 보다 바람직하다.
   d. 부모는 자녀의 흥미에 근거하여 학업 외 활동들에 대해 의논하고 결정해야 한다.
   e. 부모는 자녀가 활동을 고를 수 있도록 다양한 학업 외 활동의 선택안들을 제시한다.
   f. 학업 외 활동을 통해 정기적으로 다른 청소년들과의 만남이 이루어져야 한다.
   g. 부모는 자녀가 학업 외 활동에 등록하도록 할 책임이 있다.
      i. 자녀가 자발적으로 학업 외 활동에 등록할 때까지 기다리면 안 된다.
      ii. 어떤 부모는 자녀에게 의무적으로 하도록 해야 할 수도 있고, 어떤 부모는 강하게 제안하는 정도로 충분할 수도 있다.
   h. 자녀에게 새로운 활동을 설명할 때, "활동에 참여하고 싶니?"라고 묻기보다 "어떤 활동에 참여하고 싶니?"라고 묻는다.
      i. 학업 외 활동에 참여하는 것 자체는 협상할 수 없다.
      ii. 하지만 어떤 활동에 참여할지 선택하는 것은 협상해야 한다.
2. **함께 어울리기**
   a. 자녀가 친구들과 정기적으로 **함께 어울리기**를 하는 것 또한 매우 중요하다.
   b. **함께 어울리기**는 친한 친구를 만들고 관계를 유지하는 방법이다.
   c. 자녀가 새로운 친구를 사귀기 시작했을 때, 부모님들은 **드러나지 않게** 그들을 관찰할 수 있도록, 집으로 초대하여 **함께 어울리기**를 하게 권한다.
      i. 새로 사귄 친구가 적절한지 확인한다(예 : 자녀를 놀리거나, 무시하거나, 말다툼을 하거나, 자녀를 곤경에 처하게 하지는 않는지).
   d. 평균적으로 청소년들은 일주일에 한두 번 정도의 **함께 어울리기**를 한다.
      i. 일주일에 적어도 한 번 이상의 **함께 어울리기**를 하도록 목표를 세우기를 권한다.
   e. 특정 친구와 함께하는 첫 **함께 어울리기**는 2시간 정도로 제한한다(활동에 따라 조절 가능).
      i. 청소년들이 우정을 유지해 나가게 되면 **함께 어울리기**는 더 길어질 수 있다.

3. 놀림과 괴롭힘
   a. **부모는 자녀가 또래들로부터 놀림이나 괴롭힘을 받는 것에 대처하도록 도와줄 수 있어야 한다.**
   b. 놀림 무력화시키기 전략을 쓰는 법
      i. 반응은 짧고 간단해야 하며, 신경 쓰지 않는다는 인상을 주어야 한다.
      ii. 예 :
         1. 좋으실 대로! 아무렴 어때!"
         2. "그건 그렇고…."
         3. "그게 무슨 큰 일이라고!"
         4. "그래서 뭐!"
         5. "무슨 상관이야?"
         6. "좋아, 그래서?"
         7. "그래서 하고 싶은 말이 뭔데?"
         8. "어디가 재미있는 거야?"
         9. "누가 신경 쓴대?"
         10. "웃기려고 하는 말이지?"
         11. "내가 왜 상관해야 되는데?"
         12. "요점이 뭐야?"
         13. "그게 언제적 이야기인데…?"
         14. "싱겁긴…"
         15. "유치하게."
         16. "애들도 아니고 뭐 그런 걸로."
         17. "누가 물어봤어? 안 물어봤는데."
         18. "뭔 상관~?"
         19. "그렇다 치자~"
         20. "그게 중요한가?"
         21. "좋냐?"
         22. "그게 웃기니?"
         23. 어깨를 으쓱거리고, 머리 흔들고, 그 자리를 떠나기
         24. 눈을 굴리고 그 자리를 떠나기
   c. 괴롭힘에 대처하는 방법
      i. 튀지 않는다.

ii. **괴롭히는 아이를 피한다.**

iii. **괴롭히는 아이를 자극하지 않는다.**

1. 신체적 괴롭힘이 아닌, 언어적으로 놀리는 아이에게만 **놀림 무력화시키기**를 사용한다.

iv. **다른 사람들과 함께 어울린다.**

v. **만약 위험에 처했다면, 어른들에게 도움을 요청한다.**

d. 학교에서 자녀가 괴롭힘을 당하거나 놀림을 당한다면

i. 자녀가 이야기하기를 원한다면, 괴롭힘이나 놀림을 받았을 때의 기분이 어떤지에 대해 간략하게 이야기를 나눈다.

1. 자녀가 괴롭힘을 당했을 때의 감정을 자발적으로 말하지 않으면, 더 이상 이야기하지 않는다(자녀를 더 화나거나 흥분하게 만들 수도 있다.).

ii. 자녀가 놀림이나 괴롭힘에 어떻게 대처했는지 평가한다.

iii. 만약 자녀가 올바른 단계를 따라 수행하지 못했다면, 어떻게 다른 방식으로 그 상황에 대처할 수 있었을지 의논한다.

1. 자녀와 함께 적절한 단계에 대해 서로 협력하여 점검한다.
2. 자녀가 올바르지 않게 수행한 것에 대해 노골적으로 지적하지 않는다.

iv. 앞으로 자녀가 어떻게 이러한 상황을 다른 방식으로 대처할 수 있을지 논의한다(즉, 규칙/단계를 따르게 한다.).

v. 자녀가 괴롭힘으로 인해 위험한 상황에 처해 있는 것 같으면, 즉시 학교에 알린다.

4. **나쁜 평판 바꾸기**

a. 치료 이후에 자녀가 나쁜 평판을 바꾸도록 돕는 것은 부모의 일차적 책임이다(필요한 경우).

i. 이것은 장기간에 걸친 과정으로, 짧은 치료 기간 내에 해결하기 어렵다.

b. 자녀의 평판과, 부정적인 인상을 바꾸기 위해 현재 사용하고 있는 전략에 대해 규칙적으로 이야기를 나눈다.

c. 나쁜 평판 바꾸기 전략을 잘 익혀 두고, 자녀들과 이런 대화하는 동안 제시해 줄 수 있어야 한다.

i. **튀지 않는다.**

1. 돌출 행동을 하지 않는다.
2. 남의 주의를 끄는 행동을 하지 않는다.

ii. **다수를 따른다.**

1. **다수에게 자연스럽게 맞추려고 노력한다.**

2. 다수로부터 튀지 않도록 노력한다.

iii. 나쁜 평판을 바꾸기 위해 외모를 바꾼다.

iv. 이전의 평판을 솔직하게 인정한다.

v. 새로운 집단이나 무리를 찾는다.

d. 자녀에 대한 나쁜 평판이 잦아들기를 기다리는 동안에, 학교 외에서 친구를 사귈 수 있도록 도와야 한다(학교와 관계되지 않는 학업 외 활동 등).

5. PEERS® 기술

a. 자녀들이 새로운 친구를 사귀기 위해 PEERS®에서 배운 기술을 사용하도록 권한다.

b. 새 친구를 사귀는 가장 이상적인 시기는 학년 초라는 것을 기억해 둔다.

c. 의견충돌 다루기, 소문이나 뒷이야기에 대처하기, 또래의 놀림이나 괴롭힘에 대처하기, 나쁜 평판 바꾸기 등 습득한 기술들을 잊지 않기 위해 자녀와 함께 정기적으로 부모용 유인물을 복습한다.

그 동안 PEERS® 프로그램에 참여해 주셔서 감사합니다. 모든 과정을 잘 마치셨습니다. 앞으로 더 좋은 일들이 가득하시기를 기원합니다.

청소년 치료자 가이드−14회기 : 졸업과 종료

청소년 회기 가이드 라인

마지막 회기의 목표는 치료 과정 동안에 열심히 노력한 청소년들에게 상을 수여하고 즐거움과 축하 속에서 프로그램을 마무리하고자 하는 것이다. 청소년들은 전체 치료 기간에 걸쳐 매주 사회화를 위한 숙제를 하고, 집단에 참여하고, 규칙을 따름으로써 졸업 파티와 포상을 위한 점수를 모아 왔다.

대다수의 청소년들은 축하하는 분위기 속에서 진행되는 졸업식을 매우 즐거워할 것이다. 그러나 프로그램 종결에 대해 눈에 띄게 불안해하거나 슬퍼하는 청소년이 반드시 1명 또는 2명 있다. 치료자가 이러한 반응에 공감해 주는 것이 중요하지만, 각각의 청소년들이 이뤄 낸 모든 발전에 대해 초점을 맞추는 것도 또한 도움이 된다.

일부 청소년들은 또한 앞으로의 계획에 대해서도 물어볼 것이다. 그들은 앞으로 진행될 집단에 다시 참여하고 싶어 하거나, 그룹의 구성원들과 다시 만나는 것에 관심을 가질 것이다. 집단 구성원들이 프로그램이 끝난 후 서로 친분을 유지하는 것은 자유이지만, 집단 치료자가 이들의 모임을 조직하는 것은 권장하지 않는다. 다시 모임을 갖는 것이 해가 되지 않겠지만, 이것이 치료 효과에 더 도움을 주는지는 알려진 바 없다.

사후 효과 평가

치료 후 효과를 평가하기 위해 충분한 시간을 확보하도록 한다. 치료를 시작하기 전과 후에 같은 평가 도구로 효과를 측정한다. 결과 측정에 대해서는 제2장에 제시한 내용을 참고하도록 한다.

과제 점검

- 매우 짧게 과제를 수행한 청소년을 파악하고 적절한 경우 점수를 준다.
  - 5분을 넘지 않게 한다.
- 심각한 문제가 아니라면 상세히 설명하지 않도록 하며 핵심만 짚고 넘어간다.
  - 수행 중 문제가 있었는지 확인한다.
  - 발생 가능한 문제에 대해 해결법을 의논한다.
    - 졸업 파티를 시작할 수 있도록 문제점은 나중에 해당 청소년과 개인적으로 의논할 수도 있다.
- 과제 수행에 대한 점수를 각 청소년의 전체 점수에 합산한다.
- 획득한 포인트 순으로 교육 시간 마지막에 청소년들에게 상을 수여한다.

1. **소문과 뒷이야기에 대처하기**
   a. 치료자 : 이번 주에 소문과 뒷이야기에 대처하기 전략을 한 가지 이상 사용해 본 사람이 있으면 손을 드십시오.
2. **의견충돌 다루기**
   a. 치료자 : 이번 주에 의견충돌 다루기 전략을 한 가지 이상 사용해 본 사람이 있으면 손을 드십시오.
3. **괴롭힘과 나쁜 평판에 대처하기**
   a. 치료자 : 이번 주에 괴롭힘과 나쁜 평판에 대처하기 전략을 한 가지 이상 사용해 본 사람이 있으면 손을 드십시오.
4. **놀림 무력화시키기**
   a. 치료자 : 이번 주에 놀림 무력화시키기를 사용한 사람이 있으면 손을 드십시오.
5. **함께 어울리기**
   a. 치료자 : 이번 주에 함께 어울리기를 한 사람이 있다면 손을 드십시오.

청소년 활동

졸업 파티에 대한 제안

- 청소년들은 자신들이 선택한 영화를 보거나, 게임을 하며 대화를 즐긴다.
  - 치료팀이 선택 가능한 청소년 관람 가능 등급의 영화들을 준비해 놓는 것이 좋다.
    - 청소년들이 투표를 통해 함께 볼 영화를 결정한다.
      - 청소년들은 종종 영화에 대해 이야기하거나 농담하는 것을 즐긴다.
  - 청소년들이 게임하고 이야기하는 것을 더 원할 경우, 할 수 있는 게임들을 준비해 둔다.
- 치료팀이 피자와 음료를 준비하는 것이 좋다.
- 부모들도 간단한 간식과 후식을 준비한다.
- 청소년들은 함께 어울리기를 할 때처럼 영화를 보거나 게임을 하면서 친구와 대화를 나눈다.
- 이러한 활동들은 청소년들이 파티나 함께 어울리기에서 가장 좋아하는 활동들이기 때문에 선택된 것이다.

점수 계산

- 파티를 즐기는 동안, 각 청소년들이 획득한 점수를 계산한다.
  - 이번 회기에 과제 수행으로 획득한 점수도 합산한다.

- 졸업장을 나눠 주는 순서를 결정한다.
- 청소년들이 있을 때에 점수를 계산하지 않는다.
- 각각의 혹은 그룹의 총 점수를 밝히지 않는다.
- 더 크고 멋진 졸업 파티를 하기 위해서 청소년들이 그룹으로서 노력했다는 것을 상기시킨다.

졸업 시상

- 졸업식을 시작하기 약 5~10분 전에, 가장 많은 점수를 획득한 순서로 졸업 수상자를 발표한다.
  - 참여한 청소년 모두에게 졸업상을 수여한다.
  - 획득한 점수의 총점을 공개적으로 발표하지 않는다.
    - 개인적으로 묻는다면 각자에게 알려 줄 수 있으나 다른 참가자들에게는 공개하지 않는다.
  - 졸업 상품을 빨리 고를 수 있도록 한다.
    - 청소년들은 졸업 상품을 미리 볼 수 있기 때문에, 각자가 무엇을 원하는지 생각해 두었을 것이다.
  - 청소년들이 서로 박수를 보내게 한다.
  - 졸업 수상자 모두를 축하해 준다.

전체 모임과 졸업식

- 졸업식을 위해 부모와 청소년 집단은 함께 모인다(졸업식과 작별 인사에 약 15분을 할당한다.).
- 부모 집단 치료자와 청소년 집단 치료자가 졸업식을 진행한다.
  - 각 부모와 청소년은 서로 가까이 서 있거나 앉아 있도록 한다.
  - 치료팀은 치료실 앞쪽에 줄을 지어 서 있는다.
  - 부모 집단 치료자가 부모와 청소년이 열심히 프로그램을 해 낸 것에 대해 칭찬의 말을 한다.
    - 그룹이 이뤄 낸 향상에 대해 격려의 말을 한다.
      - 구체적으로 구성원 개개인에 대한 언급은 하지 않는다.
  - 청소년 집단의 치료자가 부모와 청소년 집단이 열심히 프로그램을 해 낸 것에 대해 칭찬의 인사를 한다.
    - 그룹이 이뤄 낸 발전에 대해 추가적으로 지지의 말을 한다.

- ■ 구체적으로 구성원 개개인에 대한 언급은 하지 않는다.
- – 청소년 집단 치료자는 졸업식의 시작을 알린다.
  - • 졸업식의 순서에 대해 설명한다.
    - ■ 자신의 이름이 호명되면 청소년은 졸업장을 받기 위해 앞으로 나온다.
    - ■ 모든 사람들이 앞으로 나온 청소년을 위해 힘찬 박수를 보낸다.
    - ■ 청소년 집단 치료자가 졸업장을 수여하고 악수를 한다.
    - ■ 졸업장을 받은 청소년은 치료팀 선생님들과 각각 악수를 한다.
    - ■ 모두 계속 박수를 치며 축하해 준다.
- – 청소년 집단 치료자가 졸업장을 수여한다.
  - • 교육실의 앞쪽으로 각 학생들을 차례로 호명하고 졸업장을 수여한다.
  - • 청소년은 반드시 치료팀 모두와 악수를 한다.
  - • 집단원들이 각 청소년에게 박수를 보내 주도록 한다.

■ 마지막 청소년이 졸업장을 받고 나면
- – 모두에게 와 주어서 감사하다는 인사를 한다.
- – 모두가 매우 훌륭하게 발전하였음에 대해 간단한 마무리 인사말을 한다.
- – 치료가 끝났다고 해서 기술의 사용도 끝난 것이 아님을 가족들에게 상기시킨다.
- – 청소년들이 친구를 사귀고 우정을 유지하기 위해 습득한 기술을 계속적으로 연습하도록 격려한다.
- – 모두에게 격려와 작별의 인사를 한다.
- – 부모들은 종종 헤어지기 전에 치료자들에게 개별적으로 감사의 인사를 하고 싶어 한다.

부록

부록 A : PEERS® 전화 상담 자료 양식

또래 관계 기술 강화와 교육을 위한 프로그램

선별 면담자 :		날짜 :
청소년 이름 :	남자 여자	생년월일 :
나이 :	학년 :	학교 :
참고 :		

가족정보

가족유형 :

❒ 친부모 ❒ 입양부모 ❒ 위탁양육 ❒ 대가족
❒ 양부모 ❒ 편부모 ❒ 기타 : ____________________

초기 면접 참석자 :

❒ 친모 ❒ 친부 ❒ 계모 ❒ 계부
❒ 기타 : ____________________

정보확인

부모 이름 :		
주소 :	E-mail :	
집전화 :	직장전화 :	휴대폰 :
진단 :	약물 :	
IQ/분류 :	학교 장면 :	
포함 기준(해당사항 모두 체크)	제외 기준(해당사항 모두 체크)	
❒ 중 · 고등학교 학생 ❒ IQ 70 이상 ❒ 사회적 문제 보유 ❒ 부모와 자녀의 한국어 사용 ❒ 부모/보호자의 참여 동기 ❒ 자녀의 참여 동기	❒ 주요 정신질환(정신분열, 조울증 등) 구체적 기술 : ❒ 신체적 장애(야외 활동을 하지 못하는) 구체적 기술 : ❒ 의학적 상태(참여를 못하는) 구체적 기술 :	
행동적 문제(해당사항 모두 체크)		
❒ 부적절한 교내 행동 ❒ 가정/학교에서의 문제 ❒ 폭력성/공격성 ❒ 방화 ❒ 절도	❒ 심각한 기물 파손 ❒ 논쟁적인/신경질적/불복종 ❒ 부모의 아이에 대한 두려워함 ❒ 행동 문제로 인한 입원치료 ❒ 기타(구체적 기술) :	
사회적 문제(해당사항 모두 체크)		
❒ 또래와 함께 어울리지 못함 ❒ 학교/공동체에서 친구가 없음 ❒ 사회적 고립/철수 ❒ 사회적 불안 ❒ 친구 사귀기 어려움 ❒ 친구 또래 관계 유지하기 어려움	❒ 부적절한 또래 집단 ❒ 또래에게 공격적이거나 이기적 ❒ 놀림 받거나 괴롭힘 당함 ❒ 친구로부터 거절당함 ❒ 사회적 기술이 서투름 ❒ 사회적 단서를 이해하는 것의 어려움	
기타 특이사항 :		

부록 B : 청소년 초기 면담 체크리스트

1. 부모님께서 여기에 온 목적을 설명해 주셨나요?
   ❒ 정확한 목적을 대답 ❒ 모름 ❒ 틀린 목적을 대답
2. 우리는 친구를 사귀고 관계를 유지하는 방법을 알려 주는 수업을 합니다. 이런 것에 관심이 있습니까?
   ❒ 예 ❒ 아니오 ❒ 모름
3. 당신이 좋아하는 활동에 대하여 알고 싶습니다. 학교에서 친구들과 자유롭게 어울릴 수 있는 시간이 있습니까(점심, 등교 전/방과 후)?
   ❒ 예 ❒ 아니오(4번 문항은 건너 뛰세요.)
4. 주로 그 시간에 무엇을 합니까?
   ❒ 다른 친구들과 함께 시간을 보냄 ❒ 혼자 시간을 보냄
5. 학교에서 늘 함께 어울리는 친구들이 있습니까?
   ❒ 예 ❒ 아니오(9번 문항으로 가세요.)
6. 그 친구들의 이름은 무엇입니까?
   ❒ 이야기하지 않음 ❒ 2~3명의 친구 이름을 이야기함
   ❒ 4명 이상의 친구 이름을 이야기함
7. 그 친구들은 당신과 같은 학년입니까?
   ❒ 같은 학년 ❒ 높은 학년 ❒ 낮은 학년 ❒ 어른
8. 그 친구들과 어떻게 만납니까?
   ❒ 함께 결정해서 만남 ❒ 항상 같은 장소에서 만남
   ❒ 친구가 있는 곳을 내가 찾음
9. 학교 밖에서 친구들과 주로 무엇을 합니까?
   ❒ 이야기/어울리기 ❒ 쇼핑/쇼핑몰 가기 ❒ 전화/인터넷
   ❒ 운동/스포츠 클럽 : ❒ 게임 : ❒ 기타 :
10. 클럽/동아리나 팀에 소속된 적이 있나요?
    ❒ 예 ❒ 아니오
11. 집에서 하는 게임이나 스포츠 중에 좋아하는 것은 무엇인가요?
    ❒ 없음 ❒ 보드/카드게임 : ❒ 운동/스포츠
    ❒ 전자/비디오/컴퓨터게임 : ❒ 기타 :
12. 친구와 함께 어울리는 모임을 가지나요?
    ❒ 예 ❒ 아니오(면담을 끝내세요.)

13. 친구와 함께 어울릴 때 무엇을 하는 것을 좋아하나요?
   - ❐ 이야기하기/어울리기　❐ 게임　❐ TV나 영화 보기　❐ 음악 듣기
   - ❐ 전자/비디오/컴퓨터게임　❐ 운동/스포츠 :
   - ❐ 기타 :
14. 가장 마지막으로 친구와 함께 어울리는 모임을 가진 것은 언제입니까?
   - ❐ 1주일 이내　❐ 1개월 이내　❐ 1개월 이상
15. 마지막으로 어울리는 모임을 함께 한 청소년의 이름은 무엇입니까?
   - ❐ 이름 :　❐ 기억 안 남
16. 함께 무엇을 했나요(구체적인 답변을 하도록 촉구해 주세요.)?
   - ❐ 여러 가지 활동　❐ 주로 전자/비디오/컴퓨터게임/TV 시청
17. 청소년이 친구를 사귀고 관계를 유지하는 방법에 대해 배우는 것에 대해 관심을 표현하나요?
   - ❐ 흥미 없음, 친구가 많이 있음
   - ❐ 수업에 대해 궁금한 점을 물어보며 관심을 표현함
   - ❐ 수업에 대해 분명한 흥미를 가짐

전반적인 인상

지남력×3(사람, 장소, 시간)	❐ 예	❐ 아니오	
기분과 정동이 상황에 적절한가?	❐ 예	❐ 아니오	
조사자와 관계 형성이 되었는가?	❐ 쉽게	❐ 처음에 어렵다가 면담 후반에 가능함	
	❐ 형성되지 않음		
인지 능력	❐ 평균 이하	❐ 평균	❐ 평균 이상
사회 성숙도	❐ 실제 연령보다 1년에서 2년 부족		
	❐ 실제 연령 수준	❐ 실제 연령 이상 수준	

(출처 : Frankel & Myatt, 2003)

부록 C : 전화번호부

전화번호부(phone roster)는 집단 구성원과의 통화를 하는 데 사용됩니다. 이 표는 청소년이 매주 배정된 사람들과 통화를 할 수 있도록 도와주는 데 사용합니다. 매주 어떤 사람과 통화하기로 했는지 기억하기 위해서, 통화하기로 약속한 사람 이름과 요일, 시간을 아래 표에 기록해 두십시오.

	청소년 이름	부모 이름	전화번호	요일	시간	나의 역할	과제 여부
1주				요일	오전/오후 ___시	발신/수신	
				요일	오전/오후 ___시	발신/수신	
2주				요일	오전/오후 ___시	발신/수신	
				요일	오전/오후 ___시	발신/수신	
3주				요일	오전/오후 ___시	발신/수신	
				요일	오전/오후 ___시	발신/수신	
4주				요일	오전/오후 ___시	발신/수신	
				요일	오전/오후 ___시	발신/수신	
5주				요일	오전/오후 ___시	발신/수신	
				요일	오전/오후 ___시	발신/수신	
6주				요일	오전/오후 ___시	발신/수신	
				요일	오전/오후 ___시	발신/수신	

부록 D : PEERS® 과제 수행 기록지

회기	1	2	3	4	5	6	7	8	9	10	11	12	13	14
날짜														
출결/지각														

C = 수행, P = 부분적 수행, I = 수행하지 않음

과제 \ 청소년 이름											
1주	부모와의 정보 교환										
	집단 구성원과의 통화										
	특기사항										
2주	부모와의 정보 교환 연습 및 주고받는 대화										
	집단 구성원과의 통화										
	특기사항										
3주	부모와의 머리말/꼬리말 연습										
	집단 구성원과의 통화										
	개인물품 가져오기										
	특기사항										

4주	친구를 사귈 수 있는 곳										
	집단 구성원과의 통화										
	집단 구성원이 아닌 사람과의 통화										
	개인 물품 가져오기										
	특기사항										
5주	유머의 반응										
	친구를 사귈 수 있는 곳										
	집단 구성원과의 통화										
	집단 구성원이 아닌 사람과의 통화										
	개인 물품 가져오기										
	특기사항										
6주	대화에 끼어들기										
	집단 구성원과의 통화										
	집단 구성원이 아닌 사람과의 통화										
	유머의 반응										
	개인 물품 가져오기										
	특기사항										

7주	대화에 끼어들기/빠져나오기										
	집단 구성원이 아닌 사람과의 통화										
	실내게임 가져오기										
	특기사항										
8주	모임 갖기										
	대회에 끼어들기/빠져나오기										
	실내게임 가져오기										
	특기사항										
9주	모임 갖기										
	좋은 스포츠맨 되기										
	대회에 끼어들기/빠져나오기										
	실내게임 가져오기										
	특기사항										
10주	모임 갖기										
	좋은 스포츠맨 되기										
	실외 장비 가져오기										
	놀림 무력화시키기										
	특기사항										

11주	모임갖기										
	놀림 무력화시키기										
	실외 스포츠장비 가져오기										
	괴롭힘/나쁜평판 다루기										
	특기사항										
12주	모임갖기										
	놀림 무력화시키기										
	괴롭힘/나쁜평판 다루기										
	실외 스포츠장비 가져오기										
	의견충돌 다루기										
	특기사항										
13주	소문과 험담 다루기										
	모임 갖기										
	놀림 무력화시키기										
	괴롭힘/나쁜평판 다루기										
	의견충돌 다루기										
	특기사항										

부록 E : 결석 예정일 알림표

부모님과 청소년이 PEERS®의 모든 회기에 참석하는 것은 매우 중요합니다. 그러나 만약 부득이하게 회기에 결석할 일이 생기실 경우, 참석이 어려운 날짜에 미리 표시하여 주시기 바랍니다.

청소년 이름 : ________________

부모 이름 : ________________

회기	날짜	결석 예정일
1		
2		
3		
4		
5		
6		
7		
8		
9		
10		
11		
12		
13		
14		졸업식

결석 예정일에 대한 사전 정보는, 결석 예정인 청소년이 몇 명인지에 따라 특정 회기의 일정을 변경해야 할 필요가 있는지를 판단하는 일에 사용될 것입니다. **만약 결석 예정일이 있으실 경우, 이 양식에 기입하여 두 번째 만남(　　.　　.　　)까지 제출하여 주시기 바랍니다.**

부록 F : 집단 구성원들과의 전화 배정표

1주	발신인	______	수신인	______
	발신인	______	수신인	______
	발신인	______	수신인	______
	발신인	______	수신인	______
	발신인	______	수신인	______
	발신인	______	수신인	______
2주	발신인	______	수신인	______
	발신인	______	수신인	______
	발신인	______	수신인	______
	발신인	______	수신인	______
	발신인	______	수신인	______
	발신인	______	수신인	______
3주	발신인	______	수신인	______
	발신인	______	수신인	______
	발신인	______	수신인	______
	발신인	______	수신인	______
	발신인	______	수신인	______
	발신인	______	수신인	______
4주	발신인	______	수신인	______
	발신인	______	수신인	______
	발신인	______	수신인	______
	발신인	______	수신인	______
	발신인	______	수신인	______
	발신인	______	수신인	______

5주

발신인		수신인	
발신인		수신인	
발신인		수신인	
발신인		수신인	
발신인		수신인	
발신인		수신인	

6주

발신인		수신인	
발신인		수신인	
발신인		수신인	
발신인		수신인	
발신인		수신인	
발신인		수신인	

부록 G : PEERS® 주간 포인트 기록지

	1	2	3	4	5	6	7	8	9	10	11	12	13	14	합계
합계															

부록 H : PEERS® '좋은 스포츠맨 되기' 포인트 기록지

이름	9주	10주	11주	12주	13주	합계
합계						

부록 I : 졸업 안내장 견본

치료효과 평가(설문지 및 간단한 검사)

[　　　년　　　월　　　일]

GRADUATION

졸업 파티

[　　　년　　　월　　　일]

<u>각각의 시간을 확인해 주시기 바랍니다.</u>

PEERS®의 마지막 모임은 　　년 　　월 　　일 　　요일 　　시입니다.

14회기 부모 집단에서 부모님과의 종결이 진행되는 동안, 청소년 집단에서는 졸업 파티가 진행될 것입니다. 모임 마무리 즈음에는, 다 함께 모여 간단한 졸업식을 진행할 것입니다. 우리 모든 청소년들이 파티에 참석할 수 있도록 협조해 주시면 진심으로 감사하겠습니다.

청소년들의 비밀보장을 위하여 사진촬영은 금합니다.

주요 용어 목록

좋은 스포츠맨 되기 포인트 기록지
좋은 우정의 특징들
주간 포인트 기록지
집단 내 전화 과제 양식
집단 치료자의 과제 확인 기술
청소년 사회기술 지식 검사
청소년 초기면담 체크리스트
치료 효과 평가
친구를 사귀기에 적절한 그리고 적절하지 않은 장소
친구를 사귈 수 있는 곳
퀴즈쇼
통화를 시작하고 끝내기
함께 어울리기 규칙
함께 어울리기를 하지 않은 것에 대한 부모의 체면 차리기
함께 어울리기를 할 친구를 선택하는 데 있어서 이상적인 조건
헬리콥터 부모
환영 편지
활동에 바탕을 둔 함께 어울리기에 대한 제안
buzzword('우리끼리 단어')
Children's Friendship Training
PEERS® 전화상담 자료 양식

참고문헌

Altman, I., & Taylor, D. (1973). *Social penetration: The development of interpersonal relationships*. New York: Holt, Rinehart & Winston.

Baumeister, R. F., Zhang, L., & Vohs, K. D. (2004). Gossip as cultural learning. *Review of General Psychology*, *8*, 111–121.

Baxter, A. (1997). The power of friendship. *Journal of Developmental Disabilities, 5*(2), 112–117.

Bordia, P., DiFonzo, N., Haines, R., & Chaseling, E. (2005). Rumor denials as persuasive messages: Effects of personal relevance, source, and message characteristics. *Journal of Applied Social Psychology*, *35*, 1301–1331.

Buhrmester, D. (1990). Intimacy of friendship, interpersonal competence, and adjustment during preadolescence and adolescence. *Child Development, 61,* 1101–1111.

Coie, J. D., Dodge, K. A., & Kupersmidt, J. B. (1990). Peer group behavior and social status. In S. R. Asher & J. D. Coie (Eds.), *Peer rejection in childhood* (pp. 17–59). New York: Cambridge University Press.

Coie, J. D., & Kupersmidt, J. B. (1983). A behavioral analysis of emerging social status. *Child Development*, *54*, 1400–1416.

Crick, N. R., & Ladd, G. W. (1990). Children's perceptions of the outcomes of social strategies: Do the ends justify being mean? *Developmental Psychology*, *26*, 612–620.

Dodge, K. A., Schlundt, D. C., Schocken, I., & Delugach, J. D. (1983). Social competence and children's sociometric status: The role of peer group entry strategies. *Merrill-Palmer Quarterly*, *29*, 309–336.

Emerich, D. M., Creaghead, N. A., Grether, S. M., Murray, D., & Grasha, C. (2003). The comprehension of humorous materials by adolescents with high-functioning autism and Asperger's syndrome. *Journal of Autism and Developmental Disorders*, *33*, 253–257.

Frankel, F. (1996). *Good friends are hard to find: Help your child find, make, and keep friends.* Los Angeles: Perspective.

Frankel, F., Erhardt, D., Renenger, K., & Pataki, C. (in press). Child knowledge of key peer relationship behaviors: Relationship with teacher-reported social skills. Manuscript submitted for publication.

Frankel, F., Gorospe, C. M., Chang, Y., & Sugar, C. A. (in press). Mothers' reports of play dates and observation of school playground behavior of children having high-functioning autism spectrum disorders. Manuscript submitted for publication.

Frankel, F., & Mintz, J. (in press). Measuring the quality of play dates. Manuscript submitted for publication.

Frankel, F., & Myatt, R. (2003). *Children's friendship training*. New York: Brunner-Routledge.

Frankel, F., Myatt, R., Whitham, C., Gorospe, C. M., & Laugeson, E. (in press). A controlled study of parent-assisted children's friendship training with children having autism spectrum disorders. *Journal of Autism and Developmental Disorders*.

Frankel, F., & Simmons, J. Q. (1992). Parent behavioral training: Why and when some parents drop out. *Journal of Clinical Child Psychology, 21*, 322–330.

Frankel, F., Sinton, M., & Wilfley, D. (2007). Social skills training and the treatment of pediatric overweight. In W. T. O'Donohue, B. A. Moore, & B. J. Scott (Eds.), *Handbook of pediatric and adolescent obesity treatment* (pp. 105–116). New York: Routledge.

Gantman, A., Kapp, S. K., Orenski, K., Laugeson, E. A. (2012). Social skills training for young adults with high-functioning autism spectrum disorders: a randomized controlled pilot study. *J Autism Dev Disord,* 42, 1094-103.

Garvey, C. (1984). *Children's talk*. Cambridge, MA: Harvard University Press.

Gralinski, J. H., & Kopp, C. (1993). Everyday rules for behavior: Mother's requests to young children. *Developmental Psychology, 29,* 573–584.

Gresham, F. M., & Elliott, S. N. (2008). *Social Skills Improvement System (SSIS) Rating Scales Manual*. Minneapolis, MN: Pearson Education.

Hartup, W. W. (1993). Adolescents and their friends. In B. Laursen (Ed.), *Close friendships in adolescence* (Series: New directions for child development) (W. Damon, series Ed.), Number 60, 3–22, San Francisco: Jossey Bass.

Hibbs, E. D., Clarke, G., Hechtman, L., Abikoff, H., Greenhill, L., & Jensen, P. (1997). Manual development for the treatment of child and adolescent disorders. *Psychopharmacology Bulletin, 33*, 619–629.

Hodges, E. V. E., & Perry, D. G. (1999). Personal and interpersonal antecedents and consequences of victimization by peers. *Journal of Personality & Social Psychology, 76*, 677–685.

Laugeson, E. A., Frankel, F., Gantman, A., Dillon, A.R., Mogil, C. (2012). Evidence-based social skills training for adolescents with autism spectrum disorders: the UCLA PEERS program. *J Autism Dev Disord,* 42, 1025-36.

Laugeson, E. A., Frankel, F., Mogil, C., & Dillon, A. R. (2009). Parent-assisted social skills training to improve friendships in teens with Autism Spectrum Disorders. *Journal of Autism & Developmental Disorders, 39*, 596–606.

Laursen, B., & Koplas, A. L. (1995). What's important about important conflicts? Adolescents' perceptions of daily disagreements. *Merrill-Palmer Quarterly, 41*, 536–553.

Little, L. (2001). Peer victimization of children with Asperger Spectrum Disorders. *Journal of the American Academy of Child & Adolescent Psychiatry, 40*, 995–996.

Marlowe, D. B., Kirby, K. C., Festinger, D. S., Husband, S. D., & Platt, J. J. (1997). Impact of comorbid personality disorders and personality disorder symptoms on outcomes of behavioral treatment for cocaine dependence. *Journal of Nervous & Mental Disease, 185*, 483–490.

Marriage, K. J., Gordon, V., & Brand, L. (1995). A social skills group for boys with

Asperger's syndrome. *Australian & New Zealand Journal of Psychiatry, 29,* 58–62.

McGuire, K. D., & Weisz, J. R. (1982). Social cognition and behavior correlates of pre-adolescent chumship. *Child Development, 53,* 1478–1484.

Miller, P. M., & Ingham, J. G. (1976). Friends, confidants, and symptoms. *Social Psychiatry, 11,* 51–58.

O'Connor, M. J., Frankel, F., Paley, B., Schonfeld, A. M., Carpenter, E., Laugeson, E., & Marquardt, R. (2006). A controlled social skills training for children with fetal alcohol spectrum disorders. *Journal of Consulting and Clinical Psychology, 74,* 639–648.

Olweus, D. (1993). Bullies on the playground: The role of victimization. In C. H. Hart (Ed.), *Children on playgrounds* (pp. 45–128). Albany: State University of New York Press.

Perry, D. G., Kusel, S. J., & Perry, L. C. (1988). Victims of aggression. *Developmental Psychology, 24,* 807–814.

Perry, D. G., Williard, J. C., & Perry, L. C. (1990). Peer perceptions of the consequences that victimized children provide aggressors. *Child Development, 61,* 1310–1325.

Phillips, C. A., Rolls, S., Rouse, A., & Griffiths, M. D. (1995). Home video game playing in schoolchildren: A study of incidence and patterns of play. *Journal of Adolescence, 18,* 687–691.

Putallaz, M., & Gottman, J. M. (1981). An interactional model of children's entry into peer groups. *Child Development, 52,* 986–994.

Rubin, Z., & Sloman, J. (1984). In M. Lewis (Ed.), *Beyond the dyad* (pp. 223–250). New York: Plenum Press.

Shantz, D. W. (1986). Conflict, aggression and peer status: An observational study. *Child Development, 57,* 1322–1332.

Thurlow, C., & McKay, S. (2003). Profiling "new" communication technologies in adolescence. *Journal of Language and Social Psychology, 22,* 94–103.

Van Bourgondien, M. E., & Mesibov, G. B. (1987). Humor in high functioning autistic adults. *Journal of Autism and Developmental Disorders, 17,* 417–424.

Warm, T. R. (1997). The role of teasing in development and vice versa. *Journal of Developmental & Behavioral Pediatrics, 18,* 97–101.

Wolfberg, P. J., & Schuler, A. L. (1993). Integrated play groups: A model for promoting the social and cognitive dimensions of play in children with autism. *Journal of Autism & Developmental Disorders, 23,* 467–489.

Yoo, H. J., Laugeson, E. A., Bahn, G., Cho, I. H., Kim, E. K. et al. (2013). A Randomized Controlled Trial of the Korean Version of the PEERS® Parent-Assisted Social Skills Training Program for Teens with ASD. International Meeting for Autism Research, San Sebastian, Spain.